sociología
y
política

traducción de

TUNUNA MERCADO

MULTINACIONALES Y SISTEMAS DE COMUNICACIÓN

Los aparatos ideológicos del imperialismo

por

ARMAND MATTELART

siglo veintiuno editores, sa
CERRO DEL AGUA 248 MÉXICO 20 DF

siglo veintiuno de españa editores, sa
C/PLAZA 5, MADRID 33, ESPAÑA

siglo veintiuno argentina editores, sa
Av. PERÚ 952, BS AS., ARGENTINA

edición al cuidado de presentación pinero de simón
portada de anhelo hernández

primera edición en español, 1977

primera edición en francés, 1976

título original: multinationales et systèmes de communication

impreso y hecho en méxico/printed and made in mexico

ÍNDICE

PREFACIO

Cuando se trata de tomar distancia respecto de eslóganes nacidos al calor de la indignación que suscitan las intervenciones brutales, las torturas, los genocidios; cuando se trata de dar al concepto de imperialismo un contenido que ya no descanse sobre una intensa dramatización y de hacerlo descender del escenario para que se mezcle con el público, es difícil obtener la unanimidad aun entre los más virulentos portadores de carteles del tipo: *¡Yankees, go home!*

Ahora bien, el imperialismo no vive solamente del exotismo de sus estallidos, de sus golpes de Estado. Tiene su propia normalidad, un horario cotidiano que se desarrolla al margen de las confesiones inéditas. No cabe duda: la marea de revelaciones escandalosas a menudo no hace más que retardar el momento del análisis de esa normalidad y dispensa de ir más allá. Nada más cómodo que congelar los rasgos del enemigo cuando conviene borrar los errores que marcan la elección de las armas que se le oponen. Si ya no se cuenta con la santa unanimidad de los carteles, y se emprende un análisis concreto de los engranajes del imperialismo es sobre todo y en primer lugar porque toda definición, todo acercamiento del enemigo de clase, está íntimamente ligado a la definición de la estrategia que se adopta para reducir ese adversario. Pues, paradójicamente, el perfil que algunos sectores de izquierda dibujan de su adversario, a menudo traduce más sus propios fantasmas, sus propias zonas de sombra que la realidad de ese enemigo.

Abordar el problema de los aparatos ideológicos del imperialismo es ya una toma de partido. Es reconocer como campo de la lucha de clases un campo que muchos actores de esa lucha recubren cada vez más de una ineluctable neutralidad. Cuando se decreta que basta con invertir las relaciones de fuerza para trasformar el aparato del Estado burgués, toda interrogación sobre el carácter de clase de ese Estado parece superfluo. Demostrar cómo funciona en la totalidad de un sistema el conjunto de los aparatos de difusión, destacar cómo en el caso de un enfrentamiento de clases, el carácter propiamente de clase de ese aparato se rebela y se opone a las fuerzas revolucionarias, tal fue el propósito de un primer trabajo consagrado al análisis de la lucha ideológica, en Chile, durante la Unidad Popular.*

El objeto de la presente investigación es precisar los contornos de la ofensiva ideológica de las clases dominantes en esta etapa de acumulación internacional del capital, captar la movilidad de sus agentes y determinar los traspasos de poder que exige la fase actual. ¿Qué tipo de aparato ideológico acompaña el fenómeno de la multinacionalización? A cada fase del proceso de acumulación de capital le corresponde un ciudadano hecho a la medida que vivirá, en el conjunto de sus prácticas sociales, el carácter legítimo y natural de esa acumulación. A cada fase, corresponden mecanismos de acondicionamiento que asegurarán lo que los estrategas de la guerra de Vietnam denominaban sin vana precaución oratoria, "la conquista de los corazones y las mentes".

Es ese carácter de necesidad que acompaña la expansión del imperio en cada momento de su historia lo que procura, a quien remonta el hilo de la penetración imperialista y emprende el análisis de su funcionamiento, la impresión de estar frente a una máquina implacable. De todos modos no hay que confundir necesidad e infalibilidad, asimilar la lógica de la expansión y de la supervivencia del sistema a su carácter pretendidamente invencible. Detrás del mito del Superman invencible, siempre está la realidad del desarraigo de un tigre de papel, la realidad de un imperio amenazado. Rosa Luxemburg lo expresaba en términos simples: La historia está hecha de dos necesidades en pugna, la que exige la continuidad de la acumulación capitalista y la de la respuesta a esa opresión en ascenso, la necesidad de la revolución.

En los últimos quince años el aparato de producción cultural del imperio norteamericano ha sufrido profundas mutaciones. Ningún sector, ya sea la prensa, la radio, la televisión, el cine o la publicidad, ha escapado a ellas. En el trascurso del proceso de trasformación industrial, los propietarios de la alta tecnología son cada vez más determinantes, no solamente en la fabricación del material pesado y el establecimiento de sistemas, sino también en la elaboración de programas, del contenido de los mensajes. Un dominio como la educación que aún no había sido tocado por la industrialización masiva ha comenzado a ser colonizado por los recién venidos. La internacionalización de la producción ha planteado el problema de las mercancías culturales.

* Cf. *Mass media, idéologies et mouvement révolutionnaire,* París, 1974, Ed. Anthropos. Véase también, "Chili 1970-1973: appareils idéologiques d'Etat et lutte de classe" (Entrevista con S. Daney y S. Toubiana), *Cahiers du Cinéma,* 254-255.

La producción cultural también refleja el carácter de los nuevos enclaves políticos y militares de la sociedad norteamericana. No es posible ignorar que el desarrollo de las grandes tecnologías de comunicación está ligado al desarrollo de la alta tecnología, surgida a la sombra de una economía de guerra. Es indisociable de ese contexto de capitalismo monopolista de Estado que permitió el estrechamiento de los lazos entre el Pentágono y los grandes industriales. Es en el marco de esa cooperación más estrecha donde se han derrumbado los tabiques tradicionales entre lo económico, lo político, lo cultural y lo militar, donde se ha institucionalizado el entrecruzamiento de intereses y donde han aparecido nuevas formas de prácticas estatales. La era post-Vietnam que concuerda también con el final de la primera fase de la conquista del espacio ha visto a las grandes multinacionales de la electrónica y de la aeroespacial de Estados Unidos alistarse en la "civilización" de las técnicas de punta del *electronic warfare*. Gracias a la aplicación social de esas técnicas, en "beneficio del hombre", la informatización de la sociedad civil empieza a dibujarse. Pero esa implantación de nuevos sistemas de comunicación respeta las relaciones de fuerza establecidas previamente.

Por otro lado, las nuevas estrategias de *low profile,* esas estrategias de intervención más sutiles contra las tentativas populares, le han conferido a la instancia ideológica una importancia de primer orden en la lucha de clases internacional. En las políticas de desestabilización preconizadas por Kissinger, las nuevas formas de la guerra psicopolítica contribuyen a crear el espacio del caos. Los métodos de acercamiento a los diferentes sectores del público están marcados por una racionalización cada vez mayor del control social. Los productores de la cultura llamada de masas, destinada a ser esa cultura universal que favorece la expansión del imperio y por lo tanto destinada a contribuir al sometimiento de las conciencias nacionales, actualizan su modo de acción y comienzan a tener en cuenta los intereses y las necesidades específicas de cada categoría de edad, de cada categoría social. La rentabilidad económica de tal procedimiento se duplica por una rentabilidad ideológica. Las nuevas tecnologías de comunicación abren el camino a esa tecnicidad cada vez más intensa y cuya necesidad reivindica la fase actual de acumulación de capital.

Quince años trascurrieron entre la exhortación que hizo Kennedy a los oficiales de la academia de guerra a leer a los clásicos, Mao Tse-tung y Che Guevara, para armarse mejor contra los movimientos de liberación nacional, y esa otra exhortación que en 1975 prodigara una empresa multinacional como la IBM a sus funcionarios de ultramar, a estudiar las obras de Marighela sobre la guerrilla urbana a fin de proteger sus filiales contra la violencia revolucionaria. Toda la trayectoria del imperio norteamericano que este libro intenta dilucidar encuentra allí un atajo más que significativo.

El refuerzo de la tecnología de la represión —y su carácter totalitario— en el Estado capitalista plantea al movimiento revolucionario, en la clandestinidad o en el juego institucional, nuevos problemas de organización y abre inevitablemente nuevos frentes de lucha. El ascenso de esa tecnificación y los cambios producidos en la organización de las clases dominantes que supone, son en sí el producto de la lucha de clases. Detrás del sistema informático ofrecido por el Pentágono a los servicios de informaciones de la dictadura chilena para fichar a los militantes y a los líderes obreros y campesinos, está la derrota de la *electronic warfare* en el sudeste asiático. Bajo la modernización del aparato del Estado neocolonial, dotado de los sistemas de comunicación por satélite más sofisticados, y el nuevo impulso del subimperialismo de Brasilia, está la victoria de Angola. Bajo la agresividad triunfalista de las compañías aeroespaciales de Estados Unidos vendiendo miles de misiles y de aviones en los países del Tercer Mundo, está la crisis económica y política del imperio en busca de mercados inciertos.

Marzo de 1976

CAPÍTULO I

LAS MULTINACIONALES DEL EQUIPO PESADO

Antes de analizar las formas concretas que toma la implantación de nuevas tecnologías de comunicación –satélites, TV por cable, video y todos los demás productos que de una manera u otra participan de la teleinformática– conviene examinar la evolución de los grandes constructores de la electrónica y de la industria aeroespacial. Esas empresas, que elaboran nuevas tecnologías y organizan su inserción social, están determinando nuevos modos de producción y de difusión de la información y de la cultura de masas.

CUATRO TIPOS DE EMPRESAS ELECTRÓNICAS NORTEAMERICANAS

Durante los dos últimos decenios, el carácter monopolista del capitalismo norteamericano se acentuó singularmente. En 1954, las 500 principales empresas de Estados Unidos representaban la mitad de las ventas de la industria del país y obtenían dos tercios del beneficio. Veinte años más tarde, las 500 primeras producían dos tercios de las ventas de la industria, se repartían las tres cuartas partes de la ganancia y proveían trabajo a más de tres cuartos de la mano de obra nacional. Las variaciones que se comprueban en la lista del año 1974 en relación a 1954 constituyen otro indicio del movimiento de concentración. De las 500 empresas que existían en 1954, 159 han desaparecido del panorama como consecuencia de fusiones con otras empresas más importantes.[1] Una absorción semejante en el nivel de las grandes empresas permite adivinar lo que ha sucedido en el de las pequeñas o medianas.

Los grandes productores de equipo electrónico pesado figuran casi todos en la lista de las 100 primeras empresas norteamericanas. Desde hace muchos años invariablemente se encuentra a 5 o 7 electrónicas en el pelotón de las 20 primeras: General Electric,

[1] "Fortune's directory of the 500 largest industrial corporations", *Fortune*, mayo de 1975; Linda Grant Martin, "The 500: a report on two decades", *Ibid.*

IBM, ITT, Western Electric (que no es más que una rama del gigante de las telecomunicaciones American Telegraph & Telephone [ATT] cuyas ventas se elevan a más de 26 mil millones de dólares y que ocupa cerca de un millón de obreros), Westinghouse, General Telephone & Electronics (GTE-Sylvania) y Radio Corporation of America (RCA). El salto que han dado algunas empresas electrónicas traduce el dinamismo de esta rama. Entre 1966 y 1970, la ITT pasó del vigésimo octavo lugar al octavo. En 1962, la Xerox ocupaba el número 423. En 1965, el número 171 y, en 1974, el 41. En los últimos veinte años, las ganancias de esta última compañía han aumentado en promedio a un ritmo de 34% por año, una de las cinco tasas de incremento más fuertes de Estados Unidos. Fue necesario esperar a 1975 para ver que esa progresión perdía un poco el aliento bajo los efectos de la crisis. Empresas como la que se especializa en computadoras gigantes, la Control Data, y la líder de las minicomputadoras, Digital Equipment, que ahora figuran en el club de las quinientas, hace veinte años no existían. Pero el poder electrónico norteamericano está lejos de ser homogéneo. Las empresas que lo componen presentan caracteres diferentes y los años no han hecho más que revelar y acentuar la diversidad.

El crecimiento de los pioneros de la construcción eléctrica y electrónica, como la General Electric, ATT e IBM, fundados todos a fines del siglo pasado o a comienzos de éste, ha sido constante.[2] Entre 1962 y 1972, por ejemplo, la General Electric duplicó sus ventas, pasando de cinco a diez mil millones de dólares. Esa evolución se efectuó sin que fuera necesario adquirir empresas ajenas a su rama de actividad original e, incluso para la ATT y la IBM, las anexiones de empresas electrónicas fueron raras. La última compra de una empresa electrónica por la IBM data de antes de la segunda guerra mundial. No se puede decir lo mismo de la General Electric que, en los últimos diez años, ha colonizado más de 30 empresas de su ramo, en los países más diversos. Otros veteranos que como la Singer, National Cash Register (NCR), Burroughs, han vinculado su nombre a la máquina de coser, a las cajas registradoras o al equipo de oficina, también se han diversificado sin salir del campo de la electrónica, pero echando mano de competidores sin suerte. Singer compró la empresa Frieden, para entrar

[2] Sobre la evolución de las empresas electrónicas y aeroespaciales, cf. las obras clásicas de referencia, *Moody's industrial manual*, y los informes anuales de las compañías.

al mercado de las computadoras dominado desde tiempo atrás por la NCR. Todas esas empresas se pusieron a fabricar computadoras consiguiendo captar cada una del 2 al 3% del mercado. Después de fines de los años sesentas, les interesa igualmente el dominio del audiovisual. Honeywell, el número dos de la informática mundial después de IBM y muy atrás de ella, no era más que un modesto fabricante de palancas para hornos en 1885. Pionero en sistemas de automación, sigue siendo el amo incuestionado en ese

CUADRO 1: *Principales empresas electrónicas de Estados Unidos*

Empresas	*Ventas* (en millones de dólares)	*Beneficio* (en millones de dólares)	*Efectivo*
General Electric	13 413	608	404 000
IBM	12 675	1 838	292 000
ITT	11 154	451	409 000
Western Electric*	7 382	310	190 000
Westinghouse	6 466	28	199 000
GTE-Sylvania	5 662	—	198 000
RCA	4 594	113	116 000
Xerox	3 576	331	101 000
Litton	3 082	40	107 000
Singer	2 662	10	111 000
Honeywell	2 626	76	92 000
Sperry Rand	2 615	113	99 000
TRW	2 486	101	88 000
Bendix	2 481	76	82 000
NCR	1 979	87	81 000
Raytheon	1 929	58	54 000
CBS	1 751	109	30 000
Texas Instruments	1 572	90	66 000
Burroughs	1 510	143	52 000
Motorola	1 367	71	51 000
Control Data	1 081	4	45 000
Zenith Radio	911	13	28 000
Hewlett-Packard	884	84	29 000
Digital Equipment	422	44	18 000

FUENTE: "The Fortune directory of the 500 largest industrial corporations", *Fortune,* mayo de 1975. Para la GTS-Sylvania, *Fortune,* julio de 1975.

* Western Electric no es más que una filial de la American Telegraph & Telephone (ATT) cuyas ventas totales sobrepasan los 26 mil millones de dólares, cf. el texto.

terreno, de donde actualmente obtiene la mitad de sus ventas. Su rama informática le provee del resto.

Un segundo grupo de empresas, todas tan antiguas como las precedentes, se han propuesto introducirse en otras ramas de actividades. Esta política de diversificación se ha desarrollado a partir de 1965. Las empresas Westinghouse y RCA son los mejores prototipos. La primera compró en menos de cuatro años una compañía de alquiler de automóviles, una cadena de hoteles, empresas de construcción y fábricas de cemento, instalaciones embotelladoras de célebres bebidas gaseosas, fábricas de relojes (Longines-Wittnauer). Todas esas adquisiciones muy rápidamente se han convertido en el 15 al 20% de sus ventas. Para proceder a la reorientación de algunas de sus antiguas divisiones se ha lanzado a lo que ella misma llama "el dominio de los problemas sociales": fabricación de viviendas baratas, trasportes públicos, control de la contaminación, educación. El conjunto de esas medidas le ha permitido triplicar sus ventas y cuatriplicar sus beneficios durante los diez últimos años. La RCA también se ha diversificado rápidamente. En 1972, las nuevas propiedades adquiridas después de 1966 constituían ya la cuarta parte de sus ventas. Es así que cayeron bajo su control la famosa compañía de alquiler de automóviles Hertz, la no menos famosa editorial Random House, una empresa constructora, una fábrica de tapices y una empresa de alimentos congelados. Satisfecho de ese primer paso hacia la constitución de un conglomerado diversificado, el director de la RCA declaraba en 1972: "Más del 70% de los negocios de la compañía todavía están en la electrónica, pero RCA ahora es en gran medida más que una compañía electrónica." [3] Otro indicio significativo: la evolución de la relación servicios/industria. En 1962, el 64% de las ganancias de la RCA provenían de la industria de trasformación y el 36% de servicios. Diez años más tarde, los servicios representaban el 46%.

Un tercer tipo de empresas electrónicas —el de los conglomerados hongos— es particularmente significativo del proceso espectacular de fusiones y de adquisiciones vertiginosas que ciertas empresas han seguido en la última década. Los ejemplos de la ITT y de la Litton están entre los más elocuentes. En 1960, los ingresos de la Litton no eran más que de 250 millones de dólares. Diez años más tarde, se habían multiplicado por diez. En el mismo lapso de tiempo, el complejo químico Dupont de Nemours sólo progresó de 2.2 mil millones de dólares a 3.6. Las diferentes secciones de la

[3] Radio Corporation of America (RCA), *Annual Report 1972.*

Litton fabrican actualmente instrumentos odontológicos, barcos de guerra, material pedagógico, máquinas de escribir y material de oficina (toda la gama de productos Royal), repuestos para televisores, cajas registradoras (Sweda). Hacia fines de los años 60, previendo la "crisis de la energía", fundó una sección de exploración geofísica (Western Geophysical Company). El caso de la ITT (que también formaría parte de ese grupo) es mucho más conocido. En menos de diez años, ha adquirido más de cien empresas y sus ventas han pasado de los 800 millones a los 8 mil millones de dólares. En 1975, ese fabricante de teléfonos sólo obtenía el 27% de sus ventas de la producción de equipos de telecomunicación. El resto provenía de las empresas más heteróclitas que la propia empresa había adquirido: panaderías, fábrica de piezas de repuesto, compañías constructoras, compañías de seguros, cadenas de hoteles... Durante los dos últimos años tuvo que ceder, por otro lado —bajo el golpe de una acusación antitrust— algunas de sus más recientes adquisiones tales como la agencia de alquiler de automóviles Avis.

Finalmente, hay una última categoría, la de los recién llegados, donde se encuentran compañías cuyo crecimiento a menudo vertiginoso se ha producido a partir de un sector particular de la electrónica. Es el caso de las empresas que se consagran a la reprografía y a la mininformática. En 1960, Xerox, en el momento de lanzar al mercado su fotocopiadora Xerox 914, no tenía más de 33 millones de dólares de ventas. En 1975, la oscura pequeña compañía de Rochester vendía cien veces más. La importante mutación de la tecnología informática, la microminiaturización de los componentes electrónicos, ha propulsado desde hace poco al primer plano compañías de creación más antigua, como Texas Instruments, fundada en 1930, Fairchild y Motorola. Entre 1971 y 1974, Texas Instruments, inventora de los circuitos integrados, duplicó sus ventas. De menos de 800 millones de dólares pasó a cerca de 1.6 mil millones alcanzando así a empresas de la talla de las sociedades mineras Anaconda y Kennecott que le proveían la materia prima de sus micropiezas. En 1965, Texas Instruments no sobrepasaba los 500 millones de dólares. Los grandes de la mininformática y otros inventores de la informática de bolsillo (en 1973, se vendieron más de 6.5 millones de calculadoras de bolsillo, sólo en Estados Unidos) como Hewlett Packard y Digital Equipment son otros ejemplos de esta ascensión irresistible.

Estas empresas electrónicas se encastran a su vez en los grandes grupos financieros que polarizan la economía de Estados Unidos.[4]

[4] Sobre la estructura de poder en Estados Unidos, cf. S. Menshikov, *Managers and millionnaires,* Moscú, Ediciones Progreso, 1969.

El esquema es ya clásico y tan ampliamente conocido como para permitirnos evitar una larga descripción. Recordemos que es el grupo Rockefeller quien le disputa al Banco Morgan la porción más importante de la industria electrónica norteamericana. El Chase Manhattan Bank y el Chemical Bank de los Rockefeller son, en efecto, propietarios de un tercio del activo de la IBM, de un cuarto del de la ATT, de la ITT, de la Westinghouse, de un quinto del de la RCA. Rockefeller posee además fuertes intereses en dos empresas de construcción de aviones (Mc Donnell Douglas y Martin-Marietta). El Banco Morgan, que ejerce su influencia total o parcial en empresas como la Coca-Cola, General Motors, Procter & Gamble, Gillette, Anaconda y Kennecott, es propietario de dos tercios del activo de la General Electric, de la mitad del de la IBM y de un cuarto del de la ATT. El First National City Bank es uno de los accionistas más poderosos de la NCR, detenta el resto de las acciones de la ITT y controla los dos tercios de las de dos grandes empresas aeronáuticas, Boeing y United Technologies. El grupo Mellon-First National Boston detenta los otros dos tercios de la Westinghouse y dispone de la mayoría en la Raytheon. Los Lehman-Goldman-Sachs controlan la mitad del activo de la Sperry Rand y de la RCA y comparten con el grupo de Chicago Crown-Hilton (propietarios de la famosa cadena de hoteles) el control de la empresa aeronáutica General Dynamics. Demasiadas cosas se explican cuando se tiene la paciencia de estudiar las consecuencias de esas interrelaciones en el interior de cada grupo bancario. La más impresionante y la más reciente es sin duda la dirección que ha tomado la política de diversificación de la sociedad petrolera Gulf Oil, principal propietaria del grupo Mellon, al seguir el camino trazado por el más grande constructor de centrales nucleares del mundo, Westinghouse, que forma parte de ese mismo grupo Mellon. Las relaciones entre la General Electric y las grandes empresas mineras Anaconda y Kennecott son de la misma naturaleza.[5]

El examen rápido de los consejos de administración de esas empresas es una buena manera de descubrir la sedimentación de los grupos de intereses que rigen la marcha de la industria electrónica. Tomemos el caso de la General Electric y tratemos de trazar la filiación de los 21 miembros que componen su *top management*:

☐ 13 miembros del consejo de la General Electric son directores de bancos. Dos de esos directores pertenecen al consejo del Banco Morgan, mientras que el Chase Manhattan Bank, el First National

[5] Jean-Marie Chevalier, "Où les compagnies pétrolières vont-elles placer leurs pions", *Le Monde,* 5 de febrero de 1974.

City Bank, los bancos de Cleveland, de Chicago y de Boston, tienen un representante cada uno.

☐ 6 pertenecen a compañías que explotan las riquezas naturales de países del Tercer Mundo. Por intermedio de esos directores están también presentes las empresas mineras Hanna Mining Co., Consolidation Coal, Chrysler, National Steel, Kerr-Mc Gee y Utah Construction & Mining. (La Hanna Mining Co., por ejemplo, es propietaria de minas en Guatemala, Colombia y en el sudeste de Asia; controla los yacimientos de hierro más ricos de Brasil donde, con la empresa Alcoa, explota además los depósitos de bauxita del estado de Minas Gerais).

☐ 7 han ocupado u ocupan puestos importantes en el Departamento de Defensa o en otros organismos ligados al aparato militar. Dos directores han sido también secretarios de Defensa.

☐ 12 han ocupado u ocupan puestos clave en la determinación de la política económica y exterior de Estados Unidos. Se encuentra un ex secretario del Tesoro y un ministro de Comercio nombrado por Nixon en 1972.

☐ 6 pertenecen a otras compañías multinacionales industriales. Son miembros del consejo de administración de la General Electric los presidentes de la Coca-Cola, de Procter & Gamble, de Campbell Soup y de la industria de papel Scott Paper. La articulación no puede ser más mecánica: el Banco Morgan es, en efecto, propietario de la totalidad del activo de la Coca-Cola, de la Campbell Soup, de la Scott Paper y de dos tercios de la Procter & Gamble.[6]

Los consejos de administración de otras empresas electrónicas testimonian aún más sobre la estrategia de expansión internacional adoptada por esas compañías en los últimos años. En 1972, por ejemplo, el gobernador de la Société Générale de Belgique fue llamado a formar parte del consejo de la Westinghouse al lado de los presidentes de la International Harvester Co., del de Champion International, de uno de los directores de Eastman Kodak, del ex-presidente del Massachusetts Institute of Technology (MIT) y del actual rector de la Brown University. En 1972, la Xerox hacía entrar en su consejo al expresidente de la línea aérea KLM y, en 1974, fue el turno del actual presidente de la Compagnie Financière de Paris et des Pays-Bas, uno de los grupos económicos más

[6] Análisis realizado a partir de los informes anuales de la General Electric de los años 1971-1972 y de un documento preparado por un grupo de estudios "The G. E. project", *Behind the corporate image: what General Electric did not say in his annual report,* Cambridge, Mass., 1971.

dinámicos de Europa y una de las fortalezas de la burguesía moderna francesa.[7]

LOS PROCESOS DE MULTINACIONALIZACIÓN

Entre 1961 y 1970, las empresas electrónicas de origen norteamericano sembraron en el exterior 1 006 establecimientos. Sólo fueron aventajadas por la industria petroquímica que fundó 1 379 y por la de máquinas herramienta que instaló 1 317. Durante la misma época, los bancos norteamericanos abrieron 632 sucursales en el extranjero.[8] Los resultados de ese desembarco en masa son manifiestos.

En las economías capitalistas dependientes como Brasil, el capital extranjero —con hegemonía norteamericana— no controla menos del 70% de la producción de material eléctrico y el 60% de la de aparatos domésticos. Los beneficios de la filial brasileña de la General Electric, primera sociedad de construcción eléctrica del país, sobrepasan los de las filiales de la Shell y de la Texaco y representan los tres cuartos de las utilidades de la empresa más importante de fabricación de automóviles, la filial de la Volkswagen. En los países europeos, donde las empresas norteamericanas intentan consolidar su dominio, la situación es menos contrastante. En Francia, el índice de penetración extranjera en la electrónica se eleva a 32.5% de las ventas y a menos de la mitad de las inversiones. Ésas son, al menos, las estadísticas que daban los responsables del plan para 1971, precisando que las empresas electrónicas extranjeras ocupaban el 26.2% de los efectivos.[9] Cuando uno se aventura por el sector de las nuevas tecnologías, se advierte que esa dependencia se acentúa. Los fabricantes de semiconductores, por ejemplo, que producen las micropiezas que ahora se han incorporado a todo tipo de equipos, desde los ascensores a las centrales de climatización, pasando por las telecomunicaciones y los televisores, son en su mayoría de origen norteamericano. En 1974, Estados Unidos controlaba los dos tercios del mercado mundial de semiconductores. Los países de Europa occidental consumían

[7] The Westhinghouse Corp., *Annual Report 1972*; The Xerox Corp., *Annual Report 1974*.

[8] *Business abroad,* junio de 1971.

[9] Para Brasil, *O Jornal do Brasil,* diciembre de 1975; para Francia, Datar, *Investissements étrangers et aménagement du territoire,* Livre Blanc, París, 1974.

el 23% de ese material producido en el mundo, pero no fabricaban más que el 14%. El resto les era provisto por las compañías norteamericanas. En 1973, Francia importó de Estados Unidos 90 millones de dólares en semiconductores. Esa suma representa la mitad del total de las ventas de la industria francesa de semiconductores. Por añadidura, el contingente de semiconductores no importados es principalmente fabricado por tres empresas establecidas en territorio francés. Dos de ellas son de origen extranjero: Philips y Texas Instruments (la empresa francesa es la Thomson-CSF). Una cuarta empresa ha venido a unírseles en 1975, la Motorola, norteamericana. Según las proyecciones de la compañía Fairchild, esa relación de fuerzas desigual se agravará de aquí a 1980. Para entonces, los países de Europa occidental consumirán el 26% de la producción mundial de semiconductores, sin llegar a producir más que el 10%. Las compañías norteamericanas consumirán el 42% y producirán el 64%. Mientras que Japón, que consume y seguirá consumiendo el cuarto, producirá como para subvenir a sus necesidades.[10]

La hegemonía norteamericana sobre la producción de semiconductores implica otras formas de dependencia, muy inesperadas. En octubre de 1975, Lip, que dispone de una de las más poderosas redes de distribución relojera de Francia, comenzaba a comercializar relojes de cuarzo, fabricados por la empresa norteamericana National Semi Conductor, invariablemente segunda o tercera productora mundial de circuitos integrados. Como contraparte de ese acuerdo de exclusividad, Lip provee a la empresa norteamericana las cajas que ella necesita para armar sus relojes. Es el tercer acuerdo del mismo tipo formalizado entre un grupo norteamericano y una empresa de relojería europea. Previamente, Hughes Aircraft, que fabrica también micropiezas, se había asociado a un grupo helvético y sus módulos se arman ahora en cajas de la casa Jaz. Lo mismo ocurre con los relojes Herma y Yema. El ardid le permite a la tecnología norteamericana dominar poco a poco el prometedor mercado del reloj electrónico. "El acuerdo firmado entre Lip y National Semi Conductor ¿anuncia la muerte de las investigaciones efectuadas por los franceses en ese campo?" se preguntaba un especialista poniendo en duda la posibilidad para Lip de continuar sus investigaciones sobre el reloj de cuarzo. "Lip posterga cada vez más la salida de su propio reloj de cuarzo de registro digital. Su encargado afirma que el proyecto no ha sido abandonado, pero no se ve bien cómo se las arreglará para comercializar en el mismo circuito dos relojes en competencia. Por otro lado, el

[10] *Business Week*, 20 de abril de 1974.

plan de desarrollo del reloj de cuarzo en Francia, dirigido por Montrelec, sociedad de estudio del reloj electrónico creada en 1971 por los quince principales fabricantes de relojes y la Thomson-CSF, está parado. Los relojeros franceses —se murmura— son incapaces de entenderse entre ellos." [11]

En Alemania Federal, las filiales de sociedades extranjeras controlan por lo menos el 40% de la producción electrónica. Gran Bretaña registra una tasa similar de dependencia. En 1970, cerca de 250 sociedades extranjeras estaban presentes en la industria electrónica de ese país; 150 eran norteamericanas, 25 holandesas, quince alemanas y diez francesas. Entre las 6 principales sociedades que concentran ellas solas el 70% de la producción británica, 3 son de origen extranjero (IBM, ITT y Philips) y, sin embargo, Gran Bretaña es el único país europeo en que una sociedad, arreglándoselas sola, haya adquirido una importancia decisiva en el dominio de la informática. En 1974, la empresa International Computers Ltd. (ICL), con cerca del 35% de las computadoras instaladas en el país, continuaba desafiando a la IBM, que poseía el 38.4%. Es posible preguntarse cuánto tiempo va a seguir haciéndolo. Para librarse del imperio de la IBM, la empresa británica se propone una alianza con otra empresa norteamericana, la Control Data. En Italia, la IBM posee más del 70% del total; en Francia y en Alemania, aproximadamente el 57%. Aunque la situación sea más favorable en el campo de las minicomputadoras, las compañías norteamericanas controlan el 60% del mercado europeo. Digital Equipment, pionero de los minisistemas, controla, solo, el 30% de la venta de minicomputadoras en Europa.[12]

Las compañías electrónicas participan hoy en día, por lo tanto, del nuevo modo de acumulación de capital. Son las protagonistas del proceso de internacionalización de la producción que caracteriza el fenómeno de multinacionalización. El capital que exportan no sólo sirve para ampliar el proceso de circulación sino que es invertido directamente en la actividad productiva. Como la mayoría de los otros sectores de la industria, esas empresas en primer lugar, han logrado sustituir las importaciones llegando a producir en el lugar, por sus filiales extranjeras, los bienes que antes eran exportados. En algunos países, ese fenómeno de sustitu-

[11] André Dessot, "L'offensive américaine dans la montre à quartz", *Le Monde,* 16 de octubre de 1975.

[12] Embajada de Francia en Gran Bretaña, *Le marché britannique de l'électronique,* Londres, 1973; *Dun's Review,* enero de 1975; "Special informatique", *L'Expansion,* julio-agosto de 1974.

CUADRO 2: *Valor de los conjuntos de computadoras instalados en los diversos países (en miles de millones de dólares)*

	1975		*1980*	
Países/regiones	*Valor*	*% de máquinas de origen norteamericano*	*Valor*	*% de máquinas de origen norteamericano*
Estados Unidos	38.6	100	59 – 65	98
Canadá	1.9	95	3 – 4.5	95
Europa occidental	19	84	31 – 37	75
Países socialistas	2.5	5	5 – 7.5	10
Japón	6.1	47	12.5 – 16	40
Otros países	1.9	84	3 – 5.5	75
Total	70	87	115 – 130	81

FUENTE: A. D. Little (El SICOB, *Le Monde,* 18 de septiembre de 1975).

ción de la importación empezó mucho antes de que se desencadenara la gran ola de multinacionalización de los años 60. Durante la crisis de 1930 y sobre todo en el curso de la segunda guerra mundial, por ejemplo, el proceso de sustitución de importaciones es lo que inicia la industrialización de numerosos países latinoamericanos. La red de fábricas de la RCA en Brasil y en el cono sur data de los años 40. A partir de esa plataforma de producción, la RCA se apodera, a medida que pasan los años, de numerosos sectores de la producción cultural. Como testimonio, mencionaremos la industria del disco, donde fue una de las primeras en capturar la expresión musical de esos países, y la industria de la radio donde impuso el modelo norteamericano de redes de radiodifusión. La Standard Electric de la ITT comenzó a fabricar equipos de radio y de telecomunicación en Santiago de Chile en 1942 y es por la misma fecha que inicia su producción brasileña. Ese fenómeno mismo de sustitución explica que la mayor parte de las filiales de la General Electric hayan sido latinoamericanas hasta principios de los años 60. Desde hace tiempo, esa empresa poseía centros de producción en Chile (se instaló allí en 1945), en Venezuela, México y Brasil. Sólo en el decenio 1960-1970 la General Electric se instala sólidamente en países como Malasia o en Hong Kong y, esta vez, no con el objetivo de producir para un país en especial sino para exportar. En ese sentido no hace sino seguir el movimiento general que marca esta nueva fase de multinacionalización, movimiento que describe de maravilla una propaganda de la ITT que apareció en un semanario argentino en 1972, y que nos permite también descubrir la mitología que reviste esta penetración internacional: "Vamos a hacer de la Argentina un país célebre también por sus telecomunicaciones. Cuando los expertos hablan de la mejor carne del mundo, hablan del bife argentino. Ningún país es capaz de reproducir las calidades de nuestro excelente ganado. Es verdad que seremos siempre célebres por nuestra carne. Pero la Argentina está haciéndose igualmente célebre por otras exportaciones [...] En los últimos años hemos exportado más de 8 000 circuitos de telecomunicación a Chile, trasmisoras de radio, 500 000 medidores de llamadas telefónicas a Brasil, 30 000 teléfonos a Perú, sistemas de trasreceptores VHF a Zaire (ex Congo Belga), a Colombia y a Brasil. Hemos conseguido esos contratos a pesar de la competencia de las más importantes compañías internacionales de telecomunicación." En la misma fecha, el sindicato de empleados y obreros de la filial de la ITT en Argentina acusaba a la compañía de haber invertido más de 2 mil millones de pesos en la construcción del hotel Sheraton, inversión exenta de impuestos, en lugar de reinvertir esa parte de sus beneficios en la modernización de la maquinaria y en la mejora de las condiciones de trabajo del personal.

La mayoría de las empresas electrónicas norteamericanas obtienen más del 40% de sus ingresos del extranjero. Algunos datos: en 1974, el 42% de los ingresos y el 52% de las utilidades de la Xerox provenían de sus filiales extranjeras; ese mismo año, emprendía la construcción de tres nuevas fábricas, en Francia, España y en la metrópoli. Igualmente en 1974, las ventas de las actividades internacionales de la Sperry Rand representaba el 43% del total; aproximadamente, 800 millones de dólares sobre un total de 3 mil millones provenían de las actividades de la compañía en el continente europeo. Y, también en 1974, Honeywell sobrepasaba por primera vez los mil millones de dólares en el extranjero, lo que significaba también el 40% de su ingreso. La ITT retiraba de unos 50 países donde está instalada, la suma de 6.2 mil millones de dólares y el total de sus ventas era de 11.2 mil millones. El año precedente, la NCR y la Burroughs habían extraído del extranjero 41 y 53% de sus ganancias respectivas. El crecimiento fulgurante de compañías como Texas Instruments testimonia la celeridad del proceso de internacionalización de ciertas empresas. En 1965 contaba con 14 fábricas en 6 países. A principios de 1974, estaba instalada en 19 países y disponía de una red de 45 fábri-

CUADRO 3: *Inversiones directas de empresas norteamericanas en el extranjero (1966 y 1973) (en miles de millones de dólares)*

	*Inversiones**		*Beneficios*	*Beneficios reinvertidos*
Países/regiones	*1966*	*1973*	*1973*	*1973*
Canadá	17.0	28.1	2.8	1.8
Europa	16.3	37.2	5.9	3.5
Gran Bretaña	*5.7*	*11.1*	*1.5*	*0.7*
CEE[1]	*7.6*	*19.3*	*3.2*	*1.9*
Otros países	*3.0*	*6.8*	*1.2*	*0.8*
Japón	0.8	2.7	0.5	0.3
Australia, N.Z., África del Sur	2.7	6.1	1.0	0.5
América Latina	11.5	18.5	2.6	1.0
África		2.8	0.6	0.2
Medio Oriente	6.6	2.7	2.3	0.1
Asia y Pacífico		3.9	1.0	0.2
Internacional o no situado		5.3	0.6	0.5
Total**	54.8	107.3	17.5	8.1

FUENTE: *Survey of Current Business,* agosto de 1974.
* Valor contable a fin del año
1 Bélgica, Francia, Alemania Federal, Italia, Luxemburgo y Países Bajos.
** Las cifras por países o regiones han sido redondeadas; por lo tanto, el total no corresponde exactamente a su suma.

cas. Sólo en 1973, había fundado centros de producción en San Salvador, Porto, Kuala Lumpur, Japón y había construido otras dos grandes fábricas en Estados Unidos.[13]

Pero este proceso de expansión internacional puede revestir una forma más difusa, tal como lo testimonia la política seguida por General Electric y Westinghouse en el interior del cinturón aduanero del Mercado Común, hacia fines de los años 60.[14] En 1968, año en el que la Westinghouse intensifica su ofensiva en Europa, las ventas internacionales de esta empresa representaban apenas el 8% de su ingreso global. Cuatro años más tarde, sus ventas internacionales ya se elevaban al 20%. Es en esa época que adquiere

[13] Sobre la presencia de empresas norteamericanas en el extranjero, cf. los informes anuales de las diferentes compañías (1973 y 1974).

[14] *Business Week,* 2 de octubre de 1971, 24 de febrero de 1973, 9 de junio de 1973; *Advertising Age,* 30 de septiembre de 1971, 18 de septiembre de 1975.

el control de la empresa más grande de construcción eléctrica de Bélgica (ACEC) y de la compañía española Constructora Nacional de Maquinarias Eléctricas (CENEME) en España. Es también la época en que emprende negociaciones con dos compañías italianas y en que experimenta el rechazo tardío del gobierno francés que le impide *in extremis* meter mano en el grupo Jeumont-Schneider. Pero, en cambio, la Westinghouse consigue aventajar a la General Electric en el mercado de centrales nucleares, tomando una participación del 45% en Framatome (Creusot-Loire, controlada por el trust belga del barón Empain), que es la mayor compañía nuclear considerada francesa, con la cual fabrica centrales de agua a presión. Habría que esperar a agosto de 1975 para que el gobierno francés intentara proponerle a la sociedad norteamericana volver a comprar, en condiciones extremadamente ventajosas para ella, una parte de su participación en Framatome.

La experiencia de la General Electric en los mercados internacionales tiene cerca de un siglo. En "El imperialismo, fase superior del capitalismo", Lenin ya escribía a propósito de esta última: "Es difícil encontrar en el mundo una sola sociedad eléctrica que no esté bajo su dependencia [...] En 1907, el trust norteamericano y el trust alemán firmaron un acuerdo para repartirse el mundo. Así se suprimió la competencia. La General Electric recibió en el reparto Estados Unidos y Canadá y la AEG se adjudicó Alemania, Austria, Rusia, Holanda, Dinamarca, Suiza, Turquía y los Balcanes. Se suscribieron acuerdos especiales –se entiende que en el mayor secreto–, a propósito de las filiales que se introducirían en otras ramas de la industria y en los países nuevos y que aún no han sido formalmente atribuidas. Se estableció el intercambio de invenciones y experiencias. Se comprende fácilmente hasta qué punto es difícil entrar en competencia con ese trust realmente único, mundial, que dispone de un capital de varios millones y con sus sucursales, agencias, contactos, representantes. Pero el reparto del mundo entre dos gigantescos trusts no excluye evidentemente otra posibilidad de reparto si, como consecuencia de la desigualdad de desarrollo, de las guerras o de crack, etc. ..., viene a modificarse la relación de fuerza." Era todavía la época en que el imperialismo y el modo de acumulación internacional del capital se realizaban principalmente bajo forma de inversiones de cartera (la "esquila" de los cupones, según la expresión de Lenin). La estrategia que la General Electric ha adoptado respecto de los países europeos después de 1965 hoy pasa por los acuerdos más diversos con las empresas nacionales. En 1964, General Electric, usando en su beneficio la política de no intervención del gobierno francés, asume el control del 66% de la compañía de maquinaria Bull, hasta entonces de capital exclusivamente francés. En 1970, revenderá sus acciones en Bull a Honeywell, compañía de la que es su principal accionista. En el mismo período, gracias a una dispensa especial del Senado norteamericano, la General Electric comienza a fabricar, con la compañía francesa SNECMA, motores de aviación civil que retoman la tecnología del futuro superbombardero norteamericano B-1. A fin de introducirse en el mercado francés de centrales nucleares (en 1973 controlaba el 38% de la producción mundial), y para enfrentar a su rival directa, la Westinghouse (que controlaba la misma proporción), en 1972 cedía sus licencias de centrales de agua hirviente a la Compagnie Générale d'Électricité (CGE) después de haberse asociado con otras empresas en Holanda, España e Italia. En esa época, refuerza igualmente sus posiciones en Alemania aumentando su participación en el capital de la compañía AEG-Telefunken. En 1975, su aliada francesa, la CGE, provoca la fusión de la Compagnie Internationale pour l'Informatique (CII) con Honeywell, fusión que consagra el alineamiento progresivo de la informática francesa en la tecnología norteamericana. Sin embargo, después de este éxito resonante, la pareja CGE y General Electric sufría un revés: decidiendo que no había lugar más que para un constructor de centrales nucleares, el plan de restructuración de la industria nuclear francesa excluyó —al menos por el momento— a la CGE del mercado de las calderas nucleares en el que acababa de introducirse apoyándose en la General Electric. Las licencias Westinghouse explotadas por Framatome habían sido preferidas.[15]

Como la mayoría de las grandes multinacionales norteamericanas, las compañías electrónicas han usado el pretexto de la crisis actual para reexaminar su política de expansión. Lejos de desprenderse de sus inversiones extranjeras —aun cuando éstas hayan sufrido una disminución— tratan de adaptarse. Las retiradas tácticas se conjugan con los avances estratégicos. A la ola de adquisiciones vertiginosas de fines de los años 60, sucede un período de reordenamiento de las filiales. Se desembarazan ya de aquellas que no han dado los resultados previstos y se perfilan otros procesos de diversificación. En 1975, por ejemplo, la General Electric se deshace de su filial belga de equipo médico, de algunas de sus propiedades de material pedagógico y se introduce resueltamente en el

[15] Sobre el caso Honeywell-Bull, cf. *Le Monde,* 14 de mayo de 1975; sobre la restructuración de la industria electronuclear francesa, *Le Monde,* 8 de septiembre de 1975.

CUADRO 4: *Ventas de las filiales extranjeras de las empresas norteamericanas según su destino (en miles de millones de dólares)*

Países/regiones	*Ventas* 1966	*Ventas* 1972	*Porcentaje de las ventas exportado en 1972** En EU	*Porcentaje de las ventas exportado en 1972** Hacia otros países
Canadá	23.9	48.7	17	6
Europa	40.5	97.0	2	24
Gran Bretaña	*13.4*	*24.4*	2	*20*
CEE	*20.2*	*56.2*	2	*24*
Otros países	*6.9*	*16.4*	*2*	*32*
Japón	2.1	7.7	—	4
Australia, N.Z., África del Sur	5.2	10.8	1	12
América Latina	14.3	26.3	9	16
África	1.9	5.1	3	37
Medio Oriente	4.0	11.3	4	78
Asia y Pacífico	3.3	8.7	8	35
Internacional o no situado	2.7	5.5	6	45
Total**	97.8	221.0	7	22

FUENTE: *Survey of Current Business,* agosto de 1974.

* Por lo tanto, el saldo representa las ventas en el mercado local.

** Habiéndose redondeado las cifras por países o regiones, el total de las dos primeras columnas no corresponde exactamente a su suma.

campo de los recursos naturales. El interés manifestado por la General Electric en lo que se refiere a materias primas y a energía expresa, por otro lado, un movimiento de fondo en el vaivén de la diversificación de las grandes empresas norteamericanas. Iniciado durante el embargo del petróleo por las naciones árabes, ese fenómeno no ha dejado de extenderse hasta el grado de la inflación. Según los expertos de Wall Street, más de la mitad de las cuarenta mayores fusiones de empresas efectuadas en Estados Unidos en los últimos seis meses de 1975 han tenido por objeto las sociedades mineras o los productores de energía. Así cayeron en las redes de las ofertas públicas de venta las minas de cobre de la Anaconda y de la Cerro Corporation, ampliamente conocidas por haber ocupado los primeros puestos en el bloqueo invisible tendido por las multinacionales y el Estado norteamericano en torno a la economía del Chile popular. Siguiendo la corriente, el gigante de la electrónica ha puesto la mira sobre la Utah International. Al proponerse la compra de esta sociedad minera –operación que, a menos que sea detenida por el comité antitrust, constituiría una de las mayores fusiones de sociedades en la historia económica de Estados Unidos–, la General Electric aspira a controlar directamente las minas de uranio, de carbón y de hierro que esa sociedad posee un poco por todas partes en el mundo y que la compañía electrónica necesita para ampliar su expansión nuclear. En cuanto a Westinghouse, se deshace de su filial francesa de ascensores en beneficio de un grupo escandinavo y negocia la venta de su parte mayoritaria en la sociedad belga ACEC con el barón Empain, quien le había vendido su parte unos años antes. Ambas, General Electric y Westinghouse, intentan acercarse a las fuentes financieras estables provenientes del Estado. Después de Honeywell que, gracias a su asociación con el Estado francés consiguió que le abrieran los mercados de la administración pública y los fondos de investigación asignados a ese sector, Westinghouse acepta vender una porción de su participación en Framatome pero, como contraparte, hace que se le entreguen las capacidades de investigación del comisariado de la energía atómica y una parte del uranio francés. Por su parte, siempre en esa Europa donde el conjunto del imperio norteamericano ha lanzado su segunda ola ofensiva, General Electric, excluida del mercado francés de centrales nucleares consigue, gracias a su patente italiana, deslizarse en la Comisión Nacional (Nuclital) que debe poner a punto la política electro-nuclear de Italia.

Muy pocas compañías electrónicas norteamericanas carecen de red de producción en el extranjero. No obstante, por paradójico que pueda parecer, ése es el caso de la más poderosa de ellas, la ATT. Esa decisión se remonta a 1925. En esa fecha, la Western Electric, sección de la ATT, cedía a la ITT naciente la totalidad de su filial, la Internacional Western Electric, que era propietaria de una red multinacional anticipadamente, de fábricas de material telefónico en Inglaterra, Bélgica, España, Francia, Holanda, Italia, Noruega, Polonia, Australia, China y Japón. Signo premonitorio de su destino multinacional, la ITT había sido fundada en 1920 por dos hermanos originarios de una pequeña isla de las Antillas ¡con el fin de unir a Cuba y Estados Unidos por cable telefónico! Al comprar la totalidad de las acciones de la filial de la Western Electric por 30 millones de dólares, la ITT emprendía su vuelo internacional.[16] A pesar de ese desasimiento prematuro, la ATT está presente en todas partes gracias a sus patentes (tanto de telefonía como de equipos de sonorización cinematográfica puesto que es, con la RCA, la pionera de la industria del cine), sus licencias y sus expertos.

LAS FACTORÍAS FANTASMAS

Las diversas formas que toma la internacionalización de la producción están, por cierto, estrechamente ligadas a las condiciones de producción del país que las recibe. Dos ejemplos relativamente recientes lo demuestran. En 1973, Honeywell, que había abierto tímidamente diez años antes un siemple negocio de venta de computadoras y un taller de mantenimiento de sus equipos en Madrid, aspiraba a convertirlos en centros de producción con el doble objetivo de suprimir la necesidad de importar sus productos en España y de exportar hacia los países del Mercado Común a partir de esa base española. La compañía anunció inclusive que reduciría sus actividades en otros países europeos —lo que se tradujo en la supresión de agencias— para trasferirlas a la península ibérica. ¿Entraron en acción otros factores? Lo cierto es que por esa fecha despidió a 1 150 trabajadores de su fábrica en Escocia, que había podido instalarse gracias a las subvenciones del gobierno británico. Y estos eran los motivos que daba el director de la Honeywell para explicar la fuga hacia España: "España podría convertirse en el Japón de Europa." Una reunión en la cima de los representantes de Honeywell en Europa había llegado a pintar el siguiente cuadro: un técnico operador cuesta en Gran Bretaña 100 dólares por semana, y 152 dólares en Alemania Federal, mientras que en España, para un trabajo y una calificación del mismo orden, hay que desembolsar sólo 53 dólares. Agreguemos que en esa fecha, España comenzaba a beneficiarse de los acuerdos preferenciales estipulados por el Mercado Común, que le permitían exportar sus productos en condiciones muy ventajosas (75% sobre las tarifas aduaneras). Ese mismo año, otra compañía informática, UNIVAC (sección de la Sperry Rand), decidida también a sacar partido de esa desigualdad de salarios, se instalaba en Espa-

[16] Señalemos, sin embargo, que el impulso reciente de los sistemas de telecomunicaciones está provocando un cambio de estrategia de la ATT. La presencia de esta última en Irán (cf. III) permite augurar, por parte del gigante norteamericano del teléfono, un nuevo paso hacia los mercados internacionales.

ña, rápidamente imitada por la Westinghouse que empezó a producir allí trasformadores. Sus primeros comanditarios fueron los argentinos.[17]

El otro ejemplo es a la vez el más viejo y el más reciente. Desde 1965, los industriales norteamericanos comenzaron a afluir en masa hacia las ciudades mexicanas, situadas en la frontera de Estados Unidos, tales como Tijuana, Mexicali, Nuevo Laredo. Después de haber buscado en Puerto Rico, Jamaica, Hong Kong, Taiwan y Corea del Sur, las multinacionales de origen norteamericano se fueron a México a buscar la mano de obra abundante y barata que necesitaban. Las restricciones impuesas por el gobierno de Estados Unidos a la entrada de "braceros" —obreros agrícolas temporarios autorizados a pasar la frontera—, no habían hecho más que agravar la desocupación en la región limítrofe y el gobierno mexicano veía con buenos ojos esas nuevas posibilidades de empleo. Un decreto permitía a las compañías que se instalaban en esas ciudades introducir, sin ningún impuesto, máquinas, equipos y materias primas. En cambio, ellas se comprometían a reexportar directamente su producción. Al sur de la frontera, como lo denunció la sección local de la AFL-CIO —la poderosa central sindical de Estados Unidos—, se le pagaba a un obrero 1.60 dólares por día; en Texas había que pagarle 1.60 dólares por hora. Los ejecutivos norteamericanos podían seguir residiendo en Estados Unidos aunque trabajaran en territorio mexicano, lo que no era como para disgustar al personal de las compañías. Pero había otra ventaja muy seductora: "México es un país de una gran estabilidad política —se leía en un informe de esa época. No hay grandes manifestaciones antinorteamericanas en las calles ni nubes cargadas de presagios de guerra en el cielo. El acosamiento y las tácticas terroristas practicados por los comunistas chinos en Hong Kong, han causado muchos problemas a los hombres de negocios respecto al futuro de sus empresas en esa colonia británica y parece que ése es el motivo que ha provocado el nuevo desarrollo industrial en el norte de México." [18] En 1970, esas empresas, bautizadas con el nombre de "maquiladoras", llegaron a dar empleo a 80 000 personas, mujeres en su mayoría. Todas las grandes empresas electrónicas norteamericanas aprovecharon la oportunidad. General Electric, Fairchild, RCA, Zenith, Litton, Motorola, instalaron fábricas para ensamblar televisores, radios, electrófonos, magnetófonos, semiconductores. Entre 1965 y 1974, su inversión

[17] *Business Week,* 7 de abril de 1973.

[18] *Business Week,* 2 de diciembre de 1967.

en la zona se elevó a más del 55% de la inversión global efectuada por las empresas norteamericanas. Sólo ensamblando las diversas piezas importadas de Estados Unidos, el personal de todas las industrias presentes en la zona agregaba a los productos norteamericanos un valor anual de 140 millones de dólares.

Pero, con el tiempo, la situación se ha deteriorado. Entre octubre de 1974 y abril de 1975, han sido suprimidos unos 25 000 empleos. Los motivos alegados para justificar ese reflujo: la recesión económica, el aumento del salario mínimo y las campañas proteccionistas de la AFL-CIO que, cifras en mano, había enfrentado violentamente a las sociedades exportadoras de empleos.[19] En 1971, las importaciones de Estados Unidos provenientes de Japón, de Corea, de Taiwan, de Singapur, de México y de otras factorías exteriores, representaba el 54% de los televisores en blanco y negro vendidos en Estados Unidos, el 18% de los televisores en color, el 32% de los electrófonos, el 91% de las radios y el 96% de los magnetófonos. "Las importaciones provenían, a la vez, de compañías extranjeras y de compañías norteamericanas instaladas en el extranjero. En ningún otro sector de la industria se habían producido tantas instalaciones de fábricas en el extranjero con el fin de reexportar la producción hacia el mercado de Estados Unidos. La mayoría de las grandes compañías electrónicas —Admiral, Motorola, Philco, RCA, Zenith— importan el producto fabricado en el extranjero con su marca norteamericana. (Sólo un examen muy minucioso del chasis puede revelar una fabricación en Taiwan o en otra parte). Para los sindicatos, este exilio significa la última traición: se interpreta como una variante de la 'factoría fantasma'. De 1966 a los once primeros meses de 1972 el empleo ha bajado en un 18.5% para los trabajadores que fabrican en Estados Unidos radios y televisores. Su número ha pasado de 128 600 a 104 800, a lo que hay que agregar una pérdida de 64 000 empleos en la producción de piezas y accesorios electrónicos." [20] En 1970, la RCA cerró su fábrica de TV en colores de Memphis que había fundado cinco años antes para trasportar el grueso de su producción a Taiwan. Por la misma causa, despidió a 4 000 trabajadores.

El retorno de la producción electrónica hacia la metrópoli se explica también por una razón tecnológica. Construir un televisor en colores exige un gran trabajo manual. Las compañías electrónicas que trabajan en México estiman que tres cuartos del tra-

[19] Harold Burton M.: "That incredible economy south of the border", *Fortune,* septiembre de 1975.

[20] Irwin Ross, "Labor's big push for protectionism", *Fortune,* marzo de 1973.

bajo necesario para construir el aparato, están representados por ese conjunto de manipulaciones (inserción de piezas). El costo de esa mano de obra no calificada necesaria aumenta sin parar por lo que las compañías han tratado de desarrollar la automación de ese trabajo. El director de Motorola lo dejaba ver claramente: "Los esfuerzos para reducir los costos se han concentrado hasta ahora en la búsqueda de mano de obra en el extranjero. Pero eso es cada vez menos ventajoso. En el extranjero, las tasas salariales han aumentado mucho más rápidamente que en Estados Unidos [...] Las compañías que fabrican semiconductores –al menos– deberán automatizarse." [21] Hasta ahora los rápidos progresos de la tecnología de la televisión en colores, han impedido, paradójicamente, automatizar las cadenas de producción. Apenas se las ponía en servicio se volvían obsoletas a causa del descubrimiento de nuevos elementos. En el espacio de unos años, las lámparas han sido relegadas gracias a los transistores y muy pronto éstos fueron remplazados por los circuitos integrados. Y la aplicación a la televisión de la tecnología del circuito integrado –esa pastilla de silicón tratado, del tamaño de una uña, tan poderosa como un centenar de transistores– está en Estados Unidos en los inicios. (Por el contrario, en Alemania federal, cerca del 70% de los receptores en colores son ya de "circuito todo integrado", mientras que en Estados Unidos no hay más de un 20%, y sólo la Zenith Corp., el más grande fabricante norteamericano de radios y televisores, comienza a imponerse como competidor serio.) Es posible prever que a medida que se multipliquen estas aplicaciones que simplifican al extremo la parte electrónica del televisor, la automación será más fácil. Una parte muy importante del trabajo de montaje será entonces suprimida y las necesidades de mano de obra, que las compañías norteamericanas buscan preferentemente en el extranjero, se reducirán considerablemente. Las proyecciones establecidas por las oficinas de estudios de las empresas electrónicas norteamericanas parecen formales. "Los circuitos integrados –estima la General Electric– reducirán la suma total de elementos que entran en la televisión en colores de 1 400 a 100, probablemente. Y eso podría significar un retorno gradual de las actividades de ensamblaje a Estados Unidos." Los pronósticos de la Motorola van en el mismo sentido y son aún más optimistas: "En 1980, los televisores serán construidos a partir de 15 o 16 circuitos integrados y su armado volverá a Estados Unidos, de la misma manera que los circuitos integrados han hecho volver al país

[21] *Electronics*, 17 de abril de 1975.

la producción de calculadoras." Es en ese contexto que conviene interpretar las palabras del presidente de la Zenith en ocasión de la inauguración de la segunda cadena automática instalada por la compañía en Chicago: "Hemos estimado que la estrategia más derrotista en materia de negocios es andar a la caza de mano de obra barata alrededor del globo."[22] ¡No se sabe si hay que felicitarse por eso o, por el contrario, deplorarlo!

No obstante, no hay que dejarse llevar demasiado por el entusiasmo y apresurarse en concluir que el tiempo de las factorías fantasmas de la electrónica de alto consumo está por extinguirse. La evolución muy reciente de las filiales de compañías norteamericanas en México ha venido a atemperar, si no a desmentir, la mayoría de esas confesiones apresuradas. En febrero de 1976, la Cámara de la Industria mexicana anunciaba que en los próximos 15 meses, de 200 a 250 fábricas de armado de productos de todo tipo serían instaladas en nuevas "zonas libres" situadas en el interior del país. Otras regiones se abrían entonces a las compañías norteamericanas que continúan beneficiándose con los desequilibrios del colonialismo interno. En la lejana península de Yucatán, en Durango, en San Luis Potosí, en Jalisco, de donde Motorola ya se ha mudado, la mano de obra es la mitad menos cara que en Tijuana (en la zona fronteriza el salario mínimo por hora llega a 1.50 dólares). Como por azar, unas semanas antes, el Stanford Research Institute había remitido un estudio donde se decía literalmente que "la desocupación que afectaba en masa las regiones del interior amenazaba con provocar serios desórdenes sociales si no se encontraba una salida".

Se ve el papel de planificador de la producción mundial que se les adjudica a las empresas, en su esquema de expansión y cuando nada se les opone. La especialización de las filiales que establecen en el extranjero es otro de los rasgos que definen ese papel. Cada fábrica, cada laboratorio, no es más que la pieza de un conjunto, dispersas por el mundo. El ejemplo de la IBM es significativo de la interdependencia de esas filiales: "Un producto por fábrica es siempre la consigna de la fabricación internacionalizada [...] Así, la fábrica italiana de Vinercate que construye unidades centrales para los sistemas 3 y unidades entrada/salida para tarjetas se procura los otros elementos en otras fábricas: los teclados, unidades de discos y las unidades de captación por teclado en Gran Bretaña; las memorias, los cables y los paneles en Alema-

[22] Para las declaraciones de los responsables de la General Electric, de la Motorola y de la Zenith, cf. *Business Week*, 18 de agosto de 1973.

nia, los circuitos impresos lógicos en Francia; las unidades impresoras en Suecia y en Holanda, los seleccionadores en Argentina." [23] Esta división del trabajo —además de impedirle a cualquier país nacionalizar una fábrica IBM y sectorializar los conocimientos técnicos con fines de control— conduce a una verdadera discriminación de la producción según los niveles de desarrollo del país en el que se instalan. Se comprueba una tendencia generalizada a concentrar la fabricación de los productos más sofisticados en los países fuertemente industrializados; el resto es confiado a la periferia.

LAS MULTINACIONALES DE ORIGEN EUROPEO

Sólo recientemente algunas empresas electrónicas de origen europeo han comenzado a acercarse al modelo multinacional del otro lado del Atlántico, ese *corporatum americanum* que en definitiva parece configurar la referencia suprema del concepto de multinacionalidad. El caso más notable es el de la empresa holandesa Philips. Por su tamaño y su ritmo de crecimiento, no tiene nada que envidiarles a los líderes de la electrónica de Estados Unidos puesto que es la cuarta empresa electrónica del mundo. En 1959, sus ventas eran de 1.3 mil millones de dólares; en 1974, con fábricas en 40 países y concesionarios en otros 60, sobrepasaba los 10 mil millones. De los 412 000 trabajadores que emplea, apenas un cuarto está establecido en los Países Bajos. (Señalemos, a título de comparación, que de las 292 000 personas empleadas por la IBM, cerca de 140 000 trabajan fuera de Estados Unidos.) Pero, hasta 1972, la compañía holandesa —a pesar de la antigüedad de su instalación internacional que data de antes de la primera guerra mundial —no procedió a una reorganización masiva de sus filiales extranjeras. En dos años, al decir de sus competidores norteamericanos, la Philips se ha convertido en un modelo del género,

[23] Sobre esta política, cf. el documento-denuncia redactado por un ex director de ventas para un país europeo de IBM: XXX, "IBM ou l'emergence d'une nouvelle dictadure", *Les Temps Modernes,* octubre de 1975. IBM-Francia, con más de 2 mil millones de francos de exportaciones anuales, es el séptimo exportador francés. Sólo la superan empresas de la envergadura de Renault, Peugeot, Air France y aventaja a empresas tales como Michelin, Dassault, Rhône-Poulenc, Creusot-Loire y el principal grupo exportador de electrónica Thomson, que ocupa el décimoquinto lugar (*Moci-moniteur du commerce international,* "Les leaders de l'exportation française", 15 de septiembre de 1975).

CUADRO 5: *Principales empresas electrónicas de Europa (1974)*

Empresa	*Ventas* (*en millones de dólares*)	*Beneficio*	*Efectivo*
Philips	10 118	294	412 000
Siemens	6 506	184	309 000
ITT-Europa	5 540	—	243 000*
AEG-Telefunken	4 975	—	170 000
CGE	4 069	23	132 000
General Electric (G.B.)	2 739	171	200 000
Grupo Thomson	2 497	37	88 000
IBM-Alemania	1 869	156	25 000
Thorn Electrical	1 514	85	87 000
Ericsson	1 474	49	81 000
IBM-Francia	1 309	81	20 000
Olivetti	1 223	6	72 000
Rank-Xerox	1 130	206	34 000
Plessey	965	53	75 000
EMI	953	33	47 000
IBM-Gran Bretaña	807	54	13 000
Grundig	695	34	33 000
IBM-Italia**	581	—	8 400
Honeywell-Bull	533	25	16 000
ICL-Computers	460	3	29 000

FUENTE: "Annual Survey of international corporate performance: 1974", *Business Week,* 14 de julio de 1975; "The largest corporations outside the U.S.", *Fortune,* agosto de 1975; "Le classement des premières sociétés françaises et européennes", *Les dossiers d'Entreprise,* noviembre de 1974; "Les 500 premières entreprises européennes", *Vision,* octubre de 1975.

* ITT emplea en Alemania federal 71 000 personas, 45 000 en Gran Bretaña, 31 000 en Francia, 27 000 en España, 22 000 en Italia y 16 000 en Bélgica.

** La quinta filial europea de la IBM, IBM-Países Bajos, declara ventas por 324 millones de dólares y ocupa a 5 900 personas.

"un manual que muestra cómo la multinacionalización de una empresa favorece la maximización de su producción".[24] Catorce años después de la creación del Mercado Común, Philips, a pesar de su dispersión geográfica, no explotaba todavía las ventajas de una economía de escala. La empresa permanecía tradicionalmente organizada de modo que obtuviera el mayor beneficio de cada

[24] *Business Week,* 13 de enero de 1973.

mercado nacional a partir de una red de fábricas establecidas en cada país que producía para el consumo local. Todos esos elementos, como reconocen los ejecutivos, antes de adoptar "el concepto de centralización" de los gigantes norteamericanos, no comportaban más que inconvenientes puesto que permitían reducir las posibilidades de identificar a Philips como una empresa extranjera, al mismo tiempo que la ponían más en condiciones de responder a las necesidades y los gustos locales. En esta nueva era colocada bajo el signo de la gerencia norteamericana, el número de empresas que fabricaban aparatos de radio fue llevado de 14 a 9, el de los tocadiscos de 8 a 3, produciendo para toda la compañía y no sólo para el mercado nacional. La producción de magnetófonos está centralizada en dos fábricas, en Austria y en Bélgica; los Países Bajos proveen de máquinas de afeitar y otros aparatos destinados a los cuidados corporales y los expiden hacia otros países europeos y a Estados Unidos. Las lavadoras vienen de Gran Bretaña, Italia y Francia. Las lavaplatos se fabrican en Alemania. Para entender el significado del reacomodamiento de esas filiales europeas en el conjunto de la política de la empresa multinacional holandesa, hay que saber que son los centros de producción europeos los que proveen a la compañía la mayor parte de sus ventas (69% en 1974). Sus filiales de América Latina y de Estados Unidos sólo le procuran el 17%; el resto proviene sobre todo de los mercados asiáticos. Hay que decir que la reorganización de las filiales europeas estuvo marcada por numerosos conflictos. Gracias a un acuerdo de los sindicatos de todos los países afectados, agrupados en la Federación Europea de la Metalurgia, la compañía holandesa debió aceptar el principio del derecho a la información de las organizaciones sindicales. Pero, en cambio, les negó el de las negociaciones sobre el destino de los programas de inversiones. A pesar de esas limitaciones, el ejemplo sigue siendo único. A continuación, ninguna otra sociedad multinacional aceptó comprometerse en la misma vía. En escala internacional, las "prerrogativas del director de empresa" no son por lo tanto sometidas a ningún mecanismo de compensación.[25]

Mucho antes de proceder a la restructuración de sus bases de producción europeas, Philips había aprovechado la diferencia que existía entre el costo de la mano de obra en los países europeos y en los países del Tercer Mundo, desarrollando dos centros de

[25] *Rapport annuel Philips* 1974; *Philips global view*, Hilversum, 1975. Sobre los conflictos sindicales, cf. el estudio realizado por J. P. Laviec, en *Syndicats et sociétés multinationales*, París, 1975, documentación francesa.

producción mundial en Río de Janeiro y Singapur. Los equipos y los sistemas más complejos, por ejemplo, los que se destinan a la regulación de la circulación vial, son fabricados por los laboratorios de Hilversum y por la filial francesa Télécommunications Radioélectriques et Téléphoniques (TRT). Los proyectos de inversión que han de realizarse en los próximos años ejemplifican la descentralización creciente hacia los países de la periferia. Según esos planes, es a Corea del Sur, Hong Kong y la India que van a dirigirse las inversiones principales en la producción de piezas electrónicas, piezas que luego serán encaminadas hacia los centros de producción situados en los países industrializados. Esta división del trabajo es debidamente reconocida en los informes anuales de la compañía, en los que explica a su manera: "La tendencia ya señalada en los informes precedentes según la cual la capacidad de producción, así como la evolución de los mercados de nuestros productos, crece proporcionalmente más rápido en los países menos industrializados que en los otros, ha continuado en 1974. En los países industrializados, la naturaleza de las tareas estará cada vez más en armonía con el nivel de formación existente en esos países. En muchos países de Europa occidental se observa, además de la necesidad permanente de mejorar las condiciones de trabajo directas, una tendencia creciente al establecimiento de fórmulas concretas e institucionalizadas de acuerdo interno. Esta evolución se manifiesta igualmente tanto por parte de los empleados bajo la forma de una ampliación de sus responsabilidades, como de una voluntad mayor de influir en sus propias condiciones de trabajo [...] En esa perspectiva, es esencial tomar en consideración tales modificaciones a partir del desarrollo de productos nuevos y de nuevos métodos de producción." [26]

La fisonomía de la industria electrónica ha sufrido profundas modificaciones en el conjunto de los países europeos. Ha pasado por una fase muy activa de reagrupamiento, de fusión y de reorganización. En Gran Bretaña, fue por fusiones que se operó entre 1967 y 1970 un vasto movimiento de concentración de empresas de esa rama. La General Electric Co. Ltd., que no tiene nada que ver con su homónima norteamericana, ha sido la principal protagonista y beneficiaria de esa circunstancia.[27] Sucesivamente, absorbió dos grandes conjuntos, la Associated Electrical Industries y la English Electric Co., que acababa de adquirir otra compañía

[26] *Rapport annuel Philips*, 1974.

[27] "The General Electric Company Limited", *Informations générales*, Verlag Hoppenstedt & Co., Darmstadt - Société de Documentation et d'Analyses Financières, París.

británica, la Elliott Automation. Este nuevo *holding* industrial que ocupa a más de 250 000 personas es actualmente uno de los tres complejos europeos más importantes de la industria, no solamente electrónica, sino incluso aeroespacial. La sección Marconi, de la nueva sociedad fabrica, por ejemplo, toda la gama de productos aeronáuticos, militares y civiles que va desde satélites hasta radares. Además, General Electric Co. es propietaria del 40% de las acciones de uno de los principales constructores de aviones británicos, la British Aircraft Corporation. En informática, controla el 18% del fabricante inglés de computadoras ICL. Sin contar las innumerables participaciones minoritarias que ese grupo británico posee en la industria de cables en África del Sur, Irán, India, Australia, Nueva Zelandia y Suecia, dispone de más de 35 filiales extranjeras que van de la English Electric Marconi Argentina a la Société d'Equipement Industriel Éléctromécanique en Francia, pasando por la Marconi Italiana Spa. Su red de fábricas internacional le provee más de la cuarta parte de sus ventas. La electrónica es una de las ramas de la economía británica que participa más del impulso internacional de inversiones directas de ese país. No es inútil recordar que la industria británica ocupa el segundo lugar, después de Estados Unidos, en ese terreno. Entre 1970 y 1974, el conjunto de inversiones directas realizadas por compañías privadas de Gran Bretaña en el extranjero pasaron de 21 mil millones de dólares a alrededor de 35 mil millones (las de Estados Unidos, de un poco menos de 80 mil millones a cerca de 120 mil millones). Las inversiones internacionales de las compañías alemanas aumentaron, en el mismo lapso de tiempo, de 6 mil millones a 14 mil millones.[28]

La consolidación de la penetración de compañías electrónicas alemanas en los mercados extranjeros se vio facilitada por el acercamiento —fuertemente estimulado por Bonn— de dos de las mayores entre ellas, la Siemens y la AEG-Telefunken. En 1968, las dos compañías decidieron constituir dos filiales comunes en el terreno de las turbinas, de las centrales eléctricas y de los trasformadores. Así se crearon las sociedades Kraftwerk Union AG y Transformatoren Union AG. Gracias a esta base de producción energética, en 1975, la Siemens —convertida en productora de centrales nucleares— se pudo permitir enfrentarse a la Westinghouse en el mercado internacional y arrebatarle en particular los pedidos del gobierno brasileño. Esta primera medida de reagrupamiento será seguida de muchas otras. Entre las más importantes, se encuentra

[28] *Business Week*, 14 de julio de 1975.

la concentración de actividades electrodomésticas de las compañías Bosch y Siemens en una nueva sociedad cuyas acciones son equitativamente repartidas entre las dos compañías, la fusión de la Siemens Bauunion con otra sociedad alemana, Dyckerhoff, y Widmann AG, la fundación de la asociación Unidata con Philips y la CII francesa para tratar de formar una Europa de la informática. Esta tentativa de echar las bases de un capitalismo europeo distinguiendo sus intereses de los de las sociedades norteamericanas y privilegiando los materiales producidos por las empresas europeas, fue detenida por decisión del gobierno francés. La Siemens de la que se sospechaba voluntad hegemónica, no inspiraba confianza a los industriales franceses. "La compañía del otro lado del Rin –explicaban los propagandistas del acercamiento de la informática francesa a la Honeywell– que acaba de absorber Telefunken se tragará de un bocado a la pequeña CII. Ella no juega el juego. Se niega a comercializar los materiales franceses en Alemania federal." Según los mismos portavoces, el refuerzo de la informática pretendidamente francesa no podía darse sino "a través de una alianza con un fabricante norteamericano, pues la Europa de la informática es imaginaria. Los gobiernos de Bonn y de La Haya no tienen voluntad política en ese campo; no tienen ni el deseo ni los medios de sustituir a Siemens y a Philips. El acuerdo Unidata no iba a durar".[29] Después de esta ola de entendimientos y de colaboración, Siemens lanzó una nueva ofensiva, esta vez con el objeto de adquirir el control de las compañías asociadas. En 1975, AEG-Telefunken emprendía tratos con la Siemens para la cesión de las partes que mantenía en la filial común Kraftwerk Union. En la misma fecha, Siemens anunciaba la compra de todas las partes que la AEG-Telefunken y otra compañía alemana, la Nixdorf, poseían en la empresa informática Telefunken Computer Gmbh. En el plano de las alianzas internacionales, habiéndose retirado Philips de la Unidata, Siemens prefirió, para resolver el problema de su producción informática, volverse hacia los japoneses. Al suscribir un acuerdo con la compañía nipona Fujitsu, la compañía alemana parece querer escapar a la dependencia técnica respecto de Estados Unidos a la que había quedado reducida su antigua socia francesa en la Unidata. Es la segunda vez que los alemanes fijan límites a los propietarios de la alta tecnología norteamericana en el dominio estratégico de la construcción eléctrica y electrónica. Algún tiempo antes, Siemens ha-

[29] Informe de J. M. Quatrepoint "Les Etats Unis plutot que l'Europe", *Le Monde*, 14 de mayo de 1975.

bía querido ya "germanizar" las centrales nucleares de agua presurizada y como empresa soberana se desprendió de sus primeros grandes contratos internacionales en 1975. (Francia, a través de sus acuerdos con la Westinghouse, estará sometida a la tecnología norteamericana por lo menos hasta 1982).

En los tres últimos años, Siemens ha visto la producción de sus filiales extranjeras representar el 20 y luego el 26% de su ingreso, mientras que el porcentaje de las personas empleadas fuera del territorio alemán aumentaba del 19 al 29%. En 1974, los negocios de la Siemens en el extranjero representaban el 51% de nuevos pedidos contra el 40% de cuatro años antes. Sus unidades de producción están instaladas en 57 países y, hace cinco años, estaba sólo presente en 47. En 1974, cerca de la cuarta parte de las inversiones realizadas por la compañía salieron al exterior, cifra muy por encima de la media en la industria alemana, cuando las inversiones en el extranjero no alcanzan por lo general la mitad de esa proporción. Signo de su descentralización: su última fábrica ha sido construida en Malacca, Malasia. Produce piezas electrónicas.[30]

Los artesanos de la política informática atlantista lo confiesan todavía en voz más alta: en ese campo, las empresas francesas no pueden competir con las grandes sociedades alemanas. Y, sin embargo, la electrónica francesa ha experimentado un remodelamiento en los años setentas. A pesar de ese esfuerzo, los grupos franceses han seguido siendo más débiles que sus homólogos alemanes. El efectivo de las fábricas de la Siemens (300 000 trabajadores) es más de dos veces superior al de la Thomson y las ventas de la sociedad alemana sobrepasan en las mismas proporciones a las del grupo francés. En 1974, la producción de las compañías electrónicas instaladas en el territorio alemán se elevaba a más de 8 mil millones de dólares, mientras que en Francia, esa cifra se reducía a 4.5 mil millones. Pero la estructura de la producción es muy diferente entre los dos países: Alemania supera con mucho a Francia en los sectores de la electrónica de gran público, por ejemplo; pero en cambio, Francia produce más material de comunicación que su vecina del otro lado del Rin. Las compañías establecidas en Francia alcanzan en este rubro una producción de 920 millones de dólares contra 637 millones de las compañías alemanas.[31] En numerosos sectores de la electrónica, las compañías francesas no parecen, entonces, poder superar la desventaja que afecta a la

[30] Siemens, *Rapport annuel 1973-1974*; *Voilà Siemens*, 1975.
[31] *Electronics*, 26 de diciembre de 1974, 9 de enero de 1975.

burguesía francesa frente a otras burguesías monopolistas de los grandes países capitalistas.

Tres hechos importantes han marcado esta mutación de la industria electrónica. Después de haber absorbido varias sociedades y reorganizado sus filiales, la compañía Thomson-Brandt, gracias a un paquete de acciones aportado por el Banco de París y de los Países Bajos, se convirtió en la mayor accionista (51%) de la compañía homónima Thomson-CSF. La segunda medida a considerar ha sido el acuerdo realizado entre el grupo Thomson y el grupo competidor CGE, él mismo en plena fase de adquisición y de reorganización. Ese acuerdo preveía la racionalización del conjunto de las actividades de los dos grupos y organizaba su cooperación en los terrenos comunes a fin de evitar competencias inútiles y de reforzar así la posición de la industria eléctrica y electrónica francesa en el plano internacional. De ese tratado de buena amistad (a menudo sometido a duras pruebas, a propósito, por ejemplo, de la fusión CII-Honeywell) nació el agrupamiento de interés económico Telspace, que ha permitido a ambas compañías afirmar su posición en el mercado internacional de las estaciones terrestres de comunicación por satélite y enfrentar a la filial francesa de Philips, TRT, especializada en ese tipo de producción. La Telspace está bien situada, y con posibilidades serias de ganar, en la conquista de su primer gran contrato de construcción de estaciones terrestres en África, en Zaire, donde —en ocasión del viaje del jefe de Estado francés— fue anunciado el proyecto de instalación de doce estaciones terrestres. La tercera gestión ha sellado el acercamiento entre los dos grandes de la electrónica francesa y los propietarios de la alta tecnología norteamericana. Sin parar, la CGE y Thomson-CSF se han asociado a las grandes compañías de Estados Unidos para introducirse en los mercados y en los sectores que codiciaban desde hace tiempo. La alianza CGE-General Electric, que habría debido permitirle a la pareja francesa captar una porción del mercado de centrales nucleares y cuyas repercusiones directas se ven en el caso Honeywell, fue lo que dio el saque. Muchas otras le siguieron. Entre las más recientes: Thomson-CSF se introdujo en el mercado de telecomunicaciones y de equipos de computación, uniéndose a la empresa canadiense Northern Electric, que está en relación estrecha con el monopolio norteamericano American Telegraph & Telephone; para reforzar sus posibilidades en la teleinformática firmó igualmente un acuerdo de cooperación general con la compañía americana Computer Sciences Corp., una de las más importantes sociedades mundiales especializadas en servicios y sistemas de información. En todos los sectores de las nuevas tecnologías de comunicación (video-disco, TV por cable, satélite), Thomson-CSF ha asegurado su presencia al lado de los norteamericanos. Volveremos sobre esto oportunamente.

Las dos compañías francesas han llegado sin embargo a niveles muy diferentes de internacionalización de su producción, aun cuando ambas hayan seguido al pie de la letra los imperativos de los expertos del plan que afirmaban en 1970 que el problema "no es el monto elevado de la inversión extranjera en Francia, sino el desequilibrio fundamental ligado a la debilidad de la implantación de industrias electrónicas francesas en el extranjero".[32] Más del 60% de la producción francesa de telecomunicaciones, por esa fecha, estaba asegurada por las filiales de grupos extranjeros. En ese sector, las inversiones extranjeras en Francia subieron de 200 millones de francos a 360 millones en 1972. Paralelamente, las inversiones efectuadas en el extranjero por sociedades estrictamente francesas alcanzaban 75 millones de francos en 1972, contra 30 millones de francos en 1970. Entre 1968 y 1972, la producción extranjera de la CGE representó del 2 al 10% respectivamente, de sus ventas. El plan quinquenal adoptado por la compañía aspira a echar las bases de una expansión internacional, que podría extender la contribución extranjera al 55% de sus ventas produciendo el 25% en las filiales situadas fuera de Francia y el 30% a partir de ventas de exportación. Bajo ese signo, la CGE ha decidido un tren de adquisiciones sin precedente en la historia de la compañía. Sólo en 1972, la compañía francesa ha tomado el control de una compañía alemana de aparatos eléctricos, ha comprado el 49% de una compañía constructora española, ha absorbido un fabricante canadiense de baterías y creado un centro de producción de material de comunicación en Portugal. En 1971, la ITT-Europa le había cedido su filial francesa de servicios de informática.[33] El grupo Thomson está mucho más avanzado en sus programas de multinacionalización. En 1974, la parte de actividad en el extranjero de la Thomson-CSF fue del orden del 48% del monto de las ventas y estaba previsto el 54% para 1975. Una nueva filial Thomson-CSF internacional nació en esa fecha, con el objetivo de reforzar y coordinar más estrechamente la red de filiales en el extranjero. Instalada casi por todo el mundo, se la encuentra en Alema-

[32] Citado por J. M. Quatrepoint, "Des experts du Plan s'inquiètent de la pénétration américaine dans l'industrie électronique française", *Le Monde,* 13 de septiembre de 1973.

[33] Sobre la estrategia de la CGE, al margen de los informes anuales, cf. *Business Week,* 7 de julio de 1973; *Dossiers d'Entreprise,* 16-23 de noviembre de 1973.

nia, donde la reciente adopción del sistema de armas franco-alemán Roland, por el Estado Mayor del ejército norteamericano ha contribuido poderosamente a consolidar una de sus dos fábricas; en Argentina, donde se ha especializado en la telefonía rural; en Marruecos, donde, aparte de materiales de radiocomunicación para el mercado local, produce otras piezas –memorias, relevadores, transistores– destinadas a la exportación; en Brasil, donde está por construir una tercera fábrica (una se consagra a la exportación de piezas); en España, donde la sociedad Equipos Electrónicos –en la que tiene una participación del 39%– acaba de lanzarse a la fabricación de equipos para la marina de guerra.[34]

LA SEGUNDA OLA DE LA INVASIÓN JAPONESA

En Japón, la mayoría de las compañías electrónicas están dentro de los seis grandes grupos de intereses (Zaibatsu) que forman la base del capitalismo monopolista moderno de ese país. La Mitsubishi Electric –de la que Philips controla un tercio– está así encerrada en el grupo homónimo que cubre todos los sectores de actividades: bancos, cervecerías, minas, aviones, construcciones, textiles, papel, petroquímica, cemento, pesca, trasporte, etc... Las compañías Hitachi y Sharp están vinculadas al grupo Fujo que controla tanto las cámaras Canon como la fábrica de automóviles Nissan Motors. Nippon Electric pertenece al grupo Sumimoto. Fuji Electric y Fujitsu son del grupo Furukawa-Daiichi.[35] Cuando una de esas empresas se desplaza al extranjero se puede estar seguro de que la va a imitar la sarta de colegas del mismo grupo.

Aunque Japón haga el efecto de un gigante en el mercado internacional es sólo recientemente que ha comenzado a multiplicar sus fábricas en el exterior. Numerosos factores obligaron a las empresas niponas a emigrar. Entre ellos, un clima internacional proteccionista, hostil a las exportaciones masivas, la revaluación del yen producida en diciembre de 1971 que aumentó el precio de las exportaciones y redujo la tasa de beneficio, la inflación y el aumento del costo de la mano de obra. A fines de 1972, las inversiones directas de las empresas japonesas en el extranjero no alcanzaban más que la decimonovena parte del monto invertido

[34] Thomson-CSF, *Exercise 1974 - Assemblée ordinaire au 12 juin 1975.*

[35] Sobre la evolución del capitalismo monopolista en Japón, cf. Tasuku Noguchi, "Japanese monopoly capitalism and the State", *Kapistalistate,* 1973, n. 1.

por Estados Unidos (90 mil millones de dólares) y un cuarto de las inversiones británicas. Pero en el espacio de un año, duplicaron. En marzo de 1974, las inversiones japonesas directas eran de 12 mil millones de dólares; a fines del decenio, el Ministerio de Industria y Comercio Internacional de Tokio prevé 45 mil millones que deberán convertirse en 94 mil millones en 1985.[36] Para expatriarse, los industriales japoneses se benefician de medidas tomadas por el gobierno nipón para estimularlos. Desde 1972, ese Ministerio de Industria proponía a la Dieta una ley para la protección de las inversiones japonesas en el exterior que llevó del 10 al 30% la suma que las compañías pueden reclamar a título de deducciones de impuestos por las pérdidas que puedan sufrir sus inversiones en el extranjero.

Comenzada alrededor de 1968, cuando la balanza de pagos de Japón revelaba un excedente, la invasión de fábricas japonesas se aceleró singularmente durante el año 1973.[37] En esa fecha, la compañía electrónica Sony anunciaba su intención de producir el 25% de sus exportaciones (sus exportaciones representaban la mitad de su cifra total de ventas) en las filiales que empezaba a establecer en el extranjero. Entre las regiones elegidas están Brasil, Corea del Sur, Puerto Rico y California. La compañía Crown —fabricante de televisores y grabadoras— viéndose en serias dificultades en la metrópoli, desplazaba la mayor parte de su producción a Seul donde los salarios de los trabajadores coreanos no representaban ni la quinta parte de los de Tokio. La Sanyo se instalaba en Saigón para producir televisores en blanco y negro. La Hitachi se establecía en Estados Unidos comprándole a la General Electric una de sus fábricas de materiales magnéticos, comenzaba a fabricar aparatos de televisión y transistores en Singapur y abría una fábrica de semiconductores en Malasia. En las ofertas de empleo que publicaba en los diarios de Malasia, dejaba entrever —y quien sabía leer entre líneas no quedaba indiferente— las razones que la habían empujado a establecerse en ese país: "La compañía de semiconductores Hitachi Semiconductor (Malasia) SDN. BHD, recientemente establecida en Bayan, Lepas, Penang, que acaba de iniciar sus actividades, invita a los candidatos a llenar los numerosos puestos vacantes de FEMALE PRODUCTION OPERATORS."

Demasiado concentradas al principio en el sudeste asiático (en 1973, el 37% de la inversión en la industria tailandesa era japo-

[36] *Business Week,* 7 de julio de 1975.

[37] *Electronics,* 22 de noviembre de 1971; *Business Week,* 24 de marzo de 1973; 31 de marzo de 1973.

nés y el 90% de las nuevas inversiones industriales en Corea del Sur, provenía de Tokio), las compañías niponas se han propuesto extender sus ramificaciones en los otros continentes. Después de la derrota del ejército norteamericano en el sudeste asiático, la decisión de Washington de replegarse a los grandes archipiélagos del Pacífico provocará, sin lugar a dudas, el acrecentamiento de la competencia con las compañías japonesas en esa parte del mundo. Los japoneses parecen haberlo previsto y su política de diversificación de inversiones, que coincide con su búsqueda de materias primas, ha tomado como blanco los países latinoamericanos y muy particularmente Brasil. En 1969, las inversiones japonesas en ese país no superaban los 55 millones de dólares. En 1974 se habían multiplicado por ocho. Al ritmo que iban las cosas, se preveía que pronto los industriales japoneses estarían en condiciones de alcanzar a los inversores alemanes (cuyas inversiones aumentaron, en ese mismo lapso, de 177 millones a cerca

CUADRO 6: *Principales empresas electrónicas japonesas (1974)*

Empresa	*Ventas* (*en millones de dólares*)	*Beneficio* (*en millones de dólares*)	*Efectivo*
Hitachi[1]	6 183	120	145 000
Matsushita Electric	4 838	179	88 000
Tokyo Shibaura	4 117	49	119 000
Mitsubishi Electric[2]	2 261	29	70 000
Nippon Electric	1 624	4	58 000
Sony	1 378	87	22 000
Sanyo	1 373	31	17 000
Fujitsu[3]	856	21	31 000
Fuji Electric	771	6	23 000
Sharp	651	9	10 000

FUENTE: "The largest corporations outside the U.S.", *Fortune*, agosto de 1975.

[1] Reúne el conjunto de la producción del grupo. Hitachi (eléctrica-electrónica) declaró en 1974 ventas por 3 739 millones de dólares (*Business Week*, 14 de julio de 1975).

[2] Sólo comprende la sección eléctrica del grupo; las ventas del conjunto de las empresas Mitsubishi (química, petróleo, textil, metalurgia, etc.) supera los 15 mil millones de dólares.

[3] En el campo de la informática, Fujitsu está ligada a Hitachi, Nippon Electric a Toshiba, Mitsubishi Electric a Oki Electric Industry Co.

de 600 millones).[38] Después del ingreso de la Mitsubishi a las minas y a la industria óptica, después de la entrada de la Toyota en la industria automotriz, las empresas Sony, Toshiba, Matsushita, Sanyo y Sharp se han lanzado todas al montaje de aparatos electrónicos para el gran público. Por primera vez, en 1974, a pesar de una baja relativa de las inversiones debida a la recesión económica, Tokio ha invertido en los países latinoamericanos el mismo monto que en los países asiáticos. En esa fecha, el conjunto de las inversiones directas de empresas japonesas en América Latina se elevaba a 2.5 mil millones de dólares, mientras que en Asia esa cifra era de 3 mil millones, lo que representaba 20 y 24% respectivamente de los capitales exportados por la industria nipona. Los norteamericanos no ven evidentemente con buenos ojos la expansión japonesa en esta parte del continente. Numerosos incidentes indican las presiones que intentan ejercer sobre sus competidores. Entre esos incidentes, la demora que ha sufrido la construcción de un puerto en la costa occidental de México, que sigue dependiendo para su comercio en esa parte del mundo de los puertos norteamericanos; los obstáculos que se han levantado para impedir a los industriales japoneses acentuar su penetración en las minas de cobre de Bolivia y, un hecho mucho menos conocido, el veto que se opuso hasta hace muy poco tiempo al acceso de Cuba a los préstamos otorgados por el Banco Japonés de Exportaciones e Importaciones.

La instalación de una base de producción en Estados Unidos se ha convertido igualmente en un objetivo de principal importancia (las compañías europeas también tienen esa preocupación y la reciente adquisición de Magnavox por la Philips es un indicio). Sony abrió el fuego. Tres argumentos justificaban en los informes de la compañía el establecimiento en San Diego, California: se trataba de prevenir la ola de proteccionismo que se alzaba en Estados Unidos, de escapar al aumento de los costos de trasporte trasoceánico y también de evitar las numerosas huelgas de portuarios que había ya lesionado a las exportaciones niponas. Había un cuarto motivo pero ése no era confesado públicamente. Produciendo televisores en Estados Unidos, Sony podía al fin escapar a las acusaciones que le habían hecho de practicar el dumping en el mercado norteamericano y, al mismo tiempo, de manera paradójica, recurrir a otras formas más sutiles de ese mismo dumping no consideradas por la ley. "Cuando Sony exportaba televisores de Japón,

[38] "Latin America 75: Special Feature", *Far Eastern Economic Review,* 12 de septiembre de 1975; a título de comparación, las inversiones norteamericanas en Brasil eran, en 1973, de 3.2 mil millones.

era muy vulnerable a las acusaciones lanzadas por sus competidores que le reprochaban venderlos más baratos en Estados Unidos que en Japón. Ahora, Sony arma televisores en San Diego utilizando piezas importadas de Japón. Si quisiera, podría bajar sus costos en Estados Unidos reduciendo el precio sobre los items importados. Es relativamente fácil decidir qué precio debe tener un televisor comparando los precios norteamericanos de Sony con los precios que aplica en Japón. Pero, por el contrario, es mucho más difícil determinar un precio 'normal' para una pieza porque muchas son fabricadas por ella y no se venden en el mercado abierto. De ahí que el Tesoro norteamericano, que administra las leyes anti-dumping recientemente reforzadas, tenga serias dificultades en probar tales violaciones." [39] Después de la Sony, Hitachi y tantas otras, Matsushita (que se encuentra detrás de las marcas y etiquetas más diversas, Seiko, National, Panasonic) no ha encontrado nada mejor para intensificar la producción de sus televisores en color y otros aparatos audiovisuales que adquirir en 1974 la filial especializada en ese campo de la empresa norteamericana Motorola. Esta adquisición ha venido a agregarse a los otros 28 centros de producción de que dispone la compañía nipona alrededor del mundo y que significan el 22% de sus ventas anuales. El reparto geográfico de esas filiales es un reflejo fiel de las sucesivas prioridades que su expansión ha adoptado. 9 instalaciones en Asia (Corea del Sur, Taiwan, Filipinas, Tailandia, Malasia, Singapur, Indonesia, Vietnam, India), 5 en América Latina (México, Costa Rica, Venezuela, Perú, Brasil, habría que agregar Puerto Rico) una en Irán, en Tanzania, en Australia, en Canadá, y tres en Europa (Bélgica, España, Gran Bretaña, última creación europea, que data de 1974).[40] La informática japonesa recientemente se ha adherido a las normas internacionales. Para eso recurrió a las fórmulas más diversas. En España, un acuerdo concluido a principios de 1975 prevé la construcción de una fábrica hispano-japonesa de computadoras. La empresa Fujitsu, una de las tres más grandes de la informática nipona, ha formado la Sociedad Española de Comunicaciones e Informática, en la que posee el 30% de las acciones, perteneciendo las otras partes a bancos españoles, a la compañía de teléfonos nacional y a un *holding* industrial de Madrid. La alianza con Siemens es la segunda gestión en Europa. Para comprender la importancia de este nuevo paso de la industria japonesa, hay que

[39] Sanford Rose, "The misguided furor about investments from abroad", *Fortune,* mayo de 1975.

[40] Matsushita, *Annual Report 1974.*

precisar que la informática japonesa abastecía ya en 1973 más del 53% de sus necesidades en computadoras.[41]

Este salto de la industria japonesa en la producción multinacional no ha dejado de repercutir en la manera que tienen las empresas japonesas de administrarse. Entraron en la escuela de sus hermanas mayores norteamericanas instaladas en la plaza internacional desde los años cincuentas. Es al menos lo que surge de los propósitos mantenidos por los responsables de la Mitsubishi, la más grande entre ellas. "En el trascurso de los dos últimos años hemos pasado por un proceso de norteamericanización para evolucionar hacia el sistema de administración norteamericano [...] Antes, nuestros beneficios provenían exclusivamente de operaciones de compra y venta. En el presente, estamos listas para reinvertir y aumentar el empleo en la región, lo que significa un viraje completo de nuestra filosofía." Según el mismo personaje, la norteamericanización de las empresas se manifiesta sobre todo en la política de toma de decisión y la política respecto del personal. "Ahora las decisiones se toman mucho más en la cima y no se reparten como antes en el nivel de los cuadros medios, de los gerentes y de los directores. Así hemos operado cambios en nuestro sistema de salarios. El sistema japonés consistía en acordar todos los años un aumento salarial al personal, trabaje o no. Ahora tienen derecho a él los que trabajan más."[42]

DOS CLASES DE EMPRESAS AEROESPACIALES

Las empresas aeroespaciales norteamericanas se inscriben en una tipología mucho más estrecha que las compañías electrónicas.[43] El primer tipo son los grandes constructores de aviones que, en un momento u otro de su existencia, han ligado su razón social a un célebre prototipo civil o militar: Mc Donnell Douglas y sus Phantoms, DC-9, DC-10, Boeing, B-52 y su serie de los 700, General Dynamics y sus F-16 (preferidos a los Mirages franceses por las fuerzas aéreas de Noruega, Holanda, Dinamarca y Bélgica, cuando la renovación de su parque dio lugar, en 1975, a ese mercado que apareció como "el mercado del siglo"); Northtrop, otro preten-

[41] *Electronics,* 3 de abril de 1975.

[42] *Business Week,* 24 de marzo de 1973.

[43] Cf. los informes anuales de las compañías y los anuarios *World Space Directory,* Nueva York, Ziff-Davis Publishing Co.

diente a ese mismo mercado, y sus Cobras; Rockwell International y sus Super-Sabres (a la espera de la salida de su futuro superbombardero B-1); Lockheed y sus Hércules, su trirreactor Tristar; United Technologies y sus motores Pratt & Whitney que equipan ya gran número de aviones europeos, sus helicópteros Sikorsky. Menos conocidos por el público bajo ese otro aspecto de su identidad, esos grandes nombres son también los de la conquista del espacio. Mc Donnell Douglas ha construido las cápsulas de los proyectos Mercurio y Géminis, el tercer piso del cohete Apolo/Saturno. Rockwell ha efectuado más del 80% del lanzamiento de cohetes. Boeing ha construido los vehículos de exploración en la Luna. General Dynamics, por su parte, los cohetes Atlas y Centauro. Y se podría seguir nombrándolos para llegar finalmente a ese gran especialista en satélites civiles y militares que es el fabricante Hughes Aircraft.

Algunas de esas empresas, tradicionalmente identificadas con la aeronáutica, se han lanzado a un proceso de diversificación que se centra particularmente en la electrónica y las máquinas herramientas. Hughes, por ejemplo, produce en el Medio Oriente y en Venezuela, material de exploración petrolera. Su filial toma el nom-

CUADRO 7: *Principales empresas aeroespaciales de Estados Unidos (1974)*

*Empresas**	*Ventas*	*Beneficio*	*Efectivo*
	(en millones de dólares)		
Ling-Temco-Vought	4 769	112	66 000
Rockwell Internat.	4 409	130	137 000
Boeing	3 731	72	74 000
United Technologies	3 321	105	95 000
Lockheed	3 222	—	—
Mc Donnell Douglas	3 075	106	71 000
Textron	2 114	106	68 000
General Dynamics	1 968	52	64 000
Martin-Marietta	1 157	81	25 000
Grumman	1 113	33	30 000
Northtrop	854	18	26 000
Avco	628	20	27 000

FUENTE: "The Fortune directory of the 500 largest industrial corporations", *Fortune*, mayo de 1975.

* En esta lista no figura la Hughes Aircraft. Según otra fuente, esta empresa declara ventas por más de mil millones de dólares.

bre de Hughes Tool Co. Rockwell International representa el caso óptimo de una política de diversificación y de multinacionalización aceleradas. Su cambio de nombre –a principios de los setentas la empresa se llamaba todavía North American Rockwell– es en cierto sentido la homologación simbólica de su nueva estrategia. Rockwell fabrica material de impresión offset, piezas de automóviles, máquinas para la industria textil y –ejemplos de su reciente penetración en el campo de la microelectrónica del que estaba prácticamente ausente en 1969– calculadoras de bolsillo y circuitos integrados. En 1973 adquirió una de las más grandes especialistas en telecomunicaciones militares, la compañía norteamericana Collins Radio Company, que le aportó diez centros de producción en el extranjero (Australia, Brasil, Canadá, Gran Bretaña, Francia, Alemania, Hong Kong, Italia, Japón y México). En 1974, al comprar la fábrica de televisores Admiral, heredó otros tres grandes centros de producción establecidos en Taiwan, México y Canadá así como una red de licencias cedidas a otros 16 países.

CUADRO 8: *Materiales aeronáuticos militares norteamericanos en Europa (1975)*

	Material de modelo europeo		*Material de modelo americano*		
País	*Valor millones de EUR**	%	*Valor millones de EUR**	%	*Total (millones de EUR)**
Alemania federal	1 347.6	39.3	2 077.4	60.7	3 425
Bélgica	154.9	33.6	305.8	66.4	460.7
Dinamarca	49.2	32.9	100.5	67.1	149.7
Francia	1 661.3	93.1	122.2	6.9	1 783.5
Irlanda	1.4	100	–	–	1.4
Italia	690	63	405.2	37	1 095.2
Países Bajos	87.2	23.6	282.3	76.4	369.5
Reino Unido	1 680.5	69.4	740.1	30.6	2 420.6
CEE	5 672.1	58.5	4 033.5	41.5	9 705.6

FUENTE: *Industrie et Societé,* núm. 14, París, 1975.
* El EUR, unidad monetaria europea, equivale a 1.2 dólares norteamericanos.

En otros frentes y sólo en 1974, Rockwell ha formado una empresa mixta con una compañía británica especializada en la fabricación de equipos de prospección petrolera, tiene una participación del 75% en una compañía francesa de piezas automotrices (Herwaythorn, S. A.) y ha adquirido en Brasil la fábrica más grande de máquinas para la industria de la madera. El resultado no se ha hecho esperar; en 1974, las ventas internacionales de la Rockwell aumentaron en un 72% y pasaron de 500 a 900 millones de dólares. Las filiales extranjeras le proveen más del 15% de sus ventas y el resto le viene de las exportaciones. Antes de 1970, las operaciones aeronáuticas de Rockwell representaban más del 60% del ingreso de la empresa; en 1973, representaban el 30 y en 1974 el 26%.

El segundo tipo de fabricantes aeronáuticos forma parte de conglomerados heteróclitos. Es el caso del más grande constructor de helicópteros civiles y militares, la compañía Textron, que obtiene de su división Bell Helicopter el 40% de sus ventas. En los últimos doce años, Textron ha comprado, a partir de la base textil que le dio su nombre, 70 empresas de las más variadas, desde relojes pulsera hasta papeles carbónicos, pasando por las plumas Sheaffer. Entre 1952 y 1974 su cifra de ventas pasó de 71 millones de dólares a más de 2.1 mil millones. Otros fabricantes, que también forman parte del club de las empresas diversificadas, han ligado también su nombre a la conquista del espacio: Ling-Temco-Vought que engloba a la vez centros de fabricación de cohetes de lanzamiento y compañías de seguros, produce también alimentos, acero, alfombras, raquetas de tenis, productos farmacéuticos, y no hay que olvidar el control que ejerce sobre la cadena de diarios *Times Mirror*. Un poco menos excéntrica, la Martin-Marietta, que obtiene la mitad de sus ingresos de la construcción de misiles, en particular los cohetes tierra-tierra "Pershing", y vehículos espaciales, fabrica también el cemento Portland, las tintas y colores Sinclair y Valentine, sin desdeñar la explotación de yacimientos de bauxita en África. La Goodyear Aerospace y la Aerojet General, que pertenecen a la General Tire & Rubber, demuestran que los grandes de la industria del neumático y del caucho pueden también tener intereses en la aeronáutica. En cuanto a la Chrysler, mejor conocida por sus automóviles, fabrica nada menos que los cohetes Saturno.

La industria aeroespacial es la rama de la economía que contribuye más a equilibrar la balanza comercial de Estados Unidos. En 1964, sus ventas internacionales representaban el 8% (1.6 mil millones de dólares) del monto total de sus ventas. En 1975, según todas las previsiones, ese ingreso internacional debía alcanzar cerca de 8 mil millones de dólares y constituir la tercera parte de las ventas. Esa suma representa cerca del 8% del total de las exportaciones realizadas por el conjunto de la industria norteamericana.[44] La agresividad de las empresas aeroespaciales en el exterior es cada vez más clara. En 1974, los tres principales fabricantes de aviones de pasajeros, Boeing, Mc Donnell Douglas y Lockheed, han recibido el encargo de 564 aparatos civiles de todos los modelos, de los cuales 356 son para la exportación. Con 188 aviones civiles que le encargaron en 1974 y 189 vendidos, Boeing ha cubierto, ella sola, el 56% del mercado occidental. Se estimaba ese mismo año que el 99% del mercado civil de los países no socialistas y el 80% del mercado militar estaban ocupados por las empresas norteamericanas, siendo provisto el resto por los industriales europeos que alcanzaban a cubrir en Europa sólo un cuarto del mercado. Los índices de dependencia de los países de la comunidad europea (como los Países Bajos, Dinamarca, Bélgica, y en menor medida la Alemania federal), en relación al material aeronáutico militar de origen norteamericano, oscilan entre 60 y 76%.[45]

La estructura de las empresas aeronáuticas de los otros países capitalistas se acerca más al primer tipo de empresas norteamericanas. Poco diversificadas, sólo disponen en el extranjero de algunos centros de producción. Dassault (cuyas ventas en el extranjero representan más del 60% del total de las ventas anuales) posee, por ejemplo, fábricas en España, Suiza e Italia. Pero tienden a multiplicarse acuerdos de cooperación mutua, tanto en el terreno civil como en el militar. El fracaso francés en el "mercado del siglo" ha indicado sin embargo las dificultades que enfrentaba la formación de la Europa de la aeronáutica. Sobre todo puso de manifiesto que la mayor parte de los colegas franceses no concebían la constitución de una comunidad aeronáutica occidental sin la participación de Estados Unidos. "Es necesario que el Mercado Común mire decididamente hacia el exterior pues, a largo plazo, tendremos problemas, solos o en conjunto. El mercado norteamericano es muy importante. Será necesario que estemos con Estados Unidos si queremos mantener nuestro mercado o tener acceso al mercado norteamericano." [46] En esa comprobación que hacía, en

[44] *Aerospace facts and figures 1975-76.* Aerospace Industries Association of America, Inc. En 1974, las exportaciones de la industria aeronáutica de Estados Unidos se elevaban a 6.3 mil millones de dólares. Los fabricantes franceses de aviones ocupaban el segundo lugar con 2.3 mil millones; los industriales británicos, el tercero, con 1.5 mil millones.

[45] *Industrie et Société,* París, 1975, núm. 14.

[46] *Le Monde,* 29 de mayo de 1975.

mayo de 1975, el presidente de Rolls Royce —esa empresa británica que fabrica motores de aviones además de sus autos para millonarios—, no deja de aparecer un sabor amargo cuando se sabe que el desarrollo de la industria norteamericana de reactores se hace a partir de las licencias concedidas, hace ya más de treinta años, por los fabricantes ingleses a Pratt & Whitney, por ejemplo, para la construcción de los motores Nene y a la General Electric para las patentes Whittle.

La cooperación entre las empresas norteamericanas de la aeronáutica y sus colegas extranjeros reviste cada vez más la forma de la coproducción que muy a menudo convierte a las empresas extranjeras en meros subcontratistas de la industria norteamericana. Esta fórmula permite, por el contrario, a los fabricantes de aviones norteamericanos beneficiarse de los subsidios otorgados por los gobiernos de sus asociados. Citemos, por ejemplo, el caso de la colaboración Boeing-Aeritalia (esta última compañía propiedad de la Fiat) garantizada por el Estado italiano. Los recientes acuerdos celebrados entre Rockwell International y la compañía japonesa Fuji para fabricar juntas un avión comercial de ocho plazas, indican netamente los límites de esos tratados de coproducción, que constituyen nuevas estratagemas para invadir los mercados. La compañía japonesa deberá, según esos acuerdos, aportar el 60% del financiamiento del programa. Tendrá a su cargo la fabricación de piezas de detalle y el subarmado, que serán enviados directamente a la fábrica de la compañía norteamericana en Oklahoma para el armado final. El colega norteamericano proveerá los motores, los sistemas de aterrizaje y otras piezas importantes. Fuji podrá vender ese avión en Japón y en el Lejano Oriente. Rockwell conserva la exclusividad para el resto del mundo.[47] Brasil acaba de dar la patada inicial a su industria aeroespacial suscribiendo acuerdos del mismo tipo. La Embraer (Empresa Brasileira de Aeronautica), por ejemplo, ha empezado a montar las piezas de los Navajos de la Piper Aircraft para el mercado nacional y, según la ocasión, para la exportación. Un segundo estadio prevé, a mediano plazo, el remplazo progresivo de las piezas enviadas de Estados Unidos, por piezas fabricadas en Brasil. En una tercera fase,

[47] *Aviation week and space technology,* 9 de junio de 1975. Desde fines de la segunda guerra mundial, el Pentágono ha tratado de favorecer la firma de tratados de coproducción aeronáutica. Desde 1949, el avión F-86 se fabrica en Canadá. En 1953, Fiat lo fabrica en Italia y Mitsubishi en Japón. Pero las nuevas fórmulas propuestas en la actualidad han hecho estallar, ampliamente, el marco de esas primeras experiencias.

CUADRO 9: *Principales empresas aeroespaciales europeas (1974)*

Empresas	*Ventas* (*en millones de*	*Beneficio* *dólares*)	*Efectivos**
Hawker Siddeley	1 496	64	87 000
SNIAS	1 116	(–82)	40 000
Rolls-Royce	1 102	28	62 000
Dassault-Breguet	822	19	15 000
British Aircraft Corp.	638	28	38 000
MBB-Messerschmitt	599	3	20 000
VFW-Fokker	576	3	18 000
SNECMA	471	6	19 000

FUENTE: "Les 500 premières entreprises européennes", *Vision,* octubre de 1975.

* No figura en la lista la compañía sueca Saab-Scania, en la que la aeronáutica no constituye más que una de sus múltiples actividades (total de ventas en 1974: 1 606 millones de dólares).

la compañía norteamericana habrá de elaborar con su homóloga brasileña, un avión destinado a la exportación.[48]

El "mercado del siglo" fue la última oportunidad que tuvo la industria norteamericana de encontrar formas de coproducción eficaces, dentro de los límites de la subcontratación. 1 500 aviones F-16 de la General Dynamics serán coproducidos por las empresas aeronáuticas de los cuatro clientes del mercado: 350 han sido encargados por las fuerzas aéreas de esos países; 650 por la fuerza aérea norteamericana y otros 500 serán despachados a otros países. En aplicación del acuerdo firmado entre Washington y el gobierno de los 4 grandes compradores del caza norteamericano, las compañías europeas deben producir el 40% del valor de los aviones encargados por estos últimos, el 10% de los aviones pedidos por la fuerza aérea norteamericana y el 15% de los aviones encargados por los otros países. A las empresas aeroespaciales de los 4 países que integran el consorcio se les ha asignado la fabricación de una parte de los elementos. Las compañías belgas Fairey y Sabca armarán, por ejemplo, el motor Pratt & Whitney y fabricarán los sistemas de radares. La compañía holandesa Fokker-VFW tiene a su cargo el fuselaje central, los medidores de gasolina y las antenas de radar, entre otras muchas atribuciones. Noruega

[48] C. Brownlow, "Brazil presses to build aircraft industry", *Aviation week and space technology,* 6 de enero de 1975.

—país exportador de aluminio y con el que la General Dynamics ha suscrito acuerdos especiales— fabricará los tanques de gasolina, coproducirá con Dinamarca el arranque (entre otros elementos). Dinamarca, por su parte, producirá entre otros, el sistema de control de incendio y así hasta constituir una versión europea del avión americano. Un equipo especial ESPO (European System Program Office), compuesto por representantes de las fuerzas aéreas de los cuatro países y por la fuerza aérea norteamericana, dirige con los técnicos de la compañía norteamericana, desde el Ministerio de Defensa de Bruselas, las operaciones de coordinación. Cada compañía subcontratada está en estrecha relación con las compañías norteamericanas que fabrican las diversas piezas de la versión norteamericana. Según los cálculos realizados por el Tesoro norteamericano, el conjunto de esta operación multinacional significará para la balanza de pagos de Estados Unidos, un beneficio de más de tres mil millones de dólares. Además, el caza norteamericano, fabricado por los europeos, costará 140 000 dólares menos que su homólogo fabricado en Estados Unidos. El precio del avión ha sido fijado en 5.6 millones de dólares.[49]

Todas estas vías de expansión multinacional, de empresas que hasta el presente se habían contentado, en su mayoría, con exportar su producción aeronáutica pura y simplemente, son inauguradas a medida que el desequilibrio entre la industria aeronáutica de Estados Unidos y la del resto del mundo se acentúa.

[49] *Aviation week and space technology*, 8 de septiembre de 1975.

CAPÍTULO II

LOS PRODUCTORES DEL ELECTRONIC WARFARE

LA SEGURIDAD NACIONAL: UNA NOCIÓN QUE GRAVITA

"Pero sin esos anteojos, ella no puede ver en la oscuridad. Tiene buenas razones para temer a la oscuridad. Padece de una retinitis pigmentosa. Esta enfermedad de los ojos habitualmente comienza como una suerte de ceguera nocturna. Pero, poco a poco, muchas de sus 100 000 víctimas se volverán totalmente ciegas. Los binoculares electrónicos que usted ve en la foto pueden ayudar durante el período de ceguera nocturna de la enfermedad. Ellos detectan la luz, aun en la oscuridad casi total; la amplifican electrónicamente de manera que ojos, incluso defectuosos, pueden ver. Hemos concebido estos binoculares gracias a la ayuda del Night Vision Laboratory del gobierno. Trabajamos actualmente con la Fundación Nacional Retinitis Pigmentosa para fabricar un modelo de bolsillo más barato, y permitir que una mayor cantidad de adultos y niños que sufren esa enfermedad se beneficien con él. Para nosotros es una satisfacción especial poner la ciencia al servicio del pueblo, aportando, cuando podemos, un poco de luz en las tinieblas."

Ese texto de una publicidad ITT va acompañado de una fotografía de una joven a quien sus binoculares –de un tamaño impresionante– le dan el aspecto de un soldado del Afrika Korps. La publicidad apareció en 1974, en las revistas de negocios de gran tiraje de Estados Unidos. Corresponde a una nueva línea de acercamiento al público que ha adoptado esa empresa multinacional creando un nuevo eslogan: *The best ideas are the ideas that help people.* ITT. Divisa más concreta y más personal que la que aparece grabada en letras de oro en el vestíbulo del edificio de la ITT en Nueva York, en la parte baja de un mosaico que representa un angel tutelar abrazando los dos hemisferios: ITT al servicio de los hombres y las naciones.

Tres años atrás, esos binoculares electrónicos eran todavía propiedad exclusiva del ejército de Estados Unidos y permitían a las tropas de Thieu y a sus consejeros, combatir durante la noche a los revolucionarios del GRP. Para que esos gemelos pudieran ser ofrecidos en la vitrina de una óptica, fue necesaria la mediación de tres proyectos del Departamento de Defensa, confiados a diversas secciones de la ITT: la puesta a punto de binoculares electrónicos infrarrojos para los conductores de vehículos terrestres, proyecto STANO (Surveillance-Target-Adquisition-Night-Observation); el desarrollo de un radar para las misiones nocturnas de helicópteros; la búsqueda de un intensificador de imágenes montado en cada fusil o en cada ametralladora para identificar los blancos en la noche. En esa época, la ITT disfrazaba menos sus actividades belicosas: "Estamos bien provistos para proporcionar las técnicas que permiten evitar que nuestra aviación táctica y estratégica se conviertan en blancos demasiado fáciles. Ésa es una de las razones por las que hemos sido elegidos para diseñar y desarrollar nuevos y más importantes sistemas. Esos sistemas permiten proteger los aviones militares contra muchas amenazas. En tareas como ésta, aportamos toda la experiencia que hemos acumulado como principales proveedores de sistemas de navegación y de defensa electrónica de la Marina y de la fuerza aérea norteamericana, además de nuestra actuación de larga data en el arte sutil de confundir a los que cazan a los aviones de caza. ITT Avionics Division, miembro del grupo defensa-espacio de la ITT."

Las repercusiones civiles del *electronic warfare* no siempre tienen los rasgos de una joven norteamericana que presta su doble fragilidad de mujer y de enferma en testimonio de la filantropía de una fundación de investigaciones médicas. Otros anuncios publicitarios que pretenden inscribirse en esa línea de conversión pacífica de una electrónica concebida en su origen para la guerra, dejan en efecto trasparentar el diseño represivo de la matriz: "Lo que aprendimos para responder a las necesidades del espacio y la defensa de la nación, nos sirve ahora para responder a las necesidades sociales del hombre [...] Los conocimientos que hemos adquirido en el uso de las informaciones que nos permiten seguir los latidos de un corazón en la luna, ahora son puestos a disposición de la policía para hacer respetar nuestras leyes. IBM Federal Systems Division." Frente a este texto, la fotografía de un joven agente del FBI, delante del tablero luminoso del último hallazgo de la teleinformática. Propósitos similares formulan muchas otras compañías. Como ejemplo, este extracto de un informe anual de Westinghouse: "Las tecnologías avanzadas que derivan de la defensa son adaptadas al descubrimiento de nuevas aplicaciones en los problemas civiles, como por ejemplo, los detectores de armas en los aeropuertos." Un repaso más largo al discurso publicitario de las empresas aeroespaciales y electrónicas de Estados Unidos no hace sino reforzar la impresión de esa voluntad de convencer al consumidor de las ventajas sociales de los derivados de la defensa. No se puede leer de otro modo esta propaganda del grupo aeroespacial de la General Electric titulado: "En beneficio de toda la humanidad." "La utilización de sensores infrarrojos ha rendido plenamente las pruebas en la detección prematura del cáncer [. . .] Si hubiera que hacer un balance de los efectos sociales de los beneficios [de la tecnología aeroespacial], quedaríamos pasmados viendo las mejoras sustanciales que ha aportado a la condición de la humanidad en menos de diez años."

Pero el interés principal de esos nuevos eslóganes no reside en su carácter de profesión de fe cívica, sobre todo cuando se sabe que esas empresas continúan conservando en su producción una proporción importante en el terreno de los arsenales de guerra. Lo que es interesante comprobar es que, para tocar al posible consumidor individual de esas máquinas "civilizadas", esas empresas tratan de persuadirlo de que su identidad está amenazada, así como estaba amenazada la identidad del Estado que pasaba la orden de las máquinas de guerra, en un conflicto como el que oponía el imperio norteamericano a Vietnam. La nueva motivación con la que trabajan esos textos publicitarios presenta al usuario de esas nuevas tecnologías benéficas como un ser amenazado por un enemigo que está presente por todas partes, trasposición del esquema de la agresión al nivel privado. "La detección por ultrasonidos no es ya un secreto militar. Benefíciese de ella. Los ladrones entran en su casa como profesionales, recíbalos como profesional. Detector antirrobo ultrasónico concebido por la Singer." Esa publicidad, publicada en *Le Monde* del 11 de junio de 1975, muestra en primer plano el transistor que sirve para disimular el detector antirrobo, mientras que en el segundo plano aparece un barco de guerra equipado con la versión militar de ese emisor de ultrasonidos. Haces (luminosos para la representación en la imagen) que salen de las dos máquinas, las unifica en una misma filiación.

En un primer nivel, esos discursos reconocen el itinerario que ha seguido la producción electrónica y aeroespacial norteamericana; en 1967, los hombres de negocios lo admitían en sus círculos: "la mayoría de nuestros productos nuevos encuentra su primera aplicación en el terreno militar". Éstos eran los términos en que se expresaba el vicepresidente de la Litton, convertido en director del presupuesto de Nixon y de Ford a partir de entonces. Esa realidad es lo que le permite hoy en día a esa compañía ofrecer sus servicios de promotora de un desarrollo integral proclamando: "Litton cree que el desarrollo económico puede acelerarse si se cuenta con prácticas y programas avanzados de planificación. Litton cree también que esos mismos principios que han permitido el progreso militar y aeroespacial de Estados Unidos pueden ser aplicados para resolver los problemas de cada nación. La división LIDCO de Litton os lo ofrece." [1]

En 1967, Litton fue la primera en reconocer al régimen de los coroneles en Grecia. Ocho días después del golpe de Estado, le proponía a los golpistas una inversión de 850 millones de dólares escalonados en un período de 12 años. Los coroneles se apresuraron a aceptar esta proposición y la LIDCO de Litton fue encargada de planificar el desarrollo económico de Creta y del Peloponeso occidental comprometiéndose formalmente a ¡"preservar los monumentos históricos y las fuentes naturales estéticas de la región"!

LOS CONTRATOS PARA LA DEFENSA

En 1974, los contratos de aprovisionamiento del Departamento de Defensa extendidos al conjunto de la industria norteamericana se elevaron a 34 mil millones de dólares. Ese monto está muy cerca de la media anual del presupuesto asignado en el curso de los ocho últimos años, que fluctuó alrededor de los 30 mil millones. Esos contratos alcanzaron un máximo de 43 mil millones de dólares cuando Estados Unidos consagraba 29 por año a las guerras del sudeste asiático.[2] El resultado más inesperado es que el gobierno revolucionario de Saigón se ha convertido, sin quererlo, en propietario de tal cantidad de aviones y de helicópteros que ha sido propulsado al rango del tercer cliente de la industria aeroespacial de Estados Unidos.

Índice del alto grado de concentración de los pedidos militares es que en 1974, 25 empresas compartían la mitad de los contratos. Las 10 primeras se quedaban con un tercio. En la lista de las 25 primeras, no se encuentra más que una sola empresa que no pertenece a la electrónica o a la industria aeroespacial: la sociedad petrolera Exxon que figura en el décimo noveno lugar y que ha recibido contratos por 289 millones de dólares; siete veces menos que el cliente principal del Pentágono, la General Dynamics. En lo que concierne a los fondos asignados por la NASA (National Aeronautics

[1] Litton Industries, *International Directory,* Beverly Hills, 1969.
[2] *Aerospace facts and figures, 1975-1976.*

and Space Administration), la concentración es todavía mayor. En 1972, por ejemplo, los 10 primeros clientes del organismo espacial se repartieron el 59% de los contratos. La primera empresa —Mc Donnell Douglas— tenía ella sola el 16% de la cantidad total, es decir, 9 veces la cantidad atribuida a la Fairchild que ocupaba el décimo lugar. Ese mismo año, Mc Donnell Douglas estaba en el segundo lugar en la lista de contratados por el Pentágono. Los fondos de la NASA son bastante más limitados que los del Departamento de Defensa: 8 mil millones de dólares en los años de la conquista del espacio para estabilizarse aproximadamente en 2.5 a 3.5 mil millones de dólares después de 1972.[3]

La dinámica que confiere la defensa a la industria electrónica y aeroespacial aparece todavía más nítidamente cuando se examina la contribución militar al financiamiento de programas de "desarrollo, investigación, prueba y evaluación" de esas empresas. Cada año, la industria norteamericana consagra el equivalente de 20 mil millones de dólares a la investigación y a la innovación tecnológica. La electrónica y la aeroespacial absorben más de la mitad de esa suma. Son los sectores que tienen los presupuestos más elevados. En 1971, por ejemplo, la industria química gastaba 3.5%, o sea cerca de 2 mil millones de dólares, de sus ventas, en sus laboratorios y servicios de investigación. Esas proporciones se elevaban al 20% en la aeroespacial y a 8.1% en la electrónica, gastando alrededor de 5 mil millones de dólares cada una.[4] Esta carrera de la innovación tecnológica significa que el 41% de los productos aeroespaciales y el 12% de los electrónicos que han salido al mercado en 1975, no existían todavía en 1972, mientras que en sectores como el trasporte marítimo o terrestre, ese porcentaje no excede el 3%, y para las empresas petroleras alcanza el 6%.[5] En 1970, el 79% del financiamiento de la investigación aeroespacial provenía de agencias gubernamentales, de las cuales la más importante era el Pentágono; el otro 21% era aportado por las empresas mismas. Cinco años antes el peso del Estado era todavía más significativo porque proveía a esa rama de la industria el 88% de sus fondos de investigación. En la industria electrónica el panorama es similar. Todos los años la electrónica recibe alrededor del 66% de su presupuesto para investigaciones del Departamen-

[3] "Top NASA fiscal 1972 contractors listed", *Aviation Week and Space Technology,* 5 de febrero de 1973.

[4] *Business Week,* 6 de mayo de 1972.

[5] U.S. Department of Commerce, *Commercial Newsletter Service,* Washington D.C., agosto-septiembre de 1972.

CUADRO 1: *Principales proveedores del Departamento de Defensa (1967-1974) (en millones de dólares)*

Compañía	*1967*	*1970*	*1972*	*1974*
Total contratos industriales	*39 219*	*31 315*	*33 362*	*34 357*
General Dynamics Corp.	1 832	1 183	1 289	1 853
Lockheed Aircraft Corp.	1 807	1 848	1 705	1 464
Mc Donnel Douglas Corp.	2 125	883	1 700	1 309
United Aircraft Corp.*	1 097	874	996	1 212
General Electric Co.	1 290	1 001	1 259	1 211
Boeing Co.	912	475	1 171	1 076
Litton Industries, Inc.	180	543	616	926
Hughes Aircraft Co.	420	497	688	825
Rockwell International Corp.	689	707	703	819
Raytheon Co.	403	380	507	740
American Telephone & Telegraph Co.	673	931	1 122	691
Grumman Corp.	488	661	1 120	687
Northrop Corp.	—	184	370	491
Westinghouse Electric Corp.	453	418	387	461
Textron Inc.	497	431	242	418
Chrysler Corp.	—	92	94	412
Sperry Rand Corp.	484	399	414	393
FMC Corp.	—	141	180	351
EXXON Corp.	235	229	209	340
General Motors Corp.	625	386	256	300
Honeywell Inc.	314	398	334	281
LTV Corp.	535	479	449	268
Standard Oil Co. of California	—	140	146	267
Tenneco Inc.	—	249	505	264
IBM Corp.	195	256	260	252
Martin Marietta Corp.	290	251	256	246
RCA Corp.	268	263	275	243
Intern'l Telephone & Telegraph Corp.	255	217	258	237
Teledyne Inc.	88	238	180	228
TRW Inc.	121	179	146	203

FUENTE: Departamento de Defensa, *100 Companies and their subsidiary corporations listed according to net value of military prime contract awards*, (Annually).

* La empresa United Aircraft fue rebautizada en 1974 con el nombre de United Technologies. El signo (—) indica que ese año la compañía no figuraba entre las treinta primeras.

CUADRO 2: *Principales proveedores de la NASA (1967-1974)*
(en millones de dólares)

Compañía	*1967*	*1970*	*1972*	*1974*
Total contratos industriales	*3 864.1*	*2 759.2*	*2 143.3*	*2 118.6*
Rockwell International Corp.	938.8	531.5	175.1	486.5
Martin Marietta Corp.	12.8	108.0	208.4	201.8
Mc Donnell Douglas Corp.	243.9	236.3	343.1	156.0
Bendix Corp.	120.0	109.8	88.0	79.8
General Dynamics Corp.	61.0	38.0	66.6	79.5
General Electric Co.	179.3	131.7	114.9	65.0
Boeing Co.	273.5	158.6	94.2	60.0
Internat. Business Machines Corp.	186.4	133.4	72.0	47.5
United Aircraft Corp.	40.0	27.1	15.9	39.7
Philco-Ford Corp.	32.1	24.0	36.2	36.0
Lockheed Electronics	—	—	24.4	35.4
RCA Corp.	57.5	54.5	57.2	34.7
Computer Sciences Corp.	11.8	11.0	23.3	27.4
Sperry Rand Corp.	38.7	48.1	33.5	21.7
Federal Electric Corp.	12.3	26.3	23.5	20.9
TRW Inc.	52.6	58.3	33.3	20.8
Hughes Aircraft Co.	19.9	9.0	22.0	18.0
LTV Aerospace Corp.	46.3	17.9	21.9	17.2
Thiokol Corp.	—	2.0	3.0	17.0
American Airlines Inc.	—	—	—	16.9
Northrop Services, Inc.	8.8	—	4.9	16.3
Chrysler Corp.	76.6	16.7	24.3	16.1
Morrison, Knudsen Co., Inc.	—	—	—	15.6
Fairchild Industries	9.8	1.9	42.0	13.0
Honeywell	22.6	11.5	11.1	12.3
Teledyne Industries, Inc.	—	—	6.0	12.3
Litton Systems, Inc.	—	1.8	6.0	11.3
Grumman Aerospace Corp.	481.1	284.4	28.5	11.1
Harris Corp.	—	—	—	10.6
Textron, Inc.	—	4.2	5.4	10.1

FUENTE: National Aeronautic and Space Administration, *NASA Annual Procurement Report*, (Annually).

to de Defensa.[6] Basta dar un rápido vistazo a la lista de los beneficiarios de contratos de investigación, asignados por la defensa, para cerciorarse de ello. Entre los 20 primeros se encuentran 18 empresas aeroespaciales o electrónicas, siendo las otras dos laboratorios universitarios (Massachusetts Institute of Technology y John Hopkins University). En las empresas, como Lockheed, las investigaciones llamadas independientes, es decir, no financiadas por el Pentágono, se benefician de fondos nueve veces menos importantes que las ligadas a la defensa. En 1972, de los 224 millones que consagraba la RCA a la investigación, el 60% provenía del Departamento de Defensa. Y la RCA no era ese año una de las fuertes proveedoras del Pentágono. En 1974, la General Electric gastaba en sus 100 laboratorios –de donde salen más de 1 000 patentes por año– 800 millones de dólares de los cuales 500 millones provenían del Estado norteamericano. La Xerox, con 12 millones de fondos oficiales, financiaba apenas una décima parte de sus investigaciones. Para la IBM los aportes públicos han representado, en los tres últimos años, del 15 al 20% de su presupuesto para investigaciones.[7]

Pero hubo una época en que las inversiones militares en la investigación informática fueron más importantes. Como reconoce un informe publicado por la OCDE, fueron las contribuciones financieras del Departamento de Defensa las que permitieron en los años cincuentas el verdadero arranque de la industria informática. "En 1959, cerca de mil millones de dólares en contratos de investigación y de desarrollo, fueron concedidos a los fabricantes de computadoras (en Estados Unidos). Esa cifra debe ser comparable a la cifra total de las compras de computadoras en los mercados civiles en la misma época y ciertamente sobrepasa con mucho todo el apoyo acordado a la industria de las computadoras en otros países. En coincidencia con los años de formación de esta nueva e importante industria, esta política tuvo sin duda mucho más efecto que ninguna otra política nacional llevada adelante en esa época o desde entonces." [8] De hecho, se podrían hacer las mismas verificaciones para la mayoría de los productos de las tecnologías de punta. El Pentágono continúa, por otro lado, siendo el usuario más importante de esas computadoras, entre las diversas

[6] *Aerospace facts and figures 1972-1973.*

[7] Informes anuales de las compañías 1971-1972.

[8] OCDE (Organisation de Coopération et de Développement Economiques), *Allocations des ressources dans le domaine de l'informatique et des télécommunications* (Tercera parte, informe de base, preparado por S. Gill). París, 1975.

instituciones del Estado norteamericano. A principios de 1973, de las 6 731 computadoras instaladas en las diversas agencias guber-

CUADRO 3: *Principales contratos de investigación, desarrollo, prueba y evaluación del Departamento de Defensa, 1973 (en miles de dólares)*

1	Mc Donnell Douglas Corp.	431 313	25	Honeywell, Inc.	52 657
2	Rockwell International Corp.	405 351	26	AVCO Corp.	52 514
3	Boeing Co.	401 549	27	Mitre Corp.	41 634
4	Grumman Aerospace Corp.	333 139	28	Texas Instruments, Inc.	36 477
5	General Electric Co.	330 123	29	GTE Sylvania, Inc.	36 005
6	Lockheed Missiles & Space Co., Inc.	278 195	30	Northrop Corp.	34 649
7	Western Electric Co., Inc.	264 699	31	Aerojet General Corp.	33 883
8	General Dynamics Corp.	226 514	32	Textron, Inc.	33 104
9	Raytheon Co.	217 676	33	Litton Systems, Inc.	32 905
10	Hughes Aircraft Co.	204 341	34	General Motors Corp.	29 919
11	United Aircraft Corp.	175 876	35	Teledyne Industries, Inc.	28 779
12	Lockheed Aircraft Corp.	145 405	36	International Telephone & Telegraph Corp.	28 536
13	RCA Corp.	139 424	37	Stanford Research Institute	26 966
14	International Business Machine Co.	126 627	38	Federal Electric Corp.	26 789
15	Massachusetts Institute of Technology	123 992	39	Fairchild Industries, Inc.	26 508
16	Westinghouse Electric Corp.	119 361	40	Global Associates	22 715
17	Philco Ford Corp.	97 364	41	Motorola, Inc.	21 912
18	TRW Inc.	84 736	42	University of California	21 895
19	Johns Hopkins University	75 901	43	Automation Industries, Inc.	20 167
20	Aerospace Corp.	70 588	44	Calspan Corp.	19 440
21	Sperry Rand Corp.	69 462	45	LTV Aerospace Corp.	18 919
22	Mc Donnell Douglas Astronautics Co.	65 877	46	Sanders Associates, Inc.	18 585
23	Martin Marietta Corp.	60 688	47	Ketron Hawaii, Ltd.	17 810
24	ARC Inc.	54 993	48	System Development Corp.	17 774
			49	Bendix Corp.	17 587
			50	Chrysler Corp.	16 556

FUENTE: *Aviation week and space technology*, 6 de mayo de 1974.

namentales, sólo 2 000 estaban al servicio de agencias civiles; 4 000 pertenecían al rubro *special management* y eran principalmente utilizadas por los organismos de defensa e inteligencia, en las instalaciones llamadas "clasificadas" (red del Departamento de Defensa, barcos, submarinos, aviones); las otras 731 formaban parte del equipo ordinario del Pentágono. De las 797 computadoras compradas por los servicios gubernamentales en 1972, 753 fueron asignadas al uso de la defensa.[9]

El grado de dependencia de cada empresa respecto de los contratos militares es relativamente variable. Esa dependencia es muy

CUADRO 4: *Gastos federales en materia de investigaciones y desarrollo repartidos por organismos (en millones de dólares)*

Año	*Total*	*DOD*	*NASA*	*AEC*	*Otras*
1960	7 738	5 654	401	986	697
1961	9 278	6 618	744	1 111	805
1962	10 379	6 812	1 257	1 284	1 026
1963	12 000	6 849	2 552	1 335	1 264
1964	14 694	7 517	4 171	1 505	1 501
1965	14 875	6 728	5 093	1 520	1 534
1966	16 002	6 735	5 933	1 462	1 872
1967	16 842	7 680	5 426	1 467	2 269
1968	16 865	8 148	4 724	1 593	2 400
1969	16 207	7 858	4 251	1 654	2 444
1970	15 632	7 568	3 753	1 616	2 695
1971	15 050	7 541	3 382	1 303	2 824
1972	16 629	8 275	3 422	1 552	3 380
1973	17 407	8 574	3 315	1 623	3 895
	Total	*DOD*	*NASA*	*ERDA*	*Otras*
1974	18 239	8 956	3 256	1 825	4 202
1975e*	19 437	9 096	3 207	2 323	4 811
1976e*	21 653	10 235	3 498	2 809	5 111

FUENTE: *The budget of the United States government,* (Annually).

* Estimativo; DOD (Department of Defense); AEC (Atomic Energy Commission); ERDA (Energy Research & Development Administration); creada en 1974, ERDA agrupa las actividades de investigación en el sector energético.

[9] *Business Week,* 24 de marzo de 1973.

estrecha en la industria aeroespacial. En 1975, los contratos militares representaban del 60 al 95% del total de ventas de los fabricantes de aviones norteamericanos. Empresas como la Hughes Aircraft venden así más de los nueve décimos de sus helicópteros, aviones y satélites. En Europa, para dar un punto de comparación, la producción militar de las empresas aeroespaciales es aproximadamente del 65%. En Francia, alcanza más del 70% y en Inglaterra, representa la mitad. En sociedades como la SCNECMA o la SNIAS en 1972, el armamento aportó respectivamente el 71% y el 62% del monto de las ventas. En Dassault llega al 93%. La industria electrónica, en conjunto, depende menos de los pedidos de la defensa, que representan alrededor de una cuarta parte de sus actividades. En Francia, esa proporción se estima en 20% de la producción electrónica, pero en empresas como Thomson CSF, sube al 60%.[10] En 1970, el 12% de los ingresos de la Westinghouse procedían de su división de defensa; la General Electric declaraba en el mismo rubro ventas del 20%; la Litton del 26% y la RCA del 13%. Sin embargo, dos factores impiden deducir a partir de esas cifras que figuran en los informes anuales de las compañías, la participación real de cada compañía en la industria de la defensa. El 20% que reconoce la General Electric sólo se refiere a productos terminados que entrega a las fuerzas armadas. La provisión de piezas a otras empresas que las utilizan en la confección de aparatos de guerra forzosamente está excluida. Ahora bien, según estimaciones realizadas a comienzos de 1960, dos quintos de los productos industriales que vende la General Electric a otras empresas tienen en definitiva ese destino.[11] Si se toma esto en consideración, la dependencia de la General Electric se manifiesta en una proporción del 40%. Por lo demás, los contratos que celebra el Pentágono con cada empresa no caen forzosamente en su división de defensa. Es así que la ITT es proveedora del Pentágono, no solamente en lo que concierne a su división de defensa, sino también a su división pedagógica y a su red hotelera.

Esas proporciones han variado, igualmente, con el tiempo. En 1961, el 52% de las ventas de la Sperry Rand provenía de los contratos gubernamentales; en 1974, estos últimos no representaban más que el 18%. La Raytheon que, en sus comienzos, estaba ligada como por un cordón umbilical al Pentágono, en el espacio de ocho

[10] Sobre la participación de la industria electrónica y aeroespacial en la industria de la guerra, *Business Week*, 26 de mayo de 1873; Jacques Ishard, "Les ventes d'armes de la France", *Le Monde*, 15 de enero de 1974.

[11] Estimación realizada por Víctor Perlo, *Militarism and industry*, International Publishers Co., Nueva York, 1963.

años bajó del 83 al 48%. En diez años, la RCA vio bajar ese monto de 33 a 10%. Para otras, el flujo de contratos de defensa permaneció relativamente estable. Es lo que explica que ciertos ejecutivos puedan todavía regocijarse de sus actividades de defensa y que otros añoren los tiempos pasados. "Nuestras actividades de defensa —escribe la Westinghouse— continúan teniendo mucho éxito en un mercado que, en otros sectores, ha sido afectado por la depresión." [12]

Tal parece ser igualmente la opinión de los directores de la Honeywell, cuya participación en la industria de la defensa se ha estabilizado en alrededor del 15 al 20% en los últimos tres años y que, como se comprende, conoció mejores momentos en la época de la economía de guerra: "Los ingresos de Honeywell en materia de actividades espaciales y de defensa se elevaron a 417 millones de dólares en 1974. El año anterior, habían sido de 373 millones. Los beneficios han aumentado un 25.9% y han subido de 27 millones en 1973 a 34 millones en 1974. La división ha conocido el mejor año del que tenga memoria en tiempos de paz. Los ingresos más considerables fueron obtenidos a partir de los sistemas de control de vuelos aéreos, de sistemas para la marina y a partir del material de guerra y de los viajes espaciales." [13] Mientras que la RCA, menos feliz, escribe: "El descenso de las ventas y de los beneficios que provienen del comercio con el gobierno refleja una declinación continua en los contratos del Departamento de Defensa y de la NASA [. . .] Sin embargo, las actividades en ese terreno continúan siendo una fuente para la tecnología de punta y la competencia técnica." [14]

Detrás de esas fluctuaciones está, evidentemente, la realidad de la expansión y diversificación de esas empresas. Así, por ejemplo, cuando se observa que las ventas de la Lockheed al gobierno norteamericano han bajado entre 1970 y 1971, del 93%, nivel en el que se mantuvieron durante más de diez años, al 74% y que, por el contrario, esas ventas en el extranjero han aumentado en ese mismo período del 3% al 8%, aparentemente no se hace más que comprobar una nueva fase de la expansión internacional de la industria aeroespacial norteamericana. Pero, detrás de esas cifras se ocultan también las crisis que han sacudido a esas industrias y que a veces han disminuido en términos absolutos sus pedidos militares, crisis, por otra parte, que no son extrañas a la

[12] The Westinghouse Corp., *Annual Report 1972.*

[13] Honeywell, *Annual Report 1974.*

[14] Radio Corporation of America, *Annual Report 1972.*

dependencia extrema de los objetivos de una economía de guerra que marca a la electrónica y a la industria aeroespacial.

LAS CRISIS

Alrededor de 1970 —cuando la economía norteamericana se debate en una crisis clásica de sobreproducción y Estados Unidos está en vísperas de exportarla pura y simplemente hacia las economías capitalistas todavía sanas para resolver sus problemas —muchos factores se combinan para acentuar el malestar en la industria electrónica y aeroespacial. Son, simultánea o sucesivamente, la retirada parcial de Vietnam, el fin del ciclo de compra de vehículos espaciales y de aviones comerciales, los recortes efectuados en el presupuesto militar por el Congreso norteamericano y también por el gobierno de Nixon que en ese momento creía que un uso más reducido de la tecnología podía ayudarlo en su campaña contra la inflación.

En enero de 1969, ls actividades de la defensa daban empleo a 3.4 millones de civiles. Dieciocho meses más tarde, esa cifra bajaba a 2.9 millones y el Ministerio del Trabajo preveía una reducción suplementaria de 600 000 puestos para junio de 1971 (sin contar los efectos de la desmovilización de 300 000 militares entre junio de 1969 y junio de 1970, así como el despido de numerosos empleados civiles de las fuerzas armadas). Sobre este último punto, era la industria espacial la que se ganaba las palmas: 1.5 millones de trabajadores en 1968, 1.2 en 1970, 969 000 en 1971. Esta degradación del empleo afectó muy en particular a las compañías no diversificadas. En 1969, la fuerza de trabajo de la Boeing bajó en un 20% y en su fábrica de Seattle el número de trabajadores descendió en menos de 2 años de 101 000 personas a 38 000. Era, según los rumores, el tiempo en que la compañía le pedía al último empleado en salir que apagara la luz ¡para hacer economías en los gastos generales! La Rockwell, gran beneficiaria del programa Apolo que llegaba a su fin debió despedir dos tercios de su personal aeroespacial, la Lockheed un tercio y la General Dynamics, menos afortunada en esa época, un poco menos de la mitad: 26 000 de sus 56 000 trabajadores.[15]

Esta ola despidos alcanzó también al personal de investigación

[15] *Aviation week and space technology*, 12 de julio de 1973; *Aerospace facts and figures 1972-1973, 1975-1976.*

y a los ejecutivos. 25 000 investigadores, ingenieros y científicos perdieron su empleo. Al proyectarse la futura demanda de doctorados a partir de las tendencias registradas en esa fecha, se estimaba que en 1980, 75 000 especialistas no encontrarían ninguna colocación. A principios de 1971, la Asociación de Ingenieros Electrónicos reconocía que la corporación afrontaba "el período más largo y más durable de desocupación de especialistas en los últimos veinte años."[16] El 40% de los físicos y la quinta parte de los ingenieros del país dependían de las fuentes de trabajo que proporcionaba la defensa.

Diversos economistas y futurólogos elaboraron en esa época modelos que les permitirían estimar los efectos que tendría en la industria norteamericana una disminución o un aumento del presupuesto de la defensa que en ese momento se situaba alrededor de los 75 mil millones de dólares. Según esos cálculos, el presupuesto militar se fijaba en 59 mil millones, la industria aeroespacial perdería *grosso modo* el 24.4% de sus ventas, la electrónica el 12.9%; la del material de guerra (tanques, fusiles, municiones, etc.) el 32.5% y la industria siderúrgica el 8%. En el caso en que ese presupuesto fuera llevado a 93 mil millones, los constructores de aviones venderían el 35.5% más; los constructores electrónicos el 19.2%, los fabricantes de tanques y fusiles el 42.8%, los industriales del acero no registrarían más que un crecimiento del 1%.[17]

La segunda alternativa de ese modelo era ya una tentación. Lo cierto es que a pesar de las numerosas amputaciones que el Congreso le hizo sufrir, el presupuesto de defensa de Estados Unidos para el año presupuestario 1976 se eleva a 98 mil millones de dólares. Para 1977, el Departamento de Defensa ha propuesto un monto de 112.7 mil millones, lo que representaría un incremento real de más de 7 mil millones respecto del año anterior. Se tiene una idea del peso que representa ese presupuesto militar sobre la economía norteamericana cuando se sabe que sólo hay siete países en el mundo cuyo producto nacional bruto supera los 90 mil millones de dólares (la URSS, Japón, Alemania federal, Francia, Gran Bretaña, China e Italia) y que los ingresos nacionales de África y América Latina son de 87 y 231 mil millones respectivamente.[18] Esos 98 mil millones representan la cuarta parte del total

[16] *Electronics,* 29 de marzo de 1971.

[17] Sanford Rose, "Making the turn to a peacetime economy", *Fortune,* septiembre de 1970.

[18] *Aviation week and space technology,* 26 de enero de 1976; Jacqueline Grapin,

del presupuesto federal. Esta proporción está evidentemente lejos de los tiempos florecientes de la guerra de Corea (en 1953, el presupuesto del Pentágono, que se elevaba a 47.5 mil millones de dólares, constituía más del 60% de los gastos federales). Nada comparable tampoco con la cifra que alcanzaba en el gran período de las guerras del sudeste asiático. Entre 1964 y 1968, el presupuesto militar aumentó de 50.8 mil millones a 78 mil millones, suma que representaba más del 42% del presupuesto federal. En 1974, el conjunto de las compañías aeroespaciales de Estados Unidos vendía, por cierto, el 60% de sus aparatos al gobierno. Entre 1966 y 1970, esa proporción superaba el 70%.[19]

Para enfrentar la crisis de los años setentas, algunas empresas pensaron en diversificarse y las que ya lo habían hecho desde 1965, tuvieron un motivo de más para redoblar sus esfuerzos en ese sentido. La Boeing, por ejemplo, decidió abrir al lado de sus construcciones aeronáuticas nuevas líneas de producción: aparatos de intercepción de radio y otros *gadgets* electrónicos para la policía, flotadores, construcción de edificios urbanos y de conjuntos habitacionales, el tratamiento de residuos para fertilizar las regiones desérticas, plantas desaladoras. (Al finalizar la guerra de Corea, esta empresa, que entonces vendía cerca del 98% de su producción a los militares, había ensayado tímidamente una primera diversificación. Pero esa política, que fue seguida por muchos otros fabricantes de aviones en esa época, en general terminó en un fracaso.) Hemos dado el ejemplo de la diversificación de la Rockwell International alrededor de 1970. En 1967, esa empresa obtenía de los fondos gubernamentales el 74% de sus ingresos; en 1974, esa proporción había bajado a 36%. Mc Donell Douglas que, entre 1970 y 1972, vio bajar sus ventas al gobierno de 69 a 57%, impulsó su red de computadoras al servicio de hospitales y adquirió dos compañías de electrónica. Los clientes electrónicos del Pentágono se metieron en la misma vía. La empresa Bendix, cuyas ventas al gobierno bajaron del 72 al 29% en el espacio de diez años, se diversificó adquiriendo 25 compañías, en su mayoría ligadas a las industrias automotriz y de la construcción. Tomemos dos empresas, en contacto más directo con la industria cultural, la Avco y la Ampex. Avco vendía en 1963, las tres cuartas partes de su material al gobierno norteamericano, lo que le procuraba el 60% de sus beneficios; en 1971, la primera proporción sólo alcanzaba

"L'oncle Sam retourne sa veste", *Le Monde,* 9 de septiembre de 1975; *Le Monde Diplomatique,* diciembre de 1975.

[19] *Aerospace facts and figures, 1975-76.*

el 44% y constituía apenas el 15% de los beneficios de la compañía. Fue durante esos años que, para evitar los riesgos de una monoproducción, la compañía se introdujo en los campos de las actividades más variadas: la industria cinematográfica (Avco Embassy Pictures), viviendas sociales, tarjetas de crédito ya que es propietaria de Carta Blanca, los seguros y las agencias de viajes. Detalle significativo: su división Avco Ordnance (material de guerra) fue rebautizada Precision Products Division y se lanzó a la producción de *videocassetes*. La Ampex, que inventó el *videotape* hacia 1955, ha visto bajar sus ventas al gobierno de 50 a 14%. Su manera de resolver su malestar económico, que parece durar: lanzarse a la producción de computadoras, *videotapes* y de un nuevo tipo de exploración geofísica.[20]

En el límite de esta presión por una gama más variada de productos, algunos fabricantes de aviones, como la Lockheed, al borde de la quiebra, debieron ser socorridos por el Pentágono. Para acabar la fabricación de su tetrarreactor gigante de trasporte militar cuyos costos se revelaron muy superiores a las previsiones, 24 bancos le otorgaron a esa empresa un préstamo cuya tercera parte estaba garantizada por el Estado, forma enteramente desacostumbrada en Estados Unidos, y el Pentágono le acordó un adelanto sustancial. No podía ser de otro modo, puesto que sin la asistencia de Washington, Lockheed habría tenido, después de la quiebra de su socio inglés Rolls Royce, que despedir a 24 000 personas en 25 estados, perder 1.4 mil millones de dólares de inversiones, perturbar el plan de expansión de la compañía aérea TWA que le había hecho un encargo de aviones para renovar su flota y arrastrar con ella a un conjunto de empresas subsidiarias (Avco, United Technologies, etc.). No era la primera vez que el Estado norteamericano se preocupaba por las dificultades de las empresas aeroespaciales. Unos años antes, el secretario de Defensa, Mc Namara, había intervenido personalmente en la firma de un contrato con la General Dynamics para fabricar los famosos F-111. Este avión, que costó mil millones de dólares más de lo previsto y que debió ser retirado de Vietnam a causa de su poca capacidad de combate, había sido preferido a otro avión propuesto por la Boeing, que costaba mucho menos.[21]

En la actualidad, dentro de la crisis general que afecta al conjunto de las economías capitalistas, el malestar está lejos de haber

[20] *Business Week*, 29 de agosto de 1970; 21 de febrero de 1972; *The Electronic Engineer*, febrero de 1971.
[21] *Fortune*, junio de 1970.

sido reabsorbido por todos. Pero las grandes líneas nuevas de orientación de la industria electrónica y aeroespacial (o más bien sus aperturas lógicas) que apenas se dibujaban en las inmediaciones de 1970, han tenido tiempo de tomar forma, de precisarse y de convertirse en objeto de tráficos cuya conclusión anda lejos de estar clara.

LA "CIVILIZACIÓN" DE LA ELECTRÓNICA

La aceleración de la aplicación civil de tecnologías, cuyo ciclo exclusivamente militar ha terminado, se confirma día a día. Se asiste a un ensanchamiento considerable del campo de aplicación de la electrónica y de la industria aeroespacial y esa intensificación del proceso de electronización de la sociedad civil se observa en todos los niveles.

Insistamos en el acto sobre el hecho de que ese fenómeno no debe ser interpretado (como quisieran hacer creer por la publicidad ciertas empresas electrónicas y aeroespaciales) como un retorno a una economía de tiempos de paz (*peacetime economy*). Ya lo hemos visto y tendremos oportunidad de comprobarlo de nuevo: la dinámica militar no ha perdido de ninguna manera sus derechos. La publicidad de otras empresas electrónicas desmiente esa interpretación optimista: "He aquí cómo trabaja Honeywell con el usuario de las computadoras más importante del mundo: De perfecto acuerdo." Y el texto se hace más explícito: "En 1971, Honeywell ha obtenido el contrato de aprovisionamiento de la red de comunicación por computadoras que constituye la base del Sistema Mundial de Control y de Mando Militar del Gobierno Federal (WWMCCS) [. . .] Ese sistema es uno de los proyectos más importantes del gobierno federal hoy en día. Estamos orgullosos de participar en él." Los elementos gráficos de esa publicidad aparecida en *Business Week* en 1974 están constituidos por una águila hecha de micropiezas electrónicas que se apresta a posarse sobre un puño enguantado con los colores de Estados Unidos. El imperio caza con Honeywell. En Alemania, acorde con una tradición nacional, Honeywell, en su publicidad de cascos para pilotos superpone la imagen de estos últimos sobre el croquis de un casco en punta del ejército prusiano.

Esa apariencia engañosa de economía de paz, esa reconversión civil, ¡no son sino la fase superior de la militarización de la sociedad civil! Los estrategas de Vietnam se despojan de su *battle-*

dress en el vestidor de las grandes multinacionales y, como reconoce la Litton, proponen planificar el desarrollo de cada nación "según los principios que han permitido el progreso militar y aeroespacial de Estados Unidos". En ese sentido, la publicidad de la división de comunicación electrónica de la NCR (National Cash Register) es mucho más fiel a la realidad cuando habla de su "tecnología revolucionaria" de "miniterminales de comunicación". *The new militarized mini comm-terminal makes traditional teletypewriters antiques.* No hay lugar para la reconversión civil; el nuevo producto que ahora está a disposición del consumidor (agencias de prensa, etc. ...) es un producto militar, un producto que satisface las exigencias de calidad del mundo moderno porque satisface las exigencias de la defensa.

Para "civilizar" las tecnologías modernas, aparecen nuevas prácticas estatales: las normas que han regido los contratos de defensa entre la industria y el Pentágono o la NASA tienden a generalizarse y a extenderse a los sectores más variados. Para resolver los problemas de educación, de salud pública, de vivienda, de trasporte y de *welfare* en general, el aparato de Estado suscribe con las empresas contratos que les trasfiera la planificación de importantes sectores de los servicios públicos; los métodos de administración probados por el complejo militar-industrial se revelan más eficaces que los de los funcionarios públicos. El Estado está así a punto de convertirse en el lugar de convergencia de las grandes transacciones y la empresa privada es promovida al rango de instrumento tecnopolítico.

Para convencer a los más escépticos, tal vez lo ideal sea dejar hablar a los actores. Dos intervenciones de altos responsables de la empresa General Electric permiten situar lo que a los hombres de negocios de Estados Unidos les gusta bautizar como el nuevo "complejo social-industrial". "El sector privado debería desempeñar su papel aportando soluciones a los problemas de vivienda, de educación, de tráfico urbano, de salud pública, del control de la contaminación [...] Asistimos a la emergencia de un 'complejo social-industrial', una asociación permanente entre el sector privado y el gobierno con vistas a resolver esos grandes problemas sociales." Esta primera observación la hizo el vicepresidente de la General Electric en mayo de 1971 durante una conferencia ofrecida en la Universidad del Estado de Nueva York sobre la empresa y las instituciones políticas. La segunda intervención de un director de la empresa electrónica, que se remonta a 1967, es mucho más explícita: "El concepto de contrato entre el gobierno y el sector privado es viejo como nuestro país. No obstante, reviste hoy en día una urgencia creciente si queremos resolver nuestros problemas urbanos [. . .]. Esta tendencia se acelerará a medida que nos comprometamos cada vez más profundamente en eso que podemos llamar el contrato de Estado. El gobierno se vuelve cada vez más hacia el sector privado para llevar adelante, gracias a un contrato, asuntos que antes —al menos así lo pensamos nosotros— sólo el gobierno estaba en condiciones de realizar [. . .] Los comunistas pretenden que su concepto de la vida es una revolución permanente pero, de hecho, ese concepto define mucho más la evolución de nuestra propia sociedad [. . .] La aparición de un nuevo contrato social entre el sector privado y el sector público debería ser uno de los fenómenos de evolución más importantes y estimulantes de nuestra historia social." [22]

Detrás de tales propósitos y prácticas se perfilan dos necesidades: la necesidad económica y la ideológica. Las empresas industriales y el aparato de Estado tienen, por una parte, necesidad de profundizar sus relaciones mutuas para aplicar y colocar en los mercados civiles las nuevas tecnologías, los nuevos sistemas. En efecto, ya no es posible abordar la "civilización" de estos últimos sin chocar con las diversas instituciones responsables de cada uno de los servicios públicos. Por otra parte, al proponerse la modernización de los métodos de administración de esos servicios, el complejo militar-industrial inicia la uniformización de los diferentes aparatos ideológicos (educación, medicina, urbanismo, etc.), indispensable en la fase actual de acumulación de capital. La fuerza de esas dos necesidades y la exigencia de rentabilidad que acompaña a una y otra, permite augurar los numerosos conflictos que habrán de atravesar esas mutaciones.

Junto a la faz benéfica que reviste la entrada de la empresa electrónica y aeroespacial en el terreno de la escuela, el hospital, la vivienda, aparece la otra faz de la "conversión civil", la faz abiertamente represiva. La nueva vía que señalaba la Boeing al fabricar radio-patrullas y la IBM vendiendo sus sistemas de computadoras al FBI, no ha cesado de profundizarse al ritmo de las necesidades creadas por la modernización de las fuerzas de represión civil. La restructuración del aparato policial emprendida durante la administración de Nixon se produjo en el momento oportuno. Comprometida en el mercado que se ha convenido en llamar "de la ley y del orden", uno de los eslóganes de la campaña electoral del candidato republicano en 1968, Boeing Computer

[22] Citado en J. Woodmansee y el GE Project, *The world of a giant corporation,* North Country Press, Washington, 1975.

Services Inc. (BCS) propone ahora los productos más sofisticados para acabar con los delincuentes. "Hacer más fácil el trabajo de la policía... Una misión para BCS. Una información instantánea puede a menudo ser más útil a un policía que un arma de fuego. Tal vez incluso salvarle la vida. En Wichita, Boeing Computer Services ha desarrollado un sistema denominado SPIDER (Special Police Information Data Entry Retrieval) que provee al oficial, en el lugar de operaciones, todos los datos conocidos. Basta que llame y trasmita un fragmento de información (una dirección, un nombre, un número de permiso de conductor). El informe de la computadora le llega en una fracción de segundo. El teniente coronel Kenneth Duckworth está bien situado para conocer los beneficios del sistema SPIDER de Wichita. Nos dice: SPIDER no se conforma con aumentar la preparación y la seguridad del agente. Acorta el tiempo del interrogatorio del detenido y eso repercute en la eficacia del departamento. Centenares de horas de papeleo son eliminadas, así como una gran cantidad de habitaciones donde archivar los documentos y el costo normal de los casos tratados por nuestro departamento se reduce considerablemente."[23]

Los captores que los B-52 lanzaban a lo largo de la carretera Ho Chi Min se han convertido en *gadgets* y los sensores sísmicos "trasforman su casa en una fortaleza". Mientras que los emisores de ultrasonidos son propuestos por la Singer para defender lo que sea de los indeseables. Las brigadas especiales de la policía antimotines disponen ahora de versiones suaves de armas que, en Vietnam, mataban y mutilaban. La propaganda de los fabricantes proponen esos artefactos a las policías del Tercer Mundo: "Para arrancar la violencia de la mente de los hombres, utilizando los medios menos violentos: armamento superior no letal y equipo de protección. Cuatro modelos populares." "Encuentre al bandido cuando ningún policía ha podido percibir su rostro. Instrumentos para ayudarle a manejar una de las más difíciles profesiones del mundo." [24]

Las "líneas Mc Namara", que intentaron bloquear el camino a los revolucionarios vietnamitas comienzan a hacer su aparición en otros continentes. En julio de 1973, *The New York Times* anunciaba que se había iniciado la construcción de un muro electrónico en la frontera mexicana y debía estar terminado durante

[23] *Business Week,* 14 de julio de 1975.

[24] Publicidad de la división Law Enforcement Group de la empresa Smith & Wesson. Acerca de una visión reciente sobre las aplicaciones policiales de la electrónica, cf. D. Shapley, "La police et les techniques de pointe", *La Recherche,* París, julio-agosto de 1975.

1974. Ese muro electrónico, cuyos primeros ensayos tuvieron lugar tres años antes en la frontera del estado de California con México, en un sector de 100 kilómetros alrededor de Chulavista, serviría para frenar, si se cree a las autoridades, la entrada clandestina de inmigrantes y de traficantes de drogas. Más de 1.5 mil millones de dólares fueron destinados a ese programa en 1974. El cable del *The New York Times* informa que "los dispositivos utilizados son sensibles hasta el punto de poder detectar –según el testimonio de un oficial de la policía militar que los utilizó en Vietnam– todo lo que se mueve, y de indicar la naturaleza, el volumen y la calidad del movimiento".

Esos detectores comprenden "geófonos", micrófonos sísmicos enterrados para trasmitir por radio los movimientos sísmicos, su tipo y volumen, cables sensibles a las tensiones, cables enterrados que se estiran trasmitiendo una señal de alarma a la estación receptora cuando una presión cualquiera se ejerce en un radio de 50 metros, y detectores infrarrojos que reaccionan al calor de un cuerpo. Los oficiales de la policía fronteriza, que han utilizado durante más de dos años estos dispositivos en el sector de Chulavista, declararon que pudieron capturar del 20 al 30% del total de inmigrantes clandestinos detectados el último año.[25]

EL IMPERATIVO DE LA EXPORTACIÓN

Otra dirección que ha tomado la industria aeroespacial, y la industria electrónica a continuación, es la que ya se revelaba en las cuotas de exportación de compañías como la Lockheed y la Mc Donnell Douglas. La carrera de los contratos del siglo ha empezado abiertamente. Lo que sucedió durante la crisis de 1929 está en vías de repetirse; para combatir la crisis actual, los grandes estados industriales se precipitan en la carrera de los armamentos. Si la aeronáutica norteamericana consigue apoderarse del 90% del mercado occidental, militar y civil, el nivel de empleo podría aumentar de 930 000 a un millón y medio de trabajadores. Ése sería el mejor retorno a los mejores tiempos de la economía de guerra. Esa cifra de empleo se duplica si se considera la retahíla de subsidiarias que engendra la fabricación del material aeroespacial. La exportación de armamento deviene a la vez una cuestión económica y militar.

[25] Cable NYT, *El Mercurio,* Santiago de Chile, 16 de julio de 1973.

Entre 1950 y 1965, el gobierno norteamericano literalmente le ha regalado a sus aliados un total de 31.7 mil millones de dólares en material de guerra y les ha vendido solamente 6.5 mil millones. Entre 1965 y 1972, la ayuda militar de Estados Unidos no ha sobrepasado los 4.5 mil millones de dólares, pero como contraparte, el monto de sus ventas de armas se ha duplicado hasta alcanzar los 11.1 mil millones de dólares.[26] En 1974, Estados Unidos recibió del extranjero pedidos de armas por 8.3 mil millones de dólares; 6.6 mil millones fueron pagados al contado, o sea cerca del doble de las ventas internacionales del año precedente. En 1975, los pedidos superaron ampliamente los 10 mil millones.[27] La parte de las ventas consagrada a la exportación en las grandes sociedades de armamento está en claro aumento en relación con el año anterior: subió de 3.9 a 26.4% en Grumman; de 12 a 42.6% en Bell-Textron; de 4 a 13.6% en Mc Donnell Douglas. Algunos senadores, aterrorizados por la afluencia de esos contratos incluso preguntaron al Congreso si tales exportaciones de armas no significarían poner en peligro la defensa nacional, a lo que muy a menudo se les respondió que el desarrollo de las exportaciones es lo que permite mantener la actividad de la mayoría de las industrias electrónicas y aeroespaciales y preservar el potencial necesario para satisfacer la renovación tecnológica del ejército de Estados Unidos.

Por otro lado ése es también el punto de vista de los industriales franceses del armamento que, en 1974, han visto más que triplicarse las ventas en armamento para la exportación. Frente a ese crecimiento, el gobierno francés inclusive se vio obligado a crear en 1975 un servicio posventa, en la delegación ministerial para el armamento. "Para los próximos años —escribía en mayo de 1975 el delegado ministerial en funciones—, el volumen muy importante de las órdenes de exportación registrado en 1974 (más de 19 mil millones de francos que llevaron a una agenda de pedidos que actualmente se puede evaluar en cerca de 30 mil millones de francos) y las previsiones muy favorables para 1975, permiten pensar que las exportaciones deberían asegurar para los dos o tres años próximos el mantenimiento de la actividad de nuestra industria." [28] En 1974, la SNIAS exportó el 74% de sus helicópteros y el 46% de sus misiles tácticos, mientras que la SNECMA exportó el 57% de sus

[26] *U.S. News & World Report,* 22 de enero de 1973.

[27] US Departament of Defense, Office of the Assistant Secretary for International Security Affairs, *Military assistance and foreign military sales facts,* Washington, D.C., 1974. Para 1975, *Le Monde,* 23-24 de noviembre de 1975.

[28] J.L. Delpech en *Revue de la Défense National,* París, junio de 1975.

reactores. En Dassault, el 54% de las ventas fueron de exportación. En Estados Unidos, no obstante, después de un despliegue de exportación de armas sin control, el Congreso se apuntó un tanto a principios de 1975 haciendo votar una ley que exige que la administración informe de toda venta de armas superior a los 25 millones de dólares y el primer conflicto entre la Casa Blanca y el poder legislativo estalló en agosto de 1975 a propósito del contrato de 350 millones de dólares firmado con Jordania para la entrega de armas antiaéreas.

Un estudio norteamericano realizado en 122 países evaluó en 455 mil millones de francos el mercado mundial de aviones militares para el decenio 1973-1982, o sea 29 000 aparatos, cazabombarderos en su mayoría. En cuanto a las perspectivas de venta de aviones civiles, ese mismo estudio avanza la cifra de 215 mil millones de francos para un conjunto de alrededor de 3 000 aviones. Los efectos de la crisis, según ese informe, serán casi enteramente soportados por los pedidos civiles.[29] El primer resultado de esta agresividad que manifiesta la industria del armamento en el exterior es ya patente en países que están lejos de ser modelos de democracia. De los 8 mil millones de ventas de armas norteamericanas efectuadas en 1974, 5 mil millones han sido compradas con los petrodólares del Cercano Oriente. Irán ordenó por 3.8 mil millones, Arabia Saudita por 600 millones. En América Latina, los países que han presentado los pedidos más elevados son: Chile, con 68 millones y Brasil que, solamente para su aviación militar, ha gastado 220 millones de dólares. Cuando los observadores se aventuran a poner en evidencia que los contratos fabulosos del Cercano Oriente se agotarán rápidamente, los oficiales del Pentágono se apresuran a reargudir: "No le vemos fin a eso. Van a continuar queriendo armas cada vez más nuevas, exactamente como nosotros, y gastarán su dinero en ellas mientras lo tengan." [30]

Gracias a esas exportaciones espectaculares, muchas empresas cuya proporción de ventas militares en el total de sus ventas se había debilitado durante el primer período de recesión de la industria aeroespacial, han visto aumentar esa tasa de manera apreciable. Al obtener el contrato de modernización de la defensa antiaérea de Arabia Saudita, al mismo tiempo que la de los países de la OTAN (*Seasparrow*), la Raytheon estuvo en condiciones de escribir, por ejemplo, en su informe anual de 1974: "Estos programas, gracias

[29] Jacques Isnard, "Les Etats-Unis et l'Europe se disputent un marché mondial d'avions militaires évalué à 455 milliards de francs d'ici à 1982" en *Le Monde*, 20 de enero de 1974.

[30] *Business Week*, 11 de agosto de 1975.

a los pedidos exteriores de misiles Hawk y de otros productos para programas de defensa de primera prioridad, han llevado las ventas en el terreno de la defensa, a la vez norteamericano e internacional, a un récord de 1.2 mil millones de dólares al final del año." [31] Entre 1973 y 1974, las ventas de la Raytheon al extranjero destinadas en su mayoría a instituciones gubernamentales, subieron de 318 a 517 millones de dólares, es decir, el 27% del total de las ventas contra el 20% anterior, mientras que las ventas al gobierno norteamericano pasaron sólo de 769 a 792 millones. Un estancamiento, por consiguiente, si se tiene en cuenta la inflación. Índice entre tantos otros del reforzamiento de la producción militar de esas empresas es que en agosto de 1975, Boeing decidía dotarse de una nueva organización a fin de extender sus negocios en el terreno de la aeronáutica militar. La nueva unidad, que lleva el nombre de Boeing Military Development Organisation, está dirigida por un general del cuadro de reserva de la USAF, antiguamente a la cabeza de los programas de trasportes supersónicos del gobierno.

El marasmo de la aviación comercial no hace más que atizar la llama de las exportaciones militares. La baja del tráfico de las líneas aéreas y su sombría situación financiera han hecho bajar los pedidos civiles. La Lockheed se inquieta por sus Tristars, la Mc Donnell por sus DC-9 y DC-10. Y las previsiones hechas por la Asociación de Industrias Espaciales Norteamericanas para el año 1976, no son nada optimistas: la producción de aviones civiles bajará de 6.9 a 4.9 mil millones de dólares, los pedidos de aviones de trasporte comercial descenderán de 282 a 215 unidades. En cambio, la producción de aviones militares aumentará de 8.9 a 9.74 mil millones: la de los misiles de 5 a 6 mil millones. Pero esos encargos militares, según los industriales norteamericanos, apenas llegarán a compensar las pérdidas civiles. La industria aeronáutica de Estados Unidos está por lo tanto lejos de recobrar el nivel de empleo de los años de las guerras del sudeste asiático: 973 000 personas a fines de 1974, 921 000 a fines de 1975, 900 000 en 1976.[32]

LA MODERNIZACIÓN DEL APARATO DIPLOMÁTICO

La ofensiva sin precedentes de la exportación norteamericana es facilitada por un nuevo concepto de las relaciones político-comer-

[31] Raytheon, *Annual Report 1974*.

[32] *Aviation week and space technology*, 22 de diciembre de 1975.

ciales entre las empresas multinacionales y el gobierno. En 1973, el Departamento de Estado ponía el aparato diplomático al servicio de la política de exportación. En un memorando enviado a todas las embajadas, el secretario de Estado William Rogers, explicaba las razones de esta nueva práctica: "El bienestar de nuestra nación exige el equilibrio de nuestra balanza de pagos y el mejoramiento de nuestra balanza comercial. En estrecha unión con el Ministerio de Comercio, cuya principal responsabilidad es impulsar las exportaciones, queremos asegurarle al Departamento de Estado la comunicación más directa y eficaz con nuestras misiones diplomáticas para todo lo que se refiera al terreno comercial y prestar toda nuestra ayuda a lo que ustedes hacen en ese sector."[33] Había, en efecto, por qué inquietarse. En 1972, las exportaciones de Estados Unidos fueron de 50 mil millones de dólares pero la balanza comercial reveló un déficit de 6.4 mil millones. En los dos años precedentes, las exportaciones habían aumentado en un 15% y las importaciones en 40%.

El Departamento de Estado destinó por lo tanto una cuarta parte del personal diplomático residente en el extranjero, a la tarea de hacer negocios y le asignó a cada una de las secciones de las embajadas nuevas tareas de prospección de los mercados exteriores. Los ciclos de formación económica del personal fueron sometidos a una revisión y el reclutamiento de funcionarios se plegó a las exigencias de esta nueva política. Los servicios de comunicación y de información comercial de las embajadas fueron modernizados. Antes, una información tardaba más de 26 días, a través de todo el dédalo de los lentos correos diplomáticos (el *pony express*), para llegar a los hombres de negocios. Al recurrir a los servicios de la teleinformática, esa demora se redujo a menos de una semana. En eso, los japoneses les llevaban la delantera desde hacía tiempo; sus embajadas habían inaugurado relaciones estrechas con los medios empresariales de su país desde los comienzos del empuje de la exportación nipona.

Escuchemos a un funcionario norteamericano hablar de esta nueva constelación de cabezas buscadoras de mercados en las embajadas de Estados Unidos:

"□ Nosotros sensibilizamos a nuestros agentes políticos y económicos para que presten toda su atención a los proyectos más importantes que puedan significar exportaciones.

"□ A través de nuestras misiones de la USAID (Agencia Internacional para el Desarrollo) obtenemos más información sobre los

[33] R. Reston, "US diplomats now promote US business as primary assignment", *Department of State Newsletter,* agosto-septiembre de 1973.

proyectos que se benefician de fondos internacionales y sobre los servicios técnicos que abren grandes posibilidades a la actividad comercial de Estados Unidos.

"□ Buscamos, en estrecha unión con nuestros agregados militares, identificar las fuentes de contratos comerciales que provienen de ventas militares.

"□ A través de los servicios de información de Estados Unidos (USIS), hacemos publicidad a la superioridad de nuestra tecnología y a la capacidad de los exportadores americanos para satisfacer la mayor parte de las necesidades de desarrollo de cada lugar." [34]

Nunca un esquema de articulación de un segmento de la política exterior de Estados Unidos apareció de manera tan límpida. Se comprende ampliamente cómo esta división técnica del trabajo, en el interior de las embajadas, puede poner en movimiento mecanismos igualmente agresivos en el bloqueo y embargo de esas mismas exportaciones, cuando hay un clima político adverso. ¿Es necesario recordar que uno de los primeros actos por el que Estados Unidos notificó su oposición al gobierno popular de Chile fue bloquear la entrega de los Boeing que el país necesitaba para renovar sus líneas comerciales? En cambio, en 1975, el régimen de Pinochet vio esa misma demanda coronada de éxito.

El Departamento de Estado ha seleccionado en cada gran región geográfica, un país donde se realiza un proyecto piloto: Colombia, Zaire, los Países Bajos, Irán y Australia. Brasil se beneficia de un trato especial y no es por azar que la primera expresión pública de esta nueva forma de cooperación entre el Estado norteamericano y sus empresarios haya tenido ese país como escenario. En septiembre de 1973, las industrias aeronáuticas y electrónicas de Estados Unidos, bajo los auspicios del Departamento de Estado y del Ministerio de Comercio, organizaban la primera exposición aeronáutica de América Latina, en São Paulo. En el informe de los diplomáticos norteamericanos se puede leer a propósito de eso: "Nuestra embajada en Brasilia se ha propuesto siete objetivos para aumentar las exportaciones de Estados Unidos hacia Brasil. Uno de ellos es intensificar nuestra participación en el mercado brasileño de aviones, de piezas sueltas de avión y de equipamiento de aeropuertos. Para alcanzar ese objetivo, la misión organizó una exposición en el salón de aviación de São Paulo —un acontecimiento que acaba de finalizar y que ha sido coronado por el éxito. La embajada trata igualmente de promover la venta de grandes aviones comerciales a la línea nacional de Brasil y de obligar a

[34] *Department of State Newsletter*, noviembre de 1973.

nuestras pequeñas empresas de aviación a crear sociedades mixtas (*joint ventures*)."[35] Para preparar esa exposición, una misión oficial compuesta por representantes de ocho empresas aeronáuticas y electrónicas de Estados Unidos y por funcionarios del gobierno, visitaron en 1972 Colombia, Venezuela, Río de Janeiro, Brasilia y São Paulo. Entre las compañías representadas: GTE Sylvania, la división electrónica de la Boeing, el grupo aeroespacial de la Singer, la división internacional de productos de defensa de la Westinghouse.

El programa continúa. Entre septiembre de 1974 y febrero de 1976, el Ministerio de Comercio de Estados Unidos ha organizado más de 20 seminarios, misiones o exposiciones para la industria aeroespacial alrededor del mundo, de Suecia a Etiopía, pasando por Japón. Sólo en septiembre de 1975, la misión conjunta gobierno/industriales, visitó Colombia, Ecuador y de nuevo Brasil.[36]

El aparato financiero del Estado norteamericano también contribuye con su parte y sus recursos vienen a facilitar la suscripción de contratos en el extranjero. El monto de los préstamos concedidos en 1974 por el Eximbank a los compradores de materiales civiles norteamericanos repartidos en 43 países, se ha elevado a 917.5 millones de dólares para financiar las exportaciones de todos los sectores de la industria norteamericana. Los préstamos otorgados para la venta de productos aeroespaciales han permitido a las empresas aeronáuticas de Estados Unidos, realizar exportaciones de un monto del orden de los 2.5 mil millones de dólares. No es necesario examinar largamente la lista de las empresas favorecidas por el Eximbank para descubrir el peso de la estructura monopolista de la economía norteamericana. El 83% de los préstamos concedidos en 1972 y 1973 han financiado las exportaciones de 25 grandes compañías; pero el 60% de las sumas acordadas a esas 25 elegidas recaían en 4 compañías: Boeing, Mc Donnell Douglas, Westinghouse y General Electric.[37] Así se explica, por ejemplo, que Mc Donnell Douglas haya conseguido, en 1972, romper los contratos del gobierno griego con Dassault y sustituir los Mirages por sus Phantoms. En esa ocasión, el Estado norteameri-

[35] *Ibid.*

[36] *Aviation week and space technology*, 2 de octubre de 1972; 2 de septiembre de 1974.

[37] Sobre la lista de beneficiarios del Eximbank, cf. *NACLA's Latin America & Empire Report*, vol. III, núm. 7, Nueva York, 1974; *Air et cosmos*, París, 25 de enero de 1975. (El Eximbank otorga préstamos que financian la exportación hasta el 30% del valor de la compra, a un interés del 7% por un período de diez años.)

cano le prestó a los coroneles de Atenas más de cien millones de dólares. Para comprar sus Boeing, Pinochet se benefició con el mismo favor.

Cuando la empresa multinacional juzga que las acciones y el apoyo del aparato de Estado no son suficientes, toma ella misma la iniciativa de presionar a los posibles compradores. Es por lo menos lo que intentan demostrar los recientes descubrimientos hechos por el Congreso norteamericano. En 1971 y 1973, la empresa Northtrop le pagó 450 000 dólares a dos generales de Arabia Saudita para obtener el encargo de sus F-5. En Europa, esa compañía había fundado una sociedad de nacionalidad suiza que le servía de oficina de relaciones públicas frente a personajes influyentes en el mercado aeronáutico. 700 000 dólares fueron así gastados en propinas. Maniobras similares han sido reveladas en Irán, Indonesia y Brasil. Allí se descubrió que la Northrop había usado el tráfico de influencias, con la ayuda de un general de la fuerza aérea brasileña, para vender en 1973, 42 de sus cazas. Los intermediarios brasileños habrían recibido una comisión de 2.3 millones de dólares por un encargo de un monto de más de 70 millones.[38] En el mes de julio de 1975, el Congreso norteamericano revelaba las mismas intrigas en las transacciones de la Grumman en el Cercano Oriente. En febrero de 1976 le tocó a la Lockheed ser acusada, frente a las mismas instancias, de haber invertido más de 20 millones en comisiones clandestinas a personalidades civiles y militares en Japón, Colombia, Alemania, Italia, Francia, los Países Bajos y Turquía.

NUEVAS FUNCIONES PARA VIEJOS CONOCIDOS

En 1972, la fuerza aérea de Estados Unidos comenzó a utilizar en Vietnam una bomba teleguiada que lleva en su parte delantera, en lo que podríamos llamar su nariz, una cámara de televisión. Desde su cabina, el piloto puede seguir en una pequeña pantalla el misil que acaba de lanzar y elegir su blanco con una máxima precisión. Y, sin embargo, fue durante ese mismo año que ¡la mayor cantidad de bombas cayeron, "por error", en escuelas, dispensarios y, sobre todo, diques! Ese nuevo artefacto de guerra fue bautizado "Maverick", el nombre de ese vagabundo con suer-

[38] A. Shumman, "Tighter foreign sales control studied", *Aviation week and space technology*, 16 de junio de 1975; *Le Monde*, 9 de julio de 1975.

te e irreductible que sirve de título a una famosa serie de televisión producida en Estados Unidos y distribuida en el mundo entero. El fabricante de esta versión belicosa de Maverick, es el productor de *Scarface,* el filme que con *Tiempos modernos* y *Soy un fugitivo* trastornó en los años 30 el conformismo de Hollywood. Nos referimos a Howard Hughes que, en un intento por borrar las huellas de la división del trabajo, puso su empresa aeronáutica al servicio de su producción cinematográfica. Durante la guerra de Corea, produjo un filme de Stemberg, *Jet pilot.* Los aviones construidos por su división Hughes Aircraft Corp. reconstituían combates aéreos que, en la realidad, eran librados por esas mismas máquinas infernales, vendidas al ejército de Estados Unidos para bombardear los pueblos más allá del paralelo fatídico. En la actualidad, Hughes ha cedido las acciones que poseía en el trust del cine RKO Pictures y comprado una cadena de televisión comercial. Desde hace poco posee igualmente la más grande red de teledistribución, esa famosa televisión por cable que algunos consideran instrumento para la democratización de la información y de la cultura.

Pero la megalomanía de nuestro hombre no se detiene allí. En junio de 1973, recién salido de los astilleros de construcción naval situados en la ribera del Delaware, un verdadero laboratorio flotante de aspecto insólito, el "Hughes Glomar Explorer", se hacía a la mar; según el portavoz de la Summa Corporation (ese alero que cubre todas las actividades marítimas de la empresa Hughes), tenía por misión explorar el fondo de los océanos para "encontrar una respuesta a la crisis de energía". Otro objetivo de la operación fue descubierto en febrero de 1975, cuando el jefe de la CIA, William Colby, reveló delante de la Comisión de Investigaciones del Senado norteamericano que la Summa Corporation había tenido a su cargo la misión ultrasecreta de rescatar en alta mar, del Océano Pacífico, un submarino atómico de la flota soviética que se había ido a pique hacía algunos años.

Dos meses antes, el ex vicepresidente de la Hughes Aircraft para Europa, consejero de la Northrop y antiguo jefe de Estado Mayor de la aviación francesa, Paul Stehlin, fue obligado a renunciar por haber osado ponderar la superioridad de los aviones norteamericanos respecto del Mirage, salido de los talles Dassault, y haberse mostrado convencido de que sólo Estados Unidos tenía los medios técnicos, económicos y políticos para proteger a Europa. En cambio, los socios franceses de Hughes en una sociedad parisiense de estudios sobre televisión por cable, no se mostraron de ningún modo molestos ni agarrados en flagrante delito de contradicción con el principio de soberanía nacional y el ejército corrió con todos los gastos.

En 1966, para desbaratar la infiltración de las tropas norvietnamitas a través de la zona desmilitarizada del paralelo 17, Mc Namara, entonces secretario de Defensa, decidió construir a lo largo de esa frontera una barrera convencional equipada con medios de alerta electrónicos. Esta idea prosperó y, bajo la dirección del Defense Communication Planning Group, creado especialmente a esos efectos, la aviación norteamericana lanzó sobre todo el territorio indochino una multitud de detectores, algunos de los cuales no alcanzaban el tamaño de una brizna. Uno de esos sistemas de detección, a la vez acústica y sísmica, recibió el nombre de "Commando Bolt". Esas briznas enviaban en forma de señales luminosas, a una pantalla de televisión, las informaciones sobre las actividades del enemigo, y el oficial encargado del control de esas informaciones podía tener constantemente al día el mapa de la progresión de los convoyes y de las patrullas enemigas. "Commando Bolt", nombre de ese héroe de historietas Big Ben Bolt, el boxeador, campeón del mundo, a la vez plácido y temerario, creado por John Cullen Murphy.

Después de muchos años, el Departamento de Defensa, con la ayuda de un gran número de laboratorios de investigación civil, militar o paramilitar, tales como el Centro Nacional de Investigación Atmosférica de Monterrey, el Centro de Armamento Naval de California o la Rand Corp., se ocupa de poner a punto proyectos de agresión geofísica y climatológica y estudia las posibilidades de dominar y desviar ciclones, huracanes, maremotos y tempestades. Fue en 1969 cuando, por primera vez, la aviación norteamericana decidió provocar lluvias artificiales para bloquear el avance de cantidades crecientes de material y de municiones por la carretera Ho Chi Min, que era, a través de todo Laos, la arteria vital de reabastecimiento para las tropas de Vietnam del Norte. Esta experiencia, que borró del mapa numerosos pueblos laosianos, que aniquiló a sus habitantes, que destruyó las cosechas, se conoce como la "operación Popeye", nombre de ese hombrecito gran comedor de espinacas, creado por Elzie Segar en *The New York Evening Standard,* alrededor de 1929.

En 1967, la National Security Agency (NSA), el organismo que aporta la mayor ayuda al aparato de Inteligencia de Estados Unidos proveyéndole más del 80% tanto de sus efectivos como de sus informaciones, logró localizar la guerrilla del Che Guevara interceptando señales de comunicación por radio. El sistema de radares que permite el funcionamiento de esa red de espionaje es conocido por los agentes de la NSA bajo el nombre de "sistema Mandrake", ese héroe mago creado por Lee Phalk y Phil Davis en 1934.

Maverick, Bolt, Popeye, Mandrake, ¡imágenes y garras! Esas criaturas fantásticas se ven de golpe ofreciendo —por el genio militar y los planificadores de la *electronic warfare*— la exaltación de una significación oculta y los generales que se protegen detrás de la aureola de esos personajes cuyo tono sarcástico se diluye bajo el humor, les juegan de hecho la peor mala pasada que se pueda jugar a los supraterrestres: inmiscuirlos en los enredos de los terrestres. La trashumancia de los personajes de la cultura de masas hacia los campos de batalla no es un azar. Los militares invocan la intercesión de esos héroes y reivindican para la realidad de su era electrónica, una mitología que pretende inocencia en la dirección infernal que imprimen al desarrollo del aparato tecnológico.

La presencia de esas figuras en la agresión a Vietnam o en la lucha contrainsurreccional en Bolivia, no tiene el mismo sentido que la imagen del Pato Donald sobre las alas victoriosas de las fortalezas voladoras que los pilotos, de regreso a sus bases de Inglaterra o de Guam, pintaban para marcar el número de los stukas o de los ceros abatidos. El pico sonriente de Donald con su gorrita de marinero, desempeñaba un papel de mascota gráfica, de simple fetiche que nada tenía que ver con la práctica publicitaria de la guerra, aun cuando Donald forme parte del arsenal cotidiano del imperialismo y sirva para auspiciar otras batallas bajo un signo menos explícitamente belicoso. La presencia de Popeye y de Mandrake reviste otro carácter cuando son utilizados por las fuerzas aéreas de Estados Unidos o los servicios de información para designar una incursión aérea o un aparato. Mediante estos héroes de historietas, el bombardeo sistemático de diques y de hospitales logra cierta forma de legitimidad: con su imagen de fuerza imprevisible, desbordante, sin límites, esos seres superpotentes disculpan los bombardeos de escuelas, los bombardeos de hospitales que dejan de ser las marcas del todopoderoso aparato tecnológico. Popeye y sus músculos excéntricos, Mandrake y su exaltación de medium poseído se convierten en pantalla pintoresca, la pantalla que hace olvidar que la operación genocida a la que prestan su nombre ha sido fríamente planeada y no admite ningún margen de error.

Popeye es también la clave del mensaje sibilino, la droga que euforiza el contexto del gesto criminal que el piloto del B-52 ejecuta con un nivel velado de conciencia. El arsenal de figuras de la cultura de masas sirve para hacer inocente la cotidianidad de la agresión mortífera. Y, de la misma manera, Maverick disculpa, en primer lugar a los tecnócratas, patrones y generales, cuya práctica se centra en la industria de la guerra y permite, al mismo tiempo, a la llamada opinión pública, dar la nueva de la destrucción de objetivos civiles con la apariencia fantasmagórica de una serie de televisión.

Éste no es más que uno de los múltiples aspectos de lo que podríamos llamar una cultura de defensa, de "seguridad interior" del Estado imperial. Las figuras tradicionales de la ficción están allí para desbautizar una realidad que supera la ficción. Y no hay que creer que esta reutilización de superpotentes imaginarios es patrimonio estricto de algunos militaristas, partidarios inveterados de las expediciones punitivas. Todas las agencias del sistema se agitan bajo esa misma bandera, en nombre de la defensa del imperio.

Popeye, Mandrake, Maverick: logotipos de los proyectos del Pentágono; estos préstamos no son sino la metáfora del cambio que se opera en el aparato de producción de la cultura de masas. En un mundo en el que no se sabe bien quién de los dos oculta al otro, en el que nadie sabe quién es quién, quién fabrica el libreto de televisión y quién fabrica la bomba, en el que en nombre de la defensa del imperio el reflotamiento de un resto estratégico, la investigación de nódulos de cobalto o de manganeso, la elaboración de nuevos sistemas de TV comunitaria, son efectuados por la misma empresa llamada privada, es difícil seguir definiendo a la industria cultural como una industria ligera, así como es difícil continuar situando al aparato de inteligencia del imperio norteamericano en el simple nivel de los organismos especializados en esa función.

CAPÍTULO III

LA DIFUSIÓN DE TECNOLOGÍAS ESPACIALES

El modelo de difusión internacional de las nuevas tecnologías de comunicación está atravesado por las relaciones de fuerzas que acabamos de enumerar. La batalla por la exportación está abierta. Como señalaba un portavoz de los industriales norteamericanos en junio de 1975, al inaugurar el salón aeronáutico de París-Le Bourget, donde los cazas F-16 de la General Dynamics se codeaban con los satélites de exploración terrestre o de difusión directa: "La tecnología del espacio también se ha introducido en el mercado de la exportación, a una escala modesta, ciertamente, pero que prosperará inevitablemente en la medida en que los asuntos en materia de comunicación conocen una expansión revolucionaria, gracias a los sistemas espaciales. De la misma manera, los apetitos internacionales por los sistemas espaciales capaces de recoger datos sobre los recursos terrestres, el tiempo o la navegación se han afinado e irán en aumento en el trascurso de los próximos diez años." [1]

Los formas que toma la implantación de esos nuevos sistemas de comunicación son un testimonio fiel de las nuevas prácticas de las sociedades multinacionales de origen americano y del Estado imperialista.

EL ESPACIO COMO TERRENO DE EXPLOTACIÓN

"La ciencia progresará, pero será una ciencia que tendrá pretensiones prácticas. Hoy en día, en el debate que se desarrolla entre el público, el gobierno y sus proveedores y las industrias que elaboran la tecnología, el punto de vista del patriota y del científico puro ha cedido el paso al del pragmático." [2] En esos términos el

[1] R. Hotz, "Editorial: expanding the global market", *Aviation week & space technology,* 2 de junio de 1975.

[2] James Fletcher, "Toward corporate continuity in space: the case for NASA's future", *Finance,* abril de 1972.

administrador general de la NASA trazaba en abril de 1972 las nuevas líneas de la política espacial de Estados Unidos para los años próximos e inauguraba lo que los científicos norteamericanos han bautizado "la nueva era del espacio". No habrá más viajes a la luna. La fase de la conquista y de la exploración lunar ha terminado. Habrá costado al pueblo norteamericano cerca de 50 mil millones de dólares. La tierra se ha convertido desde ahora en el objetivo principal de las actividades espaciales: "entramos en la era de la utilización del espacio en beneficio del hombre".

Los vuelos piloteados que absorbían la mayor parte de los fondos no habrán de representar más que la tercera parte del presupuesto de la NASA y la quinta de todas las actividades espaciales, civiles y militares, nacionales e internacionales de Estados Unidos. Los raros viajes piloteados que han sido previstos deberán ser directamente rentables. Los cosmonautas del Skylab, el programa que inauguró la nueva era espacial y cerró la vieja, han fotografiado durante sus tres misiones sucesivas, más de las tres cuartas partes del suelo y del subsuelo terrestre y efectuado el censo de nueve décimos de la población del globo. Además, y sobre todo, han resuelto las últimas dudas. El hombre puede trabajar en estado de ingravidez, sin demasiados riesgos. Después de la experiencia de acoplamiento en el cielo de las naves espaciales soviética y norteamericana en julio de 1975 (Soyuz), habrá que esperar el fin del decenio para ver a otros cosmonautas constelados regresar al espacio y cohabitar con sus colegas europeos en la cabina del *spacelab,* laboratorio espacial reutilizable. Esos dos programas de acercamiento internacional están también situados bajo el signo de la nueva política del espacio que, siempre según los funcionarios de la NASA, debe tratar de multiplicar los proyectos de cooperación sobre una base "multinacional y transideológica", combinando las ventajas del "fin de la guerra fría" con las de la "neutralidad extraterritorial del espacio". Las aplicaciones de la tecnología espacial están a la orden del día y a ellas se destinará la mayor parte de los presupuestos del gobierno: los satélites de comunicación nacional e internacional y su utilización en el marco de la educación; los satélites de observación metereológica, los satélites de ayuda a la navegación aérea y marítima, los relés espaciales para la localización y cosecha de datos de todo tipo, desde la ficha médica de un paciente a sus antecedentes penales, y los satélites de observación de recursos naturales.

Cuando se inició la nueva era espacial, habían pasado apenas tres años del alunizaje de Neil Amstrong, quien convocó alrededor de los colores norteamericanos más de 700 millones de telespectadores y escuchas. La última exposición ambulante organizada alrededor del mundo por el servicio cultural de las embajadas norteamericanas para divulgar su conquista planetaria había regresado hacía ya dos años. La tercera misión del laboratorio espacial Skylab, a su regreso en febrero de 1974 de un viaje de tres meses en estado de ingravidez, no tuvo los honores de la TV norteamericana. El espacio se convertía en terreno de la economía, su explotación remplazaba a la proeza, los técnicos sustituían a los héroes.

Durante los años 60, el gobierno norteamericano había acostumbrado a su público a otro tipo de discursos. Los noticieros que informaban de los resultados obtenidos por las misiones Géminis, Mercurio y Apolo estaban todos cortados con el molde cifrado de las competencias deportivas: "La tripulación del Apolo 17 ha realizado tres salidas sobre la luna y ha permanecido sobre la superficie selenita 22 horas 5', superando así el récord establecido por la del Apolo 16 que era de 20 horas 13'; ha traído 110 kilos de rocas y muestras del suelo lunar, mientras que la misión Apolo 16 regresó con 100 kilos..." La elección de esta terminología de los estadios no era inocente. Ocultaba la lucha política que se expresaba en la coyuntura lunar. "Estados Unidos, su psiquis, así como su sentido de la seguridad, aguijoneados por el prestigio y la importancia militar del sputnik lanzado por Rusia, abrieron todas las grandes cajas del tesoro del Estado y gastaron miles de millones sobre miles de millones para alcanzar y superar a la Unión Soviética en el espacio." [3] En 1961, John Kennedy había pedido a la nación norteamericana que conjugara sus esfuerzos para llegar a la luna antes del fin del decenio. Ése fue el punto de partida de una carrera desenfrenada sólo comparable a la carrera armamentista. (Ambas coinciden, por otro lado, rigurosamente y no es por nada que las divisiones de las empresas multinacionales de la electrónica y de la aeroespacial agrupen bajo la misma enseña su actividad de Defensa y la del Espacio. En sus publicidades, esos dos campos de acción están siempre asociados.) Por ese entonces, funcionarios y senadores, al unísono, hacían de la carrera a las estrellas una plataforma primordial para ganar la guerra fría. Los patriotas de la agencia espacial no ocultaban sus convicciones políticas: "Por primera vez en la historia de la humanidad, la posibilidad de dejar atrás la tierra y explorar el sistema solar está al alcance de la mano: dos naciones solamente, Estados Unidos y la Unión Soviética, disponen hoy en día de los recursos necesarios para explotar esa posibilidad. Si nosotros, que somos el símbolo del gobier-

[3] James Fletcher, art. cit.

no democrático, abandonamos esa posibilidad al abogado y al líder de la ideología comunista, no podremos guardar intacta nuestra propia imagen y la que las otras naciones tienen de nosotros y de la sociedad libre que representamos." [4]

Durante esa competencia, la tecnología espacial permaneció circunscrita a las necesidades acumulativas que engendraba la exploración del espacio. El único puente que se tendió entre el común de los mortales y esa formidable máquina tecnológica, fue el espectáculo y el consumo de las hazañas de los cosmonautas. Centenares de médicos aguzaban su curiosidad científica consagrándose a la observación de los latidos del corazón de tres hombres del espacio, mientras que los laboratorios de investigación sobre el cáncer veían su presupuesto, ya ínfimo, reducirse a lo mínimo indispensable. *The sky above... the mud below,* ("El cielo arriba.. el barro abajo") se convirtió en una expresión en boga. Los militantes de la guerra fría fueron sostenidos por los científicos, impacientes por ampliar sus investigaciones *in vitro,* hasta el día en que tuvieron que rendirse a la evidencia de que no llegarían a domeñar esta inflación enorme de información sobre el espacio sino mucho después de los años florecientes de la conquista.

En 1972, las condiciones han evolucionado considerablemente. El Congreso se muestra cada vez más reticente frente a las iniciativas que no entrañan "un acrecentamiento de bienestar para los hombres que viven en la tierra". "La guerra fría se ha entibiado. Y una era más pacífica está empezando a coincidir con una conciencia en aumento de que aquí, sobre la tierra, hay agujeros en el tejido social producidos por las polillas", señala el administrador de la NASA en persona. La oposición que se manifiesta en el Senado agrega otro argumento: los proyectos espaciales que responden a una concepción tradicional y miran por encima del hombro las necesidades terrestres, no pueden resolver los problemas de la balanza comercial deficitaria y de la inflación.

Una cosa es segura: con la nueva era espacial —otra vertiente del proceso de "civilización" de la alta tecnología— Estados Unidos entra en otra fase de politización del espacio que toma la forma de la rivalidad que supone "la época de la distensión". El patriota de la guerra fría cede el lugar al científico, financiado a la vez por el Estado norteamericano y sus grandes empresas multinacionales. Representa al nuevo teórico y al nuevo ideólogo encargado de materializar, en la tierra, la utopía universalista del im-

[4] Declaraciones del antiguo administrador de la NASA, J. E. Webb, in *Space: the new frontier,* US. Government printing office, Washington, 1967.

perio gracias a los recursos de la ciencia y de la tecnología aplicada. Ese nuevo tipo de prosélito debe sensibilizar al hombre común a esta nueva fase de la invasión tecnológica en beneficio de "la humanidad" y hacérsela aceptar como un paso decisivo hacia su liberación. Citemos una muestra del discurso neopositivista de ese nuevo personaje de la política espacial que es el pragmático: "Las fuerzas de la ciencia sobrepasan ampliamente la reflexión intelectual y la aventura de la investigación. Las verdades científicas son universales y pertenecen a todos nosotros. Van más allá de las fronteras nacionales... Cuando fue inventado el transistor, hace 25 años, el concepto se convirtió rápidamente en propiedad de toda la humanidad [...] Se piensa a veces que los países subdesarrollados, cuando importan tecnología, solamente pueden aprovechar las formas especiales de la ciencia concebidas para servir a necesidades particulares. Lejos de ser cierto. El transistor y los satélites artificiales —que representan una tecnología realmente sofisticada— pueden ser adoptados por muchos países que de ese modo pueden construir sus redes de comunicación sin pasar por etapas intermedias que son costosas y lentas. De ahí que, en general, los países avanzados a menudo rindan servicio a los menos avanzados simplemente desarrollando sus propias actividades técnicas y ofreciendo sus productos al mundo." [5]

El buen samaritano no es más ese voluntario de la paz que, munido de una reserva de diapositivas prestada por los servicios culturales de la embajada, revelaba a los campesinos de los Andes las grandezas de la carrera interplanetaria: se ha convertido en un traficante de los últimos modelos electrónicos elaborados por las empresas multinacionales. Es necesario, decía Nixon, "ofrecer el genio de la ciencia y de la tecnología norteamericanas para resolver los problemas del desarrollo". "El progreso sin precedentes de la ciencia y de la tecnología —agregaba—, la explosión demográfica, la explosión de las comunicaciones y del conocimiento, exigen nuevas formas de colaboración internacional." [6]

Se trata de ver ahora qué formas concretas de cooperación internacional propone el imperio para "convertir sus recursos tecnológicos en una herencia común a toda la humanidad".

[5] Declaración de F. Seitz, representante del gobierno en el Comité Norteamericano de Ciencia y Tecnología en *The Department of State Bulletin*, núm. 1769, Washington D.C., 1973.

[6] *Department of State Newsletter*, febrero de 1971.

ESTADO/INDUSTRIA: UNA RELACIÓN DIFERENTE

El modo de inserción internacional de la tecnología espacial *made in USA* constituye un ejemplo premonitorio que supera con mucho el campo de la industria de la telecomunicación para indicar cómo puede articularse armoniosamente una alianza original entre las empresas multinacionales y el aparato del Estado para llevar a cabo un trabajo que ninguno de los dos miembros de la pareja podrían hacer con éxito solo. Revela de qué forma puede institucionalizarse un *partnership* durable entre gobierno e industria que alivie los conflictos de intereses entre ambas partes. Los pocos economistas perspicaces del sistema que han visto allí un esquema susceptible de extenderse a otros sectores de la industria, no se equivocan.[7]

La historia de esta cooperación estrecha entre el organismo estatal y las empresas aeroespaciales y electrónicas permite adivinar cómo, en una relación dialéctica, las empresas de la industria de punta constituyen un factor de presión sobre el viejo aparato burocrático del Estado imperialista y lo fuerzan a adoptar su criterio de modernización y en qué forma, esas empresas son llamadas a ejercer oficialmente funciones que antes eran del dominio exclusivo de las instituciones gubernamentales. A partir del análisis de casos concretos de ese tipo es posible rodear la cuestión espinosa de las nuevas formas estatales exigidas por la fase actual de la acumulación internacional del capital. Se percibe más la resonancia que tiene sobre la acción de la empresas multinacionales una trasformación semejante, cuando se compara con la verificación de esta otra, a saber, la del proceso de "civilización" al que se han lanzado la mayoría de esas empresas. La canalización de las tecnologías de la defensa y del espacio hacia el campo civil tiende a precipitar la apertura del aparato del Estado respecto a los propietarios de la alta tecnología convertidos en planificadores sociales. Tendremos la oportunidad de volver sobre estas últimas hipótesis, en particular cuando examinemos la importancia creciente de las empresas multinacionales en el campo de la educación. Por el momento, se trata de dilucidar la trayectoria de la alianza gobierno/industria en el ámbito de las aplicaciones de las tecnologías espaciales.

Para eso hay que remontarse a 1962, tres años después del éxito soviético del Sputnik y de la respuesta norteamericana del Explo-

[7] A título de ejemplo, E. R. Bagley, *Beyond the conglomerates*, Amacom, Nueva York, 1975.

rer. Es también el año que marca el comienzo de los lanzamientos de los primeros satélites Telstar, Relay y Syncom, que prepararon la puesta en órbita del primer satélite estacionario de telecomunicación comercial, Early Bird, lanzado en 1965. Este aparato, que podía trasmitir simultáneamente 240 circuitos telefónicos o un programa de televisión, inaugura la primera generación de la red internacional de satélites Intelsat (International Communication Satellite). En esa época, no existían sobre el planeta más que 4 estaciones terrestres capaces de recibir señales alternadas. Diez años después, ya hay cerca de 100 y los 7 satélites de la cuarta generación (Intelsat IV) tienen una capacidad individual de 6 000 comunicaciones telefónicas o 12 programas de televisión. La quinta generación, prevista para 1980, estará compuesta por satélites que tendrán una capacidad de 25 000 circuitos. Entre tanto, habrán de lanzarse los otros seis ejemplares de la segunda serie de la cuarta generación (Intelsat IV A) que permitirán la trasmisión de 12 000 comunicaciones telefónicas o 24 programas de televisión. Hace algunos años, los expertos aeronáuticos norteamericanos habían previsto que antes de 1980, sería posible lanzar un satélite de 100 000 circuitos, pero eso proyecto parece haberse postergado, porque incluso la quinta generación, que originalmente debía ser lanzada a partir de 1977 con satélites de 40 000 circuitos, ha sido fuertemente reducida y frenada.

Desde 1962, Estados Unidos, después de haberse dotado cinco años antes de un organismo encargado de la investigación y la promoción de proyectos de exploración espacial (la NASA), creó una institución destinada a explotar la tecnología de los satélites. Por entonces, el Congreso norteamericano aprueba la Communication Satellite Act que funda la Comsat (Communication Satellite Corp.) y le confía la misión de organizar y explotar comercialmente este nuevo descubrimiento. Según una fórmula propuesta por la Comisión Federal de Comunicaciones (FCC), la Comsat toma la forma de una sociedad de un género inédito. La mitad de las acciones son ofrecidas a particulares y la otra mitad a las 163 empresas aceptadas de la industria de la comunicación. La American Telegraph & Telephone (ATT) adquiere el 29% de las acciones (lo que equivale a más de la mitad de la parte reservada a la industria), la ITT, la General Telephone & Electronics (GTE), la Radio Corporation of America (RCA), reunieron el 16.4% mientras que las otras 158 empresas se repartieron el 4.6% restante. Más de 175 000 suscriptores adquirieron la otra mitad. En el comité de dirección, los tres representantes del gobierno nombrados directamente por la Casa Blanca se codeaban con los delegados de los accionistas. Con un tercio de las partes, la ATT tenía derecho a tres asientos. Esta fórmula original garantizaba una alianza permanente entre el aparato del Estado y los grandes constructores de esas nuevas tecnologías, una alianza que hacía posible la elaboración de una política común de comercialización internacional. Eso significaba, de hecho, promover a la categoría de aparato de Estado a esos grandes monopolios. "Comsat —escribía un ex funcionario rebelde de la ITT, actualmente profesor en la universidad de Pennsylvania— es sin ninguna duda un mecanismo institucional destinado a preservar las relaciones de poder existente. Comsat no puede fabricar equipos, lanzar satélites o vender servicios. Sirve principalmente de administrador y de intermediario entre la industria de comunicación establecida y el gobierno de Estados Unidos para todo lo que concierne a la política internacional de los satélites." [8]

En 1964, provisto de este instrumento operacional, Estados Unidos proponía a los países occidentales echar las bases de una red internacional de comunicación por satélite, que debía permitir a todas las naciones "participar en la propiedad, la administración, la fabricación y la concepción del sistema". Ése fue el comienzo de la Intelsat. Los propietarios eran los países de la Europa no socialista, Japón, Canadá y Australia. La Unión Soviética —que en 1965 lanzaba el primero de sus satélites de comunicación no estacionario, menos perfeccionados que los satélites estacionarios de Estados Unidos— prefirió asociarse a los otros países socialistas, con los que fundó, en 1971, la Intersputnik, que agrupa a los países del este de Europa (salvo Yugoslavia, que forma parte de la Intelsat), Cuba y Mongolia exterior. La Unión Soviética lanzó su primer satélite estacionario Molnya 1-S en agosto de 1974. China, que ya ha lanzado cinco satélites —la mayoría con fines de reconocimiento— no tardará en alistarse en la línea de los satélites de comunicación.

El control de Estados Unidos sobre el consorcio Intelsat era absoluto. Desde la aprobación del estatuto constitutivo del organismo internacional, se vieron propietarios del 61% de las partes (Gran Bretaña poseía el 8.4%, Francia y Alemania el 6.1, en tanto que el Tercer Mundo no figuraba entre las 19 naciones propietarias del sistema). Además, la Comsat había sido elegida como gerente de la organización por un período de 7 años. A fines de 1970, a pesar

[8] W. H. Melody, "The role of advocacy in public policy planning", en *Communications Technology and social policy* (G. Gerbner, L. Gross, W. H. Melody, comps.), Wiley interscience, Nueva York, 1973.

de la entrada en masa de nuevos países miembros, la presencia de Estados Unidos seguía manifestándose a través de una cuota que correspondía al 52.6% del total. En cuanto a los contratos de aprovisionamiento, las grandes empresas multinacionales de origen norteamericano se llevaban la parte del león. Entre 1965 y 1968, de los 122 millones de dólares de contratos suscritos por la Intelsat, sólo 18.2% fueron atribuidos a empresas europeas, australianas o japonesas. Las quejas formuladas por países como Francia son bastante significativas del descontento de los miembros europeos de la Intelsat: las compensaciones industriales son insuficientes en calidad (las subsidiarias europeas han sido frecuentemente limitadas a copiar las realizaciones norteamericanas) y también en cantidad (hasta 1973, la industria francesa ha obtenido 6.5 millones de dólares en contratos, mientras que la cotización neta de Francia era del orden de los 15 millones).[9]

Después de múltiples negociaciones, un nuevo estatuto aprobado en 1971, de difícil aplicación, ha venido a hacer menos aplastante la supremacía norteamericana. La Comsat sigue administrando la Intelsat, ya no en virtud del estatuto, sino en virtud de un contrato. Estados Unidos no posee más que el 38.3% de las partes, Gran Bretaña el 10.9% y Francia el 2.98%. A fin de permitir la participación a todos los miembros (98 países en la actualidad), se ha creado una instancia de consulta, en la que cada miembro tiene derecho al voto. Pero el poder de decisión queda en manos de un comité de dirección en que la participación es proporcional al número de las partes. Un funcionario mismo de la NASA reconoce que: "El control de la organización sigue siendo ejercido por las naciones avanzadas." Pero, con acento paternalista, agrega: "La participación de los países menos desarrollados en una organización tan sustancial y tan prioritaria, les permitirá desarrollar intereses comunes con la gran nación del norte y favorecerá la participación de esos países en otras actividades importantes en el plano internacional."[10] La industria norteamericana continúa construyendo los nuevos satélites previstos. La empresa aeronáutica Hughes Aircraft tiene el monopolio desde la primera generación y son los vehículos de lanzamiento norteamericano fabricados por la Ling-Temco-Vought y la Mc Donnel Douglas los que han de propulsar esos satélites. Como Estados Unidos y la Unión Soviética son los únicos que poseen ese tipo de vehículos, han establecido —para pre-

[9] M. Bignier, "Les programmes d'application spatiale et la coopération international", *Revue de Défense Nationale,* París, octubre de 1973.

[10] A. Frutkin, "Space communication and the developing countries", en *Communications technology and social policy, op. cit.*

venir toda competencia al sistema Intelsat— una cláusula que prevé que todo país miembro de esta organización que quisiera lanzar un satélite comercial de comunicación y que para ello solicite un propulsor a Estados Unidos, debe aportar la prueba de que ese nuevo satélite no causa perjuicios económicos a la Intelsat. La única excepción son los satélites experimentales.

De esta primera experiencia llamada "internacional" hay que retener dos elementos que han de pesar enormemente en la evolución futura de la expansión internacional de la tecnología de los satélites.

A partir de su plataforma de organismo híbrido, la Comsat ha inaugurado formas cada vez más ágiles de asociación con las empresas industriales de su país para explotar las nuevas aplicaciones de la tecnología de los satélites. Sus acuerdos sectoriales que le permiten asentar un poder real con otras empresas son incontables. Está a la cabeza de uno de los cuatro grandes sistemas de comunicación por satélites que poseerá Estados Unidos antes de 1977, que administra con el monopolio de teléfonos ATT. Con la Lockheed, que igualmente fabrica satélites y otra empresa de comercialización y de tratamiento de datos, la Comsat ha fundado una sociedad mixta donde dispone de una participación de un tercio: la CML Satellite Corp. Por lo demás, la última iniciativa de la Comsat gira en torno de esa empresa mixta. La IBM ha propuesto comprar el 55% de las acciones y trasformarla en una filial común IBM-Comsat en la que ésta poseería el otro 45%. A través de esta nueva sociedad, se intenta unir la informática y la tecnología de los satélites instalando para 1980 una vasta red de computadoras y de teletratamiento de la información, ligados entre sí por satélites y puestos a disposición de entidades privadas y públicas. La Comisión Federal de Comunicaciones, viendo en la reunión de esos dos gigantes el peligro de que se repartan el mundo en dos, se negó, en junio de 1975, a ratificar ese proyecto y exigió que la filial propuesta fuera abierta a otras empresas, reduciendo la propiedad de la IBM o de la Comsat al 49%. Era una medida bastante limitada para frenar las pretensiones de semejante monopolio. En octubre de 1975, un tercer socio, la compañía más grande de seguros de Estados Unidos y una de las más diversificadas, la Aetna Life & Casualty Co., se unió a la asociación Comsat-IBM comprando el 15% de las acciones.[11] La sigla del nuevo consorcio —en el que la Comsat y la IBM se quedan cada una con el 42.5%— es todo un

[11] *Aviation week & space technology*, 2 de septiembre de 1974, 4 de octubre de 1974, 23 de junio de 1975, 6 de septiembre de 1975.

programa: CIA (Comsat, IBM, Aetna). Este caso nos deja entrever el curso que toma esa otra aplicación de la tecnología espacial que es la teleinformática cuyo lugar será preponderante en los quince próximos años. A medida que se extienden las funciones de los satélites, la Comsat está llamada también a organizar sistemas de satélites que no mantienen mucha relación con la trasmisión de programas comerciales o culturales. Y en cada uno de esos nuevos segmentos de las aplicaciones de la tecnología espacial, siempre es la fórmula de alianza Estado/industria la que prevalece. Cuando se trató de proveer a Estados Unidos de un sistema de satélites de navegación marítima (Marisat) —iniciativa estimulada por las necesidades de petróleo, ya que en 1980, sólo para su propio abastecimiento, Estados Unidos tendrá necesidad de una flota equivalente a la que abastecía al mundo entero en 1967— que facilitara el tráfico de barcos de la marina de guerra y de la mercante norteamericana en el Atlántico, el golfo Pérsico y el Pacífico, la Comsat formó con la RCA, la ITT y la empresa telegráfica Western Union International, una sociedad en la que detenta el 80% de las partes.

Con la Intelsat, Estados Unidos ha logrado imponer en el terreno de las comunicaciones su concepto particular de organización internacional de nuevas tecnologías de satélites. Ahora trata de hacerlo prevalecer como la única norma posible para guiar las otras aplicaciones de esta tecnología. Es el caso, por ejemplo, del sistema internacional de satélites de navegación aérea (Aerosat) y de satélites de navegación marítima (Inmarsat). Pero los demás países no quieren repetir más la experiencia Intelsat. En 1971, después de numerosas negociaciones, el gobierno del presidente Nixon rechazó categóricamente los términos de un acuerdo propuesto por los países europeos que preveía repartir, al 50%, el sistema Aerosat, tanto en el nivel de la concepción como en el de la construcción. El gobierno norteamericano por una parte no podía aceptar la perspectiva de ver a Europa trabajar en igualdad con Estados Unidos, y juzgó arbitrario el acuerdo en la medida en que lo que debía prevalecer en la suscripción de contratos con las industrias era el mejor precio, la mejor calidad y el plazo de entrega más corto. Por otra parte, no estaba de acuerdo con el tipo de organización previsto para administrar el sistema: los países europeos exigían un acuerdo de gobierno a gobierno y Estados Unidos prefería confiar la explotación al sector privado o al sector mixto. La misma discusión se repitió para la instalación de la Inmarsat, en la que Estados Unidos deben no solamente hacer frente a la oposición de los países europeos, sino también a la Unión Soviética que por primera vez participa de un sistema internacional de ese tipo. Además de los riesgos políticos, los riesgos comerciales son considerables. Muchos países están ahora en condiciones de suministrar ese tipo de aplicación de la tecnología de satélites y la explotación del sistema reporta sus dividendos: los clientes potenciales de la Inmarsat son 61 000 buques de más de 100 toneladas.[12] Se llega entonces a una situación paradójica. Estados Unidos, que ha asumido el liderazgo en la implantación del primer sistema internacional de comunicación, entorpece las negociaciones cuando se trata de encontrar otros términos para una explotación común de las nuevas aplicaciones.

LA EXPORTACIÓN DE SISTEMAS NACIONALES

Cuando creó la Comsat, el Congreso norteamericano le recomendó "sobre todo tener el cuidado de ofrecer sus servicios a los países y a las regiones económicamente menos desarrolladas".[13] La Comsat, bajo su doble papel de gerente de la Intelsat y de organismo de la política exterior de Estados Unidos, ejerce esa misión en numerosos países. Cuando la voluntad de adquirir las nuevas tecnologías no se manifiesta, hay que suscitarla si es menester. Los países latinoamericanos fueron los primeros beneficiarios de esa solicitud. Por primera vez, las alianzas consecuentes que se articulaban sobre esta alianza principal Estado norteamericano/empresas multinacionales, comenzaron a tomar cuerpo y a formar un frente común que combinaba el suministro del *hardware* y del *software*. Al lado de la Comsat y de la industria, aparecieron las fundaciones educativas y el aparato de educación superior de Estados Unidos. Hagamos la historia de esas maniobras.[14]

En junio de 1967, la Universidad de Stanford publicaba un estudio denominado ASCEND (Sistema Avanzado de Comunicación y de Estudio para el Desarrollo Nacional) que contenía —sin que

[12] K. Johnsen, "US to press for private entity Aerosat", *Aviation week & space technology,* 21 de febrero de 1972. Del mismo autor, "US in minority on slow Inmarsat pace", *Aviation week & space technology,* 21 de mayo de 1975.

[13] *Communications Satellite Act of 1962,* Government printing office, Washington D.C., 1962.

[14] Cf. el documento sobre la política en materia de satélites en América Latina publicado por la revista *Comunicación y cultura,* núm. 3, Buenos Aires, 1975.

hubiera sido formulada la demanda por ningún país del subcontinente– un plan para el uso de satélites con fines tele-educativos en los países latinoamericanos. En abril de 1969, la General Electric y la Hughes Aircraft, la Comsat y diversos representantes de las universidades norteamericanas, financiados por la Fundación Ford, convocaron a una reunión privada en Santiago de Chile, en el trascurso de la cual propusieron que se elaboraran programas de educación por satélite en 14 universidades del norte. Se decidió entonces crear un centro audiovisual internacional vía satélite (CAVISAT) con sede en Colombia para estudiar la viabilidad de un proyecto Estados Unidos-América Latina, pero en lugar de 14 universidades norteamericanas, fueron 10 universidades latinoamericanas sostenidas por las fundaciones de la metrópoli y 10 universidades norteamericanas las que se repartieron el proyecto que debía dirigirse a todos los niveles de la educación, desde campañas de alfabetización hasta cursos universitarios, pasando por la enseñanza técnica y la formación permanente. Durante el mismo año, hubo todavía otras dos tentativas. La empresa italiana Telespazio redactó un nuevo informe sobre la televisión escolar en América Latina, mientras que la Page Engineers, la división de satélites de la Northrop, hizo, por pedido expreso del presidente Nixon, una encuesta sobre las posibilidades futuras de un sistema de satélites para América Latina.

La oposición nacionalista de algunos gobiernos latinoamericanos, preocupados por preservar sus derechos a la autodeterminación en materia cultural y educativa fue la razón de esta argucia. La insolencia de los organizadores de la reunión de Santiago de Chile sobrepasó todos los límites. En su opinión, pronto no habría necesidad de solicitar el acuerdo de los gobiernos en cuestión porque los satélites de difusión directa –es decir, los que llegarían a cada uno en su casa, trasmitiendo programas desde Estados Unidos sin tener que recurrir a la red de estaciones terrestres–, estaban ya a la vista. Además dejaban entrever la posibilidad de que los estudios fueran reconocidos y se distribuyeran títulos norteamericanos a los diferentes grupos de la población escolar latinoamericana que hubieran seguido ese nuevo curriculum milagroso. El descaro era tan abierto que la mayoría de los países latinoamericanos que reivindicaban en 1969 contra la alianza Comsat/empresas multinacionales/universidades su autodeterminación cultural no eran precisamente émulos de la Revolución cubana. Era la Argentina del general Lanusse, la Bolivia del general Ovando, la Venezuela del demócrata-cristiano Caldera, el Paraguay del dictador a perpetuidad Stroessner, el Chile de Frei, que unos años antes no se había hecho rogar para que se comenzaran en el Ministerio de Instrucción Pública experiencias de tele-educación financiadas por la Fundación Ford.

En 1970, esos países latinoamericanos solicitaron la asistencia de la UNESCO después de haber suscrito entre ellos el acuerdo Andrés Bello, que preveía su integración en el terreno de la educación, la ciencia y la cultura. En virtud de ese acuerdo se elaboraron varios estudios sobre la viabilidad de proyectos de educación por satélite. El más reciente (SERLA) ha propuesto unir Argentina, Bolivia, Chile, Colombia, Ecuador, Paraguay, Perú, Venezuela y Uruguay en un sistema común de educación por satélites, técnicamente realizable para fines del decenio actual. Queda por resolver el problema principal, el de su viabilidad política. No se ve bien cómo, por ejemplo, el régimen de los generales peruanos que ha rechazado las nuevas series de televisión educativa tales como *Sesame Street* en nombre de sus objetivos de reforma de la enseñanza podría entenderse con las directivas de tendencia neofascista de los escolares decidida por Pinochet que, en los primeros meses que siguieron a su subida al poder, prometía a los chilenos el lujo de la televisión en colores por medio de las empresas multinacionales norteamericanas instaladas en Brasil.

Las intervenciones políticas de la Comsat son en general mucho más sigilosas. La mayoría de las veces le basta con insistir sobre su competencia técnica que nadie le refuta puesto que es la única organización que puede hacer alarde de más de diez años de experiencia internacional. Ahora que la industria norteamericana ha desencadenando una ofensiva para dar salida a los sistemas nacionales de satélites, es decir, aquellos que solo prestan servicio o más bien que sólo lo prestarán en un país o grupo de países, la Comsat se ha convertido para el mundo no socialista en el mejor interlocutor y el mejor consejero en la materia. Es así que, en 1974 y 1975, encabezó muchos grandes proyectos. En Arabia Saudita, un proyecto de construcción de estaciones terrestres que puedan recibir las trasmisiones del sistema Intelsat y también las emisiones de un futuro sistema regional. Noruega, súbitamente rica en petróleo, le ha confiado su proyecto de sistema nacional de satélites. Brasil le ha pedido que adapte las tres estaciones terrestres instaladas en su territorio para poder recibir las emisiones de la futura red nacional de satélites. Como la Comsat no construye material, ha elegido a la empresa GTE como proveedora de equipo electrónico, la misma empresa que volvemos a encontrar en Irán y que instala en Argelia las catorce estaciones terrestres que permitirán extender las redes de teléfono y televisión a todo el país, gracias a una conexión al sistema Intelsat. Además, construye allí la primera fábrica de equipo audivisual.

Pero el caso más reciente y más elocuente es sin ninguna duda el de Indonesia. Después de la visita de los expertos de la Comsat, el gobierno indonesio firmaba con Hughes Aircraft un acuerdo para construir dos satélites de comunicación y diez estaciones terrestres (otras 30 han sido confiadas a otras empresas). Este sistema nacional permitirá unir nada menos que las 5 000 islas del archipiélago y estará abierto a la tele-educación (2 000 terminales TV), a los enlaces telefónicos (medio millón de teléfonos; por el momento el país no cuenta más que con 45 000 para más de cinco millones de habitantes) y la trasmisión de datos. Por un precio total de 350 millones de dólares, Indonesia será, antes de 1976, uno de los primeros países del Tercer Mundo dotado del mismo sistema de comunicación por satélites que el que Canadá inauguró en 1972, con sus satélites Anik, fabricados también por Hughes Aircraft. Fue necesario que las exportaciones de petróleo indonesio subieran bruscamente a 6 mil millones de dólares anuales para que le fuera concedida semejante modernización de sus telecomunicaciones. En 1970, el gobierno de Yakarta ya había decidido comprar un sistema de satélites, pero el Banco Mundial había rechazado su pedido de financiamiento alegando que "era un lujo para una nación donde el ingreso por habitante era solamente de 70 dólares." [15]

Se puede por lo tanto pensar que el ritmo de compra de esas nuevas tecnologías de comunicación será más lento y menos espectacular en la mayoría de las naciones proletarias que no se benefician de un flujo súbito de riquezas. El interés de esos contratos para las empresas norteamericanas reside, sobre todo, en las oportunidades que abren para otros productos de la telecomunicación, teléfonos, televisores, radios, equipos de conmutación, computadoras, centros audiovisuales, etc. Entre las empresas que postulan en Indonesia esos mercados adyacentes, que se han abierto a causa de la inauguración del sistema de satélites figuran: la L.M. Ericsson, la empresa holandesa Philips, la japonesa Nippon Electric y las grandes de la industria aeroespacial y electrónica norteamericana, RCA, ITT, TRW, Fairchild, Philco-Ford (que, dicho sea de paso, ha sido comprada recientemente por la GTE) y Page Communications de la Northrop. Los mejor situados —GTE e ITT— esta vez con créditos del Eximbank y del Banco Mundial. ¡Cuánto hay de verdad en que sólo se les presta a los ricos!

En el marco de un contrato con el gobierno japonés, las empre-

[15] *Business Week*, 24 de agosto de 1974.

sas General Electric, Hughes Aircraft y Philco-Ford, en colaboración con Toshiba y Mitsubishi, se proponen lanzar en 1977 los cuatro primeros satélites del sistema nacional nipón. Japón ha votado recientemente un presupuesto de nueve mil millones de dólares para lanzar, entre 1978 y 1987, 65 satélites para todo uso. Será en Japón donde la General Electric lance en 1977 el primer satélite de difusión directa.[16]

¿UNA EUROPA DE LOS SATÉLITES?

A este ejército de contratos de equipamiento recolectados por Estados Unidos habría que agregar los servicios que ofrece la NASA en situación de monopolio. Como es el único que posee cohetes de lanzamiento, este organismo espacial es también el único que puede asegurar la puesta en órbita de satélites de los otros países del mundo capitalista. Cada año, la NASA obtiene por ese tipo de operaciones de 50 a 70 millones de dólares (un lanzamiento cuesta alrededor de 9 millones de dólares). En sus agendas de pedidos en 1975 figuraban tres misiones para la Agencia Espacial Europea, dos para Indonesia, tres para Japón, una para Italia y dos para la OTAN. Hemos señalado las restricciones impuestas por Estados Unidos a ese género de contrato: el país interesado debe probar que el satélite de comunicación que lanza no perjudica al sistema Intelsat, a menos que se trate de satélites experimentales.

Por otro lado, por intermedio de un satélite de ese tipo Francia y Alemania pudieron lanzar mediante un cohete Thor Delta su primer satélite conjunto de comunicación, en diciembre de 1974, y un segundo en agosto de 1975. Francia, en un principio, había previsto lanzarlos con un cohete propio, el Europa-2, pero a mitad de camino el proyecto fue abandonado. Europa-2 salía cinco veces más caro que el cohete de la NASA. Verdades como esas son las que explican por qué en el correo de Kissinger, se multiplican los juramentos de fidelidad que tranquilizan a Estados Unidos y los persuaden de la inocuidad de los satélites nacionales. "El programa Symphonie —se leía en la solicitud que los gobiernos francés y alemán presentaron al Departamento de Estado antes de suscribir el contrato de lanzamiento con la NASA— es esencialmente un programa experimental en el terreno de las telecomuni-

[16] Acerca de la progresión constante de contratos de la industria norteamericana en materia de tecnología espacial, cf. *Aviation week & space technology* y *Aerospace facts and figures*.

caciones. No obstante, si los satélites funcionan de manera satisfactoria, es posible que el gobierno de la República Francesa o el gobierno de la República Federal Alemana quiera utilizarlos para los servicios de telecomunicación internacional, reservados al público o a usuarios especializados." [17]

Y, sin embargo, el satélite Symphonie construido por un consorcio que comprende las empresas francesas Aérospatiale, Thomson-CSF, Societé Anonyme de Télécommunications (SAT) y las alemanas Messerschmitt, Siemens, AEG-Telefunken, no es muy peligroso por el momento porque no puede trasmitir más que dos programas de televisión en colores y ocho canales de sonido o 1 200 canales telefónicos. Pero representa la primera tentativa de constitución de una Europa de los satélites. En 1977, deberán ser lanzados satélites seis veces más poderosos que demandarán estaciones terrestres mucho más reducidas (Orbital Test Satellite). Es ese tipo de satélites el que marcará el comienzo de un sistema regional para Europa y el que, ligeramente adaptado, ya es ofrecido a los países del Tercer Mundo. La asociación Eurospace, que agrupa a las europeas de la industria aeroespacial, ha elaborado, por otro lado, el proyecto Esope, un proyecto de implantación de estaciones de televisión educativa en África negra. En diciembre de 1974, un primer cliente se dirigió a Eurospace: era el Camerún, deseoso de experimentar la distribución de programas de televisión educativa gracias al satélite "Symphonie". Mientras que Ruanda trataba directamente con los alemanes.

No es inútil señalar que, fuera de Estados Unidos, Alemania federal es el único país capitalista que tiene reorganizada sustancialmente la estrategia de sus fundaciones educativas en función de las nuevas tecnologías audivisuales y de la necesidad de hacerlas servir como cabezas de puente para abrir oportunidades a su industria electrónica en los países del Tercer Mundo. Los servicios culturales de las embajadas de Alemania Occidental efectúan una sabia dosificación de los proyectos piloto de tele-educación que dirigen las fundaciones tanto socialdemócratas como demócrata-cristianas —muchas de las cuales han participado en los conflictos de la CIA según revelaciones del Senado norteamericano— y de los planes de exportación e instalación de las multinacionales de origen alemán. El continente latinoamericano —donde el proyecto socialdemócrata tiende a consolidarse a partir de Venezuela— ha sido hasta ahora su blanco preferido. Pero, muy recientemente, África se ha con-

[17] Carta reproducida in *Aviation week & space technology,* 30 de septiembre de 1974.

vertido en nuevo territorio de caza. A partir de la plataforma de la socialdemocracia portuguesa, la socialdemocracia de Bonn, ala izquierda del imperialismo norteamericano, trata de extender su ofensiva político-comercial a las antiguas colonias de Salazar. Aunque más discreta, Gran Bretaña trata igualmente de aliar la exportación de material pesado y la de proyectos piloto. En Brasil, por ejemplo, mientras la sociedad aeronáutica British Aircraft intentaba colocar sus sistemas de telecomunicación, los expertos británicos del Centre for Educational Development Overseas —por las mismas razones que los especialistas norteamericanos comandados por la omnipresente USAID— elaboraban los programas de radiotelevisión de la futura red de satélites.

Sopesando bien la importancia que tienen esos contratos para sentar las bases de la industria europea de los satélites, las empresas del viejo continente han decidido enfrentar por primera vez a los constructores norteamericanos en el mercado internacional. Esta primera competencia se efectúa a propósito del proyecto de instalación de la red regional de comunicación por satélites aprobada en Beirut por los países de la Liga Arabe, en septiembre de 1974. Para ese sistema que reunirá una veintena de países de lengua árabe (Mauritania, Marruecos, Argelia, Túnez, Libia, Egipto, Sudán, Jordania, Líbano, Siria, Irak, los dos Yemen, Arabia Saudita, Somalia, Muscat y Oman), pero que extendería sus servicios también a países como Grecia, Turquía, Etiopía y Chipre, se han hecho tres proposiciones. Dos por parte de consorcios dirigidos por empresas europeas que comprenden la Messerschmitt, Selenia (Italia), la SNIAS y la SAT (Francia), Marconi y Hauker Siddeley (GB). El tercer consorcio está dirigido por el fabricante de satélites en serie, Hughes Aircraft, aliado esta vez a la empresa japonesa Nippon Electric y a la francesa Thomson-CSF. El acercamiento de esta última con vistas a fortalecer su posición en el mercado mundial de los satélites es un indicio más de una política deliberada de asociación con los propietarios de la alta tecnología del otro lado del Atlántico. Después de la explosión de la Europa capitalista de la informática, después de la zancadilla a la Europa aeronáutica (el éxito que obtuvo la General Dynamics en la renovación de las flotas militares de los países de Europa del norte así lo confirma), surgen las dificultades que encontrará una industria europea de aplicación espacial.

Y no obstante, esa es la misión que ha asumido la Agencia Espacial Europea (ESA) que, recientemente creada, agrupa en el seno de una sola institución las actividades europeas en el terreno de los satélites y cohetes de lanzamiento, actividades que antes eran confiadas a dos organismos diferentes. Uno de los objetivos principales de esta agencia, en la que están representados países como Alemania, Bélgica, Dinamarca, España, Francia, Italia, los Países Bajos, Gran Bretaña, Suecia y Suiza, es llegar a estructurar grupos industriales europeos y racionalizar la producción evitando los dobles empleos. Según los cálculos de los expertos de la NASA, los proyectos de esta nueva agencia no asegurarían más del 20% de los ingresos industriales a las empresas norteamericanas. Pero habrá que esperar a 1980 para que Europa disponga de sus propios lanzadores pesados. Entre tanto, convendrá apreciar cómo la política atlantista de despliegue renovado del capitalismo en la que están decididamente comprometidas las clases dominantes, particularmente en Francia, puede conciliarse con las tentativas parciales ubicadas bajo el signo del nacionalismo.

LA BÚSQUEDA DE RECURSOS NATURALES

Por lo general se reconoce que la crisis del derroche de energía ha provocado ciertas modificaciones en las relaciones entre las sociedades petroleras de Estados Unidos y Washington. El gobierno norteamericano depende estrechamente de estas últimas para el abastecimiento de petróleo y sus intereses estratégicos se confunden más que nunca con sus propios intereses. Además, esas sociedades disponen de ciertas informaciones que representan un interés esencial para el establecimiento de una política energética a largo plazo, informaciones que todavía hasta hace poco tiempo eran mantenidas celosamente en secreto a tal punto que se vio al que era director de la CIA en febrero de 1973, Richard Helms, inquietarse frente al Congreso de Estados Unidos por la reticencia que esas empresas manifestaban a permitir que los organismos gubernamentales tuvieran acceso a sus ficheros sobre las reservas petroleras.[18] Desde entonces está permitido creer que, bajo la presión de las amenazas repetidas de nacionalización en los países donde están instaladas, y de las exigencias de los miembros de la OPEP (Organización de Países Exportadores de Petróleo), esas sociedades petroleras no hayan podido sino convencerse de la legitimidad de una cooperación estrecha con el gobierno. La reciente decisión de los jefes del Estado Mayor de racionalizar las operaciones del Pentá-

[18] Joseph Collins, "Etats-Unis et transnationales américaines: retour a l'envoyeur", *Politique aujourd'hui,* enero-marzo de 1975.

gono para proteger las fuentes extranjeras de riquezas estratégicas ha venido a ratificar el carácter eminentemente político de la resolución de la "crisis de la energía".[19]

Pero tal acercamiento no constituye el patrimonio de las empresas petroleras. Concierne igualmente a todas las empresas que, por una u otra razón, están directamente ligadas al aprovisionamiento de materias primas. Se trata, por una parte, de empresas que abren nuevos medios de producción de energía, tales como los fabricantes de centrales nucleares y, por la otra, de empresas que se consagran al recuento y a la exploración de los recursos naturales del planeta. Ahora bien, sobre este punto, la mayoría de las sociedades electrónicas y aeroespaciales de Estados Unidos tienen algo que decir como productoras de tecnología de punta.

En primer lugar, dominan la industria de las centrales. Las dos grandes constructoras de centrales nucleares, que son Westinghouse y General Electric, monopolizaban todavía a comienzos de 1973 cerca del 80% del mercado mundial. En 1975, controlaban el 70%. Pero la Westinghouse (40% del mercado) le ha sacado ventaja a la General Electric. Las tres competidoras más cercanas, Babcock y Wilcox (que tuvo serias dificultades), Combustible Engineering y la división atómica de la empresa petrolera Gulf Oil apenas consiguieron juntar en 1973 la cuarta parte de los pedidos a los dos gigantes. Sin embargo, para seguir las ramificaciones internas de ese bloque de poder nuclear, hay que agregar que la Gulf Oil es una empresa del grupo financiero que controla la Westinghouse y que a ese título ha seguido una política energética coherente con la producción de la constructora de centrales nucleares. Por otro lado, la General Electric se unió desde 1973 a la división nuclear de la Exxon para instalar la primera fábrica privada de enriquecimiento de uranio en Estados Unidos.

En segundo lugar, todavía son las sociedades electrónicas y aeroespaciales las que se encuentran detrás de las grandes sociedades de prospección geofísica donde aprovechan sus últimas técnicas de teledetección. Este interés por los recursos naturales no data evidentemente de la apertura oficial de la crisis de energía. Para muchas, como recordábamos a propósito de la Litton, la exploración de los recursos del subsuelo terrestre o del fondo del mar ha constituido una alternativa natural en su política de diversificación. En 1970, la Western Geophysical Company, de la Litton, efectuaba sus primeras perforaciones en Brasil y Venezuela y otra de sus

[19] *The Elements,* revista de la IPS/Transnational, núm. 8, mayo de 1975, Washington.

divisiones, la Litton Aeroservice Corp., establecía para los gobiernos de esos dos países el mapa de la cuenca del Amazonas. Nada más natural, en efecto, para los grandes de la aeroespacial como Hughes Aircraft que fletar barcos para sondear los fondos marinos en búsqueda de minerales y, de paso, ¡cumplir una misión para la CIA, cuando disponen de tal potencial tecnológico! Qué puede ser más natural para otro grande de la aeronáutica como la Lockheed Aircraft que fundar una división Lockheed Petroleum Services y aplicar allí las útimas enseñanzas de la carrera espacial, que explorar con la Shell el fondo de los océanos y vender al mismo tiempo sus nuevos productos de prospección geofísica a las empresas petroleras. Leamos este fragmento de antología extraído de un informe de la compañía, donde explica ese lazo lógico que existe entre el campo geofísico y sus otras actividades: "Nuestro trabajo en el terreno del petróleo es un buen ejemplo de ingenio en la aplicación de la tecnología aeroespacial con el fin de desarrollar nuevos medios y penetrar en nuevos mercados. Las capacidades de la Lockheed representan una ventaja muy especial en este momento en que la crisis en aumento de la energía suscita un problema nacional. Esas capacidades comprenden desde la exploración y la puesta en marcha de la producción, la distribución de combustible y el almacenamiento hasta los sistemas de protección anticorrosiva que permiten proteger los depósitos de gasolina y las plataformas de perforación... Nuestros aviones Hércules L-100 han desempeñado un papel capital en las exploraciones y perforaciones practicadas en Alaska, en el extremo norte de Canadá, en América del Sur, en África y en cualquier otra parte. También se necesitan vehículos terrestres especializados. Uno de los vehículos con mayor movilidad es el Twister Dragon Wagon de la Lockheed que puede desplazar pesadas cargas sobre todos los terrenos y a velocidades relativamente elevadas." [20] El mismo fenómeno se reproduce entre las empresas electrónicas. La Texas Instruments dispone desde hace muchos años de una red de centros de tratamiento de informaciones geofísicas instalados en Canadá, Inglaterra, Libia, Singapur, Australia y Holanda. En 1963, esa compañía abría nuevas vías a la exploración geofísica aplicando la tecnología digital para la recolección y el tratamiento de los datos sísmicos. Cabe recordar que dos meses antes del golpe de Estado en Chile, en julio de 1973, otra sociedad, la ITT Geophysical Incorporated, división geofísica de la famosa ITT, anunciaba el descubrimiento en el extremo norte chileno, de un yacimiento de cobre siete veces

[20] Lockheed Aircraft Corp., *Annual Report 1972.*

más importante que las minas de Chuquicamata, la mina a cielo abierto más grande del mundo.

Si bien es cierto que las actividades geofísicas de numerosas compañías no datan de hoy día, no lo es menos que la mayoría de esas empresas han aumentado considerablemente en el curso de los tres últimos años el volumen de sus operaciones en ese sector. Tomemos, a título de ejemplo, el caso de la Raytheon, cuyo eslogan publicitario favorito se centró en 1974 en la crisis de energía: *Raytheon. Energy is 26% of our business, Raytheon is helping all oil companies find new hot spots in the coldest places.* La carta del presidente a los accionistas va en el mismo sentido: "Los negocios de la compañía relacionados con la energía se han desarrollado particularmente en el trascurso del año último y el monto de las ventas se ha más que duplicado. El crecimiento de ese sector, provocado por las necesidades cada vez más considerables del mundo en combustibles, en derivados petroquímicos y en potencia eléctrica, ha tenido un efecto pronunciado sobre nuestra filial de exploración sísmica, el Seismograph Service; sobre nuestros ingenieros y constructores de refinerías de petróleo y de fábricas de petroquímica, Ladger y nuestros ingenieros y constructores de centrales, United Engineers. El Seismograph Service ha seguido extendiendo sus actividades de exploración geofísica en el mundo entero, aumentando el número y la capacidad de sus equipos. A fin de 1974, el número de equipos sobre el terreno o en preparación superaba en 40% la cifra de comienzos del año. El sistema Phenix, de tratamiento de las informaciones sísmicas, que utiliza una minicomputadora Raytheon ha sido objeto de la más amplia aceptación y para fines de 1974 habrá 90 en actividad." [21] En julio de 1975, Raytheon anunciaba que una de sus filiales había descubierto yacimientos de cobre en Irán. Es una constante. Hughes Aircraft también declara en sus anuncios publicitarios que ha puesto a punto una antena portátil que permite a los ingenieros que se dedican a las investigaciones de exploración de petróleo en el extremo norte, comunicarse con sus compañías en cualquier momento por satélite. En un número del *Wall Street Journal* de marzo de 1974, la propaganda de la empresa Bendix está únicamente centrada sobre este tema: "En 1974, Bendix espera acrecentar las ventas que tienen relación con la energía", y la empresa anuncia que su filial de exploración petrolera, la United Geophysical Corporation, trabaja desde hace poco en Perú, Venezuela, Brasil, Nigeria, Alaska y Canadá. Informa de paso que su división electrónica

[21] Raytheon, *Annual Report 1974.*

fabrica sistemas de cables para centrales nucleares, mientras que su división automotriz busca medios para economizar gasolina experimentando sobre la inyección electrónica.

Es en el marco de esta movilización por el control de las materias primas, indispensable para el mantenimiento de la supremacía de las empresas norteamericanas respecto de sus competidores y de la carrera de la información energética, que se inscribe otra aplicación de la tecnología de los satélites, los satélites de exploración de los recursos naturales. El primero fue lanzado por Estados Unidos en 1972, y el segundo en 1975. Los dos llevan el nombre de ERTS (Earth Ressources Technology Satellites) o LANDSAT. Es un proyecto experimental de la NASA, cuyo principal relevo en la industria privada es la General Electric que los ha concebido y que centraliza la explotación de las informaciones que trasmiten esos satélites. Eso no tiene nada de sorprendente cuando se recuerda que, fiel reflejo de la circularidad del poder monopolista, el consejo de administración de esa empresa está compuesto, en su cuarta parte, por los directivos de las compañías que explotan las riquezas naturales en los países del Tercer Mundo. El proyecto de fusión entre la sociedad minera Utah y la General Electric, por otro lado, demuestra la amplitud de los intereses de la empresa electrónica.

Los sistemas de cámaras de esos satélites han fotografiado el 90% de la masa terrestre y el negativo policromo es tan preciso que se pueden distinguir dos puntos distantes uno de otro 180 metros. Para explotar esos datos multidisciplinarios (puesto que interesan tanto a la meteorología, hidrografía, oceanografía, geografía, cartografía, demografía como a la agronomía y las minas), Estados Unidos ha establecido una red de 300 investigadores de todas las nacionalidades repartidos en 37 países del mundo no socialista. Las telefotos obtenidas por cada equipo nacional son codificadas y enviadas a Estados Unidos donde son tratadas en prioridad por el centro Goddard de la NASA. Los datos son luego enviados a los gobiernos extranjeros que lo soliciten. Sólo muy recientemente la NASA ha establecido acuerdos con algunos países para el tratamiento de datos *in situ*. Cabe aún precisar que incluso cuando son explotadas en el lugar donde se obtienen, por lo general son las compañías especializadas norteamericanas las que se encargan de ello. Así, Brasil, que cuenta ahora con una estación de ese tipo, debe recurrir a los servicios de cinco expertos norteamericanos. Canadá, que se equipó con una estación, ya prevé otra. Irán acaba de firmar un contrato de instalación y, en otros países como Alemania, Noruega, Japón y Zaire, hay proyectos en estudio. Los compradores de informaciones son muy diversos. La estación brasileña cuenta, por ejemplo, entre los suscriptores permanentes, al Ministerio de Minas, al Ministerio de Agricultura, al Ministerio del Interior y un conjunto de 300 empresas privadas. Entre las más importantes están las compañías mineras norteamericanas o mixtas que dominan las concesiones de la selva amazónica. En torno de este proyecto gravita en Estados Unidos un conjunto de servicios de investigaciones, universitarios o no, que han suscrito con la NASA contratos para la explotación particular de ciertos tipos de informaciones. El análisis de las cosechas, por ejemplo, o el de los recursos forestales, los levantamientos hidrográficos, la implantación de ciudades, etc. ... Ya hemos visto los usos que pueden hacerse de esas informaciones, desde la planificación urbana hasta las previsiones agrícolas.

EL LIBERALISMO EN EL ESPACIO

Con el objeto de reunir un consenso internacional sobre las nuevas formas de cooperación que propone y de hacerlas "naturales" para ocultar su carácter de nuevas formas de agresión, Estados Unidos desencadenó alrededor de 1970, en el nivel de todos los grandes organismos internacionales, una ofensiva diplomática que no siempre se ha visto coronada por el éxito, a fin de imponer sus normas particulares sobre el uso de las nuevas tecnologías de comunicación. Cuando en 1969, el frente Comsat-empresas multinacionales-universidades norteamericanas, se encontró con la oposición de los gobiernos sudamericanos a su proyecto de establecer un sistema de satélites de comunicación continental, uno de los elementos de peso que lanzó en la polémica para enfrentar la tesis sudamericana de derecho a la autodeterminación cultural y educativa, se basaba en la necesidad de respetar el libre cambio de las ideas y la libre circulación de la información. Tesis particularmente peligrosa cuando se conoce el progreso que están teniendo los satélites de difusión directa, cuyo primer ejemplar, como señalábamos antes, será lanzado en Japón por la General Electric en 1977. Aun cuando las posibilidades de comercialización inmediata de tal satélite estén lejos de concretarse, la legitimación de su uso indiscriminado ha inquietado a numerosos países del Tercer Mundo que temen verse inundados de programas educativos y comerciales, facturados en Estados Unidos. En efecto, ¿cómo definir una libertad de cambio de ideas y de informaciones en una situación que se caracteriza por tales relaciones de fuerzas entre la metrópoli y el resto del mundo, en la que Estados Unidos controla más del 65% de la afluencia de ideas y de informaciones que circulan en el mundo? La tesis del liberalismo del espacio encaja bien en los principios de la libertad de comercio.

La necesidad de establecer un tratado que prevenga semejante invasión ha sido promovida por algunos países del Tercer Mundo y por la Unión Soviética. Estados Unidos se niega evidentemente a adherirse a una idea tal, mientras que otros países, como Francia, Canadá y Suecia, preconizan una situación intermedia y desean más bien una recomendación moderada. Durante su décimo séptima sesión, en julio de 1972, la UNESCO propuso a los estados miembros de la organización, redactar una declaración sobre "los principios que rigen el uso de la televisión vía satélite y garantizan el libre flujo de la información, la expansión de la educación y un mayor intercambio cultural".[22] Con anterioridad, había enviado a todos los países un borrador de declaración. Allí invitaba a los países miembros a suscribir acuerdos mutuos y reafirmaba el principio de la soberanía nacional. "Cada país —podía leerse— tiene el derecho de fijar el contenido de los programas educativos que han de trasmitirse por satélites a sus ciudadanos."

Lo que nos interesa destacar, no es ese documento, necesariamente de carácter general —aun cuando represente un paso adelante y una victoria de las naciones proletarias— sino más bien los comentarios de que fue objeto el borrador propuesto por la UNESCO en las altas esferas de la Casa Blanca. No dudamos en citar largos fragmentos de un memorándum confidencial que circuló en la delegación nortemericana de la UNESCO porque nos permite apreciar la posición táctica del gobierno norteamericano frente a las resistencias en aumento que encuentra su política en el seno de los organismos internacionales.[23]

La proposición de la UNESCO... ha causado cierta decepción entre las compañías más importantes de televisión, tanto en Estados Unidos como en Europa. En efecto, en una asamblea de asociaciones regionales de televisión, que tuvo lugar en Roma en marzo último, las empresas norteamericanas y europeas de televisión han declarado inaceptable esa proposición. En su opinión, lo que representa el mayor peligro de una declaración de ese tipo es, que un día u otro, puede servir de base para reglamentar, bajo la forma de una convención internacional, la conducta

[22] UNESCO, Conferencia General, 17a. sesión, documento 17 c/76, 21 de julio de 1972, París, 1972.

[23] US Government, *Memorandum to Samuel de Palma from John E. Upston*, US National Commission for UNESCO, Advisory recommendations (copias dactilografiadas).

de las naciones y de las sociedades en materia de trasmisión espacial.

En el seno del gobierno norteamericano, la opinión está dividida. Por un lado, la USIA (US Information Agency) y la OTP (Office Telecommunication Policy) de la Casa Blanca, están en favor de un flujo totalmente libre de la información, de una circulación sin restricción alguna. Por el otro, las instituciones que tienen una misión educativa y cultural (AID, HEW, CU) (Agencia Internacional para el Desarrollo, Ministerio de Salud, de educación y bienestar social) estiman que Estados Unidos tiene la obligación moral de responder a las inquietudes de los países subdesarrollados en ese terreno. Las otras instituciones concernidas del Departamento de Estado tienen una posición intermedia.

Para hacer triunfar el punto de vista de la libre circulación de la información hay que preguntarse si es posible, a partir de un punto de vista sobre la cultura y la educación, discutir el concepto del libre flujo de la información sin dar la impresión de imponer nuestra propia filosofía política a los otros países y, si eso es posible ¿cómo actuar en consecuencia?

La proposición presentada por la UNESCO refleja la opinión de un gran número de países subdesarrollados que estiman que una forma de control y regulación es esencial para el desarrollo de sus naciones y que desean lograr un equilibrio entre el control y la libertad. Poco importa si sus opiniones sobre "el imperialismo cultural y económico" que, según ellos, acarrearían las trasmisiones directas, son justificados o no, el problema es cómo perciben esos países los resultados de un libre flujo de la información y Estados Unidos debe adaptarse a esa realidad, sin dar la impresión de imponer su propia filosofía política en países cuyos sistemas de televisión y cuyo estado de desarrollo socioeconómico difieren del nuestro.

La proposición de la UNESCO revela fundamentalmente una concepción falsa del funcionamiento de los satélites. Aunque la trasmisión directa desde los satélites a los receptores individuales (equipados de adaptadores que costarán cada uno varios centenares de dólares) es tecnológicamente posible hoy en día, pueden pasar todavía de diez a quince años antes de que los adaptadores sean suficientemente baratos o que los programas sean suficientemente atractivos para que un gran número de individuos de los países subdesarrollados puedan recibir programas directos vía satélite. Antes de esa fecha, no hay un problema real.

El problema que existe con los países subdesarrollados es esencialmente un conflicto de derecho: derecho al libre flujo de información en virtud del cual un país debe recurrir a los mejores medios para aportar a su pueblo la información que necesita para su progreso económico y social; y, por otra parte, el derecho a educar a su pueblo y a conservar su cultura sin interferencias extranjeras. El primer derecho implica renunciar a cierta parte de soberanía frente a las ideas que penetran en el país, el segundo derecho implica imponer restricciones al libre flujo de la información. La declaración final de la UNESCO debería insistir más sobre los objetivos de las trasmisiones directas por satélite que tienen que ver con la educación, la cultura y la información. Estados Unidos debería entonces prepararse para hablar de una manera constructiva sobre las consecuencias del desarrollo de nuevas tecnologías, especialmente en los países que emergen.

Las entidades nacionales y regionales de televisión tienen un papel vital que desempeñar en ese terreno y deben ser puestas a disposición de la planificación de cualquier arreglo internacional que se formule sobre el uso de las comunicaciones espaciales para fines educativos, culturales e informativos.

El grupo de consejeros del gobierno norteamericano no es unánime en la trasmisión directa de publicidad comercial. La publicidad comercial representa a menudo el peor aspecto de la cultura norteamericana y no deberíamos seguir insistiendo en imponer un modo de vida a otros, modo de vida que puede frustrar el síndrome de las esperanzas crecientes de los países subdesarrollados. Pero, por el otro lado, la publicidad comercial es una creación integral de nuestro sistema de libre empresa que los otros países deberían reconocer.

Recomendaciones:

a] desde un punto de vista táctico, teniendo en cuenta la naturaleza emocional y política de este problema y el estado actual de esa declaración de la UNESCO, Estados Unidos trata sólo de aportar un número mínimo de cambios;

b] Estados Unidos se esfuerza por hacer revisar el artículo 9 de la propuesta y si sus esfuerzos no conducen a nada, votará contra esta cláusula en particular;

c] Estados Unidos adopta una actitud positiva frente a la formulación de una declaración internacional y asume una posición de líder, a condición de que sea una declaración que insista sobre las consecuencias benéficas de la nueva tecnología para los países en vías de desarrollo y que reitere la buena voluntad de Estados Unidos de compartir sus recursos tecnológicos y su saber con las otras naciones, en ese sector.

La única sugerencia aportada por Estados Unidos a la propuesta de la UNESCO destaca su preocupación por conservar un doble campo de acción y favorecer una norma privada de explotación. En efecto, en la versión original, el artículo 9 al que se refiere el memorándum norteamericano, restringía la trasmisión de publicidad comercial y, además, delimitaba el papel respectivo que debían desempeñar las entidades regionales y nacionales de televisión, así como los gobiernos en la política a adoptar en materia de trasmisión directa. Basta recordar que en muchos países del Tercer Mundo, son las grandes cadenas de televisión norteamericanas las que dominan las entidades nacionales y regionales de televisión, para apreciar en su justo valor la apuesta que defendía Estados Unidos.

Éste no veía por qué esas empresas privadas, que le habían permitido instalar y controlar las redes de televisión comercial en numerosos países, no podían servirle también como filiales para la implantación de la televisión educativa. Situación tanto más paradójica cuanto que, en Estados Unidos mismo, la televisión educativa está al margen del circuito comercial y adopta canales especiales de trasmisión. Volveremos sobre esta cuestión. En América Latina, "la entidad regional" más representativa es la LATINO (Latin American Televisión International Network Organization) establecida por la American Broadcasting Company (ABC) de Nueva York en 1968 para reunir en el seno de una misma organización los canales 9 y 13 de Buenos Aires, 9 de Bogotá, 7 de San José de Costa Rica, 7 de Santo Domingo, tres canales ecuatorianos, dos de San Salvador, dos de las Antillas Holandesas, uno de Panamá, uno de Uruguay, los canales 2 y 4 de Caracas, el canal 3 de Guatemala, el 4 de México, los canales 13 y 4 de Chile.

La declaración de la UNESCO no cerró el debate sin embargo. En noviembre de 1972, durante la 27a. sesión de las Naciones Unidas, Estados Unidos se quedó solo cuando los países miembros de la ONU decidieron, por 102 votos contra 1, la redacción de los principios que rigen las trasmisiones vías satélite.[24] En noviembre de 1974 tuvieron lugar los mismos enfrentamientos en el mismo hemiciclo, pero apareció un elemento nuevo: no se trataba ya de reclamar solamente un tratado para la reglamentación de las trasmisiones de programas de televisión, sino de extender ese principio a otros terrenos de la información. La discusión se produjo a propósito de la recolección de datos sobre los recursos naturales hecha día y noche en todos los países del mundo por los satélites ERTS. Varios países del Tercer Mundo cuestionaron esta nueva forma de espionaje de materias primas perpetrada sin el acuerdo de las naciones. Más moderados, Francia y la Unión Soviética propusieron que las informaciones obtenidas por las telefotos no fueran entregadas a un tercero sin el consentimiento de la nación interesada. Estados Unidos hizo valer la importancia del concepto de libre flujo de información, aun en ese campo. ¿No habían acaso, seis meses antes, entregado a la prensa las fotografías de las bases

[24] Sobre una propuesta hecha por la Unión Soviética, A. Gromyko, *Letter dated 8 august 1972, preparation of an international convention on principles governing the use of states of artificial earth satellites for direct TV broadcasting,* Naciones Unidas, Nueva York, 27a. sesión, documento A/877. Sobre el origen imperialista del concepto de "libre flujo de la información", cf. Herbert Schiller, "La libre circulation de l'information et la domination mondiale", *Le Monde Diplomatique,* París, septiembre de 1975.

de lanzamiento de cohetes soviéticos tomadas por su satélite ERTS?[25] Era una prueba más —por si fuera necesario— de que es bien difícil separar los diferentes sectores de las nuevas aplicaciones tecnológicas, en una época en que la lucha de clases a escala internacional, no por ser más difusa es menos totalizante.

LA "PENTAGONIZACIÓN" DE LAS COMUNICACIONES

Cuando se analiza el progreso de las aplicaciones civiles de la tecnología de los satélites, es difícil no sospechar un poquitín hasta qué punto algunas de ellas interesan a los militares; por ejemplo, los satélites que permiten estudiar el estado de las cosechas, prevenir el tiempo y el avance de los ciclones, son otros tantos instrumentos cuyo interés no puede escapar a los estrategas de la guerra climatológica. Pero, en esos términos, la cuestión está mal planteada, pues, como para el conjunto de las técnicas de punta, esas aplicaciones de hecho no son sino las recaídas que sufre una tecnología concebida en su origen con objetivos militares. Las observaciones que hacíamos sobre la industria electrónica y aeroespacial en su conjunto, cobran un valor renovado cuando se examina la génesis de ese sector particular de la tecnología espacial.

Al interesarse tan de cerca por las nuevas tecnologías de satélites, los militares norteamericanos no hacían sino renovar las preocupaciones que habían demostrado después de la primera guerra mundial respecto del desarrollo de los primeros descubrimientos de la telecomunicación. La marina norteamericana se había dado cuenta entonces de las lagunas de la industria nacional en ese terreno y su experiencia concreta en los campos de batalla le había permitido enfrentar el casi monopolio británico sobre las comunicaciones sin hilo, que se encontraba prácticamente en manos de una sola empresa, la British Marconi. Fue por instigación de la marina que se firmó en 1920 un acuerdo entre las grandes compañías capaces de explotar las nuevas tecnologías de trasmisión clasificacadas como materiales estratégicos y bajo la égida de tal plan la General Electric compró la filial norteamericana de la Marconi, que muy pronto se convirtió en la RCA. El acuerdo

[25] P. J. Klass, "U.N. will face broadcast satellite use", *Aviation week & space technology*, 2 de septiembre de 1974.

estipulaba además que la ATT tenía los derechos exclusivos sobre los servicios de telefonía y radiotelefonía, así como el derecho de fabricar los aparatos de trasmisión; la RCA se reservaba la exclusividad de la explotación de servicios trasatlánticos; la General Electric se quedaba con los servicios de telegrafía sin hilos y la producción de todos los aparatos receptores. Esta iniciativa, que permitía enfrentar lo que la marina temía más –la dispersión de la explotación de patentes, en gran parte británicas–, echaba los primeros cimientos del monopolio de la telecomunicación.[26]

Pero, en una época en que el capitalismo norteamericano se dirige hacia las formas de un capitalismo monopolista de Estado, el Pentágono tiene muchas menos dificultades para patrocinar los nuevos descubrimientos. Entre 1958 y 1972, Estados Unidos ha lanzado con éxito 115 satélites civiles y 700 satélites militares por una suma de 27 mil millones de dólares. A principio de 1973, había en el cielo 55 satélites civiles y 282 militares, siempre bajo la bandera estrellada.[27] En el curso de estos quince años, el gobierno norteamericano ha gastado cerca de 65 mil millones de dólares en sus programas espaciales, la mitad de lo que le costó la guerra de Vietnam. Cerca del 60% de esos fondos, sirvieron para financiar la carrera a la Luna. Casi la totalidad de la suma restante fue absorbida por los proyectos espaciales del Departamento de Defensa. A partir de 1962, la Comisión de Energía Atómica se introducía también en ese terreno, en particular injertando a los viajes interplanetarios sus proyectos de sistemas de propulsión nuclear, pero nunca obtuvo más del 2% del presupuesto espacial global. Se impone una observación importante, que precisa el papel determinante del Pentágono en la orientación de las tecnologías espaciales. Entre sus numerosas atribuciones, figura la de administrador industrial. Todas las adquisiciones de la NASA son, de tal modo, dirigidas por el aparato de administración industrial del Departamento de Defensa.[28] No hace falta agregar que la NASA, aparte de sus actividades supuestamente civiles está encargada de proyectos de defensa específicos. Pero el dominio del Pentágono sobre las nuevas tecnologías no se detiene allí. La primera serie de satélites supuestamente civil –Syncom 1, 2, 3– en su origen fue construida por pedido del Departamento de Defensa que, desde su lanzamiento, los destinó a sus comunicaciones militares por

[26] The Network Project, *Domestic communications satellites,* Nueva York, Notebook núm. 1, octubre de 1972.

[27] *US News & World Report,* 18 de diciembre de 1972.

[28] Cf., Seymour Melman, *El capitalismo del Pentágono,* Siglo XXI, México, 1972.

abajo del Pacífico. Desde los primeros años del decenio de los 60, la RCA había construido para el Pentágono un sistema de satélites metereológicos de defensa. En 1969, el satélite de comunicación táctica, Tacsat I, construido por Hughes Aircraft, tenía ya una capacidad de 20 000 circuitos telefónicos y ya en esa época expertos norteamericanos estimaban que las tecnologías empleadas en esos satélites tardarían más de seis años en ser trasferidas al terreno civil. Durante los tres primeros años de funcionamiento del sistema "civil" de satélites de navegación marítima (Marisat), que serían lanzados en 1976, el Pentágono se reservó el 80% de la capacidad de sus medios de comunicación.

El Pentágono dispone ahora un sistema triple de satélites militares, uno perteneciente a la Fuerza Aérea, otro de la Marina y el último del Departamento de Defensa lo que le asegura una protección mundial. Gracias a esos sistemas, las diferentes armas pueden comunicarse con sus bases en cualquier lugar en el mundo; pero además, gracias a ellos, se ha resuelto el problema principal, que era la comunicación entre los usuarios móviles, es decir, entre los barcos de guerra y los aviones. En 1967, el ejército norteamericano decidió proveer a sus tropas en campaña en Vietnam, de pequeñas antenas de recepción portátiles e instalables en cualquier lugar. Esas experiencias, que simplifican al máximo las terminales de recepción, son las que les hacen escribir a los expertos norteamericanos: "Antes de que acabe el decenio, será técnicamente posible para un explorador que se encuentre en lo más apartado del Amazonas o para un hombre de negocios que ha ido de caza a las Montañas Rocosas, comunicarse con cualquier persona que tuviera acceso a un teléfono en cualquier lugar del globo, gracias a un aparato del tamaño de un estuche." [29] Esos tres sistemas militares llevan los siguientes nombres: AF-Satcom (Fuerza Aérea), Fleet-Satcom (Marina), DSCS (Defense Satellite Communication System). Entre los fabricantes más antiguos, encabezados por Hughes Aircraft, la empresa NCR y RCA; entre los más recientes, Grumman, Honeywell, TRW e IBM.[30]

Para completar la red de defensa del mundo occidental, existe un cuarto sistema, el de la OTAN. En 1975, esta organización de

[29] *Aviation week & space technology,* 22 de agosto de 1971.

[30] Sobre la tecnología de los satélites militares, cf., a título de ejemplo, Philip J. Klass, *Secret sentries in space,* Random House, Nueva York, 1971, y los informes anuales de la Hughes Aircraft, RCA, *Northrop* (página de ingeniería), TRW y NCR. Para una visión crítica, cf. Raimo Vayrynen, "Military uses of satellite communications", *Instant Research on Peace and Violence,* Tampere, núm. 1, Finlandia, 1973.

CUADRO 1: *Gastos de Estados Unidos para actividades espaciales (en millones de dólares)*

Año	*Total*	*National Aeronautics and Space Administration*	*Departamento de Defensa*	*Comisión de Energía Atómica*	*Otros*
1960	960	401	518	—	41
1961	1 518	744	710	—	64
1962	2 418	1 257	1 029	130	2
1963	4 114	2 552	1 368	161	13
1964	5 970	4 171	1 564	220	15
1965	6 886	5 035	1 592	232	27
1966	7 719	5 858	1 638	188	35
1967	7 237	5 337	1 673	184	43
1968	6 667	4 595	1 890	146	36
1969	6 330	4 083	2 095	116	36
1970	5 453	3 565	1 756	103	29
1971	4 999	3 171	1 693	97	38
1972	4 772	3 195	1 470	60	47
1973	4 719	3 069	1 557	51	42
1974	4 854	2 960	1 777	39	78
1975[e]	4 931	2 903	1 904	44	80
1976[e]	5 446	3 182	2 133	47	84

FUENTE: 1960-1969: *The Budget of the United States* (Anuario). 1970: *Aeronautics and Space Report of the President* (Anuario).

defensa atlántica estaba ya en la tercera fase de su programa de satélites de comunicación, iniciada en 1967. En las etapas anteriores, fueron construidas 12 estaciones terrestres en Estados Unidos, Bélgica, Inglaterra, Canadá, Dinamarca, Alemania Federal, Grecia, Holanda, Italia, Noruega, Portugal y Turquía. La filial alemana de la ITT (Standard Elektrik Lorenz, AG) fue la principal beneficiaria de los contratos. Dos satélites militares concebidos por la Philco-Ford fueron lanzados. La tercera fase prevé el lanzamiento de otros satélites y la red terrestre comprenderá estaciones con antenas más importantes y una serie de estaciones móviles en tierra y en el mar. Una vez completado, el sistema permitirá realizar

CUADRO 2: *Ventas y pedidos* registrados por los mayores productores de sistemas de vehículos espaciales norteamericanos (en millones de dólares)*

	Ventas netas			*Pedidos en cartera al 31 dic.*		
Año	*Total*	*Militar*	*No militar*	*Total*	*Militar*	*No militar*
1961	775	551	224	586	350	236
1962	1 319	712	607	1 435	852	583
1963	1 911	1 061	850	1 612	856	756
1964	2 222	732	1 490	1 611	391	1 220
1965	2 449	602	1 847	2 203	503	1 700
1966	2 710	734	1 976	1 494	428	1 066
1967	2 199	789	1 410	1 974	1 096	878
1968	2 357	899	1 458	1 329	834	495
1969	2 282	1 187	1 095	1 330	869	461
1970	1 956	1 025	931	1 184	786	398
1971	1 725	860	865	916	603	313
1972	1 656	905	751	959	646	313
1973	1 562	902	660	1 177	923	254
1974	1 735	922	813	1 500	1 137	363

FUENTE: Bureau of the Census, *Current Industrial Reports,* Series MQ37D (Quarterly).

* Totales basados en los datos provenientes de 55 empresas que fabrican productos aeroespaciales. No comprende las ventas y los pedidos de motores y unidades de propulsión.

comunicaciones directas con las tropas en campaña, en el terreno de operación. Al margen del sistema de la OTAN, los dos satélites militares lanzados por Gran Bretaña aportan su ayuda. Fueron construidos por la Marconi y la Philco-Ford, siendo Gran Bretaña el primer país europeo en construir satélites de ese tipo (Skynet). En países como Francia, ese desarrollo es mucho más modesto. A principios de 1975, los servicios técnicos de las fuerzas armadas anunciaron su próxima entrada en la tecnología de los satélites militares. En 1977, con la operación Sextius, procederán a una experimentación militar de telecomunicación espacial, vía el satélite francoalemán Symphonie.[31]

[31] *Air et Cosmos,* París, 7 de junio de 1975.

La ventaja que llevan los militares norteamericanos en el desarrollo de la tecnología de los satélites llega a plantear serios problemas a las agencias gubernamentales. En el momento de la discusión sobre el programa de construcción del tercer satélite de recursos naturales que debía ser lanzado hacia el fin del decenio, uno de los grandes argumentos contra el proyecto, que exhibió la Oficina del Presupuesto de Estados Unidos, consistió precisamente en destacar que el programa previsto era una repetición de programas preexistentes y que "muchos de esos datos podían ser recogidos a través de los satélites de espionaje de las fuerzas aéreas."[32] A lo que los funcionarios de la NASA respondieron que "tomaría demasiado tiempo reclasificar todos los datos de los satélites de la fuerza aérea". ¡Notemos de paso esa impresión de estar sumergidos en un mar de informaciones no explotadas! Ese proyecto del nuevo satélite de recursos naturales tiene por lo tanto dificultades para trazarse un camino. ¡Pero eso no se debe al hecho de que la "crisis de la energía" se haya resuelto! ¿No se tratará, por el contrario, de una medida de racionalización frente a la crisis? Los datos que busca la NASA ¿no los tendrá ya el Pentágono?

EL SUBIMPERIALISMO: EL PENTÁGONO EN IRÁN

El único proyecto de cooperación oficial entre el gobierno de Washington y el de un país del Tercer Mundo, con el objeto de instalar un sistema nacional de satélites de comunicación, que se conocía desde hacía poco tiempo, era el que había sido firmado entre el gobierno de Nueva Delhi y Estados Unidos. En virtud de ese acuerdo, firmado en 1969 por la NASA y el Departamento de Energía Atómica de la India, esta nación debía, desde fines de 1975, trasmitir programas de tele-educación en todo su territorio gracias al satélite ATS-6 lanzado por la NASA y construido por la Fairchild, perteneciendo la concepción del sistema a la General Electric. Para Estados Unidos, el objetivo principal era claro: se trataba de hacer de la India una vitrina de la tecnología espacial aplicada a las necesidades de países "atrasados". El acuerdo no hacía de eso ningún misterio: "Hay que demostrar el valor potencial de la tecnología del satélite para desarrollar rápidamente medios de comunicación de masas eficaces en los países en vías de desarrollo."[33]

[32] *Business Week*, 27 de enero de 1975.

[33] NASA, *Memorandum of understanding between the Department of Atomic Energy of the government of India and the United States*, NASA, 1969.

La India era el país ideal para ese tipo de experiencias. Sólo contaba con una estación emisora y con 10 000 de recepción. Había que extender esas conexiones a 550 000 pueblos y las estimaciones preveían que la creación de un sistema de distribución de televisión convencional llevaría 30 años. El lanzamiento de un satélite reducía ese plazo a 10 años, a una tasa de inversión anual de igual monto. La India, al aceptar la introducción de esta nueva tecnología, esperaba "aumentar la productividad agrícola, sostener los objetivos de la política de planificación familiar que había emprendido y contribuir a cimentar la cohesión nacional".[34] El acuerdo entre Estados Unidos y la India sintetizaba objetivos al mismo tiempo que aportaba luz a la filosofía que animan las autoridades norteamericanas en esta colaboración tecnológica con una nación proletaria: "Estados Unidos —podía leerse— no será responsable de la programación de televisión. La India hablará a la India en el marco de este proyecto..." Pero, se leía a continuación, "la India se compromete a evaluar los resultados de la experiencia y a ponerlos a disposición de todo el mundo. La evaluación deberá efectuarse, en la medida de lo posible, en términos cuantitativos. En consecuencia, hay que esperar que el impacto del programa de la planificación familiar será evaluado a través de la comparación entre las tasas de natalidad de los pueblos provistos de televisión y las de los pueblos que no la poseen. La productividad agrícola y el aumento del ingreso serán objeto de una evaluación similar. Se podrá así apreciar el valor de la experiencia, tanto para Estados Unidos como para la India y para las otras naciones interesadas en ese tipo de sistema".[35]

Otros planes de asistencia complementaria vinieron a incorporarse a ese proyecto. Científicos e ingenieros hindúes fueron enviados a las universidades norteamericanas y sociólogos y antropólogos de la Fundación Ford prepararon en los pueblos el terreno psicosocial para la llegada de la nueva tecnología. Esta fundación tenía además un gran interés en seguir esta primera experiencia mundial puesto que sus numerosos investigadores habían preparado ellos mismos las campañas de esterilización masculina y femenina, financiadas por la USAID y el Population Council. ¿No habían acaso imaginado estratagemas para convencer a los campesinos más reticentes de aceptar la vasectomía? A cada aspirante a ese tipo de operación, se le daba, a guisa de recompensa, un pequeño transistor. Este extraño trueque dialéctico entre el arsenal

[34] *Ibid.*

[35] Reproducido en A. Frutkin, art. cit.

de la esterilización médica y el *gadget* de la comunicación electrónica, se convertía en una metáfora que traducía excelentemente el objetivo de la política de comunicación seguida por el imperio en sus neocolonias.

Pero 1969, aun cuando el satélite propuesto a la India no entró en servicio sino en 1975, ya está lejos. Entratanto, la India misma ha tenido tiempo de jugar en otro tablero, firmando con la Unión Soviética acuerdos de cooperación científica en el terreno espacial; en 1975 fue un cohete soviético el que lanzó el primer artefacto espacial construido por los nacionales. Por su lado, Estados Unidos parece no haber esperado los frutos de esas experiencias masivas para invadir los mercados internacionales. Las relaciones de la metrópoli con los países que son susceptibles de relevarla en su expansión imperialista han tenido igualmente tiempo de tomar otro giro. Otros actores de la NASA afirman ahora su hegemonía. La conexión entre el aparato militar de Estados Unidos y las empresas multinacionales ha tenido múltiples oportunidades de madurar y las circunstancias, jalonadas de fracasos estrepitosos pero también de éxitos, los han forzado a ello. Cada vez más, el Departamento de Defensa deviene una de las cabezas de puente de la política exterior de Estados Unidos, a medida que los objetivos militares ocupan mayor lugar en la protección de la economía del imperio. El papel directo del Pentágono en la caída de Allende ha venido a confirmarlo de una manera brutal. Y no son las promesas de las revelaciones hechas por agentes de la CIA frente al Congreso norteamericano lo que puede hacer olvidar las intrigas de este actor, siempre tan discreto. Esta prioridad de la estrategia militar se percibe también en el encauzamiento de la alta tecnología electrónica o aeroespacial *made in USA* hacia los países que son promovidos al rango de gendarmes y de miradores de sus vecinos. Es en esos países, agentes subimperialistas, donde se puede descubrir cómo, en una situación ideal, se está formando un aparato de Estado neocolonial enteramente calcado sobre las necesidades de expansión de las multinacionales. La cadencia acelerada del proceso de electronización al que están sometidos el gendarme iraní del Cercano Oriente y el gendarme brasileño de América Latina aclara ciertos aspectos de esta mutación.

Los contratos militares de Irán con Estados Unidos son incontables. En 1974 y 1975, más de 6 mil millones de dólares se pagaron al contado para comprar armas, o sea el 40% del total de las exportaciones de armamento norteamericano. (A título de comparación, Alemania federal, principal importador europeo de armas norteamericanas compró, en 1975, 273 millones.) Eso significa que en 1974, mientras que la afluencia de petrodólares permitía un alza del ingreso nacional bruto del 40%, fueron entregadas a las fuerzas iraníes 2 500 misiles Maverick, 80 cazabombarderos Grumman, 489 helicópteros Bell de todo tipo; en 1975 se esperaba la compra de 6 destructores fabricados por la Litton que cuesta cada uno 110 millones de dólares y más de 50 F-16 de la General Dynamics, sin contar la venta de 6 patrulleros del tipo "La combatiente" para Francia y numerosos sistemas de radares de combates antiaéreos para Gran Bretaña. Aparte de esos suministros clave en mano, las empresas norteamericanas apadrinan el arranque de la industria electrónica. Hughes Aircraft construye una fábrica de electro-óptica, cuya producción será exportada a los países del golfo Pérsico. La ITT se instala para producir semiconductores. Litton Industries fabricará en el mismo sitio, ciertos componentes de sus sistemas de navegación. Anteriormente, la Northrop había establecido una filial común con las industrias aeronáuticas iraníes, repitiendo el acuerdo que había firmado con Brasil en 1973.

Es en ese entorno belicista que tiene lugar la exportación a Irán de un sistema de satélites nacional. Elemento totalmente nuevo y abiertamente reconocido: no son ni la NASA ni la Comsat las encargadas de instalarlo, sino las fuerzas armadas norteamericanas a través del Departamento de Defensa y, más particularmente, la fuerza aérea. Para planificar el conjunto de esta red moderna de comunicación, la Electronics Systems Division de la fuerza aérea, que es la responsable con título de esta operación, ha pedido a la American Telegraph & Telephone constituir un equipo de asistencia técnica permanente compuesto de expertos provenientes, en su mayoría, de las diferentes secciones de esa empresa, los otros son de la inevitable Comsat.[36] Ese sistema, cuya construcción está muy avanzada, tendrá tres grandes usos: las comunicaciones telefónicas, el teletratamiento de datos de toda especie, la trasmisión de programas de televisión, sobre todo de teleeducación, y las aplicaciones militares. Por primera vez, el material sofisticado de transreceptores instalado en todos los aviones de la fuerza aérea y de la marina, equiparán las fuerzas aéreas de un país del Tercer Mundo.

Sólo hace muy poco se conocieron las dimensiones reales de este proceso de electronización militar en gran escala. En mayo de 1975, *The New York Times,* retomando los propósitos de un portavoz del Departamento de Estado, anunciaba que una base muy importante de informaciones iraní, capaz de escuchar todas las

[36] *Aviation week & space technology,* 25 de agosto de 1975.

comunicaciones electrónicas, civiles y militares, en la región del Golfo, sería instalada próximamente por el constructor aeronáutico Rockwell. El portavoz del Departamento de Estado precisaba que ese proyecto, cuyo nombre ha sido codificado IBEX, costaría alrededor de 500 millones de dólares.[37] Ese tipo de complejo aeroespacial no está instalado más que en los países ocupados, por así decir, militarmente, que se convierten en laboratorios de estrategias límite contra los procesos de liberación. En marzo de 1973, el diario *Claridad* de Puerto Rico, revelaba que el ejército norteamericano había construido en Fort Buchanan —los militares ocupan el 15% de la tierra cultivable de la isla— una base de espionaje electrónico, similar a la que dos años más tarde le propondría a Irán. El caso de Puerto Rico ha permitido descubrir que, además de la función de escucha de las conversaciones a muy larga distancia, y de la intercepción de comunicaciones telefónicas y telegráficas, esas bases almacenaban y analizaban los programas de radio y televisión y los foros donde intervenían fuerzas progresistas, en los diversos países latinoamericanos.

En 1975, el gobierno iraní también suscribió con la GTE el más grande contrato de que tenga memoria una empresa privada en la industria de la telecomunicación. Para el 20 de marzo de 1978, y por la suma de 500 millones de dólares, deberán ser entregadas 2 millones de líneas telefónicas y los equipos de conmutación correspondientes. Las circunstancias de la firma del contrato multimillonario de la GTE han revelado aspectos relativamente poco conocidos de la competencia desenfrenada que libran entre sí las empresas multinacionales de origen norteamericano. Seis se habían presentado a la licitación pública: Siemens, la empresa alemana, Nippon Electric, japonesa, L.M. Ericsson, sueca, y las filiales francesas de la ITT, Compagnie Générale de Construction Téléphonique, Le Materiel Téléphonique y, finalmente, la filial alemana de la misma empresa ITT-Standard Elektrik Lorenz. Todo hacía prever que Francia, vía las filiales de la ITT, ganaría la riquísima adjudicación. El Sha de Irán había incluso elegido una empresa francesa de consejeros técnicos para medir cada una de las diferentes proposiciones hechas por los candidatos. Durante su estadía en Francia, la cuestión de ese contrato se suscitó en las entrevistas que tuvo con el jefe de Estado. Sin embargo, contra todo lo esperado, la realización del proyecto de modernización del teléfono

[37] *The New York Times,* 31 de mayo de 1975 (Cable AFP, *Le Monde,* 3 de junio de 1975). Para un análisis del proyecto IBEX, cf. Barry Miller, "Contractors sought for iranian elint net", *Aviation week & space technology,* 10 de octubre de 1975.

iraní encalló en las manos de la GTE. Se supo, entre bastidores, que dos razones principales habían motivado esa decisión. La GTE tenía ya su lugar. Anteriormente, había firmado otro contrato con las fuerzas aéreas iraníes a las que debía entregar diversos aparatos de comunicación. Ése fue el trampolín que le permitió conquistar el contrato leonino. Pero los funcionarios franceses despechados exhiben otra razón que seguramente tiene fundamento. "La GTE ha sacado partido del ascenso reciente de los comunistas en Francia, que las últimas elecciones han permitido comprobar, sosteniendo que los iraníes podían llegar a arrepentirse de un contrato firmado con la filial francesa de la ITT, en riesgo, un día u otro, de ser nacionalizada." [38]

En cuanto a ese otro contrato de equipamiento de vigilancia terrestre y aérea firmado con la Rockwell, el embajador de Estados Unidos en Teherán, el antiguo jefe de la CIA Richard Helms, no sería ajeno, según *The New York Times,* a las maniobras que permitieron obtenerlo. Su participación personal en la consideración de las necesidades iraníes fue decisiva. La Rockwell ya habría enviado equipos técnicos a Teherán y se habría encargado de comprometer en Estados Unidos a los antiguos miembros de la Agencia Nacional de Seguridad y de los servicios de informaciones de la fuerza aérea.

Este reclutamiento de futuros instructores, que pasa por los canales de una empresa privada, se inscribe en el marco de una política de formación más amplia. En el laboratorio de primera calidad que constituye ese país que se entrega, la llave en la puerta, a Estados Unidos, el Departamento de Defensa ha emprendido un trabajo de pionero estrechando sus lazos con las empresas privadas que suministran el equipamiento. Un aflujo tal y tan repentino de armamento ha tenido como resultado hacer que las fuerzas armadas descentralizaran sus operaciones de asistencia técnica; las empresas han sido encargadas de asegurar directamente la formación técnica del personal militar. Es así que en 1975 el Pentágono supervisaba en el Cercano Oriente nada menos que 5 contratos de asistencia técnica cuyo presupuesto haría palidecer de envidia a cualquier instituto politécnico. En Irán, 315 millones. En Arabia Saudita, 362 millones. En Kuwait, 327 millones y en Israel, 884 millones.[39] El programa que el Departamento de Defensa ha confiado, en virtud de un acuerdo de gobierno a gobierno, a la Bell Helicopter Co. (de la Textron) y que se eleva

[38] *Business Week,* 28 de julio de 1975.
[39] *Aviation week & space technology,* 2 de junio de 1975.

a 255 millones de dólares, debe asegurar la formación de 1 500 pilotos de helicópteros y de 5 000 mecánicos, todos pertenecientes a las fuerzas aéreas iraníes. Para llevar a cabo esos programas de formación intensiva, esta empresa se ha visto obligada a crear otra filial en Texas, la Bell Helicopter International, que se encargará, de ahora en adelante, de planificar a nivel mundial los nuevos servicios de esta verdadera universidad técnica paralela. La primera creación exterior ha respondido a la lógica de la exportación puesto que el centro principal establecido por esa filial tiene como sede la base aérea militar de Ispahan. Otras empresas, menos solicitadas, han preferido enviar a los oficiales iraníes a sus centros de Estados Unidos. Es así que la Grumman recibe en sus aulas a más de 150 ingenieros y especialistas iraníes. Señalemos que en los últimos veinte años, no menos de 10 000 militares iraníes han pasado por los centros de formación establecidos en Estados Unidos o en las bases norteamericanas en el extranjero, en razón del programa de asistencia militar norteamericano.[40]

Se adivina que esta nueva práctica, nacida a la sombra de los *derricks,* es un signo de los tiempos y que ha de generalizarse a medida que las exportaciones de armamentos aumenten y que un número cada vez más elevado de compañías prevean y organicen actividades de formación de personal extranjero. La estructura de la asistencia técnica prevista por el Pentágono en los años 60, de aquí en adelante es incapaz de soportar el ritmo que pretende imponerle el boom de las exportaciones. El problema parece ser general pues esta alza de las exportaciones de armamento ha venido igualmente acompañado en países como Francia de una reorganización de los servicios llamados de posventa. Recordemos la decisión gubernamental de crear tal servicio en la delegación ministerial para el armamento. Esta nueva etapa de la militarización sucede a esa otra fase que se limitaba fundamentalmente a un intercambio de especialistas entre el Pentágono y la industria privada y viceversa. Entre julio de 1967 y diciembre de 1971, las grandes empresas de la electrónica y de la aeronáutica norteamericanas han reclutado 1 101 altos funcionarios del Pentágono, civiles o militares, retirados o de reserva, que tuvieran al menos el grado de mayor o su equivalente en las jerarquías de la administración pública. Durante ese mismo lapso el Pentágono tomó 232 empleados de alto rango provenientes de esas grandes sociedades. Es así que la Mc Donnell Douglas requirió, siempre en ese lapso, los servicios de 70 oficiales superiores y proveyó de 7 directivos

[40] Cf. Michael Klare, *War without end*, Vintage Books, Nueva York, 1972.

al Pentágono. La Boeing contrató 60, en tanto que proporcionaba 8 funcionarios al Pentágono. La Westinghouse, la Hughes Aircraft, la General Electric, la Litton y la Grumman, recibieron en sus filas entre 30 y 40 oficiales. No tiene nada de sorprendente puesto que, entre los 10 personajes principales encargados en el Pentágono de fijar la nueva política de producción de armamento, encontramos, al lado de James R. Schlesinger, cuatro civiles venidos directamente de las oficinas o de los laboratorios de grandes compañías aeronáuticas o electrónicas: el secretario-asistente para los programas de investigaciones es un especialista en rayos Laser de la Hughes Aircraft, los otros provienen de la Mc Donnell Douglas, de la Ling-Temco-Vougth, de la Philco-Ford y de la General Motors. Son ellos los que han reorientado todos los programas de investigaciones del Departamento de Defensa, a pesar de la oposición interior de algunos viejos líderes militares. Este intercambio civil-militar no se detiene por otro lado allí. Se observa en muchos otros escalones, por ejemplo, en la prensa especializada en información aeronáutica o aeroespacial. Entre los redactores de la *Aviation week & space technology,* editada por la misma empresa comercial que *Business Week,* se encuentran 10 ingenieros, 12 pilotos civiles y 20 antiguos funcionarios de la fuerza aérea.[41]

No se ve verdaderamente por qué esas tendencias no habrían de tener también su equivalente en el terreno de la electrónica aplicada a la represión civil. ¡Rockwell reclutando ex agentes de informaciones, es todo un programa! Y por ello, bien se puede hace esta extrapolación cuando se comprueba la solicitud con la que ciertas empresas electrónicas norteamericanas ofrecen su colaboración a las fuerzas policiales de su país. Leamos algunos fragmentos de un informe de la división Page Engineers de la Northrop, redactado después de la conferencia anual de la Asociación Internacional de Jefes de Policía (IACP), que tuvo lugar en Salt Lake City en octubre de 1972. "La responsabilidad de la policía es cada vez mayor. Nuestro entusiasmo, aquí en Page, aumenta también considerablemente porque Page puede ofrecer servicios y sistemas eficaces que responden a las necesidades que tienen todos los departamentos de policía en las ciudades más importantes del país en materia de comunicación. Todos los miembros del personal perteneciente a la seguridad pública (*public safety*) —ya sea en el nivel de la comuna, de la ciudad o del Estado— recono-

[41] *Business Week,* 15 de mayo de 1972; *Electronics,* 21 de febrero de 1974; *Aviation week & space technology,* 10 de marzo de 1975.

cen que los equipos de comunicación obsoletos no pueden ser tolerados más tiempo. Les echamos una mano a los criminales cuando el pedido de auxilio de la víctima queda sin respuesta a causa de la falta de equipo apropiado. Hemos remitido nuestras cartas de crédito comercial a los jefes de policía; los hemos exhortado a beneficiarse con nuestra experiencia, nuestra habilidad y el método de aproximación global de nuestros sistemas que nos permiten responder a sus necesidades específicas en materia de comunicación." [42]

La máquina convoca necesariamente a su maestro y en este proceso de electronización es difícil decir quién es el ideólogo más eficaz, si aquel que desde lo alto de su cátedra continúa dictando sus cursos de propaganda macartista o aquel que enseña a detectar sobre el cuadrante luminoso del último modelo de radar, al enemigo del orden.

LOS PROYECTOS POLICIALES DE BRASIL

Las fuerzas de la policía brasileña ya han respondido a la pregunta. Entre 1969 y 1972, el programa de "seguridad pública" *(Public Safety Project)*, dirigido por la USAID, ha permitido adiestrar 100 000 agentes de la policía federal y estatal y enviar a 523 oficiales a formarse en las academias de policía de Estados Unidos. Tres instituciones fueron favorecidas: la Academia Nacional de Policía, el Centro Nacional de Telecomunicaciones y el Instituto Nacional de Criminología y de Identificación. Uno de los esfuerzos principales consistió en formar técnicos en telecomunicaciones y construir y equipar estaciones que faciliten la comunicación entre cada estado y la capital y que hagan más rápidos los contactos entre estados y en el interior de cada estado. La mayor parte del material de telecomunicaciones, acordado por la USAID a título de asistencia técnica, consiste en equipos móviles. Según ese proyecto, se trata de "desarrollar la capacidad de comunicación por radio portátil para los períodos de desorden civil y de aumentar la eficacia del control de las patrullas policiacas".[43] En 1971, 30 expertos policiales de Estados Unidos prestaron su asistencia a ese proyecto de seguridad pública, en

[42] M. Mancini, "Hail to the chiefs", *Page News,* noviembre de 1972.

[43] US Senate, "US Policies and programs in Brazil", Hearings before the subcommittee on western hemisphere affairs, Committee on Foreign Relations, US Senate (4-5, 11 de mayo de 1971), Washington, D.C., 1971.

tanto que 80 colegas brasileños seguían los cursos de la Academia Internacional de Policía de Washington. Paralelamente, se desarrollaron los planes del *Communication Group* de la misión naval de Estados Unidos en Brasil. En ese plan, Río de Janeiro representa una de las 26 estaciones de comunicación naval que componen el sistema de comunicación de defensa de Estados Unidos y que permite a la marina entrar en contacto en cualquier momento con sus unidades que surcan el Atlántico sur, así como con los barcos pesqueros y mercantes norteamericanos. Finalmente, en colaboración con las fuerzas aéreas de Brasil, el Departamento de Defensa de Estados Unidos, a través de la universidad del estado de Nuevo México y por contrato con la marina, dirige el programa de satélites de navegación Transit, que recoge informaciones para ambos gobiernos.

Para rematar estos preliminares, el gobierno brasileño firmó en 1972 un contrato de estudios para la instalación de un sistema de satélites de comunicación nacional con General Electric y Hughes Aircraft. Oficialmente, se trata de establecer un sistema de educación que comprenderá un conjunto de tres satélites que deberían ser lanzados a partir de 1976 y cubrir el 86% del territorio nacional. Cada satélite dispondrá de tres canales de televisión y de veinte cadenas de radiodifusión. La principal estación emisora estará situada en el Instituto de Investigaciones Espaciales en São Paulo; 9 centros de programación habrán de alimentar las emisiones destinadas a los niños de los primeros 12 años de la enseñanza. 150 000 estaciones de recepción directa asegurarán la red en las zonas rurales. En la periferia de las zonas urbanas, 150 estaciones serán aptas para redistribuir los programas por vía terrestre.

Antes de la firma del contrato, la Universidad de Stanford había efectuado en 1971 una serie de experiencias con las universidades brasileñas; cursos dictados en los anfiteatros de la Universidad de Stanford fueron directamente trasmitidos a los estudiantes de ingeniería brasileños, por intermedio del satélite de la NASA, ATS-3. En 1974, otra experiencia realizada en colaboración con el satélite ATS-6 de la misma agencia, permitió desarrollar en la región más pobre de Brasil, el nordeste, un proyecto piloto de tele-educación, destinado a 500 escuelas y a 15 000 escolares de los dos primeros años de la enseñanza primaria. Más de mil maestros habían sido previamente preparados para poder asumir la responsabilidad de la recepción de las emisiones, en las diversas comunidades locales. El Ministerio de Educación y las municipalidades de la zona habían tenido asimismo el cuidado de integrar a la experiencia a los padres de alumnos, muchos de los cuales nunca habían frecuentado la escuela. Según las autoridades, los resultados han sido más que satisfactorios. Demos un fragmento de un informe: "Tanto los alumnos como los maestros consideran el proyecto como una gran posibilidad que se les ofrece de romper con las tradiciones del pasado. Los organizadores del programa han sido tratados como mensajeros de esperanza y salvación durante sus visitas a los pueblos y a las escuelas. Para los escolares, ese proyecto representaba la ocasión de entrar en el mundo moderno del que sólo algunos pocos tenían ya una idea gracias a la televisión o la radio. Para los maestros, en su mayoría no calificados (algunos sólo habían ido a la escuela hasta los doce años), era una oportunidad real de perfeccionarse puesto que una parte del programa estaba dirigida a ellos." [44]

Pero este ingreso en el "mundo moderno" se produce en un contexto preciso. En el estado actual de la tecnología de los satélites y sobre todo en virtud de las exigencias de integración política, militar y económica de Estados Unidos y Brasil –integración consolidada durante el viaje de Kissinger a Brasilia después de la derrota norteamericana en Angola–, el futuro sistema no ha sido, por cierto, concebido únicamente en función de la educación. De hecho, uno sólo de los tres aparatos espaciales servirá a la trasmisión de programas educativos. El sistema que le ha sido autorizado a la General Electric para que diseñe para los brasileños, es un sistema de múltiples usos que desempeñará, por cierto, un papel en el terreno de la educación, pero también en el de la represión: según los informes preparados por esa empresa, este sistema de comunicación por satélite sirve para "la recolección, la transmisión, conmutación, registro y exposición de datos" y puede ser utilizado "para la aplicación de la ley, para el funcionamiento de los asuntos vinculados con la salud pública, la seguridad, el control de la navegación". El hecho de poder encontrar entre los usuarios corrientes los datos trasmitidos por el satélite ERTS de observación de recursos naturales no puede sino reforzar esta convicción del Ministerio del Interior.

Pero, lo que es más, la "doctrina de seguridad nacional" que guía a la dictadura militar –tanto en Chile, como en Uruguay, y en Bolivia– incluye "no solamente la defensa nacional sino

[44] Cf. J. J. Sparkes, "Education by satellite in Brazil", *The man made world,* Open University, Londres, 1975. Véase también, Branda Maddox, "A brazilian satellite — for what?", *New Scientist,* 25 de abril de 1974. Sobre el proyecto global delineado por la General Electric, cf. General Electric, *Communications study advisory council briefing april 17, 1973,* Nueva York.

todo lo que concierne al desarrollo económico y social". En ese sentido la educación no es más que una parte de la seguridad nacional. ¿Acaso hay mejor prueba del dominio totalitario de ese concepto que funda el *novus ordo,* que ese sistema de satélites que, bajo la cubierta de la modernización de la educación contribuye, de hecho, a través de su aplicación en otros campos, a modernizar el conjunto del aparato del Estado? A las imágenes de niños chilenos entonando, la mano en el corazón, el himno nacional, a esta primera fase de la militarización de la que aquéllas son los indicios, sigue el proyecto de uniformización de las conciencias que reclama la institucionalización del régimen de excepción. Es con el soporte de la alta tecnología que se está llevando a cabo en países como Brasil la verdadera militarización del sistema de enseñanza que permite al Estado "moderno" consagrado a los intereses de las multinacionales, dotarse de un aparato de educación coherente con sus postulados neocoloniales.

Las pretensiones brasileñas en materia aeroespacial no han esperado mucho tiempo para manifestarse. Después de los acuerdos de coproducción de cazabombarderos con la Northrop y la General Electric y de aviones ligeros destinados a ser utilizados contra el "enemigo interior" con la Piper Aircraft, el ministro de Comunicaciones anunciaba en abril de 1973, en una conferencia de prensa, que "en diez años Brasil estaría en condiciones de fabricar sus propios satélites de comunicación". En el mismo despacho de la AFP que trasmitía esta noticia, figuraba la opinión de uno de los más altos consejeros de J. F. Kennedy, Walt Rostow: "Brasil se está convirtiendo en una potencia nuclear y, por lo tanto, en un peligro potencial para sus vecinos." [45] Esta ambición nuclear se vio coronada de un primer éxito a fines de junio de 1975. Brasil y Alemania federal firmaron un acuerdo-plan que prevé la entrega, escalonada en 15 años, de 8 centrales nucleares alemanas, así como la instalación en suelo brasileño de una fábrica de tratamiento de combustibles irradiados y de otra de enriquecimiento del uranio. Brasil se une así a Irán en su voluntad de convertirse en una gran potencia nuclear. Para 1990, estará en condiciones de tener bastantes fábricas y de poseer el *know-how* suficiente para ser autónomo en ese campo. Las presiones norteamericanas que quieren impedir la venta a Brasil de una fábrica de retratamiento de combustible que permite reutilizarlo para fabricar armas nucleares, no han tenido el resultado que se esperaba y el fabricante norteamericano Westinghouse —a pesar de que Brasil le había comprado su

[45] *El Mercurio,* Santiago de Chile, 8 de mayo de 1973.

primer reactor— se vio despojado de ese contrato de 4 500 millones de dólares por la Kraftwerk Union, bajo control de la Siemens, que propuso crear una sociedad germano-brasileña común. Fueron las restricciones aportadas por el gobierno norteamericano mismo a la exportación de tecnologías para el tratamiento de combustible, las que colocaron en desventaja al principal constructor de centrales nucleares. Al pedirle cooperación a Alemania, a quien proveerá del uranio que necesita, Brasil parece querer reunir todas las cartas que le permitirán romper, en ese punto y dentro de los límites de una "autonomía táctica", la sujeción estrecha que sigue marcando la mayoría de sus planes de coproducción con las empresas norteamericanas. No es la primera vez que Brasil jugaba sobre la sempiterna rivalidad intercapitalista. Unos meses antes, la ITT había tenido que venderle a los accionistas locales su unidad de producción Standard Eléctrica. Sólo con esa condición el gobierno brasileño había aceptado confiarle a la compañía norteamericana el contrato de modernización de sus sistemas de conmutación telefónica aduciendo que si no aceptaba trasferir su filial, la empresa sueca L.M. Ericsson podría fácilmente remplazarla.

Se comprende la inquietud, simulada o real, de Rostow —cuyas obras teóricas sin embargo han inspirado ampliamente al geopolítico de los golpistas de 1964, el general Goulbery Couto e Silva— cuando se sabe que hasta el presente Brasil se ha negado a firmar el acuerdo de no proliferación de armas nucleares y que el dominio del ciclo completo de la energía le permite aspirar en el futuro a la fabricación de armamento atómico. Por otro lado, conforme a su concepción geopolítica, es para no dejarse desbordar por su vecino argentino en el plano militar que Brasil ha decidido intensificar su potencial nuclear. A diferencia de Brasil, que hasta fines de los 70 no realizó ningún esfuerzo particular para constituir una capacidad nuclear independiente del liderazgo de Estados Unidos poco inclinado a la diseminación nuclear, los argentinos, en el momento de la firma del acuerdo germano-brasileño, ya habían construido su propio reactor con la ayuda de técnicos de la Siemens y estaban ya por concretar sus primeras experiencias de reutilización del combustible nuclear con fines militares. Del lado de Alemania federal, el contrato germano-brasileño confirma una vez más el renacimiento del imperialismo alemán que, aunque dotado de cierto margen de maniobra, corresponde a los intereses esenciales del capitalismo norteamericano. Desde 1973, la República Federal Alemana, contorneando los tratados, ha instalado con el estímulo de Washington fábricas de material de guerra en Argelia, Birmania, Ghana, Indonesia, Nigeria, Sudán, Singapur y

Argentina (donde fabrica tanques). Su último cliente: África del Sur, que también se ha negado a firmar el acuerdo de no proliferación. A través de contratos, como los que ha establecido con Brasilia y Pretoria, Alemania —que por el tratado del Pacto del Atlántico se ha comprometido a no fabricar armas atómicas en su suelo— ve que le ofrecen fabricar esas armas fuera de su territorio. A la inquietud manifestada por el aprendiz de brujo del anticomunismo, Rostow, responde la del mariscal Gretchko quien, preocupado por el incremento de la industria del armamento en Alemania, hizo resonar una amenaza: "El día en que los alemanes tuvieran armas atómicas que no estuvieran indirectamente controladas por los norteamericanos, iríamos a buscarlas." [46] La rapidez con que Bonn reaccionó después de la negativa norteamericana de venderle centrales nucleares a Brasil, indica bien la maduración de su política nuclear.

A la espera de exportar material más pesado, y sin dejar de exportar sus golpes de Estado a sus vecinos, Brasil, por interpósitas sociedades multinacionales, ha iniciado su empresa de colonización electrónica del continente. Ya exporta sus televisores en color. Para tratar de reducir, gracias a la conquista de nuevos mercados, los costos de producción exhorbitantes de los nuevos aparatos, Brasilia empezó a fines de 1972 a ejercer presiones sobre los gobiernos latinoamericanos a fin de incitarlos a remplazar sus redes de televisión en blanco y negro, apenas amortizadas, por redes en colores (sólo México y Brasil disponían entonces de la televisión en colores). África del Sur y algunos países de África Negra figuran también entre los estados que Brasil intenta seducir con su nueva industria. Después de las inversiones de la Siemens que logró que Brasil eligiera el sistema alemán —un poco modificado— de la televisión en colores, produciendo un híbrido PAL-NTSC, la RCA decidió invertir en 1973 en Río de Janeiro unos 120 millones de dólares en la construcción de una nueva planta de recep-

[46] Para un análisis del tratado germano-brasileño, cf. el informe presentado por Peter Lock al Tribunal Russell, Roma, enero de 1976, *Pseudo-holy alliance. Comments on the german-brazilian nuclear energy agreement.* Sobre la estrategia de la socialdemocracia alemana, cf. el artículo de J. P. Vigier, "Le second souffle de la crise", *Le Monde Diplomatique,* diciembre de 1975. Cf. asimismo A. Fontaine, "Le dernier quart de siecle", *Le Monde,* 14/15 de enero de 1976.

Poco después del contrato germanobrasileño, a fin de impedir que los compradores siguieran aprovechando las divergencias entre los países exportadores de tecnologías nucleares, para obtener una ventaja ofreciendo lo que otros les rechazarían, los 7 países exportadores —Canadá, Francia, URSS, EU, Gran Bretaña, Japón y RFA— aceptaron armonizar su política de exportación de material y de tecnología nuclear (cf. D. Verguèse, *Le Monde,* 31 de enero de 1975).

tores. A través de estas operaciones, Brasil refuerza en sus vecinos un proceso de nueva dependencia cultural. Un receptor en colores supone evidentemente programas en colores, cuyo costo es muy superior al de los programas en blanco y negro. América Latina estará todavía por mucho tiempo lejos de poder satisfacer la demanda en ese campo. Las polémicas recientes que se desarrollaron en Venezuela a propósito de la televisión en color ponen en evidencia toda la irracionalidad de esas políticas de adopción de nuevas redes en los países del hemisferio sur. Un estudio efectuado por el Colegio de Ingenieros de Venezuela ha puesto de relieve las dimensiones técnicas del problema al mismo tiempo que ha evidenciado los diferentes grupos de presión susceptibles de intervenir en ese tipo de decisiones: 1] Los productores extranjeros de equipos electrónicos y sus sucursales de montaje. Según este estudio, la adopción de la TV en colores implicaría en los próximos diez años un gasto del orden de los 2 400 millones de bolívares (el bolívar vale alrededor de 1 franco francés). Un receptor blanco y negro, término medio, cuesta 1 250 bolívares, uno en colores, tres veces más. Una reparación cuesta el doble cuando se trata de un aparato en colores que, además, exige por lo menos tres sesiones de mantenimiento por año, contra 1.8 del aparato en blanco y negro. 2] Los productores extranjeros y los distribuidores de programas, que acumulan existencias en colores en Estados Unidos desde 1955. Los programas en colores cuestan por lo menos el 30% más y los programas en directo, en colores, valen hasta 10 veces más que los programas corrientes. Eso aumentaría el grado de dependencia de las programaciones en relación con los programas extranjeros, que ya representan sin embargo el 54% de la programación ofrecida a los telespectadores. 3] Las agencias de publicidad, filiales en su mayoría de empresas norteamericanas, que ven en la televisión en color un medio de reimpulsar sus negocios y de elevar las tarifas. 4] El gobierno, ligado a los grupos económicos que controlan los grandes canales de televisión, las industrias electrónicas, etcétera.[47]

Pero la fuerza de estos argumentos tropieza con la lógica del desarrollo de las empresas multinacionales de la electrónica. Desde que tuvo lugar esta polémica, cinco países latinoamericanos se abrieron a las nuevas redes. Incluso en algunos casos esta intro-

[47] Para alentar su red de fábricas en América Latina, las multinacionales instaladas en Brasil han comenzado, gracias a la crisis, a comprar empresas de otros países. En marzo de 1976, la Junta vendió a una sociedad norteamericano-brasileña la mayor empresa de TV, radio y discos de Chile (ex RCA, nacionalizada por Allende y rebautizada IRT).

ducción adquiere rasgos simbólicos de reconciliación: la embajada de Estados Unidos en Santiago de Chile ha ofrecido instalaciones de TV en colores a los estudios de la Universidad Técnica del Estado, la misma universidad que, el 11 de septiembre de 1973, después de haber ofrecido una resistencia feroz a los soldados de la dictadura, se trasformó para centenares de estudiantes, obreros y artistas, en hecatombe final.

HACIA LA INSTITUCIONALIDAD INFORMATIZADA

Cuando se trata de computar las promesas de la evolución tecnológica, las opiniones difieren profundamente. El presidente de la RCA no vacila en afirmar que hemos entrado en una nueva era, la de "la revolución electrónica" que ofrece a todos los habitantes del planeta, sin distinción de razas o de clases, la posibilidad "de elevar la situación del individuo aumentando el poder de la mente humana y la precisión del control que puede ejercer, de la misma manera que la revolución industrial acrecentó el poder del músculo humano". Refutando las predicciones de Orwell, agrega: "La revolución industrial fue una fuerza de centralización poderosa... la revolución electrónica estimulará la flexibilidad y la descentralización de las actividades organizadas." [48] En esta senda, las perspectivas más optimistas nos hacen ya pensar en el advenimiento de una comunidad movida por la electrónica. Cuando se firmó el primer acuerdo internacional para la explotación de satélites de comunicación, el escritor Arthur Clarke declaró ante los signatarios: "Cualquiera haya sido su intención, acaban de firmar el primer esbozo de una constitución de los Estados Unidos de la tierra." Se conoce demasiado lo que hubo de mistificación en ese otro ejemplar de revolución que fue la revolución verde para admitir tan fácilmente esta visión armoniosa de las futuras aplicaciones de nuevas tecnologías. Ya no es posible ocultar el papel de *lifting* de las estructuras existentes que desempeñan esos pretendidos sacudimientos que, por cierto, omiten cambiar el carácter monopolista que ejercen las clases dominantes sobre los medios de producción y distribución.

Otros sólo extrapolan los posibles excesos de esta evolución técnica. En esta sociedad, enferma de una información que no consi-

[48] Robert W. Sarnoff, "The electronic revolution: dawn of a new era", *Economic Impact,* núm. 7, Washington, 1974.

gue dominar, los hombres terminarán por ser maniatados por los hilos de su red electrónica. La computadora y el satélite que registran, clasifican e informan, contabilizarán y numerarán los actos más cotidianos de la vida.

De ambos lados, del lado de los profetas del mal augurio o del lado de los mesías, la tecnología se ha convertido en un personaje autónomo que, a través de su juego soberano, más allá de las contingencias humanas y terrestres, más allá de las relaciones de clase, dispensa sus beneficios o reprime, salva o condena. Por suerte, la cosa es a la vez más simple y más complicada que lo que permitiría creer esta teología de la edad electrónica. Lo hemos visto a lo largo y a lo ancho. Las nuevas tecnologías están lejos de ser cuestiones de extraterrestres; no son comparables ni a Superman, ni a Frankenstein. Las formas que ha tomado su producción y los trámites que ha seguido su difusión traducen las relaciones de fuerza y de dominación que existen concretamente, aquí sobre el planeta.

Es difícil determinar con precisión en qué forma las clases dominantes organizarán los usos sociales de las nuevas tecnologías de comunicación, cómo les harán seguir los dictados del aparato del Estado o, para amoldarse a la terminología de la NASA y de la Casa Blanca, cómo los aplicarán para resolver las necesidades sociales de cada comunidad. En su lenguaje fetichista en el que las cosas adquieren una vida y un alma propias y donde los hombres se trasforman en cosas, los norteamericanos nos dicen que "La información se ha convertido en un factor de producción al mismo título que el capital y la mano de obra" y que en su país, en 1975, más de la mitad de la población activa estaba ocupada en recolectar, tratar y encaminar informaciones. Prevén, incluso, que en el apogeo de lo que denominan "la sociedad informativa" —concepto que según ellos es más preciso que el otro de "sociedad posindustrial", aunque los dos estén situados bajo el mismo signo de amorfismo social— más del 60% de la mano de obra se consagrará al tratamiento de la información y este apogeo debería situarse alrededor de 1980.[49] Nos prometen un mejoramiento considerable de los servicios prestados por las diversas instituciones a los usuarios. Algunos profetas más excéntricos que lo común,

[49] Cf. M. E. B. Parker, *Incidences sociales des systèmes de télé-informatique*. Conferencia sobre las políticas en materia de informática y telecomunicaciones, OCDE, París, 4-6 de febrero de 1975; Ithiel de Sola Pool, *The international aspects of computer telecommunication*, presentado en la misma conferencia.

Para un análisis de clase de esos sistemas, cf. Manuel Janco y Daniel Furjot, *Informatique et capitalisme*, François Maspero, París, 1972.

llegan inclusive a presentar a la computadora en cada hogar para remplazar al cadillac como signo de estatus. Nuevos conceptos ratifican las extensiones sociales de la electrónica: teleeducación, telemedicina, telerepresión, teleinformática.

Están en vías de realización proyectos parciales que conducen a las sociedades capitalistas avanzadas hacia la constitución de "sistemas globales de información". Es así como han comenzado a florecer los proyectos de redes informáticas que permiten conectar entre sí las computadoras de diferentes centros científicos, estableciendo de este modo sistemas destinados a poner en común los medios de cálculo poderosos para los usos más diversos. En Francia, por ejemplo, la red Cyclades que cruza desde 1975 veinte computadoras instaladas en los centros de investigaciones, las universidades y los institutos de los cuatro puntos cardinales (Rennes, Grenoble, Lyon, París y Toulouse). A nivel europeo, la red COST (Comité Científico y Técnico) reúne desde 1974 cinco centros de tratamiento de datos situados en Londres, París, Milán, Zurich, y en Ispra (Centro Común de Investigaciones de la Euratom). En campos menos capaces de recibir la aprobación del público, proyectos como la bien llamada "Operación Safari" (Sistema Automatizado para los Ficheros Administrativos y el Repertorio de los Individuos), puesto a punto por el Ministerio del Interior del gobierno francés, habrá de centralizar por computadora, siguiendo un código único, todas las informaciones disponibles sobre cada persona física.

Como consecuencia de la polémica que se desencadenó por las revelaciones sobre este proyecto, a principios de 1974, una llamada Comisión Informática y Libertades fue encargada de proponer reglamentaciones a fin de impedir que las aplicaciones de la teleinformática no vinieran acompañadas de una reducción de los derechos del individuo. El informe de esa Comisión fue depositado en el despacho del ministro de Justicia en septiembre de 1975.[50] El tono general del informe no es muy optimista. Entre las frases más significativas: "Hay que tener cuidado de que el desarrollo desigual de la informática en el seno del Estado no falsee los equilibrios establecidos por la Constitución y la Ley [...] En total, las peores amenazas parecen ser el entorpecimiento del control social y el agravamiento de las relaciones desiguales en el seno de la sociedad." En el capítulo "Informática y Democracia", el po-

[50] Informe de la comisión *Informatique et Libertés,* Documentación francesa, París, 1975. Acerca del estado de los sistemas de teleinformática y otras redes, cf. la revista *Interférences,* París.

nente precisa: "En lo que se refiere a la vida pública, la informática no es neutra. Tal como es hoy en día, está ligada a la industria de las computadoras donde la concentración alcanza, en el plano mundial, una situación cercana al monopolio. Costosa y todavía esotérica, en primer lugar está al servicio de los poderosos [. . .] Actúa en el sentido de una indiscreción creciente respecto de los individuos [. . .] Es posible emplear la informática de modo que puedan protegerse los secretos personales legítimos, de proveer a las instancias desconcentradas o descentralizadas de elementos de decisión de los que hasta entonces carecían las autoridades o, incluso hacer servir las computadoras y sus periféricas, para asegurar una amplia difusión de las informaciones en un espíritu democrático. Todo eso es posible, pero hay que quererlo. Actualmente, no es ésa la pendiente natural las cosas." Previendo en cierta medida que las nuevas tecnologías de comunicación ofrezcan a las sociedades multinacionales la posibilidad de escapar a las reglamentaciones nacionales, el informe se ocupa de la necesidad de llegar a una armonía internacional de las legislaciones. "El riesgo es real y la tentación grande para ciertas empresas de escapar a las imposiciones del dispositivo protector explotando por teletratamiento bancos de datos trasportados o implantados en el extranjero, en países que no tengan aparato de protección o cuyo aparato fuera menos riguroso. A semejanza de los 'paraísos fiscales', podrían aparecer paraísos de datos." Se comprende mejor esta alusión cuando se sabe que compañías como la General Electric disponen ya de una red de teletratamiento que les permite ofrecer los servicios de sus computadoras y bancos de datos a los cuatro extremos del mundo sin tener que desplazarse de su sede metropolitana. El informe francés propone, finalmente, una instancia de control, un comité permanente "informática y libertades" compuesto por miembros de las asambleas legislativas, del consejo de Estado, del poder judicial, de la Asociación de Abogados y de la enseñanza superior. Ese comité "dispondría de poderes de investigación en las administraciones del Estado".

Pero el tono del informe, que fue emitido dentro de límites estrictamente liberales, indica bien, a través de su pesimismo, el carácter ilusorio de tal reglamentación, cuando instituciones represivas como la policía y el ejército parecen excluidas, por principio, de todo control. A propósito del derecho del que dispondría todo individuo de saber las informaciones que los ficheros contienen sobre él, se precisa, en efecto: "El derecho de interrogación sería reconocido en lo que se refiere al conjunto de los ficheros cuyo registro sería hecho público, bajo reserva de excepciones para los ficheros que atañen a la defensa nacional, la seguridad del Estado y la seguridad pública." Se puede proclamar la "no neutralidad" de la informática, pero un trámite realmente eficaz exigiría ir más lejos y poner en cuestión lo que los redactores del informe parecen aceptar como "la neutralidad del Estado". Es hacerle demasiado honor a la computadora endosarle todas las acusaciones que deberían ser dirigidas a la función policial del Estado capitalista.

WATERGATES MENOS ARTESANALES

Es en Estados Unidos donde los proyectos de sistemas globales de información están más avanzados. En 1970, el presidente Nixon consigue lo que ningún otro mandatario había podido realizar antes, a saber, la concentración de las actividades de comunicación del gobierno de Estados Unidos (desde la cadena pública de televisión hasta los satélites de uso civil y militar) creando un organismo, la OTP (Office of Telecommunications Policy) dependiente directamente de la Casa Blanca. Le confió la responsabilidad a un tecnócrata de la famosa Rand Corporation, el más célebre de sus depósitos de materia gris, esas "fábricas de ideas" que son los *Think Tanks.* Al crear esa oficina coordinadora, Nixon daba la patada inicial a la era de la "institucionalidad electrónica". La cual —si se da fe a las proyecciones de curva de evolución tecnológica realizadas por este organismo mediante la adopción de la hipótesis implícita de que no habrá modificaciones importantes del marco institucional en que esta tecnología evoluciona— prefigura la sociedad cableada del año 2000. Por primera vez, el poder político —acompañando el empuje "civilizador" de las empresas electrónicas y aeroespaciales— ha entrevisto la posibilidad de combinar el audiovisual y la informática. Fueron los consejeros que Watergate hizo caer quienes propusieron en agosto de 1971, en connivencia con la NASA, un plan para la futura utilización de la electrónica y de la tecnología de los satélites con fines sociales. Ese primer proyecto de electronización de las instituciones norteamericanas estaba contenido en un informe que llevaba por título *Communications for social needs: technological opportunities.* El consejero del Presidente, John Erlichman, había coordinado la redacción confiada a la NASA y a diversas instituciones educativas de Estados Unidos. Se encontraban allí numerosos proyectos sobre la reorganización del sistema educativo (que analizaremos en otro capítulo) y un conjunto de propuestas destinadas a agilizar la administración de la justicia, las investigaciones policiales, la seguridad nacional, los servicios de salud y los servicios postales. Desde la primera página de ese informe voluminoso se podían comprobar las preocupaciones sociales de sus redactores: "Se reconoce cada vez más en Estados Unidos que existe un conjunto de problemas nacionales que podrían resolverse a través de las telecomunicaciones. Algunos problemas son de carácter urgente e inmediato; otros apuntan en el horizonte. Los problemas van desde la necesidad de distribuir las posibilidades en materia de educación y de cultura a la necesidad de nuevos servicios postales o de un sistema de alarma en caso de desastre [...] En función de eso, el estudio tiene por objetivo definir un conjunto de nuevas iniciativas que podrían ayudar a resolver esos problemas a través de las telecomunicaciones modernas. Esas iniciativas podrían llevar a las agencias federales y locales a encontrar nuevas oportunidades de mejorar sus servicios públicos y conducir igualmente a la creación de nuevas posibilidades económicas para la industria. En ese estudio, se insiste sobre la definición de proyectos de servicios múltiples en los que los beneficios sociales y la factibilidad económica aparecen claramente al público."

Es decir, que ¿antes de este estudio, las autoridades norteamericanas no se habían interesado por la cuestión? De ninguna manera. Pero, las diversas aplicaciones de los nuevos prototipos de telecomunicación no habían salido para nada de la órbita del Pentágono. En efecto, el sistema de defensa aérea de Estados Unidos, establecido en 1955, el SAGE (Semi-Automatic Ground Environnement), está en el origen de todos los grandes sistemas informáticos, civiles y militares, de los países capitalistas. Es a partir de ese modelo que fueron elaborados los grandes sistemas de defensa que existen actualmente en los países del mundo no socialista. Entre los más conocidos, citemos el NTDS (Naval Tactical Data System) de la flota norteamericana, el 412-L instalado por la General Electric en Alemania federal, el Strida 2 de IBM que presta servicio en las fuerzas aéreas francesas y el muy reciente NADGE (Nato Air Defense Ground Environnement) que cubre Europa occidental y ha sido realizado por un consorcio internacional bajo la dirección de Hughes Aircraft. Es en esa cuna militar donde han nacido las tres características esenciales de los grandes sistemas informáticos: tiempo real, acceso múltiple y red de computadoras. Cada computadora está en el origen conectada a un radar, captador de datos sobre la trayectoria de los aviones. Las trasmisiones de informaciones entre computadoras permiten a la vez hacer coincidir las informaciones de origen diferente y constituir una base de datos continuos en el espacio.

También bajo la égida del Departamento de Defensa nació en 1968 la primera gran red presuntamente civil de Estados Unidos, la ARPANET (Advanced Research Project Agency Network). Su misión oficial: trabajar para los proyectos patrocinados por el gobierno federal. La ARPA (Advanced Research Project Agency) no es sino una rama del Pentágono. Esa red, que luego servirá de punto de referencia a la mayoría de las redes de los países occidentales, comunica hoy en día más de treinta centros de cálculo de las principales universidades norteamericanas y, gracias a una conexión por satélite, está presente en Europa (Londres) y en el Pacífico (Hawaii). Desde su origen militar –sus experimentaciones comenzaron en 1958, en el alba de la informática– ese enorme sistema ha conservado, por ejemplo, la idea inicial de una red de calculadoras encadenadas de tal manera que la obtención de los datos numéricos pueda efectuarse por varias vías diferentes y que el conjunto no sufra demasiado por la destrucción eventual de uno o muchos centros de cálculo. Pero eso sin duda representa lo menos importante de la herencia técnica, siendo lo fundamental el tipo de relación social que mantiene con su blanco. Es también uno de los sistemas más "pluralistas" puesto que las computadoras y las terminales que utiliza son muy diferentes en tamaño y en naturaleza, construidas tanto por la IBM como por Univac o Digital.

Los sistemas de cobertura por telecomunicaciones formulados por los especialistas de la NASA para la Casa Blanca representan un escalón superior en la concepción social de la informática. Cuatro sistemas se proponen: un sistema de información sobre la salud pública, un sistema de electronización de los servicios postales, un sistema de alarma en caso de desastre, un sistema para facilitar el cumplimiento de la ley y la justicia criminal, sin contar los sistemas para la tele-educación. Cada sistema, con sede principal en Washington y que formaría parte de la matriz nacional de telecomunicaciones, tendría a su disposición un satélite propio, así como un conjunto complejo de conexiones, de estaciones, que conectarían el sistema central a las "terminales institucionales" y a veces incluso a los hogares de particulares. Las informaciones provenientes de cada una de esas fuentes serían concentradas y almacenadas en los bancos de datos.

El sistema de correo electrónico (electronic mail handling system) permitiría convertir cada carta en un mensaje trasmitido por satélite que podría llegar directamente ya sea a la oficina de correos del lugar de destino donde sería impresa automáticamente, o a la oficina del destinatario. En abril de 1972, la RCA ya estaba realizando experiencias en diversas regiones de Estados Unidos, particularmente entre Nueva York y San Francisco. Si ese sistema reduce considerablemente el costo de los servicios postales (y este argumento no es desdeñable para las autoridades federales), el correo electrónico, tal como destaca el informe de la NASA, puede ser considerado como un método más para almacenar informaciones sobre los ciudadanos. En efecto, el canal de comunicación del FBI debería estar en comunicación permanente con el canal del nuevo sistema postal en las sesenta ciudades más importantes del país. ¿Es necesario aclarar que ese informe era confidencial y que fue necesaria una denuncia ante el Senado norteamericano[51] para que se conociera? Como sucede en la mayoría de los casos, esos proyectos están sumergidos en la semiclandestinidad. El sistema de información sobre la salud pública permite el intercambio por satélite de ficheros médicos, entre personal e instituciones autorizadas, según precisa el informe. El sistema de alarma en caso de desastre permitiría hacer frente a las situaciones de urgencia ya sea políticas o naturales. Aseguraría el acceso directo e inmediato de las autoridades centrales a cada ciudadano norteamericano a través de receptores de radio o de televisión especialmente concebidos para ponerse directamente a funcionar a partir de la recepción de ciertas señales codificadas. El sistema, que es en suma un sistema de telejusticia (law enforcement and criminal justice system), será el punto de convergencia de los otros tres y con él culminaría el proyecto de vigilancia del ciudadano. La comunicación instantánea, en todos los niveles, local y nacional, civil y militar, por vía informática, permite sistematizar todos los delitos y desórdenes que estallen en todos los estados. En 1970, la policía federal ya discutía con la NASA el cruce de la tecnología de los satélites y del rayo Laser para trasmitir, entre otras cosas, las impresiones digitales de un punto a otro del país. El campo de la justicia es el campo privilegiado para la reconversión civil del instrumental que fue utilizado en Vietnam en la lucha antiguerrilla. Hemos visto la reubicación que han tenido esas técnicas de guerra en el campo civil, por mediación de compañías como IBM o Boeing. Los expertos de la Casa Blanca no vacilan en pronosticar una adhesión

[51] "Testimony of the Network Project on the matter of funding for public broadcasting before the Committee on Commerce of US Senate", 30 de marzo de 1973; Bill Greeley, "Public broadcasting government network", *Variety*, Nueva York, 11 de abril de 1973; Henry Smith, "Goebbels in space government use of telecommunications", *Cinéaste*, vol. v, núm. 4, Nueva York, 1973.

fácil de la población a esos planes de electronización: "Teniendo en cuenta que sólo el personal encargado de la aplicación de la ley tiene acceso al sistema, no es difícil prever que el público o los profesionales lo aceptarán sin problemas [...] El impacto global que tendrá sobre el público un sistema semejante provendrá del hecho de que todos tendrán la impresión de que la ley será aplicada más eficazmente... La adhesión de los ciudadanos al sistema será reforzada por una propaganda favorable que pondrá de relieve el éxito logrado por el sistema."

El 1 de enero de 1975, tras una iniciativa del Congreso, el presidente de Estados Unidos firmaba un proyecto de ley sobre la protección de las libertades individuales, para responder a las amenazas de los ficheros y las computadoras (Records computers, and the rights of citizens). Esta ley obliga, por ejemplo, a divulgar la existencia y el carácter general de cada conjunto de legajos que guarda la administración federal respecto a los particulares. Pero, como señala un experto de la Comisión Federal de Comunicaciones, las posibilidades de un control eficaz en la materia son cada vez más tenues: "El texto de la ley prevé una actitud de no ingerencia frente a los organismos encargados de la aplicación de la ley y de los ficheros correspondientes. Inicialmente, se admitía que las modalidades de control sobre los archivos judiciales y los ficheros de informaciones relativos a la aplicación de la ley, serían consignados en un proyecto de ley distinto. Sin embargo, les negociaciones entre las comisiones del Congreso y el Ministerio de Justicia fracasaron este otoño, y ningún texto de ley de ese tipo vio la luz. La disposición de carácter general no permite llenar esa laguna. Por el contrario, resulta que los ficheros que contienen los datos más sensibles escapan en gran medida a la verificación de los ciudadanos."[52] No se ve bien cómo podría ser de otro modo cuando el presidente Ford, al mismo tiempo que prometía revisar el marco administrativo, asumía públicamente la defensa de la CIA y se negaba a cuestionar su existencia y a limitar sus actividades, en septiembre de 1975.

En cuanto a las grandes compañías electrónicas, continúan fijando su plan de expansión en función de esas nuevas posibilidades institucionales. Basta recorrer sus estudios de mercado para convencerse: "La aplicación de la ley, como mercado para la electrónica, en particular para los equipos de telecomunicación, seguirá extendiéndose regularmente en el curso del año 1975. El organis-

[52] M. W. Sutter, *Dispositions institutionnelles,* Conferencia sobre las políticas en materia de informática y telecomunicaciones, OCDE, París, 4-6 de febrero de 1975.

mo del Departamento de Justicia, la LEAA (Law Enforcement Assistance Administration, administración de ayuda a la aplicación de la ley, creada a fines de 1960 por iniciativa del procurador general Ramsey Clark para racionalizar el conjunto de los aparatos de represión civil) ha previsto un incremento de 61 millones de dólares sobre gastos de 910 millones. Pero el mercado va en aumento también porque este organismo consagra cada vez más fondos en el nivel de las localidades y los estados."[53]

Esos mercados de telecomunicaciones han cobrado una importancia tal que la General Electric creyó conveniente formar en 1973 un grupo especializado que estudió las alternativas estratégicas para la expansión de la compañía en el terreno de las comunicaciones. El documento principal redactado por los ingenieros y sociólogos de esta empresa sobre la cuestión de la comunicación (Communications Task Force) contiene un examen sistemático de las posibilidades que se abren actualmente a las cuatro líneas de producción de la compañía en ese campo: la educación, la industria del reposo, del tiempo libre, las aplicaciones industriales y las redes de comunicación. Consideremos algunos puntos significativos. Entre las fuerzas que estimulan el desarrollo de la industria de las redes, se observa: "la presión creciente por la comunicación; la emergencia de las necesidades de comunicación en las regiones menos desarrolladas; la búsqueda de la eficacia al menor costo; el desarrollo de la tecnología que cree esas posibilidades y permita reducir los costos; el hecho de que sectores como la ejecución de la ley, la salud pública, los negocios, el control, la seguridad, la navegación, aumentan las necesidades de comunicación para el futuro". ¿Cuáles son los competidores que tiene la General Electric en ese mercado? Para el correo electrónico, la General Dynamics, la Philco-Ford, TRW, IBM y Xerox. Para el establecimiento de sistemas de satélites para todo uso (de los que estima captar el 20% del mercado, un mercado que se extendería por unos cincuenta países), Hughes Aircraft, ITT, Nippon, y para el suministro de materiales de telecomunicaciones, además de esos tres principales, Ericsson, Siemens, Hitachi y Thomson-CSF. Explicando en forma telegráfica esas posibilidades, los expertos destacan cinco puntos que la compañía debería considerar para llevar a cabo su penetración internacional: "el control ejercido por el gobierno; la adopción de un sistema de participación del país, las exigencias de contenido local; la adaptación a los métodos de trabajo locales; consideraciones de orden financiero".[54]

[53] *Electronics*, 21 de febrero de 1974.

[54] General Electric, *Communications study advisory council..., op. cit.*

CAPÍTULO IV

LOS NUEVOS PEDAGOGOS

Hacia 1970, como consecuencia de una ofensiva abierta y no sabiendo qué más inventar para sacudirse la dependencia respecto de las instituciones que un día u otro podrían trabar su acción, las empresas multinacionales comenzaron a concebir la creación de su propio aparato diplomático. "La internacionalización de los negocios exige un nuevo tipo de embajada. Los gigantes internacionales de la industria ¿no deberían estar representados por su propio cuerpo diplomático ante las naciones o las regiones donde operan?" [1] Es probable que muchos sigan pensando de esa forma. Pero desde entonces, estallaron muchos escándalos que amenazan con deteriorar cada vez más una imagen, ya de hecho muy empañada, y favorecen el reflejo condicionado que asimila esas compañías con sede en Estados Unidos, a los *ugly americans.*

Al decir mismo de sus directores para Europa, la ITT no puede vanagloriarse del perfil con que la identifica el público de los países del Mercado Común, aun si sus filiales de ese lado del Atlántico siguen aportándole más de 5 mil millones de dólares por año. Para modificar su renombre y blanquear su imagen de gigante malévolo, la empresa decidió, en 1974, lanzar una campaña pública de más de 700 000 dólares comenzando por Inglaterra, para extenderla luego a Alemania, Bélgica, España y Francia. *Who the devil does* ITT *think it is?*; *Does* ITT *give a damn about Britain's balance of payment?*: tales son los términos de la campaña publicitaria en Inglaterra.[2] La ITT no es la única que paga las consecuencias.

Frente a la oleada de recriminaciones, el vicepresidente de la división internacional de Pepsi Cola, retomando una idea en boga en los círculos internacionales, no encontró nada mejor para resolver el problema que proponer, en julio de 1975, la adopción de un "código de conducta" que reglamentaría el comportamiento de las empresas multinacionales en el extranjero y que podría ser establecido bajo la égida de una organización multilateral

[1] *Businnes Abroad,* junio de 1971.

[2] *Business Week,* 30 de octubre de 1974; *Advertising Age,* 9 de junio de 1975.

como la OCDE. "Las compañías —pretende— podrían adherirse a él voluntariamente y los gobiernos de sus países de origen y de los países que las reciben podrían incitarlas a adherirse. Las que no suscribieran ese código estarían demostrando que quieren actuar al margen de toda ética." [3]

Otras proposiciones igualmente idealistas testimonian de una ambición todavía más desmesurada y, del mismo modo que hace cinco años se hablaba de embajada propia, se empieza ahora a hablar de universidad propia. Es así que, en abril de 1975, el presidente de la gran agencia de publicidad norteamericana Doyle Dane Bernbach afirmaba delante de los estudiantes de una universidad canadiense que "las empresas multinacionales podrían resolver en parte el problema que planteaba su imagen frente al público, creando universidades globales".[4] Y, yendo más lejos en la descripción de su proyecto, agregaba que, al adoptar esa fórmula, sociedades como la Exxon, Texaco o General Electric tendrían menos necesidad del apoyo del gobierno, de los medios sindicales y de los consumidores para defenderse de las acusaciones que se les hace de violar la soberanía nacional. La propuesta es muy simple: las compañías abrirían un ciclo universitario de dos años a los estudiantes provenientes tanto de los países industrializados como de los atrasados, a condición no obstante de "que dominen perfectamente el inglés". Esos cursos podrían ser sobre la historia de la compañía, el análisis de casos concretos de comercialización, sobre administración, ley internacional, relaciones de la empresa con la comunidad, su responsabilidad social. Munidos de un diploma, otorgado por la compañía, esos estudiantes regresarían a sus países respectivos constituyéndose en "una suerte de denominador común de entendimiento" por el mundo. En una seguda etapa, se les podría ofrecer cursos de tercer ciclo a los mejores. El intercambio de ideas y de experiencias entre los candidatos a ese nuevo doctorado en empresas y sus profesores, significaría un avance para la práctica y la ciencia de la administración.

Al lanzar esta idea en un principio divertida, nuestro hombre no expresaba más que una utopía latente en los medios multinacionales. ¿Se puede acaso soñar algo mejor para allanar los conflictos que no deja de plantear la multinacionalidad que contar con las propias brigadas de propagandistas y defensores de la doctrina? La expresión "universidad global" parece demasiado pomposa para recubrir un proyecto semejante. Esos sueños de una ins-

[3] Carta a *Business Week,* 21 de julio de 1975.
[4] *Advertising Age,* 21 de mayo de 1975.

titucionalidad paralela que estaría regida por las multinacionales no tomarán probablemente la forma que supone este hombre de negocios. ¿Será tal vez necesario que tomen otras formas que las que la realidad actual les permite? Los ejemplos numerosos de colusión entre el Estado norteamericano y las empresas multinacionales ya han demostrado ampliamente que no es necesario imaginar embajadas paralelas para acabar con los problemas de expansión de los diferentes componentes del imperio. Así como sin duda no será necesario crear por completo esas supuestas universidades globales, así, la presencia de esas empresas en el campo del saber —en lo que los norteamericanos llaman "industria del conocimiento"— va a ahorrarles ese subterfugio.

INSTITUTOS DE TECNOLOGÍA AVANZADA Y TEXTOS ESCOLARES

"El hombre que tiene sentido del esfuerzo es capaz de grandes cosas. No obstante, en las Américas, a pesar de toda su buena voluntad, muchos individuos no pueden pretender el triunfo. Simplemente porque les faltan conocimientos, trabajo y la experiencia que da la educación. Para resolver esos problemas, se han emprendido muchos programas de educación en la mayoría de los países americanos. La ITT hace igualmente todo lo posible para permitir que numerosos individuos progresen y contribuyan de ese modo al desarrollo del país. La Standard Electric, por ejemplo, filial argentina de la ITT, envía gente a nuestro nuevo centro de estudios avanzados, con sede en Buenos Aires. Esta universidad, único instituto de telecomunicaciones de América Latina, forma ingenieros, diseñadores y técnicos en reparación, en todas las dependencias de América Latina. Los que obtienen el diploma y demuestran su capacidad pueden proseguir sus estudios en los laboratorios de la ITT en España, en Madrid. Después tienen la opción de trabajar para nosotros, o para nuestros clientes o de instalarse por su cuenta [. . .] Nuestros programas de formación en Argentina y en el resto de América Latina no se limitan a las telecomunicaciones. Comprenden también disciplinas como la tecnología de la computación, administración hotelera, trasporte, elaboración de alimentos y la exportación-importación. Nuestra misión formadora no data de ayer. A lo largo de todos estos años hemos formado más de 55 000 personas de ambos sexos en toda América Latina." [5]

[5] *Mecánica Popular*, Miami, mayo de 1971.

Esta propaganda de la ITT, publicada en un semanario norteamericano y que tiene su versión española (editada en Miami para todo el hemisferio sur) celebra, como tantas otras, el culto filantrópico de esas empresas, envoltura necesaria para el desarrollo de otras actividades más explícitamente lucrativas. Pero conviene leer en ella la creciente preocupación de las multinacionales por la formación técnica y ver allí reflejada la realidad de sus recientes avances en ese terreno. El último de esos institutos de formación superior en América Latina es el que acaba de fundarse en Santiago de Chile, gracias al dinero de las indemnizaciones pagadas por la dictadura militar de la Compañía de Teléfonos nacionalizada por Allende.

De hecho, la mayoría de las empresas multinacionales de la electrónica podrían formar la misma lista de laureados. En sus boletines de relaciones públicas, la General Electric no es menos explícita. Sólo en materia de centrales eléctricas y nucleares, ha formado en los últimos años en su centro metropolitano de ingeniería, 750 especialistas. Los cursos, de una duración de 30 semanas, fueron tanto sobre el funcionamiento y el mantenimiento de reactores como sobre los métodos de planificación económica y los medios de resolver la crisis energética. La compañía nos explica incluso que sus alumnos tenían un promedio de experiencia profesional de 8 años, que pertenecían a 53 diferentes empresas y que más de 20 se convirtieron luego por lo menos en vicepresidentes de la empresa donde trabajaban. La promoción de 1974 reunió 58 alumnos, 27 norteamericanos, los otros extranjeros, brasileños, canadienses, ecuatorianos, mexicanos, japoneses, panameños, nicaragüenses y vietnamitas.[6]

Compañías informáticas tales como Control Data —para no tomar siempre el ejemplo de IBM —han fundado institutos de tecnología avanzada en los que ingenieros que provienen de la compañía y profesores universitarios dictan seminarios con una asistencia muy variada. Todos los años, el instituto de la Control Data, dirigido por un ex brigadier general del ejército norteamericano, ofrece 450 seminarios en sus propias aulas, alrededor del mundo, o en locales prestados. Entre sus alumnos figuran gente de la compañía cinematográfica Warner Bros., de la Kennecott, del Chase Manhattan Bank, la Sperry Rand, Honeywell, de las universidades de Wisconsin, Nueva York, Michigan, Temple, sin olvidar la CIA y los diversos servicios del ejército de Estados Unidos. En la introducción al programa del curso se lee: "En esta era de explosión

[6] *G. E. International,* Nueva York, junio de 1974.

de la información, cuando la expansión de las grandes compañías y del gobierno reclama conocimientos previos, las ciencias de la informática han conquistado su propio terreno creando un nuevo lenguaje y un nuevo tipo de fuerza de trabajo [...] Una computadora sin su programación propia es una pieza de equipo sin utilidad. Las computadoras solamente son concebidas para hacer lo que se les dice y 'lo que se les dice' es una ciencia en sí." Resumiendo por qué la compañía había centrado su interés en el campo de la educación, el presidente de la Control Data evocaba un proverbio chino: "Si vuestro plan es para un año, plantad arroz. Si vuestro plan es para diez años, plantad árboles. Si vuestro plan es para cien años, educad a los hombres." [7] Entre los temas propuestos en el repertorio de los cursos: teoría de la comunicación, organización de sistemas de información, aplicación de la teleinformática a las transacciones bancarias y a la policía, el papel del individuo y el lugar que ocupa la vida privada frente a las necesidades de las organizaciones. En cuanto a la IBM, dispone en Estados Unidos de un equipo de 5 000 instructores repartidos en sus 200 centros de educación formal que ofrecen tres tipos de cursos: formación administrativa, actualización técnica, orientación profesional. Cada año, esos instructores enseñan 10 millones de horas/estudiante, lo que equivale a alrededor de 40 000 estudiantes llevando 15 horas de clase semanales durante 32 semanas.

Sin embargo, para comprender el verdadero alcance de la actividad de esas empresas en la educación, hay que desbordar el marco de esas operaciones de formación profesional que son todavía en cierto modo la prolongación lógica del monopolio que ejercen sobre el conocimiento de las tecnologías que aplican en sus fábricas. En efecto, el interés creciente de las empresas electrónicas por

[7] The Institute for Advanced Technology (IAT), *Seminars for professionals in management and data processing,* Control Data, Corp., Rockville, Mar. Citemos la propaganda de la Control Data en Francia. "El Instituto Control Data de París (hay 35 en el mundo) cubre sus necesidades de formación informática de base, de seminarios sobre técnicas avanzadas y de formación para la administración. Utilizamos muchos métodos de enseñanza reconocidos como de excelente rendimiento, entre otros el audiovisual, empleando todos los recursos que ofrecen los medios masivos. Somos el único instituto de informática cuyos cursos son aceptados por el Ministerio de Desarrollo Industrial y Científico."

Un estudio más amplio del papel de las multinacionales en la formación profesional debería ocuparse de los institutos de formación sindical que se crean con su colaboración. Cf. nuestro análisis en A. Mattelart, "Empresas Multinacionales y sindicatos amarillos en la contra insurrección", *Les Temps Modernes,* enero de 1975.

la educación se manifiesta de una manera mucho más global y estructural. Esos propietarios de la alta tecnología audiovisual intentan ahora darle el último toque al ciclo de su producción agregándole esa parte esencial que son los programas educativos. Es así que la mayoría de esas empresas disponen actualmente de divisiones o de filiales educativas. Su ingreso en ese terreno, o el refuerzo de su posición, es el resultado de una profunda restructuración del aparato de producción cultural. Por el momento, se trata sobre todo para esas compañíías de colocar todos los eslabones de su sistema de expansión futura en el campo de la educación. Sistema que no funcionará a fondo hasta que la instalación de las grandes tecnologías de comuniccaión, tales como sistemas nacionales de satélites y las redes de televisión, no se generalice.

En la época de sus grandes diversificaciones, las empresas electrónicas absorbieron un conjunto de compañías que sirvió para aproximarlas al *software*. En primer lugar, las editoriales. RCA devino propietaria de Random House y de sus tres filiales Alfred A. Knopf, Pantheon Books, Vintage (que publican todas libros de ficción, libros para niños y ensayos). Más recientemente se le sumó Ballantine Books, especialista del libro de bolsillo para público masivo y Grove Press, reputada por sus tendencias progresistas. Después de haber fundado otra editorial en Inglaterra bajo el nombre de Wildwood House, en 1972, la RCA anunciaba la creación de su división "Educational media", encargada de elaborar en adelante nuevos materiales para la educación audiovisual y de organizar, en particular, los programas para los niños de la escuela primaria, que estarán contenidos en una serie de videocasettes.[8] La Columbia Broadcasting System (CBS), propietaria de una de las tres más grandes cadenas de televisión de Estados Unidos, y también fabricante de videocasettes, especialista en rayo Laser y productora de numerosos aparatos electrónicos, compró la editorial Holt, y Rinehart & Winston. En el curso de los últimos cinco años, ha fundado su división de educación internacional, ha adquirido en México una de las más importantes editoras de textos escolares y científicos en español y ha organizado nuevas compañías de distribución de material pedagógico en Brasil y Ecuador. Los objetivos de la compañía son trasparentes: "La división educativa y editorial de nuestra compañía es una de las más importantes productoras del mundo en material y en servicios de educación. Su producción comprende textos de estudio, películas y otros medios

[8] RCA, *Annual Report 1972*. En 1975, la RCA cedió su filial editora británica, que había conseguido hacerse un nombre en la llamada "contracultura".

audiovisuales destinados a las escuelas, así como libros y revistas destinados al gran público. Su misión es doble: satisfacer la demanda de servicios que provienen de las exigencias que surgirán en materia de educación en este decenio y aumentar la participación de la compañía en la confección de material destinado a abastecer las actividades de tiempo libre."[9] La CBS también ha reorganizado su grupo de telecomunicaciones creando una nueva filial, la Viacom International Inc., que agrupa ahora sus actividades en materia de televisión por cable, la distribución mundial de series de televisión y completa sus investigaciones sobre nuevos sistemas de videocasette y de comunicación óptica. En cuanto a la ITT, ha comprado dos editoriales, Bobbs Merrill y Howard Sams, convirtiéndose de ese modo en editora de manuales escolares y del famoso *Who's Who.* La Xerox, que organizó su división educativa aplicando sus técnicas de microfilmes y de xerografía, campo que domina de maravilla al igual que el fabricante de cámaras Bell & Howell, ha adquirido la R.R. Bowker Co., una compañía de más de un siglo, conocida por todos los bibliotecarios y editores por sus obras de referencias bibliográficas. La Xerox ofrece ahora a los profesores y maestros de escuela numerosos textos que se vuelven inhallables a causa de su gran calidad, por un lado, y de su tiraje reducido, por el otro. En sus series de publicaciones pedagógicas Xerox sigue una política de vanguardia con un tono intencionalmente provocativo: "Queremos destacar lo que está en el centro de la vida norteamericana, comprender lo que sienten los jóvenes, incitarlos a aprender más. Las relaciones entre las razas, Vietnam, los movimientos de liberación femenina, son los temas que afrontamos."[10] En fin, la Raytheon ha absorbido la D.C. Heath & Co. (y su división Lexington Books), un editor de textos escolares especializado en libros de matemáticas elementales, ciencias sociales aplicadas, física, aprendizaje del francés para universitarios.[11]

Paralelamente a esta ola de adquisiciones, las compañías electrónicas, que ya eran propietarias de los medios de comunicación de masas, tales como la Westinghouse y la General Electric, han

[9] CBS, *Annual Report 1971.*

[10] Xerox, *Annual Report 1972.*

[11] Raytheon, *Annual Report 1974.* Si bien es cierto que la mayoría de las adquisiciones de las editoriales fueron realizadas por las grandes empresas electrónicas, no lo es menos que otros conglomerados también se han interesado en ese terreno. Así, la W. R. Grace & Co. adquirió en 1970 la editorial Baker & Taylor, una compañía de 150 años y utilizó esa plataforma para lanzarse a la pedagogía audiovisual (*Publishers Weekly,* 30 de diciembre de 1974).

reformulado su política de producción de programas en función de la importancia que alcanzaron los nuevos mercados. Un informe de la Westinghouse, en 1970, revelaba las preocupaciones de esas grandes sociedades electrónicas por la educación: "Westinghouse, convencida de que la radio y la TV tendrán un papel cada vez más importante así como una responsabilidad creciente, sobre todo en el terreno de la educación y del periodismo, ha lanzado hace un año programas de televisión sobre la cultura negra, las prisiones, la contaminación del ambiente, los institutos psiquiátricos y el *welfare.*" [12] La General Electric, propietaria de seis estaciones de radio y de tres de televisión ha fundado con el grupo editorial Time-Life, una compañía especializada en la producción de material pedagógico audiovisual, la General Learning Corp. La Westinghouse, que también posee 7 estaciones de radio y 5 de televisión, se consagra a elaborar programas para los más jóvenes. En 1972, compró el Linguaphone Institute Limited, la red más importante del mundo para la enseñanza de idiomas por el método audiovisual. Esas compañías igualmente trasformaron en aulas sus laboratorios y sus divisiones educativas: la General Electric abrió una escuela de comunicación y la Westinghouse ha sido encargada por el gobierno de Estados Unidos de asegurar, a partir de fines de los 70, la formación de voluntarios de la paz (*peace corps*) que pronto saldrán para Brasil, Colombia y Marruecos, con el objetivo de convertirlos en instructores de numerosos planes piloto de televisión educativa a punto de inaugurarse en esos países. En 1973, la Westinghouse nombró como vicepresidente de su sección de tele-educación a M. Frank Shakespeare, jefe renunciante de la Agencia Oficial de Información y de Propaganda del gobierno de Estados Unidos (USIS). Al dotar a su compañía, en 1972, de una división educativa, el presidente de Westinghouse señalaba la lógica a la que respondía esta creación: "Pensamos que estamos dotados de una mayor habilidad en los negocios y de mejores conocimientos técnicos que las universidades." [13]

Esas mismas compañías han podido asimismo aplicar sus tecnologías reforzando la red de escuelas técnicas que poseían. La ITT se ha especializado en las escuelas de secretariado y en cursos por correspondencia para todas las profesiones. Los cursos Pigier en Francia forman parte de su red ahora. La RCA mantiene institutos privados que, en Estados Unidos al menos, aseguran ocupación

[12] *Advertising Age,* 30 de agosto de 1971.

[13] Westinghouse, *Annual Report 1967 y 1972; Business Week,* 2 de mayo de 1970.

al 90% de sus alumnos. La Ling Temco Vougth controla 47 escuelas técnicas o profesionales. La CBS dirige "escuelas de calidad superior pues la educación pública no cubre esa necesidad". La Bell & Howell tiene ocho escuelas en Estados Unidos y en Canadá, con un efectivo total de 8 500 estudiantes que siguen allí cursos de electrónica y de contabilidad. Otros 125 000 siguen cursos por correspondencia. Esta compañía, conocida sobre todo por su material fotográfico, obtiene de sus servicios en materia de educación el 37% de sus ventas y el 54% de sus ganancias, en tanto que su material fotográfico representa solamente el 20% de sus ventas y el 12% de sus beneficios.[14]

Como para completar esta panoplia de trasformaciones, las grandes editoriales que no han sido objeto de fusión o de traspaso por parte de las compañías electrónicas u otros gigantes multinacionales, han absorbido a sus colegas desafortunados y se han lanzado decididamente al campo audiovisual y puesto sus ojos en productoras de programas cinematográficos o de televisión y en redes de medios. Ese es el caso, por ejemplo, de la más importante de ellas: La Mc Graw-Hill. Los nombres de las compañías que ha adquirido en el curso de estos últimos años son en sí mismos evocadores.[15] En 1966, Mc Graw-Hill compró Educational Development Laboratories; en 1967, Medical World Publishing; en 1968, Pathé Contemporary Films, University Films, Data News Inc.; en 1970, Instructo Corp. y, en 1972, fue el turno de 4 estaciones de televisión pertenecientes a la Time-Life. En el plano internacional, para no tomar sino los hechos más salientes, adquirió, en 1970, el 80% de las acciones de la editorial parisiense Ediscience S.A.; metió mano en uno de los más venerables representantes del negocio editorial canadiense, Ryerson Press y compró la filial norteamericana de la editora alemana Herder y de otra empresa de la misma nacionalidad, Bucher Verlag. En julio de 1975, anunciaba que acababa de ceder su parte, el 49%, que detentaba en otra compañía francesa de ediciones, Tecnic, a J.L. Servan Schreiber (*L'expansion, architecture aujourd'hui,* y *Lettre de l'expansion*). Sus filiales en el extranjero son incontables. Tiene 276 oficinas en 179 ciudades, desde Panamá a Nueva Delhi. La Mc Graw-Hill, conocida por las 57 revistas que publica –entre otras, *Business Week* y *Electronics*– obtiene actualmente de sus productos educativos más de la mitad de sus ventas (que se elevan a más de 500 millones de dólares) y sus publicaciones periódicas no ocupan más que el 25%

[14] *Business Week,* 31 de julio de 1971; 5 de mayo de 1973.

[15] *Moody's industrial manual*; Mc Graw-Hill Co., *Annual Report 1972.*

de esa cifra. Y, sin embargo, los tiempos en que sacaba el 90% no están tan lejos. En 1973, y adelantándose al mercado del futuro, la Mc Graw-Hill introducía en su consejo de administración compuesto en su mayoría por miembros de la familia Mc Graw, un personaje que vino a ser un ex director de la NASA (James E. Webb, que había estado a la cabeza del organismo espacial entre 1960 y 1968).[16] Las dos máximas que esta empresa ha escrito en letras de oro en los muros del vestíbulo, primer piso del nuevo edificio que ha instalado en la Quinta Avenida, son significativas de sus propósitos. La primera es de Platón: "Si un hombre descuida su educación, será cojo hasta el fin de sus días." La segunda, de John Kennedy: "Sin educación, la libertad está siempre en peligro. Sin libertad, la educación es sólo viento."

El resultado de este reacomodamiento global ya es tangible: los diez principales productores mundiales de material educativo son, en este orden: Mc Graw-Hill, Xerox, CBS, Harcourt (una editorial que absorbió a otras dos, Academic Press y Grune & Stratton), RCA, Prentice-Hall, Scott Foresman (estas dos últimas son también editoriales), ITT, Westinghouse, General Learning Co., sin olvidar la Litton que, en 1970, declaraba una venta de material pedagógico que ya alcanzaba los 69 millones de dólares, habiéndose efectuado más de la mitad de esa venta directamente a las escuelas, a los colegios y a las universidades. En 1974, las ventas de la sección educativa de la Xerox ascendían a 150 millones de dólares.[17]

¿EXISTE EL MERCADO AUDIOVISUAL INTERNACIONAL?

¿En qué consiste ese material pedagógico? ¿Qué factores favorecen la expansión de esos mercados? ¿Qué obstáculos encuentran? Y ¿en qué regiones del mundo proyectan esas compañías sostener sus esfuerzos? Esas preguntas encontrarán una respuesta elemental en la simplicidad intrínseca de un estudio de mercado realizado por la General Electric para uso interno, con el objetivo de evaluar la fuerza de sus competidores.[18]

"La Educom" (así se llama la producción de material pedagógico en la jerga de las compañías) comprende todos los productos y todos los servicios que cumplen una función en la trasmisión

[16] Mc Graw-Hill, *News*, 27 de mayo de 1973.

[17] Litton Industries, *Annual Report 1970*; Xerox, *Annual Report 1974*.

[18] General Electric, *Communications study advisory council briefing april 17, 1973*, Nueva York.

del conocimiento y la información a través de: a] los canales de educación formal (enseñanza primaria, secundaria, universitaria) o los canales de formación particular (empresas, gobierno, ejército, asociaciones profesionales); b] los canales de formación permanente o de perfeccionamiento sobre las cuestiones más diversas (desarrollo del niño, promoción personal, *hobby*, vida familiar, salud, ecología, educación cívica); c] los canales generales de la producción editorial tales como las revistas, material de referencias. Los productos comportan los programas de medios masivos más diversos: textos de estudio, material audiovisual y microfilmes. Los servicios: ciclos de cursos en las empresas, convenios de formación, enseñanza en las escuelas de la compañía, consejos en materia de educación, servicios de información sobre la educación.

Entre la cantidad de factores que favorecen la acción de las empresas en el mercado de la educación, el informe enuncia desordenadamente los siguientes: el carácter inadecuado de la educación tradicional; la baja productividad de ese sector; la insatisfacción creciente de los individuos en su vida profesional; el deseo cada vez más apremiante de estar al día; una mayor disponibilidad de dinero gracias a los subsidios del gobierno y a la parte mayor del presupuesto que consagran los particulares a este renglón; las posibilidades sin límites que ofrecen la tecnología por cable y la videocassette para resolver esos problemas; la importancia del mercado internacional. Entre los factores que perjudican el desarrollo de las empresas, se señalan: el carácter fragmentario del mercado (diversidad de públicos); las eventuales resistencias del *establishment* educativo (cuerpo docente). Tratando de calcular las diversas probabilidades que tiene ese programa de expansión de entrar en las diferentes regiones del mundo, el informe distingue tres categorías: los países desarrollados, los países semidesarrollados y los países subdesarrollados. Prevé que los primeros no se abrirán más que a los programas de medios masivos de educación permanente y de perfeccionamiento de adultos (médicos, ingenieros, técnicos). No obstante, las opiniones sobre este punto están al menos divididas. El director de la Walt Disney Educational Media Co., en mayo de 1975, estimaba ese mercado a la vez más vasto y más limitado; más vasto porque englobaba la totalidad de los materiales pedagógicos, y más limitado en tanto se concentraba en menos países. "Los mercados estables no existen sino en pocos países, como Suecia, Canadá, África del Sur, Nueva Zelandia y Australia, que tienen sistemas de educación muy desarrollados y que pueden utilizar fácilmente material de Estados Unidos. Otras naciones muy desarrolladas como Francia y Alemania son demasiado sofisticadas para recurrir al material audiovisual, pero éste debe ser adaptado a sus necesidades, su demanda y su idioma. Hasta la fecha esa demanda no se ha expresado en una escala suficientemente grande como para crear un mercado continuo." [19] Tal es entonces el caso de los países desarrollados. Los países semidesarrollados deberán buscar los productos que responden a sus necesidades en materia de ensañanza profesional y técnica; en cuanto a los subdesarrollados —y todo el mundo parece estar de acuerdo— son susceptibles de convertirse en clientes para toda la gama de productos y servicios: enseñanza técnica, enseñanza primaria, campañas de alfabetización, ciclos de formación en las empresas, modernización global del sistema de educación nacional. Dos obstáculos pueden sin embargo presentarse: el control ejercido por el gobierno de cada país sobre el aparato de educación y de comunicación y las barreras lingüísticas. Es una manera ingenua de comprobar que la penetración de las multinacionales en el campo de la educación choca con la resistencia de un aparato ideológico de Estado, obstáculo que ellas sienten menos cuando sus prerrogativas no se ejercen más que en el terreno de los medios masivos, mucho más controlados por clanes económicos. La reacción nacionalista de algunos gobiernos latinoamericanos frente a la política de los satélites es sólo un indicio de esa resistencia. La otra dificultad parece sortearse más fácilmente: la Mc Graw-Hill no ha traducido sus textos y sus cintas magnéticas al afrikaans, bantú, chino, francés, alemán, malayo, portugués, español, nyanja y tonga. Esa misma empresa ya ha tenido, por otro lado, la oportunidad de resolver el primer problema. En 1967, un acuerdo establecido entre el Ministerio de Educación del Brasil, el sindicato nacional de editores y la USAID, hizo obligatorios, en todos los niveles de la enseñanza brasileña, los textos de estudio publicados por la Mc Graw-Hill. Pero eso se remonta ya a cerca de ocho años y desde entonces, las preocupaciones de las empresas norteamericanas productoras de material pedagógico se han precisado. Y no por azar, en 1975, a propósito de Irán, se tuvo la oportunidad de observar hasta qué punto la cuestión de la exportación del *software* educativo está en el orden del día, tanto en lo de los industriales norteamericanos como en la Casa Blanca.

La revista *Publishers Weekly*, en septiembre de 1974 (*Publishers Weekly* es propiedad de la Xerox) evaluaba las posibilidades que abrían los nuevos mercados que se anunciaban en el Cercano Oriente: "El mercado internacional para los materiales de educa-

[19] En Paul Doebler, "Is there an overseas market for US audiovisual products?", *Publishers Weekly*, 5 de mayo de 1975.

ción audiovisual constituye uno de esos suplicios de Tántalo que ya han conocido a menudo los productores de nuevos medios: la demanda es enorme, la excitación es grande, pero el mercado sigue siendo más potencial que real. La excitación tal vez es más visible ahora que antes, y eso proviene del hecho de que los países del Cercano Oriente, ricos en petróleo, pretenden utilizar inteligentemente sus nuevos e inmensos recursos. Uno de los empleos posibles podría consistir en mejorar el nivel de educación de esos países. Irán declaró que iba a adquirir nuevos materiales educativos para su población y, para los últimos meses del año, se ha establecido un programa especial para los profesionales iraníes en audiovisual, a cargo del Consejo de Productores de Medios Educativos, la Asociación Nacional Audiovisual y el gobierno de Estados Unidos. Aunque Irán haya hecho en estos últimos años más progresos en materia de educación que la mayoría de los países subdesarrollados, esta noticia ilustra la necesidad y el deseo de asistencia pedagógica con la ayuda de nuevas tecnologías. Esas naciones que cuentan con grandes masas de analfabetos y muy pocas escuelas y maestros, se vuelven hacia la tecnología como el medio de ahorrarse toda la evolución de los sistemas escolares modernos que nosotros hemos conocido. Irán, por ejemplo, está muy interesado en emplear la radio y la televisión para trasmitir cursos desde un punto central a sus miles de ciudadanos, en toda la extensión del país." [20]

La penetración de las empresas norteamericanas en el sistema de enseñanza iraní no data sin embargo de hoy. Desde principios de los 60, una pequeña sociedad de Nueva York, Franklin Books Programs, instalada en Teherán, había sido encargada por el Ministerio de Educación de modernizar el conjunto de los textos de estudio utilizados en las escuelas primarias. Después de que el ministro de Educación y dieciséis altos funcionarios más fueron enviados a la Universidad de Columbia para seguir 5 meses de estudios intensivos, se creó el Instituto de Textos Escolares. Se trataba en su origen de una filial común a la empresa norteamericana y al Ministerio de Educación iraní. Franklin recibió el monopolio de los textos de estudios para la enseñanza primaria y otros editores se repartieron los textos para la enseñanza secundaria. En los doce últimos años, Franklin, por intermedio del Instituto del que se ha convertido en uno de sus consejeros permanentes, ha asumido la responsabilidad de concebir y de producir unos 400 títulos para la enseñanza primaria y de divulgar aproximadamente

[20] *Ibid.*

150 millones de ejemplares. Hacia 1965, Franklin lanzó otro proyecto importante, siempre bajo la égida de las autoridades iraníes, al fundar el Centro de Publicaciones Educativas dirigido tanto a los alumnos como a los profesores y los padres.[21]

Esas primeras experiencias de ultramar parecen haber sido concluyentes puesto que, en 1974, después de haber suscrito con el gobierno iraní un plan de educación basado en el empleo de técnicas audiovisuales en las zonas rurales, Franklin Books Programs, organizaba para los funcionarios del Ministerio de Educación de Afganistán, un seminario en Nueva York sobre modernización de textos escolares. Al decir de la compañía, los participantes eran todos diplomados de una universidad norteamericana y habían recibido la tarea de proceder a la revisión de los textos de estudios de su país. Entre las empresas que organizaban ese acontecimiento, se notaba la presencia de Mc Graw-Hill y de Harcourt.

La cuestión del idioma fue resuelta en forma más brusca en la Indonesia del general Suharto y los norteamericanos apuntaron más a la cabeza, sin mostrar la propia. La "maffia de Berkeley" (que preparó el golpe de Jakarta) se apresuró, para completar la depuración de las universidades, a tallar la enseñanza superior indonesia a su imagen y semejanza. Un informe de la USIS, el organismo oficial encargado de coordinar la mencionada reforma universitaria, redactado en 1972 y dirigido al Congreso de Estados Unidos, nos ilustra sobre esta operación al mismo tiempo que nos permite adivinar la nueva estrategia del gobierno norteamericano en la materia: la política del *low profile*, es decir, la estrategia indirecta que prefiere dejar la iniciativa a los organismos no gubernamentales y delegarles la mayor parte de las responsabilidades. "En Indonesia, estamos plenamente conscientes de las ventajas que nos procura el mantenimiento de un nivel oficial relativamente insignificante. Hoy en día el equipo de USIS es muy inferior al del período de Sukarno (en 1961 nuestro equipo estaba compuesto por 225 personas; después de 1971 –por lo tanto diez años después– no tiene más que 82 miembros). Pero este pequeño equipo se ocupa únicamente de algunos proyectos particularmente importantes. El gobierno de Indonesia tomó la decisión capital de hacer del inglés el segundo idioma del país y ha demandado nuestra colaboración para formar profesores para varios 'centros de perfeccionamiento' de enseñanza de idiomas en el nivel universitario [. . .] Los indonesios han tomado una segunda decisión fundamen-

[21] Maya Yates, "Bringing books to Iran", *Publishers Weekly*, 23 de septiembre de 1974.

tal: remodelar el conjunto del curriculum de ciencias sociales y ciencias humanas y adoptar en todas las universidades un modelo moderno norteamericano. Nuestro programa de asistencia prevé el envío de 50 a 60 profesores universitarios indonesios al East-West Center y a la Universidad de California (Los Angeles). Cuando los profesores regresen a Indonesia, formarán un equipo que rescribirá toda la enseñanza de base en ciencias sociales para el conjunto del sistema universitario indonesio. El proyecto está ahora en su tercer año." [22]

Los programas de ayuda pedagógica constituyen por lo tanto muy a menudo otras tantas oportunidades de sellar la alianza de las empresas norteamericanas con las agencias gubernamentales. Un organismo particular se ocupa, por otro lado, de administrar sus intereses comunes.[23] Fue constituido en el ámbito del Departamento de Estado y cuenta con doce miembros que representan los intereses de las compañías editoras y de producción pedagógica. En 1974, durante su reunión anual, esos representantes solicitaron a Washington que se los vinculara más estrechamente a los proyectos de la USAID y del USIS en todo lo que se refiriera a los planes de educación en los países del Tercer Mundo. Manifestaron su deseo de cuidar más particularmente los mercados de Indonesia y de Nigeria. La USAID, por su parte, ha comprometido a los países que expresan su deseo de recibir asistencia en materia de educación, a efectuar previamente un análisis de conjunto de su situación y de sus necesidades en ese aspecto, destacando de ese modo que creía aportar una ayuda no anecdótica sino global, que significara la modernización de todo el sistema.

Hasta la fecha, uno de los únicos países que se ha beneficiado de ese plan de asistencia global es la República de El Salvador; la instalación de un sistema nuevo de televisión ha constituido, según los términos del acuerdo, la "piedra angular" de la reforma de la educación. El nuevo sistema fue inaugurado en 1974. Cubre todos los niveles de la enseñanza primaria. Los expertos de la Universidad de Stanford fueron los mentores y la USAID proporcionó la mayor parte del equipo electrónico (cámaras, cintas de video, grabadoras). En 1962, la Japan Broadcasting Corporation ya había intentado acercarse a ese país pero, en 1967, el presidente Johnson en persona, durante la Conferencia de Punta del Este, se

[22] *USIA appropiations authorization fiscal year 1973, Hearings before the Committee on foreign relation US Senate,* 92° congreso, segunda sesión, 20-21-23 de marzo de 1972, US Government Printing Office, Washington D.C., 1973.

[23] Cf. Susan Wagner, "Fighting illiteracy is at the heart of Washington's book programs", *Publishers Weekly,* 23 de septiembre de 1974.

comprometió —en presencia del general recientemente elegido presidente de la República—, a equipar a El Salvador de un sistema que serviría de paradigma para todo el resto de América Central.[24]

Y, sin embargo, a fines de los 60, en la mayoría de los planes de asistencia técnica en materia de educación, la USAID se daba el lujo de llevar a cabo acciones parciales. En 1969, distribuyó gratuitamente, a través de toda América Central, 10 millones de textos escolares. En el libro de lectura destinado a los niños de tercer grado de la primaria, se leía esta interpretación de la conquista española: "Los indios vivían allí donde estaba el oro. Pero no conocían su valor. El español vino a buscar ese oro. Los indios le mostraron dónde se encontraba. Para agradecerles, el español les enseñó a los indios a leer y escribir. Les enseñó también a creer en un solo Dios. A su vez, los indios le agradecieron poniéndose a su servicio. Vivían felices en sus pueblos, recogiendo el oro y cultivando la tierra. Pero vinieron otros españoles y atacaron el pueblo. Los indios huyeron." [25] ¿Hay que ver en esta celebración de los españoles buenos que traen el alfabeto y la religión, la tentativa sorda de hacer inocente aquella otra empresa de colonización cultural?

NUEVA BATALLA POR EL CONTROL DE LOS MEDIOS

Lo que se expresa a través de las tentativas de las empresas multinacionales por apoderarse del control sobre los medios tradicionales y los medios modernos, es la batalla por los nuevos mercados de la pedagogía audiovisual. Durante los últimos años no dejaron de hacerse sentir las presiones ejercidas por algunas de esas empresas que todavía no habían tenido acceso a los grandes medios de difusión y habían decidido ligar su producción electrónica y aeroespacial al terreno prometedor de la comunicación. Dos casos se imponen a nuestra atención: ITT y Hughes Aircraft.

En 1967, la ITT le propone a la ABC (American Broadcasting Company) fusionarse con ella y obtiene su acuerdo. La ABC es una de las tres grandes cadenas de televisión de Estados Unidos. Pero es algo más que eso: sus divisiones ABC Films y ABC Worldvision

[24] Ministerio de Educación (El Salvador) *Historia de la televisión educativa de El Salvador,* 1974. Para la presentación global del plan por un experto norteamericano, padre de la "investigación sobre comunicación", cf. Wilbur Schramm, *Instructional television in the educational reform of El Salvador,* Washington, 1973, Information Center on Instructional Technology.

[25] Citado en "Latin America and Empire", *NACLA's Report,* febrero de 1972.

Group dominan el mercado mundial de los libretos de televisión y poseen intereses directos en las estaciones de TV de más de 25 países (en su mayoría países latinoamericanos y también Corea del Sur, Filipinas, Japón, Australia y Canadá). La Comisión Federal de Comunicaciones consideró el asunto demasiado grave para hacerse cargo de él y, después de haber aprobado la fusión en un primer momento, volvió sobre sus pasos e hizo romper el acuerdo. En el veredicto se lee: "Es impensable que se pueda servir a los intereses públicos de la comunidad norteamericana combinando una cadena de televisión de la importancia de la ABC con una empresa internacional que mantiene relaciones con funcionarios extranjeros, cuyas actividades tendrá que interpretar esta cadena para el mundo entero." "Un periodista de la ABC –comentaba un miembro de la Comisión– no podría ser realmente objetivo si sabe que la ITT tiene importantes relaciones comerciales en varios países extranjeros y en el nivel de las más altas esferas de nuestro gobierno, sobre todo si sus comentarios sobre cualquier industria y sobre el desarrollo económico en general son susceptibles de causar daño a los intereses de la ITT."[26]

La ITT hizo todo lo posible para impedir que esa decisión nefasta se pronunciara. Incluso recurrió al tráfico de influencias, tratando de comprar a los periodistas del *New York Times* para obtener un haz de opiniones favorables a la fusión. Pero todas esas maniobras, denunciadas por los mismos periodistas, tuvieron por efecto alertar aún más a los miembros de la Comisión que terminó por hacer fracasar esa unión durante el año 1968. En ese mismo año, la Hughes Aircraft, que ya era propietaria de dos empresas de producción de programas de televisión, trató también de comprar cerca de la mitad de las acciones de la ABC y se enfrentó con la misma negativa.

Excluida del campo clásico de los medios, la Hughes Aircraft trasladó todas sus esperanzas a las nuevas tecnologías para introducirse en el sector de la información combinándolo con el de la educación. No contenta con fabricar sólo satélites en serie y el material para las redes de televisión por cable se convirtió en parte integrante de la producción de programas para ese nuevo medio de comunicación colectivo. La sociedad de teledistribución Teleprompter Corp., que ella controla, ascendió de ese modo al primer rango de los propietarios y explotadores de la televisión por cable.[27] Su organización es un modelo en el género. Prefigura el

[26] Cf. Nicholas Johnson, *How to talk back to your television set*, Bantam Books, Nueva York, 1970.

[27] *Moody's industrial manual.*

tipo de sociedad que habrá de regir la planificación de esta famosa institucionalidad por cable que nos prometen los electrónicos para fines de siglo. Sus diferentes departamentos cubren ya todo el espectro de las aplicaciones posibles de esta nueva tecnología. Administra redes de televisión por cable que trasmiten programas de información y de educación; produce películas para niños pequeños y públicos familiares; ofrece servicios especiales de vigilancia a las empresas por circuito cerrado de televisión o mediante sistemas de alarma por cable (el departamento encargado de elaborar esos materiales se denomina National Security Systems); ha efectuado ya estudios de mercado por televisión. Su última creación es una oficina de desarrollo de satélites que estará especialmente encargada de programar las trasmisiones de ese nuevo medio. En fin, Hughes Aircraft ha obtenido una de las 4 propuestas que deberán dotar a Estados Unidos de un sistema nacional de satélites antes del fin del decenio.

Entre los competidores directos de la Hughes Aircraft que le disputan la explotación de sistemas de televisión por cable, se encuentran la General Electric, la Time-Life, la CBS y la mayoría de las compañías cinematográficas, sobre las que ya tendremos oportunidad de volver. Un informe de la Warner de 1971 destaca bien la importancia de la disputa y muestra a través de qué luchas de influencias deben abrirse paso las nuevas tecnologías destinadas a "democratizar" los circuitos de esas comunicaciones: "La televisión por cable puede trasmitir una gran cantidad de programas por un gran número de cadenas, programas de educación, de información, programas culturales y, desde luego, de pura distracción. Los principales estudios sobre el crecimiento futuro de la TV por cable demuestran que una de las mejores garantías de su desarrollo será su capacidad de ofrecer programas entretenidos y películas inéditas, pago de por medio. Es por eso que llevamos todas las de ganar al emprender esta vía." [28]

Todavía es demasiado pronto para determinar en qué medida el modelo de organización de la cablevisión que se está instalando en Estados Unidos será exportable (sólo hay un poco más de 7 millones de hogares americanos abonados a las 3 000 redes, que distribuyen de 10 a 20 programas. Canadá está ligeramente más avanzado en ese punto porque alrededor de una tercera parte de los hogares están conectados a las redes). Lo cierto es que la Teleprompter intenta obtener beneficio de sus experiencias ofreciendo

[28] Citado en The Network Project, *Cable TV,* Notebook 5, Nueva York, 1973.

CUADRO 1: *Principales propietarios de sistemas de TV por cable de Estados Unidos (febrero de 1973)*

		Número de abonados
1	Teleprompter (Hughes Aircraft)	740 000
2	Television Communications (Warner Communications)	400 000
3	Telecommunications, Inc. (Gulf & Western Paramount)	326 000
4	American Television and Comm. Corp. (Cox)	300 000
5	Cox Cable (Cox - empresa periodística)	230 000
6	Viacom (CBS)	228 000
7	Sammons Communications	221 000
8	Communications Properties	182 000
9	Cablecom General (RKO General Tire & Rubber)	178 000
10	United Artists-Columbia Cablevision	145 000
11	LVO Cable	118 000
12	Service Electric Cable TV, Inc.	115 000
13	Time-Life Cable Communications	112 000
14	Storer Broadcasting	92 000
15	Vikoa	85 000
16	Liberty Communications	82 000
17	Continental Cablevision (Warner)	70 000
18	Telecable Corporation	68 000
19	General Electric Cablevision	62 000

FUENTE: National Cable Television Association, febrero de 1973.

sus servicios al exterior. Dispone para ello de la International Communications Systems, filial común de la Teleprompter y del Banco de Suez. En 1972, ya se la encontraba en París, en la sociedad Multivision, al lado de la CGE, de la Thomson, de la Philips,

CUADRO 2: *Principales distribuidores de cablevisión paga (1972)*

1	Gridtronics (Warner Communications)
2	Transworld Communications (Columbia Pictures)
3	Home Theatre Network (J. Paul Getty)
4	Laser Link (Theatre vision)
5	Computer Television (Time-Life Inc.)
6	Theta-Com (Hughes Aircraft)
7	Optical Systems (Pioneer Parachute Corp.)
8	EnDe-Code (Gulf & Western)

FUENTE: The Network Project, *Cable Television*, Nueva York, julio de 1973.

de las agencias Havas y Publicis. En febrero de 1973, cortando toda posibilidad de competencia en los mercados internacionales, la Teleprompter absorbía una de las únicas compañías de instalación de cablevisión, de alcance internacional (International Cablevision Inc.) ya instalada en México, el único país del Tercer Mundo en que las empresas norteamericanas hayan comenzado a hacer la experiencia de esos nuevos medios. En México es posible captar emisiones de Texas y también las primeras tentativas locales realizadas bajo la égida de esas empresas.

LAS EMPRESAS EUROPEAS EN LA ERA DEL VIDEO

La cercanía de la era del videocassette y de las redes de teledistribución ha provocado en la industria electrónica europea movimientos similares de acercamiento a la industria del *software* cultural.

La implantación de esos nuevos medios audiovisuales fue mucho más lenta de lo que preveían sus fabricantes a principios del decenio. La Sony Corp. demoró hasta junio de 1975 el lanzamiento de su modelo de videocassette en el mercado del gran público. E incluso decidió no hacer entonces más que una oferta experimental en tres grandes ciudades norteamericanas. Su aparato Betamax que utiliza la cinta magnética todavía cuesta en Tokio 785 dólares sin contar los 1 540 dólares que hay que agregar si no se dispone del televisor en colores adecuado. Parece ser, por otro lado, que este último aspecto en cierto modo fue subestimado en las previsiones optimistas de 1970 y la relativa lentitud de la progresión de las ventas de la televisión en colores en algunos países, incluso industrializados, fue uno de los numerosos factores que demoraron la eclosión de un mercado masivo para el videocassette. La diversidad de los sistemas ofrecidos al comprador y la competencia entre los modelos, que recuerda los comienzos del cine, no favorece la baja de los precios y la vulgarización del medio. A falta del gran público, es sobre todo a los clientes industriales y las instituciones que se dirigen los esfuerzos en estos últimos años. La única excepción es Japón, donde las ventas de la industria del videocassette subió de 37.6 millones de dólares en 1973 a 134.9 en 1975.[29] En esa fecha, las empresas japonesas exportaban cerca

[29] *Electronics*, 28 de noviembre de 1974.

del 40% de su producción hacia Estados Unidos y sólo el 15% a Europa y el sudeste asiático.[30]

El camino hacia la generalización de ese nuevo medio ha atravesado numerosas crisis. En 1973, la RCA tuvo que abandonar la pista de la grabación por holograma y adoptar el lector videomagnético, en tanto que la CBS, promotora del sistema EVR (Electric Video-Recording) detenía sus cadenas de fabricación de cassettes después de haber experimentado una pérdida de 10 millones de dólares. La Avco se tragó más de 45 millones de dólares tratando de colocar su Cartrivision en el mercado. A juzgar por la evolución reciente de ciertos comportamientos, parece ser que la fórmula con futuro para el gran público será sin duda el videodisco. En los primeros meses de 1975, la empresa alemana Telefunken lanzó para ese gran público su sistema de videodisco Teldec, fabricado en colaboración con la inglesa Decca. Cuesta 600 dólares, es decir, dos veces menos que la grabadora videotape de la Sony. El tipo de aparato construido por la Telefunken indica bien los mercados que ésta pretende conservar como prioritarios. El sistema que ha adoptado es compatible con el sistema de televisión en color NTSC, expandido casi por todo el mundo, pero particularmente en Estados Unidos y Japón, y los televisores franceses Secam. El repertorio inicial ofrecido por Teldec, en estrecha colaboración con varias editoriales comprende 50 títulos (entretenimientos, "ciencias populares", educación, programas para niños). Para fines de 1975, si se creen las previsiones de la compañía, habrán de estar disponibles 350 títulos.

El año 1976 verá sin duda el lanzamiento de otros videodiscos, en especial el de la Philips y de la empresa norteamericana MCA (Music Company of America). El competidor más serio de esta alianza será sin ninguna duda la RCA que, después de los avatares que sufrió en el desarrollo de sus sistemas de videocassettes ha decidido apoderarse de una cuota sustancial del nuevo mercado de los videodiscos, intentando repetir la operación que había propulsado hace treinta años, a la cabeza de las productoras de la industria fonográfica. La RCA, que es propietaria también de una de las tres grandes cadenas de televisión de Estados Unidos (National Broadcasting Company, NBC) encuentra allí un nuevo canal para colocar sus folletos. Los videodiscos previstos por la RCA y la MCA-Philips tienen una ventaja seria sobre el videodisco angloalemán Teldec. Ofrecen, en efecto, grabaciones de una duración

[30] Cf. "L'événement: vidéo-cassettes et vidéo-disques", *Le Monde*, 8 de enero de 1974.

de 30', mientras que el Teldec sólo dura 10'. Los aparatos más costosos fabricados por la Sony y otras empresas japonesas seguirán canalizándose hacia las empresas y las instituciones.[31]

Desde 1971, las grandes editoriales europeas se concertaron para hacer frente al desafío de las nuevas tecnologías. En esa fecha, fundaron la IPA (International Publishers Audiovisual Association) que tiene su sede en Zurich y que agrupa a seis de las editoriales más importantes (Mondadori, Italia; Hachette, Francia; Editions Rencontres, Suiza; Bertelsmann, Alemania; AB Bonnierfoeretagen, Suecia; V.N.U., Holanda). La IPA se definió desde el principio como un club de editoriales internacionales que tenía como objetivo la promoción del audiovisual y, en particular, de los nuevos sistemas de reproducción de imagen y sonido: videodiscos, videocassettes, televisión por cable y trasmisión por satélite. Los miembros de ese club se propusieron entrar en contacto con las productoras, las cadenas de televisión, las instituciones culturales, políticas y económicas y estimular la cooperación con estas instituciones. Cada editorial a su manera. Es así que Télé-Hachette diversificó sus producciones creando un departamento de filmes industriales y publicitarios y se lanzó a la formación permanente (Formation-Conseil). Se creó igualmente una sociedad Vidéogrammes, con la misión de elaborar programas para los nuevos medios. Aparte de Hachette, entre los accionistas figuran cadenas de televisión, algunos diarios, cadenas de cine y otras editoriales. Sin embargo, a juzgar por los primeros resultados obtenidos por la Hachette, no se puede afirmar que esta experiencia haya estado siempre a la altura del frenesí que se suscitó unos años antes. El nuevo departamento Hachette-Formation-Conseil perdió, en 1973, 10 millones de francos y el año 1974 tampoco le fue muy favorable.

Ni en Europa ni en Estados Unidos, las empresas electrónicas se quedaron a la zaga. Philips y Siemens, que estrecharon en esa oportunidad sus lazos con las dos grandes de la edición alemana, Bertelsmann y Springer, reaccionaron de tal modo que ahora disponen de una filial común, Polymedia, especializada en audiovisual, que ofrece a las grandes empresas, a las grandes tiendas y a las cadenas de distribución, programas grabados en videocassettes destinados a la formación del personal. Esta sociedad viene a reforzar los intereses que poseen las dos empresas en la tecnología de los satélites y también en el videodisco. En Italia se creó un centro nacional de tecnología educativa en el que se agruparon las

[31] Sobre el estado de la industria reciente del videodisco, *Electronics*, 6 de marzo de 1975, *Business Week*, 15 de septiembre de 1975.

empresas industriales Montedison, IBM-Italia, Pirelli (uno de los fabricantes de cables para la teledistribución), la compañía aérea Alitalia y diversos editores. En Francia, la CGE y la Thomson-CSF apostaron en un principio a la teledistribución. La primera comparte con el grupo Suez y la Lyonnaise des Eaux el capital de la sociedad Vidéo-Cités, cuya misión es instalar y administrar las redes de TV por cable. La aplicación de esta tecnología moderna abrió a la CGE nuevas perspectivas para sus filiales Câbles de Lyon, Tréfimétaux, CIT-Alcatel. En 1974, para completar su acción en la teledistribución, Thomson-CSF constituyó dos agrupamientos de interés económico, uno con la Société Anonyme de Télécommunications —SAT— llamada Télé-réseaux que tiene por objeto la ingeniería, la venta, la instalación y el mantenimiento de las redes de teledistribución; el otro, constituido con la SAT, la Compagnie Générale des Eaux y un grupo bancario, llamado Téléservices, que tiene por objeto la organización y el financiamiento de las instalaciones de teledistribución.

Pero la Thomson-CSF tiene planes mucho más ambiciosos. En 1970, esta empresa electrónica establecía con Hachette un grupo de estudios sobre los posibles usos de las nuevas técnicas audiovisuales y obtenía un permiso para explotar el procedimiento de videocassette de la CBS. Después del fracaso de la empresa norteamericana, fue de nuevo hacia una sociedad de esa nacionalidad que la Thomson dirigió sus pasos. Se suscribió un acuerdo con el más grande fabricante de televisores de Estados Unidos, la Zenith Corp., para poner a punto un videodisco francoamericano. (Según las previsiones, deberá estar disponible en el mercado hacia 1979.) Detrás de esos múltiples movimientos tecnológicos hay que ver la mutación de los aparatos ideológicos que intenta abrirse camino. En 1970, el Ministerio de Asuntos Culturales pidió a los servicios de estudios de prospectiva de la Thomson que determinara "cuáles serían las comunicaciones por medios masivos electrónicos en 1985; y lo que debía emprender en 1970, en función de aquello, para que su acción se integrara a lo que será 1985". Al aceptar hacer este estudio de vanguardia, la Thomson admitía implícitamente ser la mejor situada "para sacar las consecuencias y definir, mucho tiempo antes que sus rivales, una política coherente de investigación y de producción en materia de aparatos electrónicos de gran difusión y no estaba excluido que los poderes públicos le reservaran la exclusividad en la hipótesis de una acción de envergadura".[32] El estudio abordaba diferentes niveles: el emisor del

[32] Guy Schwartz, "Thomson-CSF a l'heure de la prospective", *Le Management*, París, enero de 1971.

mensaje, el contenido (información, educación, distracción), el modo de recepción del mensaje, el receptor (individuos, grupo, asamblea, población). Llegaba hasta plantear el problema del magnetoscopio, en torno del cual se podría crear una red de videoclubes.

Desde entonces, el proyecto político de la burguesía modernista ha tenido tiempo de salir del boceto, sin lograr por eso imponerse. Con Giscard d'Estaing, el remodelado de los aparatos ideológicos de difusión se ha convertido en una necesidad política. La campaña electoral del futuro presidente, cortada según los moldes electorales importados de Estados Unidos, fue el signo precursor. Volveremos sobre eso. Las otras iniciativas no se hicieron esperar. La reforma de la ORTF, al privatizar los canales y al restaurar el poder de la presión publicitaria, no ha hecho más que darle a la burguesía hegemónica el control político directo de ese medio de información. Al predicar la necesaria competencia de los periódicos televisados, que no podían concebirse sin la competencia de los canales, el modelo norteamericano de difusión de la información se instaló de pleno derecho. La organización de las radios periféricas había mostrado ya el camino.

Pero esta modernización de los medios electrónicos tiene al mismo tiempo sus contradicciones. El miedo demostrado por el poder frente a la cablevisión, cuya instalación demora por temor a perder el control político, contrasta con la agresividad creciente que le imprime a su operación de cercenamiento de los medios más tradicionales. Sus temores no se pueden comparar con los que se encuentran, más complejos, en el nivel del *establishment* educativo, donde, a pesar de las presiones ejercidas por la industria electrónica, se comprueba un bloqueo casi sistemático de las iniciativas encaminadas a poner a punto una pedagogía del audiovisual, aun dentro de los límites de los postulados del sistema escolar reinante. Esto no impide que, en el mercado exterior, los editores y los electrónicos franceses sean los primeros en proponer sus servicios para la modernización de los sistemas escolares y la implantación de redes de tele-educación en los países africanos y también en Brasil.

LAS MULTINACIONALES EUROPEAS DE LA EDICIÓN

Las modificaciones precedentes intervienen en el momento preciso en que las grandes editoriales europeas han decidido, después de otras ramas de la industria, tomar la ofensiva en la internacionalización de la producción cultural. La mayoría de ellas están por otro lado sólidamente implantadas en el extranjero.

La edición inglesa, de la que el 40% de los negocios se efectúan fuera de Gran Bretaña, bate todos los records. En 1972, Longman, una compañía cuya historia tiene más de 250 años y que en el curso de su carrera provocó el éxito de novelas como la de Defoe, *Robinson Crusoe,* obtenía el 80% de sus ventas del exterior.[33] Su red de filiales, que va de Hong Kong al Caribe, pasa por África del Sur, África Occidental y Oriental y atraviesa todo el mundo árabe hasta Malasia, Singapur, Australia y Nueva Zelandia, publica frecuentemente en esos países libros de la casa. Ejemplo del proceso de concentración editorial, al que se asiste un poco por todos lados en los países capitalistas, la Logman no es ahora sino una de las numerosas compañías del imperio editorial Pearson, propietario, entre otros, del *Financial Times*; en 1972, ese mismo grupo, el más importante de Gran Bretaña, absorbió también la famosa editora Penguin. Índice de la dinámica del grupo, la dirección del *Financial Times* anunció en 1975 que ese diario sería uno de los primeros del viejo mundo en dar el primer paso en la era de la informática.

La sociedad Hachette –que figura en la primera fila de la edición europea con ventas anuales de más de 3 mil millones de francos contra 1.8 mil millones del grupo alemán Axel Springer y 800 millones de la empresa italiana Mondadori–[34] no tiene nada que envidiarle a sus colegas británicas. Las casas editoriales que controla son innumerables: Grasset, Stock, Fayard, Tallandier, Albin-Michel, J.J. Pauvert, Le Livre de Poche que, él solo, ocupa del 35 al 40% de ese mercado. Los diarios, semanarios y periódicos publicados por Hachette cubren un abanico variado de lectores. Son: *France Soir, France-Dimanche, Le Journal du Dimanche, Elle, Le Point, Confidences, Lectures pour tous, Le Journal de Mickey, Réalités, Entreprise, Preuves* y en fin, *Télé 7 jours* donde Hachette posee el 50% de las acciones. Pero la carta principal de Hachette en el campo de la prensa es el dominio que ejerce sobre todas las redes de distribución, a través de sus envíos.

El departamento internacional de la empresa comprende 50 compañías, instaladas en 33 países, 13 de los cuales están en el hemisferio occidental. Las ventas realizadas en el extranjero representan

[33] *Publishers Weekly,* 10 de junio de 1974; 25 de noviembre de 1974.

[34] "Le classement des premières sociétés françaises et européennes", *Les dosssiers d'Entreprise,* 16-23 de noviembre de 1973.

alrededor de un tercio de las ventas totales. Además de sus numerosas filiales en el África francofona, Hachette es, por ejemplo, propietaria en Montreal de una importante editorial de textos escolares (Centre Educatif et Culturel). En Bélgica, seis sociedades aseguran su presencia. En Santiago de Chile, Hachette dirige siempre las Ediciones Pedagógicas que bajo la presidencia de Frei colaboró en la modernización de los textos de estudio. En Portugal, donde el parcelamiento de la edición es impresionante, el grupo Hachette es uno de los editores más importantes en idioma portugués. Además de su producción local, Hachette asegura la distribución internacional de libros y de diarios franceses (el 36% de estos últimos pasan por sus sucursales). Hachette tiene ya los problemas de toda multinacional. En 1974, la Asamblea del Mercado Común la acusaba de abusar de su posición dominante y de violar las reglas antimonopolistas del tratado de Roma en países como Bélgica y Luxemburgo.[35]

En 1974, la editorial francesa decidió dar un nuevo paso en la internacionalización de su producción. Es necesario –decía el director de Hachette en septiembre de 1974, y lo decía en inglés– "desafrancesar" Hachette. Siguiendo el ejemplo de numerosas empresas europeas de nacionalidad italiana, alemana y holandesa, que han decidido intensificar su producción en inglés, Hachette, al hacer lo mismo, reconoce oficialmente el ascenso de esta lengua llamada trasnacional que es el idioma inglés. Hay que precisar que el 40% de las producciones de Hachette se efectúa en otro idioma que el francés.[36] Para prevenirse de la acusación de favorecer el ascenso de esa cultura trasnacional, el presidente de Hachette insistía en declarar: "No somos por eso traidores a la lengua francesa. Pero si queremos sostener las publicaciones francesas, lo haremos mucho mejor a través de una red de distribución extensa y la única manera de desarrollar y mantener esa red es incluir material en inglés y en español." Para llegar a producir en esos idiomas –agregaba otro miembro del grupo– "no se excluye ninguna forma de cooperación. Esta cooperación puede cobrar la forma de una participación mayoritaria o bien de un *partnership*, una asociación con una gran editorial o incluso con una pequeña". El director de mercadeo de la empresa, ex empleado de la

[35] Sobre Hachette, cf. las fichas *Informations Internationales*, trabajo ya citado; *Hachette la pieuvre, témoignage d'un militant CFDT*, Librairie La Commune, París, 1973; *Publishers Weekly*, 3 de junio de 1974.

[36] H. Lottman, "Hachette defines its worldwide intentions", *Publishers Weekly*, 30 de septiembre de 1974.

multinacional del jabón, Unilever, concluía: "No esperamos convertirnos en internacionales más que para nosotros mismos." [37]

La era de las grandes alianzas de ultramar está por lo tanto abierta y para consolidar sus avances Hachette compró la editorial norteamericana Regent Publishing Co. de Nueva York, especializada en pedagogía, a su antiguo propietario, Simon & Shuster. En el sector de las publicaciones periódicas, la cooperación con Estados Unidos se selló a partir de 1970 mediante la creación de la primera revista económica con vocación europea, *Vision,* publicada mensualmente en inglés, alemán, francés e italiano. Propiedad conjunta de Hachette y del grupo norteamericano, Vision Inc., que no es sino la rama editorial del clan Rockefeller, esa revista nació como resultado de la ofensiva del Chase Manhattan Bank, y otras posesiones de la familia del actual vicepresidente de Estados Unidos, en los países del Mercado Común. La elección de Hachette como pareja europea indica hasta qué punto las multinacionales americanas valorizan el aporte del grupo francés como portavoz privilegiado de sus intereses. Antes de desembarcar en Europa, el grupo Vision Inc. había tardado más de diez años para sentar su imperio editorial en América Latina. A sus revistas económicas y de información general (Visión, Visão, Progreso), que circulan en todos los países latinoamericanos, vinieron a agregarse varias revistas especializadas para ejecutivos y hombres de negocios, particularmente en Brasil, así como una red de editoriales que publican preferentemente textos de estudios universitarios sobre administración y ensayos político-económicos recomendados por la agencia de propaganda del gobierno norteamericano. Los planes editoriales de la empresa norteamericana en los países latinoamericanos han sido ampliamente aprovechados en los países europeos porque, a su vez, la asociación Vision-Hachette, ha comenzado a programar los mismos títulos que el grupo norteamericano había lanzado con éxito entre los hombres de negocios latinoamericanos. Es así como los libros de Peter Drucker, el pope de la administración de empresas norteamericano, aparecieron en las capitales europeas con más de cinco años de retraso en relación con Río de Janeiro y Buenos Aires.

Otros competidores europeos igualmente ambiciosos parecen sin embargo querer ganarle al grupo Hachette en rapidez y van más lejos en su política de cruzamientos multinacionales. Es el caso del famoso grupo italiano que tomó cuerpo en 1974 y que está dominado por los propietarios de la FIAT, la familia Agnelli. En

[37] *Ibid.*

1972, el conglomerado norteamericano Gulf & Western Industries Inc. –sobre el que tendremos la oportunidad de detenernos cuando examinemos la estructura de la industria cinematográfica norteamericana pues ese grupo es dueño de la Paramount Pictures– adquiere el 20% de las acciones de la editorial italiana Fratelli Fabbri Editori, controlada por la FIAT, que ha publicado enciclopedias médicas, libros de arte y que se destaca sobre todo por su producción de textos para la enseñanza italiana. El informe anual de la Gulf & Western nos pone al tanto de las intenciones que guiaron sus operaciones: "La adquisición de Fabbri es otro ejemplo de nuestra política de *partnership.*" [38] En diciembre de 1974, la familia Agnelli, a través de la IFI internacional, rama financiera de la FIAT establecida en Luxemburgo le devolvía la pelota a Estados Unidos al comprar por 70 millones de dólares la Bantam Books, propiedad de una de las grandes del Seguro en Estados Unidos, la National General Corp. que posee también una productora cinematográfica conocida (National General Pictures). Al hacer suya Bantam Books, el imperio FIAT heredaba un catálogo de más de 1 500 títulos con *best-sellers* como *The Exorcist* (20 millones de ejemplares) y la filial inglesa de Bantam, la Corgi, uno de los emporios del libro de bolsillo británico. La nueva propiedad que ahora forma parte del Gruppo Editoriale Finanziaria, surgido recientemente, viene a sumarse a las numerosas editoriales italianas y otras empresas periodísticas que posee la FIAT y contribuye sobre todo a darle una verdadera dimensión internacional. Aparte de la Fratelli Fabbri, el fabricante de automóviles controla, en efecto, las editoriales Bompiani, Adelphi, Boringhieri, Sonzogno, las compañías Etas-Kompass (que publican más de 21 revistas técnicas y ocupan más de la tercera parte del mercado italiano), una imprenta, dos agencias de publicidad; controla, por otra parte, el segundo diario de Italia, *La Stampa,* posee un tercio de las acciones de *Corriere della Sera* y el 49% de *Espresso.* En el extranjero, Agnelli comparte con los Rothchild una filial inglesa especializada en libros para niños y detenta el 20% de "Livre de Paris" de Hachette. En Alemania ha comprado la filial de las ediciones norteamericanas Praeger y una editorial alemana (Wissen Verlag).[39] La FIAT también se encuentra, evidentemente, detrás de todas las grandes iniciativas de implantación de nuevas tecnologías de comunicación. Sus fábricas producen cantidad de productos de telecomunicación y la Fabbri

[38] Gulf & Western Industries, *Annual Report,* 1972.

[39] H. Lottman, "A powerful new publishing group rises on the italian scene", *Publishers Weekly,* 6 de mayo de 1974.

Fratelli, siguiendo la política de alianzas de sus patrones, ha desarrolado su sección audiovisual firmando un acuerdo con la empresa norteamericana Bell & Howell.

Un año antes de que se materializaran esos acuerdos de un nuevo tipo, los partidos de izquierda italianos denunciaban esta ola monopolista. "Se trata de saber por qué se produce todo eso y por qué en este momento. Hay razones objetivas que explican el proceso: la dificultad de la distribución que tienen los pequeños y medianos editores, el aumento de los costos, los problemas de créditos, los costos desproporcionados de la racionalización técnica, la escasez de planes editoriales, los viejos vicios del mecenazgo y de la megalomanía que poco a poco se han acumulado, la dificultad de la exportación, etc. Pero hay que ir a buscar en otro lado la razón principal que reside en esto: a causa de la dinámica de la cultura de masas, a causa del desarrollo de la escuela, de la ampliación incluso relativa del mercado, sobre todo del mercado de la educación, se han abierto nuevas perspectivas y los industriales —siempre en busca de nuevas fuentes de ganancias y de nuevos medios para ejercer su hegemonía sobre la opinión pública— lo han comprendido rápidamente. El estilo artesanal y familiar que ha caracterizado y caracteriza todavía en gran parte nuestra industria editorial, relegándola a la retaguardia de nuestra industria nacional, está por desaparecer. Se hace evidente la necesidad de una estructura nueva y más compleja." [40] Con modalidades particulares, según los países, ese fenómeno se observa en toda Europa.

[40] Roberto Bonchio, "L'editoria in Italia", en *Radiotelevisione, informazione, democrazia, convegno nazionale del PCI, Roma, 9-31 Marzo, 1973,* Editori Riuniti, Roma, 1973.

CAPÍTULO V

LAS SERIES DE LA TELE-EDUCACIÓN NORTEAMERICANA: CALLE DE UN SOLO SENTIDO

Paralelamente al advenimiento de nuevas tecnologías en el campo de la educación, se asistió en Estados Unidos a la aparición de nuevos agentes de la producción cultural de masas. En el campo de la cultura de la recreación, los productores norteamericanos consiguieron darle patente universal a su modelo de organización de los medios, imponiendo en gran parte del mundo géneros, centros de interés y márgenes de programación, logrando hacer de su sistema un modo de producir la información y de consumir el tiempo libre. La llegada de nuevos pedagogos multinacionales ¿significará la invasión en las pequeñas pantallas de productos educativos estándar del mercado internacional, susceptibles de recibir el mismo veredicto de los aplausos que *Mannix* o *Las calles de San Francisco*? Sería difícil calcular las probabilidades de que esa posibilidad se materialice. Pero hay una cosa cierta: un nuevo sistema de producción de la tele-educación de masas que trata de responder a la demanda de nuevas tecnologías está surgiendo en la metrópoli imperialista y sus productores siguen la pendiente natural de imponerlo como un modelo universal para la industrialización de la educación. Intentaremos trazar la génesis de esas nuevas modalidades y de mostrar su carácter particular y vocación ecuménica.

LAS FUNDACIONES, NUEVO INSTRUMENTO DE LA "REVOLUCIÓN DE LA TELEVISIÓN"

En 1968, se contaban en Estados Unidos 25 000 fundaciones consagradas a distribuir becas de estudios y a financiar investigaciones y proyectos experimentales en las disciplinas más diversas.[1] En 1940, había sólo 314. Esta evolución espectacular a menudo

[1] Sobre la historia de las fundaciones norteamericanas, cf. Waldemar Nielsen, *The big foundations,* Columbia University Press, Nueva York, 1972.

se toma como un índice de la importancia creciente que han adquirido las actividades educativas, índice confirmado por muchas otras. En 1940, los gastos nacionales en materia de educación se elevaban a 32 mil millones de dólares. En 1973 eran de 96.2 mil millones. En 1940, 3 300 doctorados, los famosos Ph. Ds., eran concedidos. En 1973, 39 000. El presupuesto del Ministerio de Educación ascendió entre 1953 y 1970 de 1.9 mil millones de dólares a 52 mil millones.[2] Pero el incremento del número de las fundaciones traduce también el interés cada vez más preciso que las grandes empresas industriales asignan al campo de la educación. La mayoría de las fundaciones, en efecto, están ligadas a estas últimas. Por otro lado, es a ese título que participan también en la era del capitalismo monopolista. La fundación Ford, establecida en 1936, es una de las primeras de la lista, con un capital de más de 3 mil millones de dólares, lo que representa la tercera parte del total de los capitales de las 33 principales fundaciones norteamericanas y la sexta parte del capital controlado por las 25 000 fundaciones existentes. Entre las primeras, se encuentran fundaciones vinculadas a la industria de los cereales Kellogg y Ralston Purina, a la empresa química Dupont de Nemours, el grupo bancario Mellon y la General Motors, patrona de la fundación Alfred P. Sloan.

Un poco menos de la mitad de la fortuna de la fundación Ford está invertida en la Ford Motor Company y el resto se reparte en paquetes de acciones en las grandes empresas industriales y en obligaciones del gobierno norteamericano (su cuarta línea de inversiones). Cada año, esas propiedades le significan en promedio 220 millones de dólares que utiliza para mantener su equipo de 611 profesionales y financiar sus diversos programas distribuidos a través del mundo. Aunque más antigua, su competidora directa, la fundación Rockefeller —que data de 1913 y que cuenta con 160 profesionales— no reúne más que la cuarta parte del capital de la Ford (830 millones de dólares). Las inversiones de la fundación Rockefeller se dirigen, y es natural, hacia las empresas petroleras de la familia Rockefeller (330 millones de dólares) y el resto hacia las compañías controladas en especial por el Chase Manhattan (Xerox, IBM, ITT, ATT). La composición de los consejos de administración de las fundaciones (el consejo de administración es, legalmente, la fundación), refleja fielmente los grupos de interés que allí convergen. En el consejo de la fundación Rocke-

[2] *National Review*, 28 de febrero de 1975.

CUADRO 1: *Las 10 principales fundaciones de Estados Unidos (1973)*

	Capital	Presupuesto anual	Origen
	Millones de dólares		
Ford Foundation	3 049	224	Industria automotriz
Robert Wood Johnson	1 302	20	Equipos médicos
Lilly Endowment Inc.	1 139	31	Industria farmacéutica
Rockefeller Foundation	830	41	Grupo bancario
Kresge Foundation	658	26	Supermercados
Andrew Mellon Foundation	636	27	Grupo bancario
W. K. Kellogg Foundation	577	20	Industria alimenticia
Duke Endowment	367	19	Industria tabacalera
Pew Memorial Trust	580	14	Industria petrolera
Carnegie Corp. of N.Y.	338	16	Industria siderúrgica

FUENTE: *Business Week*, 7 de diciembre de 1974. En 1970, la fundación A. P. Sloan, fundada en 1934, ocupaba el décimoprimer lugar con un capital de 329 millones de dólares.

feller, presidido por John Rockefeller y el banquero y político Douglas Dillon, gravitan el presidente de la IBM, el de la Corning Glass Works, el ex director de la CBS y uno de los grandes del consejo de vigilancia de la agencia de información de Estados Unidos, un latinoamericano, ex presidente de Colombia y director del grupo periodístico Vision Inc. (véase más arriba). La fundación Ford está presidida por Mc George Bundy, ex consejero de Kennedy y de Johnson en materia de seguridad nacional y muy conocido por haber desempeñado un papel de primer orden en la invasión de Bahía de Cochinos, en el desembarco en Santo Domingo y en la escala de la guerra de Vietnam. Entre sus colegas de larga data, Robert Mc Namara, ex presidente de la Ford Motor, presidente del Banco Mundial, el presidente de la Levi-Strauss Co., el fabricante de *blue jeans*, el de la Shell Company, el de la Polaroid y el de un famoso *Think Tank*, el Instituto Brookings.[3] Entre las designaciones recientes, encontramos, en el consejo de la Fundación Ford, a un indonesio, ex ministro de in-

[3] The Rockefeller Foundation, *Ten-year review & annual report 1971*, Nueva York, 1972; The Ford Foundation, *Annual Report 1971-1972*; para las designaciones recientes: informes anuales de 1973 y 1974.

formación de su país y a un ejecutivo de la ITT, autor de un libro titulado *Vietnam microwave communications systems.*

La manera en que estas fundaciones están encajadas en la estructura de poder de su país ha sido objeto de muchos análisis. "Las fundaciones son la base de una red de organizaciones a través de las cuales los centros nerviosos de la riqueza le imprimen su voluntad a Washington. Esa red, ganglios del aparato de inteligencia de la fundación, está compuesta por un conjunto de organizaciones políticas y de institutos de investigación independiente, que son a la vez financiados y provistos de expertos por las fundaciones y la comunidad de los negocios. Esas organizaciones definen los términos y el horizonte de las alternativas posibles para la política a largo plazo del gobierno de Estados Unidos..." [4]

Los sectores de actividades en los que ha elegido introducirse cada fundación, ponen de manifiesto una selección con prioridades contrastantes. La Fundación Rockefeller, por ejemplo, que ha consagrado importantes recursos a la investigación agrícola, vincula su nombre a la "revolución verde". Otra de sus especialidades: la política de control de la natalidad que se apoya en sus diagnósticos de la superpoblación absoluta del Tercer Mundo. A partir de 1963 sus programas demográficos representan uno de sus cinco rubros principales de inversiones. Recordemos que el organismo más importante en ese terreno, el "Population Council", fue fundado en 1948 por el mismo John Rockefeller. La fundación ha metido mano hace muy poco en los estudios y proyectos de lucha contra la contaminación artificial. Ha quedado a la zaga en el campo cultural, al que sigue abordando con un criterio más que tradicional. Ayuda a compositores, escritores, coreógrafos, pero sus incursiones en la experimentación electrónica y televisual no pasan de la enseñanza de la música y las artes. Aparte de las actividades emprendidas por una rama renegada (The Rockefeller Brothers Fund), ligada al First National City Bank y que empezó a preocuparse por el problema negro a fines de los 60, la Fundación Rockefeller no tiene muchos títulos para ser clasificada entre las fundaciones "activistas".

Por el contrario, la Fundación Ford, que también se aventuró en planes de control de la natalidad, ha adquirido, por lo menos en ciertos círculos de la capital, la reputación de ser más liberal, lo que le significó en tiempos de la represión macartista numerosas molestias. Al manifestar un interés creciente por el pro-

[4] David Horowitz y David Kolodney, "The Foundations: charity begins at home", *Ramparts,* abril de 1969.

blema de las minorías étnicas, muchas veces se atrajo la furia de los cazadores de brujas. En su política de "apertura democrática", el problema de los medios audiovisuales al servicio de los grupos menos favorecidos en el plano de la educación, ocupa un sitio central. La importancia de las iniciativas de la Fundación Ford, en ese sentido es tal, que resulta difícil separar su trayectoria de la evolución que han conocido las aplicaciones de la televisión a la enseñanza.

A partir de 1951, fecha en la que comienza la restructuración de su política de posguerra, la Fundación Ford entabla la lucha por establecer en Estados Unidos un sistema de televisión no comercial que, a la larga, pudiera competir con el oligopolio de la CBS, la ABC y la NBC. Era lanzarse a la guerra contra esquemas que han significado el éxito mundial del modelo norteamericano de televisión comercial, al que se sujetan todos los grandes folletines *made in USA*. Así, la Fundación Ford, a medida que pasaban los años, recogió las críticas sueltas e implícitas de ciertas capas del público norteamericano, que le reprochaban a la televisión tradicional estar cargada de espectáculos de violencia (y lamentaban, muy en particular, que los niños estuvieran sometidos a ellos) y no guiarse más que por las apreciaciones que se publicaban en los boletines de *rating*. En los últimos veinte años, la Fundación Ford gastó más de 220 millones de dólares para alcanzar su objetivo. Creó el Fondo para la Educación de Adultos y llegó a tener, en menos de cinco años, el control financiero de las asociaciones paralelas que trataban de implantar la televisión educativa en el nivel nacional (Educational Television and Radio Center y National Association of Educational Broadcasters). Gastó tres millones y medio de dólares en construir estaciones emisoras de televisión en 35 comunidades distribuidas a lo largo de todo el territorio nacional y obtuvo un permiso de la Comisión Federal de Comunicaciones para poder utilizar en común 242 estaciones no comerciales.[5] Para completar el proyecto, otra división, el Fondo para el Progreso de la Educación, comenzó a realizar experiencias que estaban llamadas a constituir un modelo de educación por telecomunicación, dirigido en particular a los niños menos favorecidos.

Se realizaron tres grandes proyectos piloto, uno en Washington (Hagerstown Project), otro en el gueto latinoamericano de Nueva York y un último en las posesiones norteamericanas del Océano

[5] Sobre las actividades de la Fundación Ford en el campo de la TV educativa: The Network Project, *The Fourth Network,* Nueva York, 1971.

Pacífico, especialmente en la isla de Samoa. De la misma manera en que la isla de Puerto Rico se convirtió en 1937 —bajo control de la Fundación Rockefeller—, en laboratorio de la contracepción a partir del cual fueron establecidas las normas de las políticas neomaltusianas que el imperio reservaba al Tercer Mundo, la isla de Samoa se trasformó en cobayo bajo la égida de la Fundación Ford que le permitía estudiar las reacciones de una población subeducada frente a sus planes de tele-educación. Fue también en esta zona del Pacífico donde se pusieron por primera vez a prueba planes de educación por satélite con estaciones terrestres amovibles.[6] En el proyecto de Samoa, se puede leer toda la concepción que ha inspirado a la investigación norteamericana en busca de un modelo de tele-educación para las naciones proletarias. Demos la palabra al ex director de ese estudio. He aquí en qué términos describía la situación anterior al desarrollo del proyecto: "El sistema de educación de Samoa estaba, en su origen, completamente fundado sobre la ceremonia. Son verdaderamente grandes, enormes, cuando celebran sus ceremonias. Su vida cotidiana está basada en el trabajo, no en la educación [...] Su sistema original estaba basado únicamente sobre la lengua vernácula, su historia y su cultura [...] Aprendían relativamente poco sobre el resto del mundo. Para ellos no existía, en suma, otro mundo que el propio. Samoa era como un gueto. Vivían en un sistema igualitario. El habitante de un pueblo de Samoa recibía un salario por su trabajo que le entregaba al jefe del pueblo, el *matai*. Todas las familias del pueblo se comportaban de la misma manera; tenían todas derecho a la misma cantidad de alimentos y vestimenta." [7]

Después de haber realizado numerosos estudios antropológicos, los expertos de la fundación recomendaron aplicar aquello para lo que habían venido, a saber, la televisión, para "dar a Samoa un sistema mejor de educación". Se montaron seis canales de televisión con cuatro estudios. Todas las aulas recibieron un aparato de televisión. Durante el día, los programas están consagrados a las materias de enseñanza, y por la noche es el turno de las películas y las series. "Tratamos de respetar un alto nivel de exigencia en la selección del material cinematográfico; *Disney* y *Bonanza* nos parece que representan los programas más puros." Volvamos a darle la palabra al experto sobre los resultados del

[6] Cf. Delbert D. Smith, "Educational Satellite Telecommunication: The challenge of a new technology", *Bulletin of the atomic scientists,* abril de 1971.

[7] Entrevista a Robert Dahl, *Performance,* Nueva York, septiembre-octubre de 1972.

plan: "Al comienzo, nada era importado en la isla. En la actualidad, los habitantes de Samoa comienzan a completar sus minutas con alimentos que vienen del exterior. No se puede vivir eternamente de cocos, papayas y bananas. Empiezan a darse cuenta que hay cosas que les facilitan la vida, como la lavadora, las bicicletas con motor, los automóviles. Empiezan a gozar del bienestar moderno y su estilo de vida, en cierta medida, está cambiando. Antes debían entregarle su dinero al jefe que, a cambio, no les daba bienestar. Ahora que les hace falta dinero para adquirirlo, traicionan sus antiguas costumbres. Dicen: Vean, gano dinero. Quiero dinero porque así voy a poder comprar un auto y salir, ir de una punta a la otra de la isla en un mismo día. Hemos llevado el cambio a Samoa, un nivel de vida superior... un sistema que es más sano. Estados Unidos ha instalado un buen sistema de desagüe, canalizaciones de agua que les permiten no tener que esperar la lluvia para disponer de agua fresca. Ahora hay un hospital. *En mi opinión, los habitantes de Samoa están más inclinados que antes hacia Estados Unidos.* El sistema de Samoa ha sido declarado el sistema de televisión educativa más logrado del mundo. Durante todo el tiempo que duró mi estadía allá, recibimos la visita de muchos países y de muchas organizaciones gubernamentales que deseaban verificar por qué las cosas marchaban bien allá, y por qué no andaban bien aquí, en Iowa." [8]

Esta pintura cínicamente bucólica del acto secular de la agresión imperialista presentada como el despertar de los indígenas a los beneficios de una modernidad aséptica, no necesita comentarios.

En 1967, el gobierno de Estados Unidos decidió fundar un servicio público de televisión, que se convirtió en el cuarto canal (WNET/13 de Nueva York). La Fundación Ford era por entonces la institución que había reunido en torno del tema de la tele-educación los datos y las experiencias más abundantes, así como el mayor número de expertos sobre la cuestión. De ahí que su colaboración fuera indispensable; sus anteriores esfuerzos eran coronados por el éxito. Puso a disposición del gobierno norteamericano la red nacional que había constituido a lo largo de los años anteriores y le ofreció el servicio de sus especialistas. En 1967, la fundación se trasformaba en la más importante proveedora de fondos privados de su antigua cadena tele-educativa, desde entonces elevada al rango de canal público (algunos la llaman la cadena del gobierno). Un consejo de administración de 15 miembros fue

[8] *Ibid.*

encargado de administrarla; todos sus miembros pertenecían a las esferas gubernamentales o a los medios empresariales. Su primer presidente había sido secretario de Guerra durante la presidencia de Truman y presidente de la General Dynamics. Su segundo presisidente, nombrado en 1973, es el ex responsable de la famosa radio del gobierno norteamericano, "The voice of America". El canal de TV público, que constituye la alternativa no comercial frente al oligopolio, cuenta con dos secciones: un núcleo central llamado Corporation for Public Broadcasting (CPB) y otro organismo, el Public Broadcasting System (PBS), encargado de administrar las diversas estaciones y de distribuir las producciones. La Fundación Carnegie, creada en 1911 por el célebre rey del acero del mismo nombre, le encargó en 1938 al economista sueco Gunnar Myrdal que realizara un estudio, que después se convirtió en clásico, sobre los negros americanos (*An American dilema*). Diez años más tarde, la Carnegie fundaba el ETS, Educational Testing Service, que tenía la finalidad de aconsejar a las universidades en materia de pedagogía y que luego fue trasformado en uno de los centros más importantes para la evaluación de los efectos de las series tele-educativas en los niños.

EL TALLER DE TELEVISIÓN PARA NIÑOS

Para consolidar lo adquirido en años anteriores hacía falta una institución que fuera capaz de aprovechar la experiencia acumulada y de empezar a producir nuevos programas de una manera regular. El taller de televisión para niños, el Children's Television Workshop (CTW), una institución sin fines lucrativos y legalmente independiente, vino a llenar ese vacío. Aunque haya comenzado a funcionar de hecho en 1968, su existencia oficial se remonta al mes de mayo de 1970, fecha en que sus estatutos y objetivos fueron aprobados. ¿Cuáles eran los objetivos? "Buscar la mejor manera de utilizar los medios electrónicos, la televisión en particular, como vehículos de instrucción para los niños." En el consejo de administración de ese taller, compuesto por doce miembros, se observó la presencia de hombres del gobierno, de directores de la televisión educativa de Estados Unidos y de profesores universitarios de Columbia, Duke, Harvard, Washington y Pennsylvania, un presidente del grupo bancario Lehman Brothers y el presidente de la Texas Industries.[9] El presidente de ese consejo, Lloyd N.

[9] *A special report from the children's television workshop*, *Nueva York*, 1972.

Morrisett, era ex profesor de la Universidad de California y fue encargado, durante la segunda guerra mundial, de la oficina de instrucción para los civiles del ejército norteamericano y luego ocupó el puesto de presidente de una fundación relativamente pequeña, la John & Mary R. Markle Foundation que hasta hacía poco tiempo se consagraba casi exclusivamente a financiar investigaciones médicas. En 1969, esta fundación dio un brusco viraje y decidió apoyar los proyectos sobre "los usos educativos de los medios de masas y de la tecnología de la comunicación". (Establecida en 1902, la John & Mary R. Markle Foundation lleva el nombre de un magnate del carbón que, a fines del siglo pasado, controlaba la industria de la antracita en el estado de Pennsylvania.)[10]

La presencia en el consejo directivo del taller de televisión para niños de funcionarios del gobierno y de empresarios respondía, para los primeros, al deseo de manifestar su adhesión a la orientación de los programas y, para los otros, a la necesidad de representar las fuentes de dinero que hacen posible su fabricación. En ese contexto nacieron las dos primeras series de teleeducación norteamericanas, destinadas a ser modelos: *Sesame Street* y *The Electric Company*. Para confeccionar los 130 primeros episodios de *Sesame Street*, el taller de televisión para niños gastó entre 1968 y 1970, alrededor de 4.3 millones de dólares y, para asegurar el funcionamiento de sus secciones de investigación y de evaluación, gastó la suma suplementaria de 2.6 millones de dólares. En el curso del año presupuestario 1970-1971 el taller produjo otros 145 episodios de *Sesame Street* y preparó su nueva serie para niños, *The Electric Company*. Entre una cosa y otra, sus gastos de producción alcanzaron 4.75 millones de dólares y los demás gastos, más de 2 millones. Durante 1971-1972, empezó a fabricar los 130 primeros episodios de *The Electric Company* y continuó la producción de los otros 130 episodios de *Sesame Street*. El presupuesto anual del taller alcanzó alrededor de 11 millones de dólares en 1972. ¿De dónde provenían esos fondos? En su mayor parte, de fuentes gubernamentales, canalizadas a través del Ministerio de Educación norteamericano (Health, Education & Welfare Department). El resto provenía de fundaciones o de grandes compañías.

Para poder interpretar correctamente el siguiente cuadro, conviene tener en cuenta la relación que existe entre la CPB (Cor-

[10] The John & Mary R. Markle Foundation, *Report on program directions*, Nueva York, 1972; *Annual Report 1971-1972*.

poration for Public Broadcasting) y el gobierno norteamericano, que le concede subsidios anuales de 23 a 30 millones de dólares. Hay que saber igualmente la relación que mantienen las fundaciones Ford y Carnegie con la misma CPB, fundamento esencial de la cadena pública. Es así que en 1972, la Fundación Ford

CUADRO 2: *Fuentes de financiamiento del Children's Televisión Workshop (1968-72)*

Instituciones	*Años presupuestarios y cantidades en miles de dólares* 1968-70*	1970-1	1971-2
U.S. Dept. Health, Education & Welfare (HEW)	4 000.0	2 900.0	7 000.0
Fundación Ford	1 538.0	1 000.0	1 000.0
Fundación Carnegie	1 500.0	600.0	1 000.0
Fundación J. & Mary Markle	250.0	—	—
Corp. for Public Broadcast. (CPB)	750.0	500.0	2 000.0
Mobil Oil Corporation	—	—	250.0
Ingresos al margen de la TV	126.3	259.0	165.7
Otras actividades TV	206.7	84.0	—
Total	8 371.0	5 343.0	11 415.7

FUENTE: *A special report from the Children's Television Workshop,* Nueva York, 1972.
* Cubre los dos primeros años del taller.

destinó directa o indirectamente más de 15 millones de dólares a la televisión pública educativa. Otro indicio significativo de la participación del gobierno en esos programas durante esos años es el incremento de sus aportes directos de dinero que al principio representaban el 47% del presupuesto total para llegar al 61% en 1972. Las declaraciones de funcionarios del Ministerio de Educación reflejaban su adhesión incondicional al trabajo cumplido por el taller de televisión educativa: "Cuando la facultad que tiene la televisión de suscitar y de conservar un público —declaraba el responsable norteamericano de la educación— es puesta deliberadamente al servicio de la educación, sabemos que los resultados pueden ser increíbles. Eso ha sido magistralmente demostrado por *Sesame Street,* el programa de educación para niños en edad preescolar que el Ministerio de Educación ayudó a crear hace algunos años. *Sesame Street* está a punto de convertirse en una institución nacional y de ser el mejor complemento que se pueda imaginar de los programas escolares que existen para los pequeños. Y, según mi opinión, es una de las mejores inversiones que haya hecho nunca el Ministerio de Educación."[11]

En 1972, el taller de televisión estimaba ya que el costo de la serie *Sesame Street* —que veían más de 9 millones de niños norteamericanos (sobre un total potencial de 12.5 millones) en el curso de su tercer año— llegaba a 42 centavos por telespectador por año, o sea un tercio del porcentaje por hora/programa. En los gastos estaban comprendidos los costos de producción, de investigación y de evaluación. En el primer año, el costo era de 58 centavos por niño. La nueva serie *The Electric Company* es más cara. Para un público evaluado en cerca de 4 millones de niños, su costo era, en el primer año de proyección, de un dólar diez centavos por telespectador o de un penique por telespectador/programa.[12] Estos costos por espectador no tienen en cuenta audiencias extranjeras. Ahora bien, estas últimas son cada vez más importantes. Cuando la versión original de *Sesame Street* fue ofrecida en 1968-70 en el mercado internacional, 20 países se declararon compradores. En 1971 había 37. En 1972, 48. En esa fecha, las versiones extranjeras (que implicaban la adaptación a las diversas "realidades nacionales" además de la traducción) se comenzaron a producir. En 1975, *Sesame Street* se veía en cerca de 90 países. ¿Qué organismo "independiente y sin finalidad lucrativa" puede permitirse, a menos que disponga del inmenso aparato de distribución y de propaganda político-comercial de Estados Unidos, vender una serie tele-educativa en tantos países, cuatro años después de su inauguración en Nueva York?

En realidad, los países que reciben con tal satisfacción la serie educativa norteamericana están financiando la reforma tecnológica de la educación (que tiene así la posibilidad de ser la más barata de todos los tiempos) en América del Norte, sin darse cuenta que ahondan su propia desventaja al demorar cada vez más la investigación de otra alternativa en materia de tele-educación. Los productores de *Sesame Street* no ocultan su propósito de instaurar su línea de masas, desde arriba, en la educación: "nuestro objetivo es ofrecer la mejor calidad tecnológica y educativa al mayor número de niños, sobre todo en las zonas pobres y a los

[11] Sidney P. Marland, "A significant new teaching tool", *The Electric Company*, CTW, Nueva York, 1971.

[12] *Memo from the Children's Television Workshop*, Nueva York, 1972; *A special report from the Children's Television Workshop, op. cit.*

precios más bajos posibles".[13] Según las proyecciones unilineales de los expertos contables del taller, que se establecieron justo antes del lanzamiento de las versiones en idioma español y portugués, América Latina ofrecía una clientela de 22 millones de niños en edad preescolar para la versión en español y de 11 millones para la versión portuguesa.

EL NUEVO MECENAZGO

La elaboración de las nuevas series de tele-educación se hizo al margen de las cadenas de televisión comercial que incluso llegaron a rechazar la idea de un proyecto común, lo que hizo decir al presidente de la Comisión Federal de Comunicaciones: "El rechazo de las cadenas de televisión de financiar *Sesame Street* fue una de las peores decisiones comerciales de la historia." Pero en el exterior no sucede lo mismo. La ABC, por ejemplo, se ha convertido en la más fiel propagandista de esas series frente a las estaciones de televisión que están afiliadas a ella en América Latina. En el extranjero, los dos polos de la realidad televisiva de Estados Unidos se unen y se sostienen. Al no encontrar en la mayoría de los países canales destinados exclusivamente a una tarea educativa, programas como *Sesame Street* se ven obligados a integrarse a las programaciones de las cadenas comerciales. Lejos de caer por otro lado como un peso muerto en la programación de esos canales, la serie educativa sirve para realzar la imagen de la televisión comercial de los grupos dominantes. El ejemplo más tangible es el de la televisión mexicana. Para convencerse de ello, basta leer la propaganda que hizo en México el monopolio "Televisa" para lanzar *Plaza Sésamo*: "Un espíritu sano en una pantalla sana o más bien un espíritu sano en... *Plaza Sésamo*. Un programa que se incorpora a nuestro mensaje cotidiano, cuya elaboración ha sido objeto del mayor cuidado teniendo en cuenta que está dirigida al sector más delicado y más prometedor de la sociedad: la infancia. Atraer la atención de los niños, orientar su enorme capacidad de sorpresa, fijar su interés, todo eso, en un espíritu de diversión y alegría, es la tarea que 'Televisa', canales 2, 4, 5 y 8, se ha impuesto en el nuevo programa. Con *Plaza Sésamo* iniciamos la restructuración que hemos decidido para dar más contenido

[13] *A special report...*, *op. cit.*

a la televisión mexicana. Televisa, la señal de México, nuestra señal, señala el cambio." [14]

Por el contrario, muchas empresas multinacionales acompañaron en la metrópoli la experiencia del taller de televisión para niños desde sus primeros pasos. "Uno de los aspectos más significativos de *Sesame Street* –escribía un experto de la Comisión Federal de Comunicaciones– es que su éxito puede atribuirse esencialmente al enorme esfuerzo común que han desplegado los sectores privados y públicos de la sociedad norteamericana." [15] Mobil Oil financió los manuales que se distribuyen a los padres para que puedan comentar con los niños las nuevas series. La RCA le regaló al taller una buena cantidad de televisores en color para ayudarla a constituir centros de proyección a lo largo de todo el país. Las empresas de alimentos para niños, Quaker y General Foods, financiaron la preparación de una guía para los maestros; Time-Life editó gratuitamente la guía general para *Sesame Street,* en la que están detallados los objetivos pedagógicos de la serie. Se trata de diversas contribuciones, de apariencia clásica, y que no responderían más que a una preocupación filantrópica.

La Xerox se acercó al taller con una atención manifiestamente diferente y ha logrado convertirse en la promotora principal de las series. Ese líder de la reproducción gráfica, en busca de modelos pedagógicos para amueblar sus nuevas adquisiciones en el terreno de la educación, comprendió pronto el interés que tenía seguir esas realizaciones. No fue por azar que la Xerox, después de haber financiado gran parte de la traducción de *Sesame Street* al español y al portugués haya invitado en 1974 a la directora del Children's Television Workshop a formar parte de su consejo de administración, con igual título que el presidente de la Compañía Financiera de París y de los Países Bajos.

El conjunto de esos acercamientos traduce aún más. Indica el cambio que se ha producido en la actitud de las grandes compañías respecto de las manifestaciones culturales y artísticas, inspirado, como es de imaginar, en la preocupación por adornar su imagen. En el momento en que la ITT conspira contra el presidente Allende, ofrece su patrocinio a la gira de ballets del siglo XX en Nueva York. En el momento en que es arrastrada por sus competidores ante la justicia antitrust, la IBM apadrina, en el canal público de televisión, un excelente documental sobre la locura. La noción de "calidad de la vida" y de "responsabilidad

[14] Publicado en *Revista de Revistas,* México, 11 de abril de 1973.

[15] Rex Lee en *Memo from CTW, op. cit.*

social de la empresa" inspira la nueva práctica de las relaciones públicas. El presidente de la empresa petrolera Atlantic Richfield, convertido en presidente del Business Committe for the Arts, comprobaba esa evolución en el prólogo al libro *The state of the arts and corporate support* que ese Comité publicó en 1971: "Muchos hombres de negocios han tomado conciencia de la importancia de las artes y de su responsabilidad en el estímulo y el desarrollo de los recursos naturales de la nación [...] Sin embargo, su apreciación a menudo está marcada por el temor natural de aventurarse en un territorio poco familiar para buscar allí alianzas con personas cuyo estilo de vida es, por lo menos en apariencia, profundamente diferente del propio, cuando no simplemente opuesto. Por otro lado, muchos artistas ven en una empresa una estructura económica monolítica, 'sin alma', consagrada exclusivamente a la ganancia y a la explotación, sin escrúpulos frente al talento cuando llegan a emplear artistas. Están convencidos de que los directores de empresas son analfabetos, desprovistos de cultura, que sólo tienen un sentido muy estrecho y pragmático de sus responsabilidades respecto del público. Como contraparte, los artistas son considerados como bohemios egocéntricos por la mayoría de los hombres de negocios, bohemios que quieren una sociedad libre y próspera pero que experimentan el mayor desprecio por la complejidad de las estructuras sociales y la economía moral del individuo, que son necesarias para el progreso y el mantenimiento de esta sociedad. Hace veinte años, la actitud de los artistas hacia los hombres de negocios y las empresas tenía tal vez razón de ser. Recuerdo haber asistido a un seminario en Aspen en el que alguien planteó la cuestión de saber si la empresa tenía responsabilidad frente a otras personas que no fueran sus accionistas. Muchos de los que tomaban parte en el seminario eran de la opinión de que no la tenía, aunque en ese momento varias empresas ya habían comenzado a prestar un sostén regular a los programas de salud, educación y bienestar. En la actualidad, prácticamente todos los hombres de negocios sostendrían en Aspen que las empresas tienen vastas responsabilidades sociales, desde el bienestar de sus empleados y de las comunidades donde trabajaban, hasta la de ayudar a resolver los problemas que afectan a la sociedad en su conjunto."[16] Ese presidente de la Atlantic Richfield hablaba con conocimiento de causa. En 1968, las primeras ocho compañías que habían integrado ese comité para las artes, funda-

[16] *The state of the arts and corporate support,* Gideon Chagy, comp., Nueva York, 1971, Paul S. Ericksson, Inc.

do en 1967 por el presidente del Chase Manhattan Bank, David Rockefeller, asignaba la suma de 91 millones de dólares para actividades artísticas y culturales de Estados Unidos. Esa suma representaba el doble de lo que los hombres de negocios acostumbraban asignar a ese renglón tres años antes.[17]

Los aportes a la cadena de televisión pública responden a esta nueva realidad. El jefe de relaciones públicas del WNET/13 ¿no lo escribió acaso con todas las letras?: "La lista de los miembros de honor del WNET/13 y de otros centros de producción para el canal público, a través de todo el país, comprende la mayoría de las empresas más distinguidas de América. ¿Por qué? Porque al permitir que se realicen programas por el canal público, pretenden ofrecer un servicio que sin ellas no podría ser financiado. También porque quieren que se les reconozca su inquietud por el bien de los individuos. Por su necesidad de borrar las repercusiones nefastas que produce la publicidad en la imagen de las empresas. Muchos asesores en materia de relaciones públicas entienden por qué el público levanta los hombros en respuesta a los anuncios comerciales de las empresas [...] La publicidad ha demostrado ser el mejor medio de crear ventas y la televisión comercial representa el poder publicitario número uno. Pero, sólo la televisión pública le permite a la empresa presentarse a los ojos de los telespectadores como un servicio público, con toda la propaganda, las recompensas, las oportunidades de dirigirse a la comunidad y la imagen de responsabilidad social, que se encuentran vinculadas a la programación de la televisión pública." [18]

Uno de los factores que precipitaron el encuentro entre el mundo artístico y el mundo de los negocios fue, ciertamente, el agravamiento de las dificultades financieras que muchas organizaciones de la industria del espectáculo debieron enfrentar. Aunque el problema es menor para el canal público, su expansión no dejaba de estar amenazada. En 1969, la Fundación Ford lanzaba una gran encuesta sobre el estado de las finanzas de las artes y los espectáculos. Las conclusiones a las que llegaba ese estudio demostraban que era necesario que los mecenas privados y públicos aumentaran considerablemente sus esfuerzos si querían mantener la actividad artística de las principales organizaciones artísticas norteamericanas en el nivel de los años 1970-1971. Si esta ayuda suple-

[17] George Gent, "The corporation, new patron for the arts", *Economic Impact,* Washington, 1973, núm. 3.

[18] Elihu Harris, "Why many of nation's biggest marketers give support to public television shows", *Advertising Age,* 1 de septiembre de 1975.

mentaria no se producía, el déficit de 62 millones registrado en el curso de esta temporada podría multiplicarse por cinco.[19] En el momento actual, las contribuciones financieras de las grandes compañías al mundo artístico ascienden a alrededor de 100 millones de dólares. Los industriales que conocen esas nuevas condiciones tienen la capacidad de ejercer una presión sobre los modos de vida y de producción del medio de las artes. "Hay algo más que un problema de dinero en las dificultades financieras que afrontan crónicamente las artes –afirmaba un miembro del Businness Committe for the Art–, y los hombres de negocios están dándose cuenta de ello. La mala administración, la política del último minuto, el aumento irracional de los fondos, la incapacidad para descubrir y desarrollar nuevos auditorios, la conducción ineficaz, las relaciones públicas deficientes, tienen mucho que ver en los déficits anuales. El mundo de los negocios tiene el derecho de esperar una administración eficaz y una responsabilidad financiera por parte de las organizaciones artísticas que sostiene a fin de que los objetivos propiamente artísticos de esas organizaciones obtengan el máximo de beneficio de toda ayuda financiera."[20] Está más allá de nuestro propósito profundizar aquí las nuevas condiciones de la producción artística que supone e implica la penetración de las grandes empresas, con sus exigencias de finanzas sanas y de ganancias seguras, pero ciertamente hay allí una pista para quien se interese por el lugar y la situación del artista en la sociedad de las multinacionales.

Las relaciones que mantiene el taller de televisión educativa con las grandes empresas industriales escapan a la relación estricta benefactor-beneficiado. Revisten también un carácter de aporte mutuo: el taller se encarga de elaborar objetos anexos, historietas, marionetas, *gadgets* de todo tipo, fabricados gracias a los acuerdos con empresas como Topper Company para los juguetes educativos; con Marvel Comics, de la que el taller tomó un personaje para lanzarlo en las series pedagógicas, mientras que la Marvel edita una nueva revista de historietas con los héroes de las series del taller; con la General Learning para los productos audiovisuales. En cuanto a la Western Publishing, esa famosa editora que publica toda la producción Walt Disney, se felicita en su informe anual de 1972, de las suculentas ventas que le ha permitido realizar la difusión de un material cada vez más ecléctico:

[19] Jacqueline Grapin, "Le financement des spectables aux Etats-Unis": "Show is Business", *Le Monde,* 17-18 de agosto de 1975.

[20] "Foreword" por Gideon Chagy, *The state of the arts and corporate support, op. cit.*

"la creciente popularidad de *Sesame Street* y de los productos de Disney, así como la de los *golden wonders of growing* de la Sears que se lanzó a un programa de juguetes educativos preescolares ha contribuido enormemente al crecimiento de nuestros negocios."[21] La producción cada vez más variada del taller responde a la necesidad que manifiesta día a día de ser financieramente autónoma, al mismo tiempo que se une a la dinámica de la industria pedagógica. Los fondos otorgados por el Ministerio de Educación no representaron en 1973 más que el 40% del presupuesto total de 15 millones de dólares; a ese porcentaje hay que agregarle sin embargo las subvenciones acordadas por el Estado al canal público que contribuye, por su parte, a mantener el taller (33%). En 1975, el conjunto de la producción de este último le permitía obtener una cifra anual de ventas que alcanzaba los 50 millones de dólares.[22]

UNA UNIVERSALIDAD IMPUGNADA

Desde que apareció en el mercado, *Sesame Street* no dejó de ser celebrada como el prototipo de "la televisión internacional". *El Correo* de la UNESCO (febrero de 1971) se unió a las alabanzas. El hecho de que haya sido recibida por tantos países y traducida a tantos idiomas (se conoce ya *Bonjour Sesame* –una versión muy mutilada, hay que reconocerlo–, *Sesamstrasse, Vila Sesamo, Plaza Sésamo*) ¿no confirma acaso la envergadura universal del nuevo modelo pedagógico? No obstante hubo países donde la serie encontró una resistencia pertinaz, que precisamente se apoyaba en ese pretendido carácter universal para impugnarla. Esas resistencias se desplegaron en condiciones muy diferentes y a partir de puntos de vista muy diversos.

En Inglaterra, la BBC le opuso un rechazo categórico en 1970 que nunca quiso reconsiderar. La directora de la sección de programas para niños de la BBC explicó en la edición del *Manchester Guardian* del 22 de diciembre de 1970, por qué su departamento estimaba que ese programa no podía convertirse en el espectáculo cotidiano de televisión para los niños ingleses de menos de cinco años: "1] Es un programa norteamericano producido según la experiencia que tienen de la televisión los niños norteamericanos,

[21] Western Publishing Co. Inc., *Annual Report 1972.*

[22] *Sesame Street, playthings, books and records,* CTW, Nueva York.

que en su mayoría no han mirado hasta ahora más que dibujos animados, anuncios comerciales, folletines y series policiales. En nuestro país, los niños han tenido la suerte de beneficiarse con programas de gran calidad, hechos especialmente para ellos. La BBC ha sido en verdad la primera organización de televisión del mundo que ha reconocido las necesidades de los niños pequeños produciendo especialmente para ellos hace 20 años *Watch with mother* y, más recientemente, utilizando las horas de difusión suplementarias para dar de nuevo *Play School* en BBC 1. ¿Nos hace falta realmente en nuestras programaciones importar esas técnicas comerciales que hacen vender automáticamente, porque los investigadores de *Sesame Street* nos digan que los niños norteamericanos nunca están tan tranquilos y atentos como cuando ven ese espectáculo? 2] *Sesame Street* es el producto de una filosofía que sigue vigente y según la cual se debe 'bordar' frente a la televisión. Los niños norteamericanos miran la televisión durante horas. En los programas que fabricamos para los niños ingleses, tratamos de desalentar una actitud pasiva frente a la pantalla; nuestro objetivo es estimular la imaginación y la inteligencia e incitar a la creatividad y la actividad. Seguramente es más válido mirar con atención y concentración *Play School* durante 20 minutos, luego apartarse y hacer algo que haya sido sugerido en el programa, que hipnotizarse durante una hora en la contemplación de una sucesión de imágenes que se mueven a toda velocidad y que la mayoría de las veces han de ser incomprensibles para un niño de cuatro años. 3] *Sesame Street* se jacta de ser un programa educativo pero utiliza métodos didácticos que consideramos inadecuados para un medio de comunicación de masas. La televisión jamás podrá remplazar el contacto concreto de un niño con su madre, sus compañeros o su maestro. Nuestro trabajo consiste en ofrecer los mejores programas posibles para enriquecer, estimular y divertir."

En Perú, el Ministerio de Educación, que había emprendido una reforma de la enseñanza, rechazó la serie en 1973. Los argumentos que se invocaron para explicar esa decisión se centraban fundamentalmente en la incompatibilidad entre los objetivos de la reforma y los esquemas ideológicos del programa norteamericano. Cabe destacar algunos párrafos del informe de una psicóloga peruana, que constituyó el documento de referencia a partir del cual el gobierno tomó su decisión: "*Plaza Sésamo* admite un concepto de participación dirigida y vertical. Los adultos piden siempre la colaboración de los niños para ejecutar un trabajo pero son ellos los que establecen las normas y las formas de ejecución. Nuestra reforma ha definido claramente que lo importante en el acto de la participación, es el deseo espontáneo y la creatividad colaboradora, que puede producirse de abajo hacia arriba para encontrar modos de diálogo en lugar de expresarse en órdenes alienantes [...] (Por otro lado) el sistema utilizado para pasar de una escena a otra que se vale de pequeños elementos de color acompañados por efectos musicales, induce al niño a tener un concepto del orden totalmente rígido, invariable y despersonalizado. Nuestra reforma establece la participación creativa y personal de los alumnos, en el interior de un ordenamiento variable, que cambia según las circunstancias, la edad y las aptitudes. Habituar a los niños, por medio de motivaciones audiovisuales de gran efecto, a la idea de ordenamientos esquemáticos, rigurosos y permanentes, es totalmente opuesto al espíritu de la nueva ley general de educación." [23]

Hay que precisar que, a diferencia de Gran Bretaña, que estaba en condiciones de recibir la versión original, Perú, como todos los otros países latinoamericanos que la aceptaron por unanimidad, tendría que haber recibido la serie en la adaptación realizada en México bajo el patrocinio de la Fundación Ford y de la Xerox, que tuvieron el cuidado de adquirir los servicios de un equipo compuesto por profesores e investigadores universitarios de todos los países interesados. Ejemplo –entre otros tantos– del proceso de descentralización de la cultura imperialista en el que a los representantes de las clases dominantes criollas se les delega la responsabilidad de adaptar el producto-matriz a las "necesidades nacionales".

La introducción de *Plaza Sésamo* en Chile, en la programación del canal de la Universidad Católica, uno de los feudos principales de la contrarrevoluciöón, coincidió con el momento en que la derecha desencadenaba una campaña ideológica contra la reforma de la educación, propuesta por la Unidad Popular, campaña que tenía como eslogan clave: "La nueva escuela no es chilena porque se basa en experiencias extranjeras incompatibles con la idiosincrasia chilena." Pero, esa misma derecha, que rechazaba criterios pretendidamente extranjeros, celebró *Plaza Sésamo*. Escudándose detrás de la presunta neutralidad de una serie que se

[23] Documento dactilografiado del Ministerio de Educación del Perú. Numerosas críticas a *Sesame Street* aparecieron en otros países, cf., entre otras: Hortst Holzer, *Kinder und fernsehen,* Carl Hanser Verlag, Munich, 1974. Para un análisis de la adaptación en español, cf. A. Mattelart, *El imperialismo en busca de la contra-revolución cultural,* Universidad Central de Venezuela, Caracas 1974 (publicado también en la revista *Comunicación y Cultura,* núm. 1, Buenos Aires, 1973).

propone "enseñar a los niños el abecedario, los números y los elementos aritméticos básicos, aumentar su vocabulario y estimular sus facultades de razonamiento", la derecha supo descubrir hasta qué punto la serie alteraría apenas la fascinación que la clase media chilena tenía por el modelo de vida y la escala de valores norteamericanos. La explicación de una armonía social garantizada por el buen funcionamiento de cada uno en su profesión (la enfermera, el mecánico, el comerciante, el camionero) coincidía con la imagen corporatista de la sociedad que permitía a los sectores de la sedición agitar los corazones y las mentes contra el principio de la lucha de clases. En el momento en que los huelguistas, con el argumento de "defender sus estrictos intereses profesionales", desencadenaban la violencia y el terrorismo, los jóvenes telespectadores chilenos se compenetraban de la legitimidad de un orden que descansa en la aceptación del principio intangible de la división social del trabajo. Mientras que alrededor de ellos el conflicto social era manifiesto y las bases de la autoridad tradicional eran objeto de un cuestionamiento radical, los niños aprendían a desfigurar cada día, en una ronda en la que parecían diluirse las diferencias de intereses, el papel —de hecho impermeable al cambio— de la madre, del padre, del policía, del médico, del granjero, de la familia. La serie, muy moderna en sus aspectos técnicos, por otro lado sólo recibió críticas de ciertos sectores de izquierda que, de manera bastante aislada, señalaron hasta qué punto el concepto de la educación sobre el que se basaba la serie norteamericana era opuesto a los principios del proyecto de la Escuela Nacional Unificada, proyecto de democratización de la enseñanza que quería reconciliar el trabajo manual y el trabajo intelectual, combinar la enseñanza teórica con la práctica, el estudio con el trabajo productivo, romper las barreras de la especialización estrecha, reconciliar el conjunto de las otras instituciones con la escuela, instaurar nuevas relaciones sociales entre maestros, padres y alumnos, tratando de extender el concepto de poder popular a esa fortaleza del aparato del Estado burgués.

De manera bastante significativa, la mutilación que sufre *Sesame Street* en su versión francesa se dirige precisamente, al aspecto social de la serie (cf. nota 29). Todo el contexto social en el que se desarrolla el juego de los personajes en la serie norteamericana, está ausente. No es por azar que la versión francesa —en la que los episodios están considerablemente reducidos— sea la única que no hace mención, en el título, a esa plaza y esa calle en la que evolucionan los personajes, pequeños y grandes, microcosmos donde se encuentran reproducidos los arquetipos de toda una sociedad. Volvemos a encontrar esta alergia a la marca social, a todo lo que podría sugerir la inscripción en una historia de un producto determinado, en las traducciones francesas de las tiras de Walt Disney, en las que se eluden y borran los términos explícitamente políticos, como revolución, revolucionario, etcétera...

LAS TÉCNICAS DEL MERCADEO AL SERVICIO DE LA EDUCACIÓN

Al proponerse el objetivo doble de enseñar y divertir, las nuevas series norteamericanas de tele-educación se ofrecen como una alternativa tanto del sistema tradicional de enseñanza como de la concepción igualmente tradicional de la televisión comercial, dominada por un concepto de la recreación brutalmente copiado de la experiencia de la vida cotidiana "productiva". Esas series quieren ser las tentativas de reunión de mundos disociados, presentándose como una solución más integral. "Un buen empleo de la televisión debe unir el entretenimiento a la educación. Si un niño no está cautivado por el programa, no lo mirará. Y si no lo mira regularmente, no sacará de él el máximo de beneficio." [24] Sin embargo, la fórmula nueva que se ofrece como reconciliación del aprendizaje y la diversión, para llegar a sus objetivos, de todas maneras paga un fuerte tributo a la cultura de masas tradicional cuyos esquemas no explícitamente pedagógicos trata de trasformar.

El principio en el que se basa la experiencia *Sesame Street* consiste en apoyarse, para lograr la fusión de entretenimiento y educación, en los reflejos condicionados que la televisión comercial ha creado en el público infantil. Hay que notar que, según una encuesta realizada entre la población infantil en los Estados Unidos, millones de niños norteamericanos de dos a doce años miran diariamente la televisión tres horas y media en promedio. A los doce años, el niño habrá pasado frente a la televisión dos veces más tiempo que en la escuela. Los creadores de la serie admiten sin rodeos haberse apropiado de la gama de técnicas utilizadas por los productores de la cultura de masas: "Las técnicas puestas a punto por los productores de la televisión comercial y los anunciantes publicitarios han demostrado su poder de seducción, obligando a los niños a ver programas poco consistentes e incluso programas que no quieren mirar. El taller de televisión ha decidido

[24] *A special report from the CTW, op. cit.*

explorar esas técnicas para adaptarlas a fines educativos. Esos estudios han llegado a la conclusión de que tales técnicas podrían ser efectivamente utilizadas en programas del formato *Sesame Street.* Los tres primeros años de difusión de la serie sirven para confirmar esta opinión." [25]

En ese postulado fundamental reside la opción ideológica de los productores de la tele-educación norteamericana. Puede parecer paradójico que la serie recurra a técnicas que no son en definitiva más que las técnicas de la manipulación —que han alcanzado un grado enorme de desarrollo en nuestra sociedad— para hacer deseable una educación que se ofrece como liberadora. No parece que el carácter eminentemente ideológico de esas técnicas haya sido cuestionado en las encuestas previas. Los responsables de esas series conciben las técnicas de la comunicación de masas como un repertorio de trucos y de artificios susceptibles de fijar la atención del público. Parece que esas técnicas no tuvieran, a sus ojos, valor en sí; que sólo obtuvieran su valor del objeto al que desean dar publicidad o introducir en el mercado. Si ese objeto o esa actitud, que se quiere promover, es frívolo, la técnica contribuirá a la deformación de los espectadores. Si por el contrario, el producto que se ofrece es positivo, la técnica será el instrumento de la desalienación del telespectador. Esas premisas admiten de ese modo que la "técnica de comunicación" es intrínsecamente neutra (y con ella todo el aparato científico y tecnológico, como lo demuestran claramente los episodios de la serie que ilustran el papel de la ciencia y de los hombres de ciencia). Ella sólo comenzaría a tener significación a partir de sus efectos, negativos, buenos o malos. A través de esta concepción moralista de la tecnología, buena e inocente o mala y culpable según las finalidades loables o perversas, se perfila el mito muy simplificado de la ideología tecnocrática, cuyas conclusiones conservadoras son claras: las formas culturales existentes son las únicas posibles para comunicar la realidad; lo que hay que cambiar es únicamente el signo de los mensajes que deben contener.

Analizando la lucha ideológica que se desarrolló en situaciones muy concretas como la de Chile popular, tuvimos ocasión de mostrar que es imposible concebir las "técnicas de comunicación" (¿dónde empieza y dónde se detiene la definición de una técnica de comunicación?) al margen de sus condiciones concretas de producción.[26] Esas técnicas no representan solamente medios de produ-

[25] *Ibid.*

[26] Para una crítica de esas técnicas, cf. A. Mattelart, *Mass Média, idéologies et mouvement révolutionnaire,* Anthropos, París, 1974.

cir la comunicación, la televisión y la educación; corresponden a un modo total de producir la vida de un sistema social: esas técnicas participan de una estructura y reproducen las relaciones de autoridad que han inspirado su producción. Al tratar, mediante una técnica "cautivante", de captar la atención del telespectador, los productores de *Sesame Street* corren el riesgo inevitable de alcanzar su objetivo de captar la atención de sus espectadores perpetuando su situación de consumidores pasivos, encerrados en un circuito de manipulación. La técnica misma empleada no escapa a la acusación que se le hace a *Sesame Street* de ser autoritaria, contrariamente a las intenciones que confiesa. Autoritaria tanto en el nivel de los "medios" utilizados para lograr la misión "pedagógica" como en el lugar que el niño ocupa en el conjunto de las relaciones sociales donde la noción de participación se hace concreta.

Otro indicio significativo, y bastante inesperado, de la simbiosis que se opera entre el universo publicitario y el modelo de tele-educación de *Sesame Street* es el hecho de que, tres años después de su lanzamiento, el modelo a su vez se haya convertido en la presa de los agentes de publicidad que ven en esta serie fórmulas susceptibles de renovar su lenguaje y su eficacia frente a ciertos sectores del público. Para convencernos de ese efecto de bumerán basta leer el editorial de *Advertising Age,* la representante número uno de las agencias de publicidad norteamericanas, de fecha 5 de febrero de 1973: "Programas como *Sesame Street* y *The Electric Company* muestran lo que pueden aportar a la televisión los desafíos fantásticos de las comunicaciones. Esos programas que en un principio tomaron las técnicas de la publicidad, están ahora en condiciones de enseñarle a sus maestros [...] Deseamos que los publicistas y las agencias saquen lecciones de *Sesame Street* y de *The Electric Company*. Que se esfuercen por producir espacios comerciales educativos y divertidos, y no solamente *spots* que venden. Que tengan la inquietud de informar a los más jóvenes, de elevar sus mentes, ¡que no se dediquen simplemente a venderles! Actúen de ese modo y harán del público joven individuos más productivos y más eficaces. Y, como los niños están llamados a ser grandes y a entrar en el mundo adulto, se convertirán en mejores ciudadanos y en mejores consumidores... Estamos ya a punto de asistir a esa trasformación. Los laboratorios Miles, que fabrican vitaminas, distribuyen diez *spots,* de servicio público, que enseñarán rudimentos de nutrición a los niños y a las personas que los verán. Los *spots* están incluidos en programas para niños... Kellogg Co. está haciendo lo mismo." En 1974, una compañía importante de material de construcción de Estados Unidos se valía de los métodos de *Sesame Street* para formar a sus vendedores. ¡*Business Week* le dedicó tres páginas, en su número del 11 de mayo de 1974, en su sección Industrial Marketing!

Se vuelve a encontrar esta aceptación acrítica de los métodos del mercadeo en la manera en que los productores de esas series conciben y efectúan la evaluación de sus efectos en los niños. Sus grupos permanentes de investigación, verdaderos contingentes de psicólogos, pedagogos y otros especialistas, han acumulado por primera vez en el mundo un material considerable sobre los efectos de una serie de televisión sobre un público determinado.[27] Pero esos estudios finalmente tienen el estilo de los estudios de mercado. Pretenden responder a preguntas de este tipo: "1] los niños de tres a cinco años que ven *Sesame Street* en la casa o en la escuela ¿aprenden más que los niños de igual condición que no ven el programa? 2] Entre los niños que ven el programa ¿qué es lo que caracteriza a los que aprenden más y a los que aprenden menos? 3] El programa ¿es más o menos eficaz en los diferentes subgrupos de niños de tres a cinco años? Por ejemplo: los efectos de la serie ¿son diferentes según se trate de niñas o varones, de niños de clase baja o de clase media, de telespectadores atentos o distraídos, de niños que tienen una aspiración débil a perfeccionarse o una aspiración elevada? 4] Puesto que *Sesame Street* ha elegido un formato de estilo revista, ¿cuáles son los elementos del programa que demuestran ser los más eficaces para mantener la atención del niño y enseñarle lo más posible?" [28]

Los resultados de esas investigaciones nos muestran, por ejemplo, que después de la primera temporada de *Sesame Street,* los resultados totales de los conocimientos entre los niños "menos aventajados" habían sido del 9% para los que veían el programa de vez en cuando, del 15% para los que lo veían dos o tres veces por semana, del 19% para los que lo veían cuatro o cinco veces y del 25% para los que veían más de cinco veces. Los progresos realizados por los niños son detallados teniendo en cuenta los objetivos específicos de la serie. El porcentaje de aumento en cada categoría y subcategoría ha sido de tanto, en lo que concierne a

[27] Para no citar más que los más importantes, Gerry Ann Bogatz y Samuel Ball, *The first year of Sesame Street: an evaluation,* Princeton, N.J., 1970, Educational testing service; de los mismos autores, *The second year of Sesame Street, a continuing evaluation* (2 tomos), 1973; Gerald Lesser, *Children and television: lessons from Sesame Street,* Nueva York, 1975, Random House.

[28] Samuel Ball y Gerry Ann Bogatz, *The first year of Sesame Street: an evaluation, op. cit.*

la capacidad de situar, nombrar e indicar las funciones de las diversas partes del cuerpo humano; ha sido de tanto para la capacidad de reconocer los conceptos de relación (igual/diferente; relaciones de tamaño; relaciones de cantidad; relaciones de tiempo; relaciones de distancia y de tanto, en fin, para la identificación de formas y figuras, del yo, de las entidades sociales, de las interrelaciones sociales y así siguiendo hasta cubrir el conjunto de los objetivos perseguidos por la serie.[29]

Las investigaciones sobre *The Electric Company* revelaron que "el auditorio de siete a diez años de edad tiene una actitud más selectiva y exige más que el público preescolar de *Sesame Street.* Tienen intereses diferentes, hábitos diferentes frente a la televisión. Los modelos de atención varían considerablemente entre esos

[29] Señalemos brevemente los objetivos educativos perseguidos por *Sesame Street,* tal como los expresa el CTW: 1] *Representación simbólica: letras y palabras* (acoplar, reconocer, designar las letras y una treintena de palabras, recitar el abecedario, descifrar el sonido de las letras, leer las palabras, entender la relación de sucesión en el tiempo y en el espacio); *objetivos númericos* (acoplar, reconocer, designar y recitar los números del 1 al 20; aprender las operaciones numéricas elementales, enumerar, igualar, sumar, restar; designar por su nombre y reconocer las formas geométricas, el círculo, el cuadrado, el triángulo y el rectángulo). 2] *Organización cognitiva: discernimiento y orientación de la percepción* (discernimiento visual, encontrar el par, reconocer las figuras integradas, encontrar la relación entre el todo y las partes; discernimento auditivo, identificación de sonidos, imitar los ritmos, hacer rimar palabras; discernimiento subjetivo/objetivo); *concepto de relación* (igual/diferente, relación de tamaño, de cantidad, de situación, de distancia, de tiempo); *clasificación* (eliminar, clasificar, combinar). 3] *Razonamiento y resolución de problemas*: deducir, engendrar explicaciones y soluciones, evaluar estas últimas. 4] *El niño y su mundo*: *el yo* (la mente y sus poderes, las partes del cuerpo y sus funciones, participación del auditorio, emociones tales como el miedo, la alegría, la tristeza, la cólera, la sorpresa, el orgullo; *entidades sociales* (papel y funciones, por ejemplo, de un padre, de una madre, de un policía, de un cartero, de un granjero, de un panadero, de un médico y de un dentista, etc.; papel y funciones de los grupos y las instituciones sociales, la familia y el hogar, el barrio, la ciudad o el pueblo); interrelaciones sociales (perspectivas y reacciones diferentes frente a situaciones parecidas; cooperación, división de tareas, conjugación de capacidades y reciprocidades, solución de conflictos); *el entorno creado por el hombre* (forma y funciones de las máquinas y los instrumentos, edificios y otras construcciones); *el entorno natural* (el cielo, la tierra y el agua, la ciudad y el campo, las plantas y los animales, los procesos y los ciclos naturales). Para mayores detalles cf. la bibliografía citada. En la versión francesa de la serie son sobre todo los objetivos 3 y 4 los que han sido eliminados. Sobre los objetivos de la segunda serie, que enseña a leer y a escribir, cf. Barbara Fowles, "Building a curriculum for The Electric Company", *The Electric Company,* CTW, Nueva York, 1971.

niños y demuestran que la instrucción debe ser presentada de manera más consistente y más precisa [...] Nuestros investigadores y creadores, que trabajan en equipo, han estudiado el auditorio para descubrir la manera más apropiada de enseñar a leer a través de estas nuevas series. Han descubierto, por ejemplo, que ese grupo de edad responde rápidamente a la música y que ésta constituye un verdadero estimulante". (Ésa es la razón por la que *The Electric Company* ha montado especialmente un grupo musical tomando a niños del grupo de edad al que se dirige la serie.) Los investigadores descubren también que "las secuencias de acción y las comedias graciosas son bien recibidas y que es considerado de mal tono reprender abiertamente a los niños de esa edad". Las series toman en cuenta esas enseñanzas. "Las series englobarán la mayoría de esos mensajes instructivos en forma cómica. La animación, incluyendo la de las letras que se mueven en la pantalla, ha recibido una respuesta verdaderamente entusiasta por parte de los niños. Capitalizaremos esos intereses utilizando una gran variedad de técnicas electrónicas y cinematográficas para animar la escritura. Asimismo, hemos reunido un elenco excepcional de actores y actrices para formar una compañía que interpretará una gama muy variada de papeles en las pequeñas comedias imaginadas alrededor de los objetivos educativos del programa. En términos de televisión, todo eso se llama el formato de revista. Esto quiere decir que el programa estará compuesto de segmentos cortos y variados y que apelará a la música, a los dibujos animados, a los *sketches* de comedia y a los efectos electrónicos programados con cuidado y ensamblados para dar el toque final al curriculum." [30]

En cambio, en los voluminosos cuestionarios elaborados por el Educational Testing Service (ETS) de la Fundación Carnegie y por los especialistas de la Fundación Ford, no se encuentra el menor indicio de pregunta que permita medir, o al menos sospechar, la acción, subliminal o no, de los formatos adoptados y de los famosos trucos técnicos tomados de la publicidad. Si los productores de la serie no ponen nunca en cuestión el marco social en el que se inscriben los personajes que animan su pedagogía, tampoco critican el marco social del medio de comunicación en el que ellos mismos están encerrados. Las evaluaciones sirven para ajustar la serie, cuyas fronteras son los "parapetos" de la "revolución de la televisión". El estudio de los efectos, tal como lo con-

[30] Joan Ganz Cooney, "Television and the teaching of reading", *The Electric Company*, CTW, Nueva York, 1971.

ciben los productores de la nueva tele-educación, busca mecánicamente la confirmación del objetivo prestablecido por ellos mismos. Se trata de administrar y de planificar los contenidos explícitos, encargados de enseñarle a los niños a contar, a deletrear y a nombrar las cosas, descuidando todo lo que no es la apariencia y la superficie de la sociedad existente (la legitimidad de la dominación del adulto, la de la competencia, la del dinero, de la propiedad...) No es demasiado apresurado decir que esas investigaciones retoman los postulados de la *communication research,* esa rama de la sociología empirista, nacida a la sombra de las empresas de investigaciones comerciales, que siempre se ha contentado con ratificar las reglas del sistema.

B. Brecht decía: "En el interés de la producción, las distracciones en la sociedad capitalista están condenadas a la no producción." Los productores de *Sesame Street* le responden que aun en el interés de la producción, las distracciones pueden estar condenadas a ser productivas. El intercambio dialéctico entre mercadeo y tele-educación que señalábamos más arriba traduce, para quien sabe leer entre líneas, mucho más que la trasferencia de nuevos esquemas pedagógicos a la industria, y viceversa. Permite comprobar cómo las normas del "taylorismo" que rigieron la práctica industrial de las grandes empresas industriales, están empezando a invadir el campo de la educación. Después de haber marcado el código del rendimiento en las fábricas, la doctrina y la práctica del "taylorismo" preside ahora la conferencia de los aparatos ideológicos para velar por la rentabilidad de las conciencias.

LA RACIONALIZACIÓN DEL CONTROL SOCIAL

Hasta el presente, los productores norteamericanos de la cultura de masas no se han inquietado por estimar el impacto de sus series, de sus revistas y de otras mercancías culturales, sobre el público, más que a través de los estudios de *rating* o sondeos de audiencia. Tampoco están preocupados por establecer una lista científica de sus objetivos. La mayoría de los libretos de la televisión comercial quedan librados a la improvisación de autores que responden a esta idea liberal de la creación y de la inspiración. Ese modo de funcionamiento de la televisión comercial se ratifica plenamente en las relaciones entre las empresas y los propósitos de los guionistas.

Uno de los creadores de *Maverick,* de *77 Sunset Strip,* de *The fugitive* y *Run for your live* daba su idea sobre las razones de la mediocridad de la mayor parte de las series de televisión. Según él, había que deplorar, en principio, falta de talento: "No podemos satisfacer las necesidades de hoy en día. Nunca, en toda la historia de la humanidad, han sido tan importantes. Nuestra civilización consume más cultura que ninguna en el pasado. Consume y vuelve a pedir. Es insaciable... En la industria del ocio no sólo tenemos necesidad de escritores de talento, sino de directores, productores, actores, editores, compositores, de todo el conjunto de creadores, y hay una gran escasez." En segundo lugar, falta de tiempo. Es imposible tener una experiencia con el público antes de la salida del programa. El autor a veces debe aceptar cuatro programas al mismo tiempo para subsistir en las épocas de carencia. El presupuesto: no intervendría más que en el cuarto o quinto lugar en la lista de los obstáculos que militan contra la calidad de las series de televisión comercial. Finalmente, la restricción de tiempo que imponen los formatos a la televisión. Sin embargo, para este guionista, la suma de esos obstáculos no es nada al lado del último escollo: la naturaleza del auditorio. "El auditorio constituye el factor más decisivo en la televisión para el tiempo libre. El hecho es que no se puede producir durante mucho tiempo una televisión recreativa admitiendo criterios de gusto superiores a los de la gente para la que se produce [...] El auditorio en masa es refractario a la novedad, a la innovación, a la provocación, al desorden, a la controversia, a la sutileza. Ese auditorio ha demostrado que prefiere caracteres de continuidad, con rasgos amables y divertidos. Es por eso que sería difícil vender libretos que ofrecieran cada semana una gama múltiple de caracteres, lugares, situaciones. Además, el auditorio de masas desea encontrar un universo moral estereotipado, se niega a aceptar el mundo tal como es, lo quiere solamente como aparece a través del cristal de las convenciones. Todo eso tiene por efecto limitar las series de televisión a un material banal, dudoso." Y después de haber señalado las dificultades que tuvo al tratar de introducir en sus guiones otro tipo de comportamiento, el guionista concluye: 'Si he dado la impresión de estar insatisfecho o decepcionado de la televisión, no era mi intención. Comparto más bien la opinión de Sir Robert Fraser que no hace mucho tiempo afirmaba: todas las personas con buen sentido saben que los individuos de espíritu superior se inclinan a pensar que la televisión no es digna de ellos. Si esas personas que han nacido bajo buena estrella no pueden hacer críticas de manera cortés y bien educada, si sus corazones no experimentan más que desprecio por el placer y el interés popular, entonces, por cierto, su desacuerdo se convertirá en descontento profundo hacia la televisión. Pero, en definitiva, no es con la televisión que están en desacuerdo, sino con el pueblo."[31] A través de prejuicios de ese orden pasa la legitimidad del perfil del "espectador medio" que admite la televisión, así como los otros medios de comunicación de masas. De hecho, lo que contribuye a uniformar los productos de la cultura de masas del imperio es la necesidad implícita de asegurar la reproducción metabólica del sistema de relaciones sociales. Los productores de las nuevas series de televisión han pensado más el problema de sus blancos.

Al mismo tiempo que significó una racionalización de los objetivos de los mensajes, *Sesame Street* fue la oportunidad para una racionalización del control del auditorio. Los equipos multidisciplinarios que están encargados de evaluar los efectos de las series aseguran el flujo de informaciones que hará posible la confección de productos particularmente bien adaptados a las diversas realidades a las que se pretende llegar. En abril de 1973, la sección internacional del taller de televisión para niños anunciaba que el primer análisis de los efectos de *Plaza Sésamo,* inaugurada poco tiempo antes en México, sobre un grupo de niños perteneciente a medios obreros, estaba terminado, y que estaban haciéndose otros en Brasil, Colombia, Chile y en los diversos países en que la serie se proyectaba. Esos análisis estaban financiados por la Fundación Ford.[32]

Esta preocupación por controlar la recepción del mensaje, que guía a los productores de la tele-educación, no es fenómeno aislado. Concuerda con las preocupaciones que tiene Estados Unidos, sus centros universitarios, las fundaciones y los organismos oficiales, de planificar los contenidos de sus exportaciones culturales cuyas probabilidades de venta han sido beneficiadas considerablemente por las nuevas posibilidades tecnológicas. "Se escuchan muchas quejas a propósito de la televisión y la prensa —se lee en un informe de la John & Mary R. Markle Foundation— y hay muchas propuestas para realizar experiencias nuevas, pero se comprueba una falta absolutamente nefasta de bases empíricas para

[31] Entrevista a Roy Huggins, "What's wrong with the television series", *Action* (Directors Guild of America), septiembre-octubre de 1969. Cf. asimismo Richard Cherry, "The economics of television series", *Ibid.*; Raymond Williams, *Television: technology and cultural form,* Fontana/Collins, Londres, 1974.

[32] Children's Television Workshop, *Editorial backgrounder: Sesame Street overseas,* Nueva York, 1973.

entablar una discusión pública, e incluso una discusión en el nivel de los expertos que se ocupan de ese campo. Hay muy pocos investigadores que consagren su tiempo a la investigación científica sobre los medios de comunicación de masas y a tratar de resolver los problemas metodológicos que plantean esos estudios. Hay una gran necesidad de estudios sobre el efecto de los medios." Y el mismo informe continúa: "Aunque se haya admitido ampliamente que los medios impresos y audiovisuales afectan profundamente nuestras vidas, se sabe poco sobre sus efectos y sobre su manera de operar. Una de las razones que explican por qué no se registra un progreso mayor en esas cuestiones, es su misma complejidad. En primer lugar, interviene gran número de factores: el medio, el estado de ánimo, la frecuencia de exposición a los medios. Por otro lado, los efectos son siempre acumulativos, es decir, no se producen sino después de cierto tiempo." [33] Este diagnóstico debería orientar toda la nueva política de investigación de la fundación que no solamente financia el taller de televisión infantil sino también los centros de comunicación más célebres de Estados Unidos, como los de las universidades de Michigan y de Stanford, centros que han prestado su asistencia a la instalación de sistemas de televisión educativa, un poco por todo el Tercer Mundo.

UN CONCEPTO DE MASAS QUE SE ESPECIALIZA

Lo que caracteriza a la cultura de masas, como su nombre da a entender, es la norma que admite para permitirse llegar a la mayoría. El receptor modal que esta cultura eleva al rango de representante de la masa y a partir del cual fabrica sus productos, no está explícitamente inscrito en un grupo social determinado. La elección de ese criterio responde, en primer lugar, a un objetivo mercantil, llegar al auditorio más numerosos posible, como lo indica el código seguido por Procter & Gamble para seleccionar el tipo de programas que la compañía debe patrocinar: "nada, en ese material, deberá ofender directa o indirectamente a un grupo organizado, por minoritario que sea, un barrio o una organización, instituciones, residentes de un estado o de una región, o una organización comercial, cualquiera que sea. El material no ha de tener que ver con las organizaciones políticas, las sociedades fi-

[33] The John & Mary R. Markle Foundation, *Annual Report,* 1971-1972.

lantrópicas y reformistas... las organizaciones atléticas, los grupos femeninos, etc. ..." [34] Pero esa elección de un prototipo de receptor, que determina los modelos capitalistas de la comunicación de masas, no obedece solamente a una finalidad comercial: participa de las teorías y de las prácticas que legitiman toda institucionalidad burguesa. En efecto, en la sociedad de clases, el modelo predominante de organización de la comunicación de masas remite, en última instancia, a la teoría de la opinión pública que tiene la burguesía. La democracia opera sobre todo a través del voto mayoritario. Las medidas y los candidatos que obtienen el voto de la mayoría son considerados como fuentes de autoridad. La opinión pública se confunde con la opinión de una mayoría que estaría pretendidamente animada por un interés común, que la haría expresarse de una manera convergente. Compatible con los modos de reproducción del sistema, esta teoría de la opinión pública legitima tanto las decisiones de sus cámaras representativas, fundadas en el principio del voto mayoritario, como la práctica de su aparato ideológico de masas. Del mismo modo que la constitución política que establece la democracia formal trata de comprender a todos los ciudadanos y no tiene otro destinatario que un ciudadano genérico, el aparato de comunicación de la burguesía no puede, so pena de abolir la condición que se autoatribuye de representar a la mayoría, desistir de su ecumenismo. Su código formal de objetividad y de imparcialidad le garantiza que pueda dirigirse a toda la población, a la opinión pública, y que no favorezca a una clase en particular. Como señalaba Gramsci, los diarios y las revistas de la burguesía, para cimentar sus públicos heterogéneos "se dirigen a todo el mundo y a nadie". El denominador común que sirve de perfil unitario al receptor de los mensajes de la comunicación de masas, es ese hombre medio, ese hombre común que, de hecho, no existe.

Cualquier manual escrito por los expertos empiristas en comunicación de Norteamérica contiene el resumen de los intereses de ese hombre común, intereses que sirven de plataforma para la creación de ese famoso consenso. Todos los hombres manifiestan: "a] interés por las luchas y los conflictos, los trastornos raciales, la competencia o la guerra; b] interés por el amor y el sexo, ilustrados en nuestra sociedad por la atención que se presta a las historias románticas, a la vida familiar, a los hijos y al divorcio; c] interés por lo raro, lo excitante, lo extraordinario; d] interés por los inventos nuevos y otras manifestaciones de lo que

[34] Citado en The Network Project, *Control of Information, Notebook* núm. 3, Nueva York, 1973.

se llama el progreso, reflejo de la aprobación que goza el cambio en nuestra cultura; e] interés por la moda y las personas distinguidas; f] interés por las situaciones que despiertan simpatía; y g] un abanico de otros temas de interés, como los ancianos y los animales." [35]

El modelo que propone la tele-educación bate en retirada ese perfil genérico e insípido de receptor y lo remplaza por un corte del auditorio según intereses específicos, intereses que, en el caso preciso, corresponden a grupos de edades particulares. Encontramos esta misma cuestión en la base de los nuevos programas de investigaciones en comunicación de algunos centros universitarios de ciertas fundaciones, cuestión suscitada por las posibilidades que abren las nuevas tecnologías de comunicación. "Uno de los grandes objetivos que polarizan en este momento la atención de la fundación consiste en experimentar un tipo de comunicación que recorta el campo de los receptores. Los medios de comunicación, tal como han sido concebidos hasta el presente, tratan de servir a un público masivo. El resultado es que las necesidades individuales no son tenidas en cuenta y que el contenido de los medios degenera hasta el común denominador más bajo posible [...] En suma, eso significa que en una nación donde cada uno es miembro de un grupo minoritario, nadie es bien atendido. Teniendo en cuenta que la población está dividida en clase, profesión, educación, raza, geografía o edad, la urgencia de un mayor número de programas especializados ha sido ampliamente reconocida por los críticos de los medios de comunicación de masas."[36] Tomar en consideración los intereses y las necesidades de cada grupo no significa evidentemente comprometer los intereses de clase que cohesionan el conjunto de los aparatos ideológicos. Los productores de *Sesame Street* lo expresan a su manera: "Hay que ayudar a los niños de los medios menos favorecidos a superar su retardo escolar y social y permitirles alcanzar a sus compañeros de la clase media en la escala educativa." [37] Es en el único sitio en que aparece el concepto de clase. Los productores de *Sesame Street* hacen, por el contrario, un gran alarde de sus reticencias respecto a ese concepto, cuando se trata de designar al público infantil al que quieren dirigirse: ese público de "niños pobres" es adjetivado con todos los eufemismos de las políticas de integración: "niños

[35] Cf. Kimball Young, *Social Psychology*, Appleton Century-Crofts Inc., Nueva York, 1956.

[37] Documento de presentación de "Plaza Sésamo" en América Latina. Cf.

[36] The John & Mary Markle Foundation, *Report on program directions*. asimismo los numerosos documentos que ha publicado el CTW en México.

en desventaja", "niños desfavorecidos", "comunidades de pocos recursos", "barrios donde reina la escasez".

UNA COMUNIDAD QUE SE DESARROLLA GRACIAS A LA TELEVISIÓN

En 1973, Jack Vaughn era nombrado director de la sección internacional del taller de televisión, con la misión de promover y de negociar la venta de las producciones del taller y de encuadrar las diversas adaptaciones en idiomas extranjeros. Jack Vaughn fue director general de los Peace Corps (los voluntarios de la paz), a fines de los 60. En ese puesto, había sido el artesano principal de la modernización, con ayuda de métodos electrónicos, de esas agrupaciones benévolas de jóvenes norteamericanos que partían para el Tercer Mundo. En efecto, fue él el primero que entendió la necesidad de formar esos agentes de la política exterior norteamericana en las diversas ramas de la tele-educación y de la tecnología educativa. Es así que, gracias a él, la Westinghouse Corporation comenzó a formar el contingente de voluntarios con destino a Brasil, Colombia, Corea del Sur y Marruecos. En Colombia, ese proceso de modernización utilizó como cobayo la enseñanza media. Un decreto firmado en 1968 por el Ministerio de Educación de ese país, elevaba al Peace Corps "a la categoría de institución consejera en materia de pedagogía". "El Ministerio de Educación, el Instituto de Ciencias, las facultades de Pedagogía y los voluntarios del Peace Corps prestarán su asistencia a los establecimientos de enseñanza media y a las escuelas normales que utilizarán esos nuevos métodos."[38] Colombia había sido elegida también como laboratorio por la Fundación Ford que, entre 1970 y 1971, repartió entre los diversos centros del Ministerio de Educación y ciertas instituciones universitarias, más de un millón de dólares para desarrollar la tele-educación, proceder a evaluaciones, "modernizar la enseñanza de la ciencia y de la pedagogía", "efectuar investigaciones y controlar el aprendizaje en el campo de la educación preescolar de los niños de las ciudades".[39] Al final del período presidencial de Johnson, Vaughn fue nombrado embajador en Colombia.

La presencia del ex jefe de los Peace Corps en el taller de televisión para niños no constituye un acontecimiento insólito, pues

[38] "Modernización y Cuerpos de Paz", *Operación Cacique,* Ediciones "Camilo", Bogotá, 1972.

[39] The Ford Foundation, *Annual Report 1971-1972.*

los principios que inspiran la producción y la distribución de las nuevas series derivan en línea recta de un concepto de desarrollo de la comunidad que, después de haber sido aplicado en las naciones proletarias bajo el signo de la Alianza para el Progreso, refluyó hacia la metrópoli para resolver los problemas que planteaban las llamadas comunidades marginales, en particular las minorías étnicas. La mayor parte de los esfuerzos realizados por los especialistas de la Fundación Ford en tele-educación en su propio país, respondían a esa necesidad de integrar las minorías a la sociedad norteamericana. Leamos algunos párrafos del informe anual de la Fundación Ford en 1971: "Otro fenómeno cuyas implicaciones son decisivas para la educación es evidentemente la creciente frustración de los grupos minoritarios. Los negros, los puertorriqueños, los mexicano-norteamericanos y los indios norteamericanos vieron durante la década del 60 que por primera vez apuntaba una luz al final del largo túnel de sus vidas, que se ha desarrollado en la segregación. Fenómeno muy comprensible, han querido nacer a la luz con un ritmo más rápido que el que la sociedad había previsto para recibirlos. Es así que se han lanzado a un nuevo tipo de acciones, más agresivas, buscando utilizar el poder político para lograr sus fines. Ciertas minorías de jóvenes activistas, en particular, han elegido nuevas formas de separatismo basadas en la identidad y el orgullo del grupo. Todos esos movimientos han tenido repercusión en las instituciones educativas que comenzaron a abrir sus puertas a un número cada vez más elevado de estudiantes que pertenecen a esas minorías. El resultado es análogo al que tuvieron las presiones ejercidas por la guerra sobre la educación superior [...] La fundación estima que el problema más delicado de Estados Unidos, es aportar a los grupos minoritarios y a los sectores pobres el gozo pleno y total de los derechos del ciudadano, gozo que desde hace mucho tiempo es objeto a la vez de promesas y de rechazos. El trabajo de la fundación va esencialmente en ese sentido." Esta ideología de la integración de los marginados sirve de eje no solamente a las perspectivas sociales de las series sino a la organización de la recepción de programas por parte de la comunidad misma.

Un primer aspecto de la presencia de esta ideología salta a los ojos de cualquier espectador atento de *Sesame Street*. Concebido en su origen para paliar "el retardo escolar y la marginalidad social" de los "niños pobres" de los guetos de las grandes ciudades norteamericanas, *Sesame Street* no podía trasgredir las reglas de armonía del sistema y sólo podía presentar un marco ideal de coexistencia pacífica inspirado a la vez en la utopía de reconciliación del poder dominante y en sus políticas de represión, bajo la apariencia de paternalismo, respecto a las minorías étnicas. En la calle Sesame, los negros, los puertorriqueños y los blancos, desprecian las barreras raciales y las divisiones sociales. Como señala *El Correo* de la UNESCO: "A diferencia de los programas repletos de violencia que habitualmente se ofrecen a los jóvenes telespectadores en la mayoría de los países, la emisión *Sesame Street* está llena de ingenio y humor. No se encuentra en ella ninguna huella de agresividad y la serie trata de inculcar la idea positiva de que no hay ningún problema que no pueda ser resuelto gracias a la cooperación." [40] La violencia que "los niñitos pobres" pueden llegar a vivir en todas sus relaciones cotidianas, y que viven igualmente en la verticalidad de la relación pedagógica propia de la serie, desaparece de su mundo por la magia del espectáculo. Es entonces cuando la expresión "revolución de la televisión" toma su sentido social, absolviendo todas las miserias del sistema.

El segundo aspecto de la presencia de esta ideología participacionista se manifiesta en la infraestructura establecida por los productores de la tele-educación para organizar la recepción de los programas. "Ninguna cadena comercial tenía experiencias para computar las necesidades educativas de las comunidades de familias de bajos recursos y, antes de *Sesame Street,* la televisión pública no tenía mucho auditorio [...] Desde el comienzo, el taller se dio cuenta de que fundamentalmente había que esforzarse por atraer telespectadores en los barrios modestos..." Desde que se inició la primera temporada de *Sesame Street* los productores encontraron un nuevo medio de promover la serie: "Entonces se puso en movimiento un plan de acción innovador en el nivel de la comunidad, insólito en los anales de la televisión, que tenía por fin estimular a los jóvenes telespectadores e incitar a sus padres a comprometerse más en la educación preescolar de sus niños." [41] Esas actividades cobraron una importancia tal que el taller creó un departamento de relaciones con la comunidad cuyo presupuesto —que alcanzaba cerca de 1 millón de dólares en 1972— superaba el del departametno de investigaciones.

Durante la segunda temporada, se eligieron catorce ciudades, en los distritos más poblados de Estados Unidos, y en cada una de ellas se fundó un centro de coordinación que tenía la función de aumentar el auditorio del programa adaptando a la educación

[40] *El Correo,* UNESCO, febrero de 1971.
[41] *A special report from the Children's Television Workshop, op. cit.*

electrónica el concepto comercial (*Business Concept*) de "servicios posventa". Esas actividades sobre el terreno, que insisten en "la venta de programas estimulando su utilización" persiguen tres fines principales: 1] explicar los objetivos de la serie a través de contactos personales; 2] aumentar las facilidades para que la gente pueda ver la serie e intensificar las actividades después de la proyección, para fortalecer el proceso de aprendizaje; 3] distribuir materiales educativos suplementarios basados en el curriculum de la serie (juguetes, pequeños folletos, revistas, discos, títeres). Se trató asimismo de motivar la participación de las organizaciones de la comunidad en el consumo "activo" de la serie. Se favoreció la creación de centros comunitarios de televisión en los barrios pobres. Un sistema original de venta y de distribución de las revistas y de los manuales fue organizado a través de las bibliotecas, los círculos parroquiales y otras organizaciones del barrio, así como seminarios para padres, asistentes sociales y maestros que les permitieran interpretar los esquemas pedagógicos de la serie e integrarlos a las actividades anexas. Todos los organismos de desarrollo comunitario, calcados de los Peace Corps, fueron movilizados. Según la opinión de los expertos del taller, esas actividades de promoción comunitaria les permitieron, durante los dos primeros años de funcionamiento, trabajar en profundidad con medio millón de niños. Para entrar aún más en la intimidad de la empresa, leamos la carta-editorial de la directora, una joven mujer —por cierto, negra— de la revista *Sesame Street*, que apareció en la versión española destinada a los puertorriqueños y a los chicanos. Esta carta es un verdadero modelo de agitación para los maestros deseosos de materializar ese concepto tradicional de desarrollo de la comunidad. "Para miles de niños en todo el país, *Sesame Street* continúa todos los días después de la emisión. Esos niños miran el programa en centros concebidos especialmente para verlo (Sesame Street Viewing Centers). Después del programa, se quedan de 30 a 60 minutos a jugar, cantar y participar en las actividades que los ayudan a comprender las lecciones que enseña el programa. ¿Cómo se constituye un centro para ver *Sesame Street*? Puede funcionar en un aula, un negocio fuera de uso, una pieza cualquiera en una iglesia. Se puede pedir a una organización local o a un comercio que donen materiales. ¡Hay que ser ingeniosos! Utilicen almohadas o cajas de cartón como muebles. Se pueden hacer bloques y juguetes con botellas de plástico, cartones de leche y cajas de huevos. Pidan libros y discos para niños en las bibliotecas. Los padres, los jubilados y los estudiantes pueden ser muy buenos maestros voluntarios. El manual para padres de la revista *Sesame Street* sugiere actividades para ayudar a aprender a los niños. Imaginen otras. Para más información, escribir a Viewing Center, Children's Television Workshop, Broadway, Nueva York..." [42]

La organización de la recepción de *Sesame Street* constituyó la prueba de fuego y la empresa más difícil de llevar a cabo a causa de la dispersión propia del público preescolar. La masificación del segundo programa *The Electric Company* se hizo más rápidamente, sobre todo a causa de la existencia anterior de una red natural de centros comunitarios frecuentados por el público escolar de 7 a 10 años. El ritmo de expansión de esa serie fue tal que el Ministerio de Educación de Estados Unidos felicitó a los expertos del taller señalando que "ninguna otra innovación había hecho sentir su impacto sobre tanta gente en tan poco tiempo".[43] (Dos meses después de su inauguración la serie era utilizada por el 23% de las escuelas primarias de Estados Unidos.) Es también a propósito de esta última serie que el taller de televisión para niños abrió nuevos frentes de experimentación para la penetración de sus modelos de desarrollo de la comunidad, basados en la televisión, en los países del Tercer Mundo. Y esta vez fue un país del Caribe el que sirvió de laboratorio. Jamaica, que fue el primer país extranjero en difundir *Sesame Street,* va también a la delantera en los planes piloto de experimentación, pues la serie *The Electric Company* sirve de punto de partida a un programa de alfabetización de adultos. En 1973, ese programa ya se trasmitía, fuera de Estados Unidos y de Jamaica, en las otras islas del Caribe, como Trinidad-Tobago, Barbados, etc. ... Para preparar la campaña, un grupo de estudiantes de la universidad de Nueva York permaneció cuatro meses en Jamaica a fin de convertir a centenares de jamaiquinos voluntarios, en promotores de los planes de alfabetización cuyo eje habría de ser *The Electric Company.* Esta campaña, patrocinada por el gobierno, se propone "alfabetizar más de medio millón de personas en el espacio de cuatro años".[44] Jamaica es también escenario de una nueva experimen-

[42] *Sesame Street Magazine,* Nueva York, diciembre de 1970.

[43] *The Electric Company in-school utilization study: the 1971-1972 school and teachers survey,* CTW-Florida State University 1972. Los expertos del taller precisan, sin embargo, en sus informes, que si el 23% de las escuelas utilizaban la serie, el 28.5%, que también disponía de televisores, se negaba a utilizarla, mientras que el resto (48.7%) no disponía de aparatos de televisión o no disponían en cantidad suficiente (pero ciertas escuelas comprendidas en ese porcentaje no adoptarían la serie si tuvieran la posibilidad de elegir).

[44] *Editorial Backgrounder,* doc. cit. La serie "The Electric Company" fue

tación del taller de televisión para niños: se ha llevado a cabo un estudio especial en esta isla para medir el impacto de la televisión y estimar su potencial educativo en niños que jamás habían sido expuestos a ese medio. Con un sistema de videocassette fabricado por la Sony, y con baterías alimentadas por un vehículo del tipo Jeep, construido por otra empresa japonesa, la Suzuki, un equipo de Harvard proyectó la serie *Sesame Street* en los pueblos de las montañas, para evaluar la reacción de los habitantes, que nunca habían estado en contacto con la televisión. En los lugares de la proyección, había cámaras que captaban en videocassettes las reacciones de los jóvenes telespectadores frente al programa. Los resultados de ese trabajo sobre el terreno fueron aprovechados en Harvard por el Centro de Investigaciones en Televisión para niños, creado por impulso del taller de televisión para niños y de la escuela de pedagogía de la Universidad, gracias a los aportes de las fundaciones Ford y Carnegie.

LA CIUDAD CABLEADA

Este tipo de operación, que hace de un programa de televisión el eje de la organización comunitaria, se inscribe en la ofensiva desencadenada por ciertos grupos de poder, en el interior del sistema mismo, para instaurar un modelo diferente de comunicación que haga posible "la participación" del público receptor en la emisión de los mensajes. Demorada durante cerca de veinticinco años, la televisión por cable está ahora a disposición del público y constituye un medio tecnológico que favorece, en principio, la ruptura de la relación vertical que definía la comunicación tradicional. El hecho de que el abanico de posibles emisores tenga de pronto la posibilidad de ampliarse considerablemente ya ha inquietado seriamente a las autoridades norteamericanas que han dictado un conjunto de decretos, para evitar la utilización anárquica de este nuevo medio. Después de la creación de esta tecnología, la cuestión de su institucionalización está en el centro de las preocupaciones. Como se señalaba en un informe de la Fundación Alfred P. Sloan, emitido en 1970: "El poder del mensaje televisado puede ser utilizado, como la prensa escrita, para gritar 'fue-

también utilizada en Estados Unidos para los programas de alfabetización de adultos (cf. el documento *The Electric Company in 1972-1973, a proposal*).

go' en un teatro repleto. ¿De quién dependerá el permiso de utilizar el sistema? Y ¿cómo se podrá asegurar que ese poder no será mal utilizado?" [45] (Sólo en Estados Unidos el gobierno teme las consecuencias políticas del empleo de ese medio. En Francia, la teledistribución patalea, mientras que ya se han iniciado discusiones sobre los sistemas de teleinformática en el Ministerio del Interior. El hecho de que no se haya inscrito ninguna previsión de gastos en el VII Plan, parece confirmar la voluntad del poder de no hacer nada que pueda favorecer en mucho tiempo el comienzo de la teledistribución.) [46]

Pero una manera de resolver en Estados Unidos la capacidad subversiva de esta tecnología, cuya aparición coincide con la pérdida de la cohesión social en el nivel de la nación entera, es ponerla al servicio de las instituciones existentes. Por ejemplo, es posible conceder un permiso para explotar un canal a diferentes comunidades para difundir obras de teatro, consultas a expertos y a hombres de ciencia, dar la posibilidad de asistir al consejo municipal por televisión y de comunicar su aprobación o su desacuerdo al representante de la comunidad. Si la aplicación de la nueva tecnología sigue el trazado de las instituciones existentes, el proceso de "democratización" de la comunicación de masas está asegurado contra toda veleidad de franquear las barreras del sistema, sin por eso dejar de dar la ilusión de "darle la palabra" a los administrados.

Los centros del poder que se encargan de preparar y de obtener esta institucionalización y de proponer medidas concretas para hacerla efectiva, son esas mismas instituciones del *establishment* que han presidido la formulación de la "revolución de la televisión" a partir de la tele-educación. Aparte de la Fundación Sloan de la General Motors, son, como ya hemos visto, la Ford, la Carnegie, la Markle. No actúan solas y su papel consiste muy a menudo en coordinar proyectos y en estimular su ejecución. Trabajan en relación con *Think Tanks* como la Rand Corporation. En 1970, esta última, fue encargada por la J. & M. Markle, de analizar los diversos aspectos de una reglamentación de la industria de la televisión por cable, en pleno desarrollo, y de determinar su potencial educativo. La misma fundación le pidió a la MITRE que determinara la factibilidad de un sistema de comunicación por cable en las zonas metropolitanas del país. También, la

[45] Joseph Newman, *Wiring the world,* a division of *US News & World Report,* Washington, 1972.

[46] Cf. Claude Durieux, "Les retards de la télédistribution", *Le Monde,* 17-18 de agosto de 1975.

Fundación Ford ayudó a crear el centro nacional de información sobre la televisión por cable. Todos esos *Think Tanks* han erigido planes de instalación de la futura "ciudad cableada" que prometen a cada usuario de la TV por cable la multiplicación de los servicios y su mejoramiento. Cada ciudadano podrá ser un contacto directo con los bancos de datos, tendrá a su disposición nuevos sistemas de alarma contra el robo, los cortes de corriente, los incendios; vivirá en una sociedad sin dinero líquido porque su televisor estará conectado con los servicios bancarios; podrá recibir cualquier documento gracias a los facsímiles; podrá hacer sus compras sin salir de su casa; en materia de distracción, se beneficiará de un programa a la carta; y tantos otros servicios que lo pondrán en contacto con los nuevos sistemas globales de información. Esos organismos, fundaciones y *Think Tanks* han abogado todos en favor de una utilización educativa de las nuevas tecnologías. La Ford y la Rand, por ejemplo, han propuesto a la Comisión Federal de Comunicaciones que se reserven en el sistema de satélites nacional dos canales de televisión que se consagrarán únicamente a emisiones educativas. ¡Han bautizado su proyecto con el nombre de "people's dividend"! [47]

El contenido de esos proyectos no varía de manera significativa de uno a otro. Como prueba, he aquí los resúmenes del plan elaborado por una de esas empresas y la Fundación Ford, bajo la dirección de Amitai Etzioni, de la Universidad de Columbia. A fin de "democratizar" la comunicación, ese plan propone que las compañías que instalen la televisión por cable en los barrios de las grandes ciudades, reserven un tercio de su capacidad de emisión a las instituciones comunitarias sin fines lucrativos. "Aunque el pueblo pueda trasmitir su opinión a los productores, por intermedio de cartas o de peticiones —dice el informe—, el diálogo sigue siendo en general casi imposible y la comunicación, la mayoría del tiempo, unidireccional. Uno de los resultados de esa comunicación unívoca es la creciente alienación de los ciudadanos en relación con los procesos sociales y políticos. Otra consecuencia se desprende del hecho de que las decisiones, al ser tomadas sin la participación del pueblo y sin tener en cuenta sus deseos y sus necesidades, son objeto de una gran resistencia." Luego se propone, en el informe, un plan "que permitirá integrar al pueblo en la toma de decisiones gracias a la influencia mutua y a la inter-

[47] Cf. Los informes de esas fundaciones y los numerosos estudios de los investigadores de la MITRE y la Rand Corporation. A título de ejemplo, John A. Farquhar, *Education and library services for community information utilities*, Rand Corporation, Santa Mónica, Calif., 1972.

acción, haciéndolo participar de lo que constituye el símbolo histórico de la democracia: la asamblea del municipio". Después de exponer, con ayuda de gráficas y cuadros, la disposición de las cámaras de televisión, de los micrófonos, conmutadores, televisores, teletipos, teléfonos y cables coaxiales y después de señalar que "el peligro que representa tal sistema de participación es que pueda ser utilizado por grupos de extrema derecha o de extrema izquierda con fines antidemocráticos", la empresa concluye, después de proponer medidas electrónicas y legislativas para luchar contra ese riesgo: "No hay ninguna duda de que MINERVA (la organización propuesta) o el sistema que la relevará, modificado por la experiencia, será parte integral de la estructura social-comunicacional de esas sociedades del futuro que demostrarán ser posibles ¡en la era de la participación de las masas que se aproxima!" [48]

CUANDO UNA SERIE SE CONVIERTE EN MODELO

"*Sesame Street* sólo ha sido el comienzo." Con ese apóstrofe la revista *TV Guide* empezaba el artículo que celebraba la salida de la segunda serie del taller de televisión para niños.

Desde entonces, el taller de televisión ha proliferado por todos lados. En 1974, la American Association for the Advancement of Science (AAS) anunciaba la salida de la primera serie médica para adultos, producida por el taller de televisión. "Las series aportan informaciones prácticas sobre la salud y las presentan de manera divertida e instructiva." [49] Pero aparte de esos casos particulares, *Sesame Street* y sus homólogas se han convertido en puntos de referencia permanentes para los industriales de la educación y los diferentes organismos del Estado encargados de aplicar la electrónica a la enseñanza. El documento al que ya nos hemos referido, remitido a Nixon en agosto de 1971, pone en evidencia la importancia neurálgica de estas nuevas series de tele-educación.[50] A par-

[48] Amitai Etzioni, Eugène Leonard, "MINERVA: a participatory technology system", *Bulletin of the atomic scientist,* noviembre de 1971.

[49] "Scientific meet to preview progress of new TV series on health for adults by creators of Sesame Street", *News Children's Television Workshop,* 20 de febrero de 1974.

[50] *Communications for social needs; technological opportunities and educational/cultural,* (Draft/outline), 7 de agosto de 1971; *Communications for social needs: technological opportunities,* a study for the President's Domestic Council: final report (NASA), 24 de septiembre de 1971.

tir de ese documento analizaremos las ramificaciones del modelo. El punto de partida de las reflexiones y proposiciones de los consejeros de Nixon está claramente expuesto: "La fortuna con que *Sesame Street* ha conseguido coordinar los talentos, los recursos y las experiencias para presentar un programa educativo que goza de aceptación nacional a millones de niños en edad preescolar, es tal vez el ejemplo más significativo del poder de las telecomunicaciones aplicadas a las necesidades del desarrollo intelectual integral." Los expertos en telecomunicación de la Casa Blanca proponen la realización de programas tipo *Sesame Street* para todas las edades, desde el nacimiento a la edad adulta. Su finalidad general es clara: "se trata de crear las bases de actitudes que favorezcan el nacimiento de un ciudadano flexible que, como muchos han presentido, será el ciudadano que necesitaremos en el siglo XXI".

Recorriendo las diversas proposiciones y los diversos balances, trataremos de aislar los puntos principales de ese proyecto:

1. Un principio general, que se encuentra a lo largo de todo el informe, bajo diversas modalidades según las franjas de edad del público joven al que se dirigen los programas, es el de la necesidad de derribar el muro que existe entre la escuela y el hogar. Las nuevas tecnologías de comunicación permitirían poner fin a la segregación entre la institución escolar y la institución familiar. "Se estima que en el año 2000, la educación será dispensada en gran parte en el hogar, de manera permanente, por vía electrónica." Los edificios escolares no deberían ser más que centrales de distribución de programas educativos por vía electrónica, centros comunitarios o deportivos, laboratorios para la práctica y lugares de experimentación artística. Al trazar esas perspectivas, los informantes no hacían sino retomar las tesis expresadas en la conferencia sobre el tema de la infancia, que se había desarrollado poco antes en la Casa Blanca: "Es posible —se dijo en esa conferencia— que la tecnología avanzada le vuelva a dar a la familia un papel de unidad en el aprendizaje. Cada hogar se convertiría en escuela, gracias a un soporte electrónico conectado a un sistema central de computación situado en un centro de enseñanza, una biblioteca de videotapes o de microfilmes regulados por computadoras y una cadena de televisión educativa de alcance nacional." Para ello, se proponen medidas concretas, como en todas las secciones del estudio. Tomemos el caso de la educación preescolar. Para responder al problema urgente que plantean las guarderías, que no ofrecen según el informe más que "servicios deficientes", se recomienda adoptar una estrategia que comprende

tres fases. "En la primera fase, los programas que tuvieran difusión nacional, serían puestos a disposición de las guarderías, las escuelas y los hogares. Serían de la misma naturaleza que *Sesame Street*. Cubrirían un espectro de edades más amplio que el de *Sesame Street* y se propondrían el desarrollo integral del niño más que contentarse con formar hábitos de prelectura o hábitos preescolares. Los nuevos programas estarían concebidos como un puente entre los servicios estándar de televisión y aquellos que, en las fases siguientes, utilizarían los cassettes y la trasmisión a doble voz. Cada programa comprendería cuatro secciones de 30 minutos cada una, difundidas todos los días de la semana entre las 10 y las 17 horas. En esa primera fase, sólo haría falta un sistema con sentido único y un aparato en blanco y negro. En la segunda fase, el material de enseñanza para los niños pequeños sería grabado en cassettes, lo que permitiría un uso flexible 'de improviso', que el profesor podría utilizar a su antojo (se formularon exigencias en ese sentido a propósito de *Sesame Street*)... En la tercera fase, se desarrollaría un sistema de doble vía. Su fin sería permitir un intercambio por una parte entre los niños y las instituciones escolares y, por la otra, de los padres en los lugares de trabajo y los niños en las guarderías."

2. El fin de la segregación entre escuela y hogar sería la ocasión de insistir sobre la importancia del papel de los padres, llamados a convertirse en los "monitores electrónicos" de sus hijos. "La falta de series educativas capaces de ayudar correctamente a los padres a asumir su papel de agentes primarios en la educación de sus niños, se ha sentido fuertemente en estos últimos años. Un primer problema concierne a toda la nación. Tiene que ver con la insuficiencia de la educación en el terreno del desarrollo del niño, su salud, su alimentación y su seguridad. Un segundo problema crucial atañe a la falta de un intento coordinado que permita poner a punto un programa de capacitación para uso de los padres de pocos recursos y de los adolescentes."

A continuación viene el detalle de los métodos que habría que aplicar para superar los obstáculos que se presenten a la realización de ese proyecto de formación de los padres. Los expertos en educación aconsejan tres tipos de salidas: a] la difusión de programas para público general; b] la instalación temporaria de un circuito de televisión de vía doble para los padres, con programas especiales de aprendizaje; c] el acceso a las videotecas. Entre los obstáculos que podrían hacer peligrar la realización de ese programa, se señala sobre todo el nivel bajo de aceptación que podría recibir por parte de los padres esta ingerencia electrónica en el corazón de sus hogares. Para sortear esa dificultad y conseguir la adhesión de los padres, forzándolos a tener necesidad, los informantes llegan hasta a sugerir "realizar programas nacionales que tendrían la intención de reducir el número de muertes de niños producidas por incendio o accidente de tránsito". Los programas preconizados estarían, una vez más, calcados del modelo *Sesame Street*; se trataría de un *Sesame Street* para adultos.

3. El nuevo sistema de electronización de la enseñanza tendría a su cargo la formación del niño desde su más tierna edad. No quedaría, en definitiva, en la vida del niño y de la madre ni un solo resquicio que escape a la influencia de los medios audiovisuales. Después de señalar que una investigación "podría demostrar que los anuncios publicitarios desempeñan un papel importante en la formación del vocabulario del niño de dieciocho a treinta y seis meses", los expertos de la Casa Blanca creen útil señalar: "La tecnología es un complemento, no un sustituto del amor de los padres que hablan y juegan con sus hijos; no puede tampoco remplazar la oportunidad de estrechar, empujar, de tirar, apilar, saltar, mascar y cortar. Sin embargo, las posibilidades que ofrecen las telecomunicaciones en su papel de servicio complementario, a menudo no se tienen en cuenta lo suficiente." Entre las posibilidades que ofrecen esas telecomunicaciones, se indica, en particuar: a] la producción de series que, sobre la base de estímulos auditivos apropiados, favorezcan el desarrollo del lenguaje en los niños de tres a dieciocho meses. "Una radio de poco costo, inofensiva, instalada en la cuna del niño y provista de un mecanismo que le permite apagarla o encenderla cuando quiera, constituiría todo el equipo"; b] la producción de series para la madre y el niño, difundidas a diario durante un cuarto de hora y que tendrían como objeto estimular experiencias de interacción entre la madre y el niño, con ayuda de materiales simples que se encuentran al alcance de la mano; c] para los niños internados en hospitales o instituciones que están privados de estímulos variados (su edad puede ir de 0 a 36 meses), la producción de videotapes que desarrollen los "estímulos" apropiados a la edad y la instalación "de un circuito cerrrado de televisión de un solo canal sobre la cama del niño o fijado al techo de su habitación, con un mecanismo de encendido que el niño puede controlar". En fin, reiterando su adhesión incondicional al modelo *Sesame Street,* los psicólogos de la infancia electronizada insisten en el hecho de que es necesario empezar a producir emisiones, sobre ese modelo, adaptadas a la más corta edad, por un lado, y a la relación madre-niño, por el otro.

4. Para coronar este universo de regimentación, ha demostrado ser útil el perfeccionamiento formativo de los educadores y unificar sus criterios para que puedan estar en condiciones de juzgar los modelos que han proliferado en los últimos tiempos sobre educación de niños pequeños. "Los medios de telecomunicación pueden ser un precioso auxilio para resolver los problemas de formación del personal de guarderías, gracias a programas concebidos por profesionales." Sistemas de video pagados, a los que se podría conectar llamando a un número y que trasmitirían programas globales para el personal de las guarderías, podrían asegurar la difusión del nuevo material educativo y las nuevas concepciones pedagógicas, al mismo tiempo que asegurarían la calidad homogénea del personal. Ese plan de formación sería del más alto interés para constituir una reserva de maestros.

5. En las raras alusiones que hacen al contenido de esas diversas programaciones, los expertos destacan la necesidad de "educar a los niños en edad preescolar en la idea de la necesidad de una coexistencia mundial y con el objetivo de proteger el ambiente". Para alcanzar ese fin, se recomienda confeccionar programas internacionales, del tipo *Sesame Street*, que buscarían promover la comprensión entre las razas, las culturas y las naciones, así como la protección del ambiente. En fin, se propone que los niños tengan a su disposición un sistema de satélites que trasmitirían, en una forma apropiada, las novedades cotidianas de todo el mundo, a ese auditorio infantil.

Ahí, sin embargo, el informe deja entrever la posibilidad de que surjan resistencias respecto al papel que estarían llamadas a desempeñar las instancias federales, en el desarrollo y orientación de esos programas "de formación ética y moral de los niños en edad preescolar". Para soslayar esas objeciones, se afirma: "El papel federal en la formación ética y moral puede ser objeto de controversias: en la década del 70, ese papel habría sido nulo. Todo el mundo parece estar de acuerdo en el presente sobre el hecho de que el desarrollo de actitudes que favorecen el sentido de la responsabilidad hacia los otros y el cuidado por la protección del ambiente físico del hombre se inscribe en el más alto grado de la escala de prioridades nacionales... Los fines internacionales serían objeto de un consenso todavía más vasto: las relaciones humanas, la ecología y la protección del ambiente constituyen una causa común a muchas naciones que podría ser enseñada eficazmente a través de programas de televisión para los niños en edad preescolar que casi siempre tienen menos prejuicios y odios y están más abiertos a las nuevas ideas y más ávidos de información que los adultos. La finalidad de tales programas podría ser tan específica como la de las disciplinas más académicas: que el niño aprenda a conocerse, a conocer a los demás y a conocer su mundo, que pueda considerar los problemas que enfrentan los hombres y que se acostumbre a valerse de esos conocimientos para resolver las dificultades."

6. En la aplicación del plan ocupa un lugar central la política de apuntalamiento de la Corporación para la Televisión Pública (CPB). En 1980, esta corporación deberá contar con una decena de cadenas ligadas por satélite y otra cadena reservada exclusivamente al gobierno. "La universidad del aire" tendrá cinco canales a su disposición, las programaciones para niños, dos, la televisión educativa igualmente dos, y el programa "High School Equivalency", tres. Los servicios públicos de televisión habrán de abandonar su situación actual de laboratorio experimental y se beneficiarán, antes del fin del decenio, con una capacidad de trasmisión mayor de la que dispone en la actualidad todo el aparato oficial de comunicación de masas.

CAPÍTULO VI

LOS SACUDIMIENTOS EN EL CINE Y EN LA PRENSA

SOBRE LAS CENIZAS DE HOLLYWOOD

La industria cinematográfica es tal vez el sector de la producción cultural que ejemplifica con mayor acuidad las presiones ejercidas por las nuevas tecnologías, por una parte, y la estrategia envolvente de sus propietarios, por la otra.

En 1969 y en 1970, la mayoría de las grandes empresas de producción cinematográfica de Estados Unidos entra en crisis. Las ocho más importantes pierden en esos dos años 300 millones de dólares.[1] La 20th Century Fox Film Corp. enjuga un déficit de 27.5 millones de dólares en 1969 y de 76.3 millones al año siguiente. La United Artists pierde 45 millones en 1970 y de los 36 filmes que produce ese año, sólo uno le significa algunos dividendos.

Las razones de la depresión van a ser buscadas en primer lugar por los administradores de esas grandes compañías en los presupuestos exorbitantes. Películas como *¡Tora! ¡Tora! ¡Tora!* de la 20th Century Fox, producidas sin embargo con la ayuda benévola de los boinas verdes del ejército norteamericano, y *¡Hello Dolly!* costaron cerca de 25 millones de dólares. Las dos fueron un fracaso impresionante. La superproducción *The sound of music,* que en 1966 fue el punto de partida de esa carrera de los presupuestos espléndidos, costó 7.6 millones de dólares y redituó 72 millones sólo en el territorio de Estados Unidos. Como comentaba tiempo después el vicepresidente de la Metro Goldwyn Mayer: "Todo el mundo actuaba como si un Dios del cine fuera a descender de un momento a otro para salvar a la gente de sus locuras, haciéndoles el regalo de un gran éxito. Todo lo que hacían era sacar sus películas y esperar el gran acontecimiento que los volve-

[1] Para recordar la crisis de las compañías cinematográficas: *Moody industrial manual,* los informes de las compañías y los diversos artículos publicados sobre la cuestión entre 1961 y 1975 por *Business Week, Finance, Dun's review, The Wall Street Journal, U.S. News & World Report, Variety, Le Film Français.*

ría prósperos."[2] A fines de 1968, el inventario de los filmes que no tuvieron salida revelaba que se había alcanzado un máximo en los costos de producción: 1.2 mil millones de dólares que estaban inmovilizados, es decir, el equivalente de la producción de tres años.

La crisis venía también a mostrar los cambios producidos en la estructura del mercado cinematográfico. La pérdida de espectadores en relación con el umbral alcanzado en 1946, se calculaba en el 75%. Las encuestas revelaban que aproximadamente el 65% de la población de Estados Unidos no frecuentaba los cines. La composición por edades del público evolucionó considerablemente. El 70% de la asistencia tiene ahora menos de 30 años. La pérdida de afición a los cines de ningún modo significa falta de afición a las películas. Es evidente que la pantalla chica desempeña un papel esencial en esta crisis. Además, los industriales del cine debían aceptar otra cruel evidencia. La disminución de los mercados extranjeros, iniciada mucho antes, se confirmaba. La importancia relativa que cobraba la producción nacional en países como Francia, Alemania, Inglaterra, Italia, México, hacía perder terreno a las películas norteamericanas. En 1972, los productores de Hollywood no sacaban más que un tercio de sus ingresos del exterior, mientras que en los años de apogeo, ese porcentaje alcanzaba la mitad y más.

La recuperación no obstante fue rápida. En 1973, las ganancias de las ocho grandes se elevaba a 168 millones de dólares. La 20th Century Fox había absorbido sus enormes déficits y declaraba ganancias de 8 millones para el ejercicio 72. En 1974, los beneficios netos de esa compañía alcanzaron 10.9 millones de dólares y eso a pesar de la pérdida extraordinaria (de más de 4 millones) que afectó a su producción de películas publicitarias. De los 70 filmes que produjo la United Artists en los tres años que siguieron a su gran *crack*, solamente dos fueron deficitarios y esos filmes no costaron en promedio más de 1.5 millones de dólares. A fines de 1973 la Paramount Pictures Corp. anunciaba que su película *El Padrino*, que le costó 6 millones de dólares (una excepción en las producciones de la compañía, que había fijado en 2 millones el costo medio de las películas de ese nuevo período), le había redituado ya 119 millones de dólares e interpretaba la hazaña como "el más grande éxito financiero de la historia del cine". En ese enderezamiento de la industria del cine norteamericano, la MCA-Universal también se vio favorecida. En

[2] *Business Week*, 23 de junio de 1973.

1975, su película *Jaws* (Tiburón), 45 días después de su estreno en Estados Unidos, había recaudado 80 millones de dólares. Por primera vez, la empresa anunciaba que las ganancias de su división cinematográfica sobrepasaban las de sus programas de televisión y que sus ventas se habían duplicado en los últimos cuatro años. La Columbia, cuya crisis se declaró más tarde, con una pérdida de 28 millones en 1971, tuvo tres años seguidos de déficit. En 1975, los industriales del cine se volvieron optimistas. En el año anterior, las taquillas de los cines habían recaudado en Estados Unidos 1 900 millones de dólares de ingresos brutos, la suma más elevada desde 1946 y, aunque el dólar no tenga el mismo valor que en esa época, eso significa, de todos modos, un aumento de más del 25% en relación con los años anteriores.

Bajo estas cifras, está la reconversión sistemática a la que Hollywood ha sido sometido. Para el hombre de la calle, la crisis se había condensado en la imagen de subasta de esta inmensa reserva de decorados y trajes que han poblado las grandes epopeyas de la Metro Goldwyn Mayer y que se disputaban los millonarios, los coleccionistas fetichistas y los museos. En el mundo de los negocios, al principio se tradujo en una verdadera purga en los consejos de administración de las compañías cinematográficas. De los 14 miembros del consejo de la 20th Century Fox, sólo uno quedó en funciones. Y con razón: era el propietario de la inmensa cadena homónima de diarios: William Randolph Hearst Jr. La dinastía de los Zanuck, que presidió los destinos de la compañía durante 36 años, fue literalmente expulsada de los puestos de dirección y remplazada por un hombre de 47 años, que siete años antes se conformaba con estar a la cabeza del departamento de adquisiciones de nuevas propiedades de otro grande de la prensa, Times Mirror Co.

El perfil de las compañías cinematográficas ha cambiado considerablemente. Han entrado a depender de los conglomerados y sus líneas de producción se han diversificado. Vamos quiénes son los nuevos propietarios y qué actividades ejercen ahora esas empresas.

Antes de la segunda guerra mundial, cinco grandes ocupaban la escena con otras tres de tamaño mediano. Las cinco grandes eran Paramount, 20th Century Fox, Metro Goldwyn Mayer, Warner Bros, RKO. Las otras tres, Columbia, Universal y United Artists (esta última, fundada después de la primera guerra mundial por Chaplin, Griffith, y Douglas Fairbanks, no poseía estudios y coordinaba las producciones independientes de la época). Hacia 1950, una decisión de la Suprema Corte de Estados Unidos había prohibido a las cinco grandes combinar la función de productora-distribuidora y el servicio de explotación de las salas de exhibición. En esa época, la Paramount Pictures Inc. se disolvió y nacieron dos nuevas compañías: Paramount Pictures Corp. (producción y distribución) y United Paramount Theatres (explotación); esta última fue pronto comprada por la cadena de televisión ABC que en ese momento empezaba sus actividades y que sumó así 400 salas de cine a sus propiedades. La RKO (Radio-Keith Orpheum) se subdividio en RKO Pictures y en RKO Theatres. El año siguiente las 385 salas de la 20th Century Fox se convirtieron en propiedades de una nueva compañía, la National Theatres. En 1953, la Warner Bros. se desdobló en Warner Bros. Pictures y Stanley Warner Corp. (340 salas). Finalmente, la Metro Goldwyn Mayer se independizó de la Loew's Corp. que se quedó con 117 cines que, en su conglomerado, siguieron coexistiendo con sus cadenas de hoteles, sus empresas de construcción y su fábrica de cigarrillos Kent (Lorillard). Desde entonces, todavía se operaron muchas modificaciones, algunas, la mayoría, recientemente; otras, hace mucho tiempo.

La RKO desapareció pronto del panorama de las grandes de la producción cinematográfica. La mala gestión de su propietario, Howard Hughes, la eliminó en la década del 50. Sin embargo, la razón social sobrevivió y la RKO es ahora una filial del fabricante de neumáticos y de material aeroespacial General Tire & Rubber Co. Esta filial tiene bajo su égida 123 salas de cine; produce programas de televisión y, a través de la compañía Cablecom General, figura entre las diez primeras empresas de televisión por cable de los Estados Unidos.

Las azarosas inversiones en los cabarés y los casinos de Las Vegas que hizo su propietario estuvieron a punto de comprometer definitivamente el porvenir de la Metro Goldwyn Mayer. En septiembre de 1973, se vio obligada a reducir de manera draconiana sus negocios cinematográficos, limitando sus nuevas producciones a dos películas "de calidad" por año. Anunció, asimismo, la venta de sus redes de distribución de filmes en Estados Unidos y en ultramar, salas de exhibición que poseía en el exterior y de los estudios que todavía le quedaban. En los dos años anteriores, había tenido que vender sus estudios en Inglaterra, sus cines en África del Sur, una compañía de edición de discos, gran parte de su equipo de filmación y algunos de sus edificios. Después de bastantes tribulaciones, el gran hotel casino de Las Vegas fue inaugurado por la Metro Goldwyn Mayer en 1973. Y esa vieja aristócrata del cine obtiene de allí el 60% de sus ganancias netas.

Veamos en detalle la historia reciente de la Warner y de la Paramount.

DEL FEMINISMO AL TURISMO

La Warner Bros. Seven Arts. forma parte, desde julio de 1969, del conglomerado Kinney Services Corp., cuyo comercio principal, a principios del decenio, era las pompas fúnebres. Esta empresa, que desde sus comienzos ha acumulado, aparte de sus cadenas de supermercados, tintorerías, servicios de plomería, de estacionamientos y de otras propiedades en el terreno de la producción cultural, ha restructurado su nueva filial. La Warner Communications Corp. (así fue rebautizada) comprende ahora cinco divisiones: la división editorial está compuesta por siete empresas, entre las cuales se destaca muy en particular la National Periodical Publications, adquirida por Kinney en marzo de 1968, que es una de las más grandes editoriales de historietas del mundo (es la que publica *Superman, Batman*). El mismo Kinney había puesto el primer jalón en el mercado internacional del libro comprando la empresa londinense Thorpe & Porter. Al mismo tiempo, se convertía en propietaria de las ediciones Williams y penetraba en Francia bajo la cubierta de una pequeña editora en sus comienzos, las ediciones J. C. Lattés que, además de traducciones de novelas, introducía otra tanda de historietas norteamericanas.

Integrada a un conglomerado, la división editorial, más abiertamente que otras, ya ha manifestado las nuevas prácticas políticas de los gigantes de la economía norteamericana. En 1973, la Warner daba bruscamente la orden de suspender la publicación de la obra de Noam Chomsky y E. E. Herman, *Baños de sangre* (Bloodbaths, en los hechos y en la propaganda) y despedía al personal del departamento que había aceptado el manuscrito y preparado la edición de esa requisitoria valiente contra la política genocida del imperio en Vietnam. A principios del mismo año, Warner patrocinaba el lanzamiento de la revista femenina *Ms*, de gran éxito. En mayo de 1975, el Women's Liberation Movement denunció la impostura: "*Ms* aparece para muchos como la portavoz del movimiento de liberación de la mujer. Pero actualmente ha sustituido al movimiento, impidiendo expresarse a las auténticas militantes y a las ideas que profesan. Las ramificaciones de *Ms* proliferan en muchos sectores (programas de estudios sobre la mujer, espectáculos de TV, organizaciones feministas), creando dobles y sustituyendo muy a menudo a las militantes auténticas y a los grupos que irradian el movimiento. Es público y notorio que la principal estrategia de la CIA es crear o mantener organizaciones 'paralelas' que proponen una alternativa a las posiciones radicales." [3]

La división Entretenimientos reagrupa a las antiguas propiedades cinematográficas de la Warner Bros. Seven Arts., a las que se han sumado las numerosas casas de dicos que compró Kinney en los últimos años. De esos estudios salen las películas, que no representan más del 40% de las ventas de la Warner Communications Corp. La división de TV por cable fue construida en un tiempo record. Entre 1971 y 1972, el conglomerado Kinney absorbió cuatro de las más grandes redes de teledistribución de Estados Unidos, operación que la catapultó al segundo lugar, detrás de Teleprompter. Esta celeridad testimonia la lucha sorda que entablan los viejos productores de la cultura de masas para poner su mira en los nuevos medios, llamados comunitarios, nacidos al margen de los monopolios.

Al introducirse en el mercado de la pedagogía –otra de sus divisiones– Warner Communications Corp. refleja los nuevos movimientos del conjunto de la industria cultural de Estados Unidos. En 1972, Kinney se apoderó de la Goldmark Communications Corp., fundada años antes por el famoso Goldmark, pionero de la televisión en colores e inventor del videocassette de la CBS. Al aceptar colocarse bajo la égida de la Kinney, Goldmark hizo la siguiente declaración a la prensa: "Estoy verdaderamente embelesado al ver las nuevas vías que abre la técnica del video a la educación y quisiera contribuir a hacerla más apetitosa –y más vendible también– al hacerla más divertida [...] Mi ideal es realizar una larga serie de programas del tipo *Sesame Street* que se dirigirían a cada edad en particular, desde los más pequeños a los más grandes." [4] Señalemos de paso que Kinney es también propietario de una empresa de equipos audiovisuales, Panavisión.

La división más reciente de la Warner Communications Corp., Jungle Habitat, es una especie de gran parque zoológico, arreglada según los *cartoons* de la antigua Warner. En las estrategias de diversificación de las empresas cinematográficas de Estados Unidos, ese género de iniciativas no es una excepción. En 1975, la Fox Realty & Development, una división de la 20th Century Fox,

[3] *Redstockings of Women Liberation Movement,* Press release, Nueva York, 9 de mayo de 1975.

[4] *Business Week,* 8 de enero de 1972.

decidió consagrar 400 millones de dólares a la construcción de dos parques de diversiones (Movieland) en el sur de California, donde piensa integrar lo que le queda de sus viejos estudios. Hace diez años, la Fox ya había convertido algunos de sus antiguos estudios en conjunto habitacional, conocido con el nombre de Century City Complex. Esta diversificación sigue el modelo instaurado por una de las únicas compañías cinematográficas que seguía floreciente durante la época de las vacas flacas, Walt Disney Corp. Entre 1968 y 1972, la cifra de ventas de esta empresa subió de 167 a 329 millones de dólares. El 68% de esa cifra proviene de los parques de diversión Disneyland de California y Disneyworld de Florida (que también costó 400 millones de dólares). Las grandes cadenas de televisión de Estados Unidos no se han quedado a la zaga. La CBS, que hace unos años había logrado adquirir el famoso circo Barnum, también decidió reconstituir la vida de los animales en su medio natural y presentar en ese marco espectáculos de todo tipo. La ABC es propietaria de tres grandes parques de atracción en los que el visitante puede admirar la belleza natural de los lagos gracias a embarcaciones con fondos trasparentes y los espectáculos submarinos de las nuevas sirenas (Weeki-Wachee Springs, San Francisco, Florida).

Todas estas creaciones trasportan de la pantalla a los terrenos de la recreación, las figuras favoritas de la cultura de masas y hacen florecer allí sus arquetipos. Los territorios "naturales" que Rico Mac Pato, Donald y sus sobrinos buscaban ávidamente durante sus periplos incesantes fuera de la metrópoli y que ofrecían a sus lectores como ese suplemento de alma que se mendiga en las regiones periféricas del globo, surgen por todos lados, esta vez en el corazón del mundo contaminado. Esta fórmula del exotismo al alcance de la mano, con gran refuerzo de los personajes popularizados, apareció como la mejor manera de remediar la baja que registraba la venta de productos tradicionales, como por ejemplo, las revistas de historietas, al mismo tiempo que permite que esos mitos se revitalicen en función de las nuevas demandas de consumo familiar que hace nacer la sociedad turística. Sin desdeñar el hecho de que las numerosas compañías de construcción y las fábricas de cemento, que muchas empresas se anexaron en su diversificación, han encontrado allí donde ubicarse... Después de la ITT, la RCA, la Westinghouse, nuevas constructoras y arquitectas, ¿acaso la CBS no ha comprado la empresa de construcción Klingbeil Co.?

MISIÓN INCREÍBLE PARA LA GULF & WESTERN

La evolución más interesante es sin ninguna duda la que sufrió la Paramount Pictures Corp.,[5] evolución determinada por el momento en que se encontró incorporada a la Gulf & Western Industries Inc. En 1958, la Gulf & Western (¡no confundir con la Gulf Oil!) no existía y la compañía con la que inició sus actividades, la Michigan Bumper Co., especializada en la fabricación de cromados, sólo ostentaba una cifra de 182 millones. Diez años más tarde, después de haber tomado más de cien compañías, la Gulf & Western reconoce ventas por 2.3 mil millones de dólares. En 1966 la Gulf adquiere la Paramount Pictures Corporation. Ese mismo año, otras seis compañías vienen a recalar en su seno. La más importante es sin duda la New Jersey Zinc Co. que le permite acceder de un día para el otro a una posición importante en la industria de los minerales y la petroquímica. Adquisiciones efectuadas en los años anteriores la habían introducido en el campo de la producción de automóviles, aeroespacial y electrónica.

En 1967, la Gulf crea su nuevo grupo Leisure Time, constituido por la Paramount y productora de guiones de televisión Desilu Productions Inc., comprada ese mismo año. Forma igualmente parte de esta división reciente, la Famous Players Corp. una de las cadenas más grandes de cines de Canadá (308 salas), donde la Gulf detenta la mayoría de las acciones. Esas salas se suman a muchas otras que posee en Francia (Parafrance) y en Gran Bretaña. En su división electrónica, ese mismo año 1967, anuncia la fabricación de equipos de televisión por cable. En los otros sectores de actividades, 1967 es también el año de la creación del grupo agrícola. Lo hizo posible la adquisición de la South Puerto Rico Sugar Co., la compañía azucarera más grande de Santo Domingo. Y, de hecho, la Gulf fue la principal beneficiaria —muchos lo reconocen— de la invasión de marinos norteamericanos en 1965. Como si la ficción no hubiera esperado más que a la realidad para producirse, fue también en 1967 que comenzaron a ser lanzadas las famosas series de televisión *Misión imposible, Mannix,* que se suman a un programa más antiguo, *Lucy.*

En 1968, la Gulf afirma seriamente sus posiciones en el terreno de la explotación de sistemas de televisión por cable. Acumula en esa fecha la suma apreciable de 200 000 suscriptores canadienses y norteamericanos, y pretende que su potencial es de 800 000. Ese mismo año, que ve salir de sus talleres de producción películas

[5] Gulf & Western Industries, *Annual Report 1966-7-8-9-1970-1-2-3.*

como *Romeo y Julieta, Barbarella, El bebé de Rosemary,* suma a sus propiedades una fábrica de cigarros (Consolidated Cigar Corp.) y de papel (E. W. Bliss Co.). En 1969, es el apoteosis de sus negocios en la República Dominicana. El gobierno de ese país firma un contrato con ella para desarrollar la zona industrial libre de La Romana. En su informe anual, la Gulf destaca el caracter "increíble" de ese privilegio: "Es la primera vez, en la historia del comercio internacional, que una nación, por decreto especial del Parlamento, designa a una compañía privada para desarrollar y hacer funcionar una zona libre para el gobierno. La zona libre permitirá a las compañías norteamericanas y extranjeras construir y hacer trabajar las industrias livianas beneficiándose de una exención de impuestos durante 20 años, de una mano de obra abundante y barata, de costos de producción muy bajos y de un buen sistema de trasportes y de comunicación. Hemos comenzado a limpiar los terrenos y la construcción de las fábricas está en marcha. La Gulf Western ha entrado en el mercado del turismo en el Caribe restaurando un hotel en el territorio de La Romana y proyectando la construcción de otro establecimiento en Santo Domingo." [6]

Siempre en 1969, la Paramount funda su Special Film Projects Division, encargada de producir películas educativas, series para las diversas agencias gubernamentales y para las empresas. Al comprar una nueva casa de ediciones musicales, quiere recordarle al consumidor que también está plenamente lanzada en la industria del disco. En el festival de Cannes, gran éxito de *If,* otro filme de la Paramount. En Canadá, Gulf agrega a su cadena de cines 14 locales, subiendo a 368 el total de sus adquisiciones. Decide construir 28 salas nuevas, la mayoría en los nuevos *shopping centers.* Más que una compañía de distribución de tiempo libre, su filial, la Famous Players es, sobre todo, una de las principales propietarias de tierras y de edificios de Canadá. Alrededor de los cines, la Famous compra y urbaniza los terrenos. Posee enormes extensiones y gran cantidad de inmuebles en 136 ciudades. Sin embargo, la suerte no le sonrió en todos los campos en 1969. La legislación canadiense que limita la propiedad extranjera sobre los medios, frenó la progresión de sus cadenas de TV por cable.

En 1970, previendo que muchas compañías cinematográficas pronto no podrían distribuir más por sí solas sus producciones, la Paramount Pictures forma con la Universal, la Cinema International Corp., una sociedad de nacionalidad holandesa que dis-

[6] Gulf & Western Industries, *Annual Report 1969.*

tribuirá las películas de las dos asociadas, así como las de la Metro Goldwyn Mayer, fuera del territorio norteamericano y canadiense. Cada una de las dos compañías es propietaria del 49% de las acciones. Vayamos a 1972. El panorama anterior se amplifica gracias a la formación de una división especializada en la organización de viajes y de giras turísticas con un nombre evocador, Camino Tours, Fun in the Sun Tours y Hawaian-Polynesia Tours. La filial de televisión por cable elige también ella un nombre prestigioso, Athena Communication Corporation. En la industria del deporte, Gulf ha incrementado sus inversiones en el Madison Square Garden Corporation y ha acentuado su poderío sobre dos famosos clubes de *hockey* y de *basket-ball*. En Estados Unidos, ha inagurado cadenas de hoteles. En el exterior, se inicia en la edición de textos pedagógicos. En 1972 entra a formar parte de la editorial italiana Fratelli Fabbri, propiedad de la FIAT.

Siempre en 1972, Paramount inaugura un nuevo estilo en la administración de la producción cinematográfica. Anuncia la formación de la compañía de directores que reúne a tres jóvenes y brillantes directores (Bogdanovich, Friedkin, Coppola) y precisa "que gozarán de la mayor libertad artística". Ese año, el cine y la televisión proveen al conglomerado el 14% de sus ventas totales.[7]

En 1973, la Gulf termina la construcción de dos cines en Londres, en Picadilly Circus. Tiene participación en los relojes Bulova. En el campo de los recursos naturales, su división New Jersey Zinc obtiene acciones en dos compañías productoras de carbón, petróleo, y gas natural, tratando de resolver de esa manera la crisis de la energía, después de haber suscrito acuerdos de coproducción con la compañía belga Royal Asturienne des Mines y concebido un programa de exploración geofísica con Brasil.

En febrero de 1975, Gulf & Western anunciaba su decisión de comprar una de las últimas editoriales de Estados Unidos que habían quedado al margen de los conglomerados, la Simon & Schuster. Ese mismo mes, Charles Bluhdorn, presidente de la Gulf, acusó al gobierno norteamericano, frente a un auditorio de 500 directores de empresas, de tener una política débil respecto de los países "que se apoderan del patrimonio del mundo libre, amasado a costa de tantos esfuerzos durante los dos últimos siglos". Al final de su intenvención, exhortaba a llevar adelante una ofensiva contra los "miembros del trust petrolero de los países árabes".[8]

[7] Gulf & Western Industries, *Annual Report 1972.*

[8] Tahrir, *Bulletin de liaison entre le monde arabe et l'Amerique Latine,* núm. 2, Roma, 1975.

Un año antes, casi día a día, la Motion Picture Association of America (MPAA), representando a todos los estudios de distribución de Estados Unidos, salvo Walt Disney, anunciaba que empezaba un estudio para "evaluar" los pagos de los países del Cercano Oriente por las películas norteamericanas que importaban, afirmando que no se trataba de una represalia contra los países árabes. El presidente de la MPAA, Jack Valenti, declaró que ese estudio podría tener como resultado "un reajuste realista de los precios que obtenemos por nuestros filmes en ciertos países cuyas tesorerías están congestionadas a causa de las tarifas elevadas que han fijado ahora para algunos productos como el petróleo". La MPAA hacía saber que el inspirador de esa medida no era sino Charles Bluhdorn, presidente de la Gulf & Western.[9]

UN NUEVO MERCADO

Las que en otros tiempos habían sido las hermanas menores, United Artists, Universal y Columbia, ahora forman parte de conglomerados. Y la distancia que las separaba de sus hermanas más grandes (las "mayores") se ha esfumado.

En abril de 1967, United Artists fue definitivamente absorbida por la Transamerica Corp., una compañía que opera en bancos, líneas aéreas, seguros, agencias de alquiler de automóviles, empresas de mudanzas, casas de crédito y dispone de otras treinta ramas.

Universal Pictures se convirtió en una división de la importante Music Company of America (MCA) que, además del control que ejerce sobre numerosas casas de discos (Decca Records con las marcas Kapp, Uni, Coral), se ha metido en el comercio de los seguros y el crédito (Columbia Savings & Loan). Una de sus últimas creaciones, que data de 1972, la MCA Disco-Vision Inc., consagrada a la investigación y al desarrollo del videodisco indica una de sus líneas futuras de producción. Su primer videodisco deberá salir en 1976. Pero no ha de sacarlo sola. En 1974, dando un paso adelante hacia la estandarización mundial de ese nuevo medio y ratificando una vez más el acercamiento entre los fabricantes del *hardware* y del *software*, la MCA se asoció con la empresa holandesa Philips y, finalmente, es el sistema común Philips-MCA de videodisco el que será lanzado al mercado. Philips fabricará los televisores y la videograbadora, mientras que la compañía norte-

[9] *Le Film Française,* 8 de febrero de 1974.

americana verterá en los videodiscos sus existencias de películas, así como los nuevos programas que prevé realizar para la circunstancia. Otros rumores corren en Hollywood. La MCA alienta a la Philips a lanzarse a la industria cinematográfica.

La Columbia Pictures Corp. presta su nombre a una empresa que en los últimos años no ha dejado de diversificarse en el terreno del tiempo libre y de la educación: la Columbia arregla ahora oficinas para estudios de la opinión pública, sobre los que volveremos luego, casas de disco (Bell Records), productoras de programas de televisión (Transworld Productions, adquirida alrededor de 1970 y que vino a sumarse a la Screen Gems, una de las antiguas dependencias de la Columbia). La Learning Corp. of America atestigua, junto a estas últimas, la preocupación pedagógica de la Columbia. Signo de los tiempos, la Columbia y la Warner han decidido poner en común sus equipos y los viejos estudios de Burbank son utilizados por una y otra. Pero cada una conserva su administración propia. En 1973, las dos compañías invirtieron más de 3.5 millones de dólares en la compra de 3 estudios especializados en la producción de videotapes y de programas de televisión en general. Con la United Artists, la Columbia explota una red de televisión por cable, una de las diez más importantes de Estados Unidos.

Todas estas gestiones indican el acercamiento entre el cine y la televisión. La producción de programas de televisión se ha convertido para la mayoría de esas empresas, con un sesgo u otro, en un objetivo central. En 1972, más de dos tercios de la producción de la Universal, que sin duda es la empresa que se ha lanzado más decididamente por ese camino, estaban destinadas a la pantalla chica. En esa fecha, no había menos de 12 series en las grandes cadenas de televisión norteamericanas, entre las que estaban las célebres *Ironside, Adam 12, Marcus Welby.* La producción anual se elevaba a 320 horas de filmes en colores, es decir, cuatro veces más que lo que producía el estudio cinematográfico más grande en los años 30. En esa época, cada compañía rodaba un promedio de 50 películas por año, lo que representaba un total de 80 horas. Fue igualmente en 1972 cuando la industria cinematográfica norteamericana da origen a un comité de coordinación del filme y de la televisión e inicia la filmación de series que llevan a la pantalla chica las películas que habían tenido éxito en la grande. Ejemplos: *Ana y el Rey,* filmada por la CBS; *Mash,* que se trasforma en serie gracias a una coproducción ABC-20th Century Fox. Esas iniciativas hicieron que las compañías afirmaran, con cierta precipitación, que "la televisión estaba entrando en un nuevo período caracterizado por el aumento de la calidad".

Paralelamente, la adquisición de redes de teledistribución y el perfeccionamiento de los sistemas de videocassettes y de videodiscos preparan el terreno a una nueva forma de comercialización de la reserva cinematográfica de cada compañía. A propósito de las posibilidades que abre la televisión por cable, pagada, el presidente de la Universal declaraba: "Nuestra compañía posee una reserva de 2 000 filmes. Suponiendo que sólo 200 sean de suficiente calidad para ser relanzados en el circuito y suponiendo que recojamos 2 dólares de regalías por televisor, el monto de las ventas sería más alto que el ingreso bruto que hemos percibido al principio con la distribución de 2 000 películas. Aun si no hubiera más que un 10% de hogares norteamericanos que quisieran ver esos filmes, las cifras seguirían siendo gigantescas." Y agregaba: "Si cada familia se conforma con comprar 3 películas por año a través de la TV por cable, las ventas alcanzarán el equivalente de mil millones de dólares, es decir, el monto global de las entradas de cine en 1973." [10]

Las decisiones de ese tipo se han multiplicado. La Warner comenzó, en sus numerosas redes de teledistribución, una experiencia piloto en 1973, ofreciendo a sus suscriptores 8 películas mensuales por 5 dólares. Las cadenas hoteleras fueron los mejores clientes. La Columbia ofrece sus filmes a 3 dólares en 39 hoteles de Canadá, Inglaterra y Estados Unidos. Según sus estadísticas, cerca de la cuarta parte de los huéspedes solicitan el espectáculo. La compañía hotelera percibe el 10% del precio. Esta alianza se ha formalizado en el plano internacional y asistimos a la creación de empresas especializadas en una nueva forma de gestión hotelera, el hotelevisión: por otro lado, ése es el nombre que ha adoptado la unión de la Columbia con la empresa cinematográfica inglesa Rank Organization, propietaria de numerosos hoteles. Y, como si se tratara del estímulo de un nuevo género, la Rank no deja de perseverar en la adquisición de palacios (en febrero de 1973 compró la Butlin's Ltd. una de las más grandes cadenas hoteleras de Europa). Los hospitales y las guarderías constituyen otro mercado que ha provocado a su vez la formación de empresas de coexplotación donde encontramos a un fabricante de equipos que proporcionará el material para la constitución de la red, una empresa especializada en la administración de esos sistemas y la empresa cinematográfica que propone su existencia.

[10] *Business Week*, 23 de junio de 1973.

Es así como la 20th Century Fox se ha aliado al fabricante de equipos Bell & Howell y a la Primary Medical Communications, que le aportaba su experiencia en el medio hospitalario. Antes de unirse a la 20th Century Fox, esta compañía se consagraba a proveer mediante videocassettes y televisión por cable, programas de formación posuniversitarios de interés para las profesiones médicas y paramédicas.

Al mismo tiempo que esas modificaciones se producían en las estructuras de la propiedad de las grandes empresas, apuntaron nuevos intereses menores en la industria cinematográfica. Muchas empresas se dotaron de pequeñas productoras. La Bristol Myers, una de las más importantes compañías de productos farmacéuticos, trasformó a la Palomar Pictures International, fundada por el jefe de programación de la cadena de televisión ABC, en una de sus filiales y decidió realizar un conjunto de filmes para el público infantil y familiar. La Xerox alentó la formación de una pequeña agencia de producción, Cinema X. Más importante, la Embassy Pictures Corp., fue anexada en mayo de 1968 por la AVCO, la empresa aeroespacial bien conocida. El líder norteamericano del juguete, Mattel Inc., creó la Radnitz-Mattel Productions, y decidió establecer una relación estrecha entre su producción cinematográfica y su industria del juguete educativo. Sin llegar a crear departamentos especiales, muchas compañías conocidas han invertido en la producción de algunos filmes. Es así como el filme *El asesinato de Trotsky* fue financiado por la empresa norteamericana Greyhound, especializada en trasportes por carretera y en conservas. La Fleetwood Enterprises, fabricante de casas rodantes, inauguró sus actividades cinematográficas con *Hammersmith,* interpretada por Elizabeth Taylor y Richard Burton. El *Reader's Digest* ha producido *Tom Sawyer.* Y *Playboy, Mac Beth* de Polanski. Se han creado especialmente sociedades de inversiones cinematográficas para facilitar la participación del capital individual en la producción. *The great Gatsby,* por ejemplo, fue producida en colaboración con la Paramount por una asociación de ese tipo, Fitz Service Co., formada con esa única finalidad y compuesta por 18 inversores privados que aportaron 100 000 dólares cada uno, correspondiendo los otros 4.8 millones a un préstamo otorgado por el Chemical Bank de Nueva York. Algunos despachos de abogados o de consejeros financieros han hecho una especialidad de la creación de ese tipo de asociaciones.

LOS ÉMULOS EUROPEOS

En los países europeos, la industria del filme también ha conocido una fase de restructuración. Uno de los casos más interesantes es el de Inglaterra. La crisis se desencadenó en forma precoz en relación con los otros países europeos. Sin duda, esta precocidad no fue sino el resultado de un nivel más alto de desarrollo tecnológico que habían alcanzado en ese país los medios electrónicos, donde la televisión, que había empezado en 1954, alcanzaba su umbral de saturación en 1968. Por algo es que Inglaterra ya ha puesto a punto satélites tan sofisticados como los satélites de comunicación militar. La crisis del cine tuvo allí una envergadura de la que son testimonio las cifras. En 1946, el número de entradas vendidas en las taquillas se elevaba a 1.6 mil millones. En 1972 descendió a 182 millones y el número de salas había bajado de 4 703 a 1 510.[11] En Francia, esa misma crisis se manifestó a través de las siguientes cifras: en 1957 había exactamente 5 723 salas. En 1973 quedaban 4 213.[12] Por entonces, la pérdida de espectadores en relación al año tope, que fue por el 50, se elevaba en Francia al 58% y en Gran Bretaña al 90% (como referencia: en Italia no era más que del 34% mientras que en Alemania y Japón, alcanzaba el 83 y el 80% respectivamente.[13]

Cada vez más las compañías de cine británicas se convierten en divisiones minoritarias de conglomerados. Veamos la evolución reciente de dos de las más importantes, la Associated British Pictures Corporation (y su cadena, Associated British Cinemas) y la Rank Organization. En 1969 –fecha en que las inversiones de empresas cinematográficas norteamericanas que dominan la industria del filme en Inglaterra se reducen en un 40% como consecuencia de la crisis que afecta a Hollywood– la EMI (Electric & Musical Industries) asume el control integral de la Associated British Pictures Corp., en la que ya poseía parte.[14] Con esta última, EMI heredaba no solamente una productora cinematográfica y una cadena de cines muy importante, sino también una sociedad de pro-

[11] Para un análisis global de los medios en Gran Bretaña, cf. G. Murdock y P. Golding, "For a political economy of mass-communication", en R. Miliband y J. Saville (comps.), *The Socialist Register 1973*, Merlin Press, Londres, 1974.

[12] "L'événement: le cinéma français", *Le Monde*, 29 de enero de 1975. Para un análisis de la industria del cine en Europa, cf. Claude Degand, *Le cinéma cette industrie*, Editions Techniques et Économiques, París, 1974.

[13] *Le Film Français*, 31 de enero de 1975.

[14] Sobre la evolución de la EMI y de la Rank Organization, cf. las fichas *Informations Internationales*.

ducción de programas de televisión cuya marca vemos aparecer cada vez más frecuentemente en la pantalla chica, la Thames Television Ltd. en la que controla más del 50% de las acciones. En 1970 se le añadió una nueva adquisición, la "Prime Presentations Ltd.". La EMI se encuentra por lo tanto a la cabeza de un complejo cinematográfico que cubre todos los estadios de esta industria: producción, distribución, explotación de salas. Pero, de todas maneras, sus intereses en la industria del cine no representan más que el 15% de sus ventas. Su producción principal sigue centrada en la industria del disco (55% del total). Es, en efecto, la principal compañía del mundo en edición musical. Controla más del 20% del mercado mundial y sus numerosos estudios de grabación sonora o visual, establecidos tanto en Gran Bretaña como en el exterior, manufacturan más de 16 marcas de difusión (discos Marconi, Pathé, La Voz de su Amo, Electrola, Capitol, etc.). Supera a todas las grandes compañías norteamericanas de difusión musical (RCA, CBS, Warner...).[15] Aparte de la fabricación de una extensa gama de aparatos de radio, televisión, tocadiscos y aparatos domésticos, ha englobado durante estos últimos años en sus actividades, la producción de instrumentos de medida, de control y detección y de numerosos materiales electrónicos (cámaras de televisión y accesorios anexos, calculadoras electrónicas, tableros de control, grandes conjuntos electrónicos). Entre sus últimas operaciones, una gran cadena de restaurantes, inversiones en una cadena de televisión por cable, en un complejo turístico en Brighton. En el exterior, ha asumido el control integral de una empresa danesa, Fona Radio A/S. Es la última representante de esas cadenas internacionales de estudios y de fábricas que se encuentran tanto en Karachi como en Buenos Aires o en Johannesburg y que en 1975 significaron más del 60% de las ventas de la EMI.

La Rank Organization Ltd., pionera del cine británico, no ha cambiado de manos, pero constituye ahora un conjunto diversificado en el que la actividad cinematográfica no representa más que el 13% de los negocios. Además de sus cadenas de cines Odeon y Gaumont y de sus estudios de Pinewood, situados a 30 kms de Londres y que pasan por los más modernos del mundo, cubre la fabricación de aparatos de radio y televisión, la explotación de salones de baile, pistas de patinaje, moteles, hoteles, boliches y clubes de juego de lotería, la fabricación y comerciali-

[15] Cf. Pekka Gronow, "The record industry: multinational corporations and national music traditions", International Institute for Music Dance & Theater in the audio-visual media (IMDT), documento presentado en la Conferencia de Ottawa, Viena, 1 de octubre de 1975.

zación de equipos educativos, audiovisuales y fotográficos, de instrumentos de precisión y, finalmente, la administración de bienes. La empresa Rank-Xerox, controlada a la vez, como su nombre lo indica, por la compañía norteamericana Xerox y la inglesa Rank, fabrica y alquila máquinas copiadoras, duplicadoras xerográficas, así como computadoras. Para evaluar la posición de esta última empresa en la estrategia internacional de la Xerox, basta señalar que la Rank-Xerox es con mucho el establecimiento más importante de la Xerox en el exterior. En 1974, la Xerox Corporation obtenía el 52% de sus ganancias de sus actividades en el exterior, lo que representaba 171 millones de dólares. Ahora bien, los beneficios que la Rank-Xerox aporta a la compañía norteamericana se elevan a 139 millones.[16] La Rank-Xerox, por su parte, ha fundado una nueva filial en Japón, uniéndose a la empresa local Fuji Photo Film Co. Fuji-Xerox es propiedad conjunta de la Rank-Xerox y de Fuji. Las actividades de colaboración con la empresa japonesa desbordan la producción de máquinas de copiar y de computadoras y se extienden a la de nuevos medios audiovisuales. Fuji es, en efecto, propietaria de un sistema de videocassettes. Ese sistema lo volvemos a encontrar en las cadenas de circuitos cerrados de televisión que la Rank explota con la Columbia. El trampolín inglés de la Xerox se ha convertido en un elemento de primera importancia en la multinacionalización de la sociedad norteamericana. Es por intermedio de la Rank-Xerox como la Xerox ha podido instalar su primera filial en África negra en 1974, fundando en Nigeria una sociedad común a la Rank-Xerox (60%) y a las industrias de la región. Después de haber hecho lo mismo, en el mismo año, en Corea del Sur, a través de la Fuji-Xerox.

Esta asociación con las grandes multinacionales de origen norteamericano se vuelve a encontrar en todos los niveles de la industria cinematográfica británica. En 1972, por ejemplo, 16 de las 20 películas de más éxito salidas en Gran Bretaña, eran distribuidas por tres grandes coaliciones: 7 por el grupo Columbia Warner; 6 por EMI-MGM, 3 por Fox-Rank.[17] Según otra fuente, en 1970, seis distribuidores norteamericanos se han embolsado el 84% del total de los ingresos de la distribución.[18]

[16] Xerox Corp., *Annual Report 1974.*

[17] G. Murdock y P. Golding, art. cit.

[18] Thomas H. Guback, "Film as International Business", *Journal of Communications,* vol. 24, 1, invierno de 1974.

En Francia, es también en la esfera de la distribución donde se comprueba más fácilmente la dependencia respecto de Estados Unidos. 124 distribuidores, en 1973 recaudaron 432 millones de francos. Los distribuidores que difundían sobre todo películas norteamericanas (o sea 7 sociedades) cosecharon 184 millones de francos; los distribuidores franceses, 158 millones. (Se trata de 2 sociedades de difusión nacional y 8 regional.) Los 30 distribuidores de salas Art et Essais perciben 16 millones de francos aproximadamente, el resto de la distribución está en manos de 57 independientes (74 millones de francos). La explotación de las salas también ha evolucionado hacia la concentración.[19] Tres sociedades dominan el mercado, la Unión Générale de la Cinématographie (UGC), Gaumont-Pathé y Parafrance (en las que están asociadas las cadenas de los circuitos Paramount y las de la segunda agencia de publicidad francesa, Publicis). Se han registrado más de 3 000 clausuras de salas y la única explicación que se da de que su número no haya variado considerablemente, es la creación simultánea por parte de esos grandes explotadores, de complejos que reúnen a varias salas pequeñas. En 1974, 255 complejos han sido organizados de esa forma en las aglomeraciones urbanas importantes. Parafrance —aunque sea la tercera después de la UGC y de Gaumont-Pathé, y la última con un total, por ejemplo, de 446 salas en Francia—[20] es una de las más dinámicas. En noviembre de 1975 su circuito estaba compuesto por 100 salas, de las cuales 45 estaban en París y podía autopublicitarse diciendo: "¡Porque creemos en ello! Parafrance, el mayor progreso del cine en Francia!" Un millón de francos nuevos en recaudaciones en 1954, con 4 salas; 55 millones en 1972 con 22 salas; 110 millones previstos para el año 1975.[21]

Aunque el desarrollo de nuevos medios audiovisuales esté menos adelantado en Francia que en Inglaterra y, con mayor motivo, que en Estados Unidos, se observa también la presencia de los grandes de la industria cinematográfica en la mayor parte de las pocas iniciativas de explotación de las nuevas tecnologías. Así, se comprueba la presencia de la UGC en la sociedad Vidéogrammes de Francia y, por ejemplo, de Pathé-Cinéma en el sector médico audiovisual, donde la utilización del videocassette ha tenido comienzos prometedores. En cuanto a Gaumont, ha preferido aso-

[19] "L'événement: le cinéma français", *Le Monde,* 28 de enero de 1975.

[20] *Le Film Français,* 18 de diciembre de 1974; *Variety,* 16 de julio de 1975. El grupo Pathé-Gaumont también explota una sala en Nueva York así como seis cines en Bélgica.

[21] *Le Film Français,* 6 de diciembre de 1974.

ciarse con Metromedia para explotar los circuitos cerrados de las cadenas hoteleras.

CONCENTRACIÓN Y DIVERSIFICACIÓN DE LA INDUSTRIA DE LA PRENSA

"El monopolio es una amenaza menor para la calidad de la prensa que la monotonía." [22] Ése es uno de los numerosos argumentos que los grandes grupos de prensa norteamericanos, embarcados desde fines de la década del 60 en una política enloquecida de adquisición de diarios locales, opusieron a los críticos que les reprochaban anular los beneficios de la competencia. La prensa norteamericana, en efecto, ha vivido en el curso de los últimos años la era de la concentración. Expresado en términos de estricta racionalidad capitalista, el resultado de ese fenómeno ha sido el siguiente: "La industria de la prensa, en general, ha emergido con una vitalidad creciente, una fuerza financiera sorprendente y la promesa de un futuro agresivo para la década del 70 [...] El factor más importante sin duda ha sido el papel que han desempeñado las empresas de prensa bien financiadas, con múltiples propiedades, que han adquirido los diarios independientes y cadenas de poca importancia en todo el país. Esas empresas han permitido asegurar la supervivencia y la continuidad de las publicaciones que absorbieron, infundiéndoles su experiencia y competencia profesional, así como capital fresco." [23]

La fusión que se operó en 1974 de las dos cadenas de diarios Knight Newspapers y Ridder Publications es la expresión más reciente de la restructuración de los grandes grupos de prensa en Estados Unidos. Gracias a ese acercamiento, la nueva empresa controla ahora 35 diarios, cuyo tiraje cotidiano global supera los 3.5 millones de ejemplares. Esta operación permitió a la Knight, propietaria entre otros del *Miami Herald*, uno de los diarios que cubren de manera más completa la información sobre los países latinoamericanos, disputarle la supremacía a la primera cadena de Estados Unidos, la Gannett. Antes de llegar allí, la Knight había acumulado diario sobre diario. Sólo en 1969 había comprado cinco cotidianos que no eran los menores: el *Philadelphia Inquirer* y el *Philadelphia Daily News* tenían una circulación total de

[22] Francis Wyle, "Gannett: where local news is global news", *Finance*, abril de 1973.

[23] *Finance*, abril de 1973.

más de 600 000 ejemplares, a pesar de su carácter regional. Esas compras le permitieron saltar, entre 1968 y 1972, de 116 millones de dólares a 310 millones. Más modesto, su socio actual no había progresado más que de 104 a 143 millones.[24]

Antes de que se produjera la reunión de esos dos grupos, el negocio más espectacular había tenido como protagonista a la Gannett Co., que en 1975 sumaba un conjunto de 54 diarios, cuyo tiraje supera los 2 millones de ejemplares. Sólo en 1971, esta compañía adquirió 17 diarios locales, tanto en Michigan como en Hawaii o en la isla Guam. Tratando de explicar por qué los diarios provinciales caían uno tras otro, a precios a menudo ventajosos, en las manos de los monopolios, un portavoz de la Gannett decía: "La mayoría de los diarios vendidos a las grandes cadenas son empresas familiares que, muy frecuentemente, sólo obtienen beneficios de poca monta. A la familia le faltó ambición y maña (*know-how*) para orientar bien sus negocios." [25] La Gannett estaba bien colocada para emitir ese tipo de juicio, ella que, en 1972, continuando su programa de adquisiciones, equipaba a varios de esos diarios con el nuevo sistema de edición electrónica. Los periodistas, gracias a ese procedimiento, escribían su artículo en un teclado conectado a una computadora y lo veían aparecer instantáneamente en una pantalla de televisión, donde podían hacer las correcciones. El editor del diario podía corregir los artículos de la misma manera. Según los directores de la empresa, el tiempo que se ganaba en la explotación de las noticias frescas, era considerable: en lugar de 30', bastaban 3' para trasmitir y procesar una noticia. La instalación de esos nuevos instrumentos no se hizo sin conflictos sociales: una quinta parte del personal fue despedido.

La lucha que desencadenó en la mayoría de los diarios norteamericanos esta conversión tecnológica fue la imagen de la que vivieron los tipógrafos de Nueva York para salvaguardar sus empleos. Para evitar que la crisis degenerara como sucedió en 1963 —en ese momento hubo una huelga de 114 días en Nueva York que significó el cierre de 4 diarios neoyorquinos— el *New York Times* prefirió en 1972 realizar sus experiencias de modernización televisivas en una pequeña cadena de provincia que posee en Florida, donde precisamente las organizaciones sindicales hacen sentir menos sus presiones. Esos conflictos, a su vez, no han hecho sino

[24] Sobre el proceso de concentración de la prensa en Estados Unidos, cf. *Columbia Journalism Review*, noviembre-diciembre de 1972; *Atlantic*, julio de 1969; *Business Week*, 29 de agosto de 1970, 27 de mayo de 1972; *Finance*, marzo de 1972; *Advertising Age*, 6 de mayo de 1972, 14 de julio de 1975.

[25] *Business Week*, 27 de mayo de 1972.

prefigurar las crisis que van a sobrevenir en la prensa en la mayoría de los países capitalistas. En agosto de 1975, la dirección del diario londinense *Financial Times*, en vía de informatización completa, como ya hemos visto, anunció que se vería en la obligación de reducir en un tercio su personal. Otros países, como Francia, por ejemplo, están todavía en el umbral de esta conversión tecnológica y ya son innumerables las huelgas desencadenadas por las organizaciones sindicales. Casi la totalidad de las rotativas que imprimen los diarios de la capital han sido instaladas hace más de 40 años. Sólo *Le Monde*, obligado por sus estatutos a reinvertir en beneficio del diario la totalidad de sus ganancias, ha emprendido la modernización de sus equipos (fotocomposición, offset), sin abandonar sin embargo la tipología clásica ni llegar a comprometerse en las nuevas tecnologías televisivas. Los grandes cotidianos *France-Soir* y *Le Figaro* habían decidido crear un centro de impresión moderno, pero el cambio de propietario del segundo diario parece haber demorado la aplicación del proyecto. La provincia está más adelantada en ese punto porque los diarios como *Paris-Normandie* y *Le Dauphiné Liberé* —casi monopolios en la región— están dotados parcialmente de material electrónico, después de haber llegado a acuerdos satisfactorios con los sindicatos.[26] En un momento en que por todos lados se refuerzan los monopolios de la información, tanto en París como en provincia, la exigencia de modernización de las empresas de prensa sirve en última instancia de pretexto para el salto cualitativo de los aparatos ideológicos de la clase dominante. A la luz de ese contexto no es posible leer de otro modo los propósitos y deseos del gobierno francés sobre el "problema de la información": "El problema de fondo —decía en enero de 1976 el primer ministro, es el de la administración de los órganos de prensa. Allí también debería sonar la hora de la verdad lo más rápidamente posible. Cabe preguntarse cómo pueden vivir ciertas empresas [. . .] La solución hay que encontrarla en un esfuerzo general de reapreciación de lo que debe ser una empresa periodística."

Pero volvamos a Estados Unidos. La política de adquisición de diarios pequeños ha sido ampliamente seguida por diarios grandes del tipo *New York Times* que si ha podido realizar con éxito su empresa de modernización en Florida, es precisamente porque alrededor de 1970 se había anexado 9 diarios en ese estado. Pero

[26] Jacques Sauvageot, "Deux nouvelles alertes", *Le Monde*, 6-7 de agosto de 1975; "La presse écrite en France", *Le Monde-Dossiers et Documents*, núm. 15, noviembre de 1974.

la mayor parte de los grandes grupos de prensa no se conformaron con absorber diarios. Han extendido sus ramificaciones en el terreno de los medios, adquiriendo revistas de gran tiraje (el *New York Times* es ahora propietario de *Family Circle*), de cadenas de teledistribución, de estaciones de TV y de radio. Todos los grandes nombres de la prensa están ahora acoplados a lo medios electrónicos. Algunos han desarrollado igualmente sus divisiones editoriales. La Hearst Corp., pionera de la gran prensa norteamericana, dispone de una poderosa editorial, Avon Paperbacks; el grupo Times Mirror Co. es propietario de varias editoriales de libros científicos (New American Library, entre otras). El *New York Times* tiene bajo su égida a tres editores (Arno Press, Cambridge Book y Quadrangle). "Las tres compañías están sometidas al intenso esfuerzo que realiza New York Times Co. para extender los mercados de la información y de la educación, que comprenden también material audiovisual, microfilmes, servicios de biblioteca y un banco de información por computadora que está en desarrollo." [27]

Sólo en muy raras ocasiones las empresas periodísticas se han acercado a los fabricantes de *hardware*. Citemos dos casos relativamente aislados. La Gannett se asoció con una empresa electrónica para desarrollar aplicaciones de rayo Laser en la impresión. La otra excepción la constituye la Dow Jones, editor y propietario de *The Wall Street Journal, Barron's* y *National Observer*. Después de comprar cerca de 15 diarios, ese especialista de la prensa financiera quiso reforzar su monopolio de la información en la bolsa y prevenir el progreso técnico. Dow Jones formó una filial con la Bunker Ramo Corp., a fin de desarrollar sus servicios de trasmisión de noticias financieras por computadora, después de invertir en otra empresa electrónica especializada en un material utilizado en la bolsa. Esta mutación es todavía más fuerte en grupos que ya están metidos en el mercado cinematográfico, como el grupo Time-Life. Después de comprar a fines de la década de los 60 varias editoriales, en particular la importante Little, Brown & Co., una compañía de más de 130 años, la Time-Life formó una división video para responder a la demanda de programas editados en videocassettes y se lanzó decididamente a la explotación de numerosas redes de teledistribución. En junio de 1975, un acuerdo firmado entre la Teleprompter y la filial de Time-Life, Home Box Office Inc., con el objeto de combinar las tras-

[27] J. Richard Elliot, "The talk about the Times", *Finance*, abril de 1973.

misiones de los futuros sistemas de satélites y la televisión por cable en varios estados norteamericanos, vino a confirmar el lugar de vanguardia que ocupa ese grupo de prensa en la aplicación de nuevos medios audiovisuales.[28]

UNA MANERA ORIGINAL DE RESOLVER LA CRISIS DEL ABASTECIMIENTO

Durante la restructuración de la industria de prensa, muchas de esas cadenas periodísticas han querido, al parecer, premunirse contra los daños de la crisis del papel que no está muy lejos de revestir las características generales de la del mercado petrolero: importantes alzas de los precios, enloquecimiento de los consumidores, temor a la escasez, dependencia excesiva respecto de algunos países productores.[29]

El *New York Times* tiene participación —que varía del 35 al 49%— en 3 grandes empresas de papel prensa en Canadá y ha firmado con cada una de ellas contratos a largo plazo que le aseguran la entrega de unas trescientas mil toneladas anuales que absorbe ese diario. La Gannett es copropietaria de una empresa papelera en Quebec. El *Washington Post* posee el 49% de la Bowaters Mersey Paper Co., de Liverpool, Nueva Escocia, de la que consume dos tercios de la producción. El grupo Newhouse (que publica 22 diarios y numerosas revistas como *Vogue, Mademoiselle, Glamour,* etc.) se asoció a la misma Bowaters para construir en 1970 una fábrica que la provee de cerca de la mitad de su papel. Los intereses de la Time-Life en ese sector industrial se remontan a mucho más lejos. En 1955, asociada a uno de las más grandes productores de papel de Estados Unidos, Crown Zellerbach, ya empezaba a producir más de cien mil toneladas anuales en las fábricas de su filial Eastex. Desde entonces no ha dejado de multiplicar sus reservas forestales, sus programas de reforestación y de intensificar su producción. En 1972, absorbía a otro fabricante de esa materia prima cuya cifra de producción era igual a la de Eastex, la Temple Industries. En 1975, sus operaciones papeleras y forestales le significaban a la Time-Life más de la mitad de sus ventas. En 1971, el papel no ocupaba más que el 18% de los ingresos de la compañía y constituía el 31% de las ganancias.[30]

[28] *Broadcasting,* 2 de junio de 1975.

[29] J. Michel Quatrepoint, "Le papier comme le pétrole", *Le Monde,* 26 de marzo de 1974.

[30] Time Inc., *Annual Report 1972*; *Advertising Age,* 21 de julio de 1975. Para las otras empresas de prensa norteamericana, *Finance,* abril de 1973.

La integración horizontal entre productoras de materia prima y editores de diarios está a la orden del día. Se verifica también en Gran Bretaña, pero en sentido inverso. El famoso gupo de prensa IPC (International Publishing Corp.), propietario de la cadena Daily Mirror, una de las grandes de la prensa londinense, y también de África Occidental, fue adquirida en 1970 por la poderosa empresa británica de papel, Reed International Limited, que tiene centros de producción en más de 40 países.[31]

En otros países como Francia, la situación de dependencia frente a los principales países productores, se agravó considerablemente en el curso de los últimos años. Prefiriendo valerse de la importación en la época en que el precio de la madera no era demasiado alto como para interesar a los propietarios rurales, los poderes públicos estimularon a los industriales franceses a abastecerse en el exterior. Ahora bien, los países productores de papel aceptan cada vez menos vender la madera y prefieren, cada vez más, comercializar el producto terminado. Los resultados de esta política de "desinversión masiva", como la denominó la central sindical CGT en 1974, ya son patentes: el 46% de la pasta de papel que se consumió en Francia en 1973 provenía de importaciones (más de la mitad, de Escandinavia). Para los productos terminados (papeles y cartón) la parte de importaciones ha subido de 7.5% en 1960 a 26% en 1973. El record de dependencia lo ha batido ampliamente el papel de diario: la producción nacional decayó de 430 000 toneladas en 1970 a 280 000 aproximadamente en 1973, mientras que las importaciones ascendían de 170 000 toneladas a alrededor de 320 000.[32]

El comercio del papel tampoco ha permanecido al margen de la codicia de los grupos de prensa dominados por las burguesías dependientes de los países del Tercer Mundo. En los países de América Latina, la integración horizontal que buscan con avidez muchos países capitalistas avanzados, ya se había en cierto sentido realizado antes de que estallaran los primeros indicios de la crisis de abastecimiento. Chile Popular trató vanamente de nacionalizar la "Manufactura de Papeles y Cartones", el monopolio criollo del papel, ligado a la Crown Zellerbach, que tenía como principal accionista al grupo periodístico que editaba el diario más importante del país (*El Mercurio*). Y siempre en nombre de la libertad de prensa la burguesía criolla se levantó contra el proyecto de la Unidad Popular que proponía la creación de un instituto

[31] "Reed International Limited", ficha *Informations Générales.*

[32] J. Michel Quatrepoint, art. cit.

nacional del papel, encargado de establecer un reparto más equitativo de la materia prima y una política forestal correspondiente. Esa misma clase dominante aceptó sin decir palabra la operación de desnacionalización de la industria del papel que acaba de efectuar el régimen de Pinochet que le entregó la fábrica más grande de celulosa a un grupo multinacional. En Argentina, hace apenas tres años, cuando se trató de fundar la primera fábrica de papel prensa del país, fue el grupo editorial más importante del país, Abril, que representa los intereses de la Time-Life en el Río de la Plata, el que ganó la adjudicación pública. Unos años antes, el propietario de uno de los diarios más grandes de la capital, *La Prensa,* prefirió pagar a la importación, pero en su beneficio personal. Habiendo obtenido una fuerte participación en una empresa forestal canadiense, compraba en Argentina el papel que facturaba, sirviéndose del mercado de cambios, al triple de su valor.[83]

En la escena internacional, las consecuencias de este reacomodamiento de la industria de la prensa norteamericana se hicieron igualmente sentir. Mencionemos algunos ejemplos: En los últimos años de la década del 60, la Time-Life invirtió en cinco editoriales del exterior. De esa época data, por ejemplo, la obtención de la participación minoritaria (46%) en esa cabeza de puente de la edición norteamericana en Francia que son las ediciones Robert Laffont. El reciente lanzamiento de la colección de fascículos mensuales sobre el espacio y otros fenómenos contemporáneos, para gran público, no hace sino retomar la fórmula ya experimentada por la casa matriz, que ya había sido aplicada en Francia en particular por la filial de otra empresa norteamericana, las ediciones de los dos gallos de oro, que pertenecen a la Western Publishing Co. El *New York Times* es copropietario, con el *Washington Post,* del *International Herald Tribune* cuya brecha internacional en los últimos tres años es indudable ("algunos franceses leen un segundo diario todos los días, como lo hacen 250 000 europeos advertidos", así dice la propaganda en los diarios parisienses).

El patrón de la Gannett Co. es también el patrón de la agencia de prensa AP (Associated Press) y sus criterios de eficacia han prevalecido en la reorganización de los servicios mundiales de esa agencia. La Associated Press ya tiene 10 000 abonados, de los cuales alrededor de 4 500 en Estados Unidos y más de 100 oficinas en países o territorios del exterior. Un acuerdo suscrito entre AP y Dow Jones permite a esta última disponer de un servicio especial de noticias financieras, económicas y comerciales (AP-Dow

[83] A. Mattelart, *Agresión desde el espacio,* Siglo XXI, México, 1973.

Jones Economic Report) que son distribuidas por la AP en 23 países y utilizadas ampliamente por la prensa económica de los países capitalistas. Esa red, por otro lado, no es sino la primera piedra de un conjunto mucho más vasto cuyo objetivo es controlar los circuitos internacionales de la información financiera y económica. Es lo que vino a probar, en marzo de 1976, el lanzamiento de *The Asian Wall Street Journal,* una versión asiática de la principal publicación de Dow Jones. Para realizar esta primera gran operación de descentralización de la prensa económica que concuerda con el repliegue de Estados Unidos hacia los archipiélagos del Pacífico, el grupo norteamericano ha elegido sus asociados entre sus clientes: cuatro de los diarios más grandes de la región (el *Nihon Keizai Shimbun* en el Japón, el *South China Morning* en Hong Kong, el *Straits Times* de Singapur y el *New Straits Times* de Malasia). "Paso a paso. Nuestros lazos con Asia han sido forjados con gran cuidado –se lee en un anuncio de la aparición del primer número. El diario ha cubierto Asia desde hace decenios [...] Con la Associated Press, ha prestado sus servicios a la comunidad asiática de los negocios [...] Con la ayuda de sus colegas (*Los cuatro diarios elegidos*), penetraremos en Asia con la esperanza realista de convertirnos en una parte vital e integral de la vida comercial en esa región." La Scripps-Howard, la cuarta cadena de Estados Unidos, propietaria de 32 diarios, 8 semanarios, una cadena de televisión, una red radiofónica y del famoso sindicato de historietas (United Features) es también propietaria de la primera agencia de prensa del mundo, la UPI (United Press International). Más de 10 000 personas trabajan allí. Tiene 6 400 clientes en 114 países; 238 oficinas en 62 países. Y sus informaciones son traducidas a 48 idiomas. Señalemos, a título de simple comparación, que la agencia France Press emplea 2 000 personas y que la Reuter de Gran Bretaña ocupa 1 635. La importancia creciente de las trasmisiones por satélite y las tarifas preferenciales de que gozan las agencias norteamericanas sobre esos sistemas, dominados por las empresas de Estados Unidos, son nuevos factores que complican la competencia para las agencias de prensa de otros países capitalistas. Un índice de la supremacía de las agencias norteamericanas en los países del Tercer Mundo: la UPI cubría, hacia 1970, el 40% de las informaciones reproducidas en los 14 principales diarios latinoamericanos; la AP el 31%. El resto se repartía entre Reuter, AFP y otras agencias menores.[34]

[34] Cf. los estudios del centro de periodismo (CIESPAL) de la UNESCO, Quito, Ecuador.

No porque los diarios de los países latinoamericanos sean los clientes más seguros el flujo de informaciones trasmitidas por las agencias norteamericanas es el más abundante. Al contrario. Tan es cierto que el pluralismo de la información es función de la competencia que encontramos en países consumidores de la noticia, que ésta es un valor de cambio entre muchos otros. La AP, por ejemplo, trasmite un promedio diario de 100 000 palabras a los teletipos de los países europeos; hacia el Extremo Oriente, 65 000, mientras que a América Latina, África, Sudeste Asiático y el Cercano Oriente, el flujo no supera las 60 000 palabras.[35]

¿HACIA LA INTERNACIONALIZACIÓN DE LA PRODUCCIÓN CULTURAL?

Los portavoces de la Casa Blanca no tienen la costumbre de recurrir a perífrasis para significar la supremacía de Estados Unidos en el terreno de la información y de la cultura de masas. "Toda la revolución de las comunicaciones —expresaba en mayo de 1972 el director de la US Information Agency— ha sido provocada por Estados Unidos. La tecnología, que es la esencia de esa revolución, se ha originado en ese país. Somos los líderes mundiales en lo que concierne al uso de esa tecnología para difundir ideas, informaciones y entretenimiento. Hemos dominado durante mucho tiempo el campo del cine y el de la televisión y seguimos dominándolo. *Madison Avenue* se ha convertido en un clisé mundialmente conocido, para designar la técnica del mercadeo y ¿qué significa todo eso sino un fenómeno de diseminación de ideas?" [36]

En 1972 se estimaba que el total de las exportaciones norteamericanas en el mundo entero en materia de series y documentales de televisión variaba entre 100 000 y 200 000 horas/programa. En los canales de televisión de los países latinoamericanos, un promedio del 60 al 70% de la programación provenía del Norte. En Europa occidental, la dependencia era de alrededor del 20%, mientras que en Corea del Sur los programas norteamericanos ocupaban más del 90% del tiempo de emisión.[37] En Francia, la

[35] Informe de la US Information Service (USIS) en *USIA appropriations authorization fiscal year 1973, US Senate,* doc. cit.

[36] Entrevista a Frank Shakespeare: "Who's winning the propaganda war", *US. News & World Report,* 1 de mayo de 1972.

[37] Cf. el estudio de Kaarle Nordenstreng y Tapio Varis, *La télévision circule-t-elle à sens unique, revue et analyse de la circulation des programmes de télévision dans le monde,* UNESCO, París, 1974. Ese mismo estudio evaluó en

privatización de la ORTF no ha hecho más que agravar esa situación de dependencia. En abril de 1975, la asociación de directores franceses de televisión denunciaba "la colonización cultural" de que estaban siendo víctimas las pantallas del país. En el curso de la última semana de enero de 1975, contaron alrededor de nueve horas de producción nacional de ficciones originales, contra veinticuatro de producción extranjera. Diecisiete horas y media de programas norteamericanos sobre veintiuna horas de gran escucha. Y las compras efectuadas por las nuevas sociedades en 1975 no permiten esperar una mejora de esta situación que muchos creían transitoria.[38]

Series como *Bonanza* o *Chaparral* tienen cada semana un auditorio de 250 millones de telespectadores en cerca de 85 países. Las series de la Warner como *El FBI en acción* se exhiben en 107 países. Las de la MCA en 115. Entre 1958 y 1973 la venta de series norteamericanas en el exterior pasó de 15 millones de dólares a 130. Como menciona otro funcionario de la US Information Agency, "una de las razones por las que los distribuidores norteamericanos de series de televisión han tenido tanto éxito, reside en el hecho de que durante mucho tiempo fueron las únicas en ocupar el terreno. Hasta 1960 no existía prácticamente competencia de otros distribuidores extranjeros en el mercado internacional. Pero los distribuidores norteamericanos han tenido no solamente la suerte de comenzar solos, sino también de disponer de una reserva de programas de televisión que ya habían circulado en los canales de Estados Unidos dando enormes beneficios. Para esos programas existía un mercado extranjero muy favorable. Las nuevas estaciones tenían urgente necesidad de programas. Después de haber efectuado ganancias considerables, gracias a las ventas en el interior de Estados Unidos, los distribuidores norteamericanos podían ofrecer esos programas en el extranjero a un precio muy bajo. El resultado fue la conquista, desde el comienzo, de una posición muy firme en el mercado mundial de las series de televisión. Este predominio de Estados Unidos se mantendrá sin ninguna duda todavía por mucho tiempo. Tanto por el volumen de sus ventas como por la distribución de sus productos, la industria norteamericana de televisión está firmemente establecida en el mercado internacional.[39]

Si ese fenómeno de exportación de productos terminados corres-

20 000 horas/programa las exportaciones televisuales de Francia y Gran Bretaña; las de la RFA en 6 000 horas.

[38] Martin Even, "La fin des saltimbanques", *Le Monde*, 29 de abril de 1975.

[39] Wilson Dizard, *Television: a world view*, Syracuse University Press, 1966.

ponde a la primera fase de la difusión internacional de la cultura de masas norteamericana, constituye todavía la característica dominante de la penetración de la industria cultural de Estados Unidos y, más particularmente, de la industria de la televisión, en el mundo. Pero esta exportación de productos terminados, siendo esencial, no revela más que una de las modalidades de la realidad de la dependencia de los diversos países respecto de los productores norteamericanos. Dentro de los límites mismos de ese fenómeno de exportación de programas ya hechos, se comprueban, por otro lado, cambios. Las conversaciones mantenidas por los responsables norteamericanos en el Mip TV de Cannes, en 1975, en el que 68 países estaban representados para constituir una verdadera bolsa de programas de televisión, indican algunas pistas: "Los mercados extranjeros —afirmaba el vicepresidente de la Paramount Television— están en expansión, nuevos requerimientos aparecen, África del Sur, por ejemplo, y comenzamos a trabajar seriamente con los países del este." [40] En la opinión general, las tendencias están marcadas por el retroceso de la ficción, el ascenso de los reportajes y los programas culturales. "Lo que no quiere decir que las famosas series norteamericanas hayan perdido su prestigio. La tendencia sería más bien a hacer menos y mejores, con medios más importantes, artistas de mayor notoriedad, atenuando los excesos de violencia: en ese sentido también, en la medida en que se amplía el mercado, se dibujan normas internacionales." [41] Se ve que ese tipo de internacionalización está lejos de poner en peligro lo esencial de las "normas" norteamericanas.

Sin embargo, lo que nos interesa dilucidar son sobre todo las consecuencias que puede entrañar en el nivel de la producción de la información y de la cultura, el proceso de internacionalización de la producción que se verifica en los diversos sectores de la economía. En la industria cultural se comprueba la verdad del adagio que la Ford Motor Co. erige en regla de conducta: "¿Para ser un grupo multinacional, hay que ser nacional en todos lados?" Dos sectores de la industria cultural norteamericana en particular parecen haberse visto forzados a apartarse de las normas de exportación clásica y a tallar sus productos preocupándose más por las "necesidades" de sus consumidores extranjeros: la edición y el cine. Pero todavía hay que precisar que no hay una sola estrategia de internacionalización. Aun si esas estrategias pueden agruparse según grandes tendencias, varían de empresa a em-

[40] Pierre Girard, "MIP TV 75: un marché en pleine expansion", *Le Film Français,* 2 de mayo de 1975.

[41] *Ibid.*

presa. Examinemos en primer lugar el caso de la industria editorial.

La trayectoria de la expansión internacional de las revistas *Time-Life* ilustra una primera tendencia, al mismo tiempo que nos permite trazar las diversas fases de la penetración norteamericana en los mercados exteriores.[42] *Time* fue fundada en 1923, *Life* en 1936. El primer paso significativo hacia el exterior se da en 1941. La casa editorial decide entonces hacer imprimir *Time* en papel avión para los países latinoamericanos. Es la época en que se trata de enfrentar la influencia de las potencias del Eje en el hemisferio sur y la mayoría de los grandes editores participan en la ofensiva. De esa época, igualmente, data la primera edición en idioma extranjero del *Reader's Digest*; a diferencia del *Time*, que no ha hecho más que aligerarse para el trasporte aéreo, el *Reader's Digest* se pone al alcance de sus lectores en español. En 1942, *Time* saca otra edición en papel aéreo para los GI* estacionados del otro lado del mar. En 1943, una edición *Life Overseas* es lanzada por las fuerzas armadas. No contiene ningún aviso publicitario. Esa edición *Life Overseas* se trasforma poco a poco en *Life Internacional* que sí contiene publicidad y está destinada al gran público. Ese mismo año, Time-Life lanza la edición canadiense del *Time*. Por primera vez, una edición del *Time* para el exterior comprende una sección especial sobre el país en el que será leída y la publicidad está adaptada a las empresas establecidas en el país. En 1953, sale *Life* en español. Impresa en Estados Unidos para ser distribuida en América Latina, no pasó nunca de los 450 000 ejemplares y fue cerrada en 1969 como consecuencia del déficit causado por la falta de anuncios. (La única revista de origen no norteamericano que intentó ese tipo de experiencia en América Latina, fue el *Economist* de Londres que entre 1967 y 1970 publicó una versión latinoamericana de su semanario londinense. Esa iniciativa también terminó en un fracaso.)

En 1958 se asiste a una primera reorganización de la red de corresponsales en el extranjero (435 en 33 oficinas). Esa reorganización precede el lanzamiento de la primera edición regional del *Time*, la edición para los países del Pacífico, fundamentalmente Australia y Nueva Zelanda, que será impresa desde 1959 en los talleres de la Time-Life en Melbourne. En esa edición regional, siempre en inglés, no se veía ninguna adaptación a la realidad de los países a los cuales estaba destinada. En 1960 se abren ofi-

[42] Cf. los informes anuales de la compañía.
* Miembros de las fuerzas armadas de EU.[E.]

cinas de suscripciones en Amsterdam y en México, para acelerar el servicio de los suscriptores extranjeros. En 1961 se lanzan 4 ediciones regionales, la atlántica, la asiática, la latinoamericana y la del Pacífico Sur. Se trata todavía de una descentralización geográfica de las operacioes de impresión y distribución. La edición atlántica del *Time* es impresa en Holanda por la Smeets Offset, propiedad de la gran editorial VNU que, como la mayoría de los talleres gráficos de los Países Bajos, giró decididamente hacia la producción para las grandes editoriales extranjeras. En 1974, por ejemplo, el 70% de la producción de esa impresora era exportado.[43] Holanda significa para la Time-Life también la posibilidad de recurrir a los servicios de expedición, muy desarrollados, de que dispone ese país. (Es así que la Proost en Brandt asegura el almacenamiento y la distribución de los libros de la Time-Life, incluso de los que son impresos en Italia.) En 1972 la revista Life desaparece después de 35 años de publicación. Para entonces, la edición norteamericana del *Time*, logra una circulación de 4 250 000 ejemplares; la canadiense de 480 000, la atlántica de 430 000; la asiática de 180 000 y la latinoamericana de 115 000. Ese año, el *Time* distribuye por lo tanto 300 000 000 de ejemplares a lectores repartidos en más de 180 países.

En 1973 la empresa empieza la descentralización del contenido de *Time*, pero todavía sólo en Europa. En su edición atlántica, *Time* agrega de 4 a 6 páginas de noticias y de análisis sobre los países europeos. El resto de la revista es idéntico a la edición norteamericana. Muy curiosamente, en ese mismo año se abre una sección especial sobre cuestiones vinculadas a la emancipación de la mujer. En el informe vertido para preparar los cambios de la edición atlántica, podía leerse: "Detrás de los cambios constantes que sufre la presentación de las noticias en *Time*, están los cambios que han intervenido en la recolección de la información. Desde 1972, un nuevo equipo con sede en París, *Euroedit*, se ha establecido para coordinar el trabajo de todos los corresponsales europeos y para permitir que haya un mejor punto de vista sobre los asuntos europeos que desbordan nuestras fronteras. En el curso de otro cambio en la organización, el servicio de noticias de Time-Life, otrora división independiente de la compañía, ha sido integrado al departamento editorial de *Time*. Esos dos cambios proporcionarán a los miembros del equipo editorial mejores con-

[43] H. Lottman, "The dutch are still strong on the printing scene", *Publishers Weekly*, 28 de octubre de 1974. Italia, España, Yugoslavia, son otros países hacia los cuales han sido dirigidas esas operaciones de multinacionalización de la impresión.

diciones de trabajo, más posibilidades de intercambio entre la casa matriz y los equipos en el terreno y más oportunidades a los editores, a los redactores y a los investigadores, de efectuar encuestas de primera mano. Esos cambios de organización serán útiles para ayudar a producir el material que mejor conviene a la nueva sección editorial, Europa, prevista para 1973 y que será agregada a la edición atlántica del Time." [44]

Otra revista, *Newsweek*, propiedad del *Washington Post*, ha adoptado una estrategia parecida. Sin dividir sin embargo sus ediciones según los diversos mercados geográficos, ha lanzado una edición internacional en la que la mitad del contenido difiere del de la edición norteamericana. Dejemos que la autopublicidad misma nos trace la graduación de ese cambio y las motivaciones que lo rigieron: "Pasaron los días en que se podía tomar una revista de noticias de Estados Unidos y hacerla internacional cruzándole sobre la portada un logotipo 'International Edition' [...] Si se quiere saber lo que pasa en el mundo, ya no se puede tener a Washington como único punto de referencia: hay que *pensar* en internacional. El cambio que ha realizado *Newsweek* estaba ya en el aire desde hacía cuatro años. En ese momento, *Newsweek International* era absolutamente idéntico –excepto la publicidad– al *Newsweek* norteamericano. No obstante, nuestros editores gradualmente han empezado a colocar cada vez más artículos que responden a un verdadero interés internacional, en lugar de contentarse con aquellos que sólo interesan a los norteamericanos. Y es sorprendente comprobar que nuestros lectores han aceptado bien ese cambio. Nuestro tiraje –hecho único en las publicaciones internacionales– ha aumentado de modo considerable en los 3 últimos años. Era la respuesta del lector– y de hecho su demanda– lo que nos hacía dar ese lógico paso. El 1 de enero de 1973, hemos introducido la primera revista *verdaderamente* internacional, una revista cuyos cerebros son tan internacionales como lo son los lectores." [45] La mira de esta alianza internacional por lo alto: "los hombres que toman las decisiones en el mundo de los negocios y los dirigentes políticos de todas las naciones del globo".

Reader's Digest representa un segundo tipo de estrategia internacional. Desde su primer paso en el exterior, efectuado en 1940 con la edición hispanoamericana, prefirió elegir el idioma vehicular para penetrar mejor en los diversos continentes. La edición francesa data de 1947. Actualmente *Reader's Digest* se publica en 14

[44] Time Inc., *Annual Report 1972*.
[45] *Advertising Age*, 26 de marzo de 1973.

idiomas, tiene 41 ediciones y circula en más de cien países. La descentralización geográfica de las operaciones de impresión, en una misma lengua, es un modelo en su género. No hay menos de 9 ediciones en español, todas impresas en el lugar donde serán distribuidas: hay una edición en el Caribe, una para América Central, una edición para México, otra para Río de la Plata, una edición peruana, chilena, colombiana, venezolana y, finalmente, otra para España. En México todos los meses se imprimen y venden 400 000 ejemplares. En Chile, aún bajo la Unidad Popular, más de 140 000 ejemplares se imprimían en los talleres gráficos de la editorial del Estado, Quimantú, en virtud de un contrato especial heredado del período anterior. En Francia, la revista tira no menos de 1 200 000 ejemplares (*L'Express* tira alrededor de 600 000). ¿Quiere decir que la revista ha descentralizado sus contenidos? Eso es lo que pretende cuando afirma, por boca del presidente de la Coca-Cola: "La tecnología no es la única que ha efectuado progresos rápidos; el lenguaje, presionado por ella, ha tenido que ponerse al día. Daré un ejemplo: la palabra 'multinacional' no figura aún en los diccionarios y sin embargo ya es corriente en los negocios, donde remplaza a 'internacional'. Tal vez sea porque la Coca-Cola opera en 136 países por lo que yo he tomado una conciencia muy particular de la palabra 'multinacional'. Más allá de su significación inmediata, esa palabra quiere decir para mí algo más que comerciar con el exterior; implica cierto interés por la gente de otros países, por sus costumbres, por su estructura social; significa participar en todos los aspectos de la vida y en la manera de vivir de una nación determinada. Desde hace varios decenios, tenemos en el *Reader's Digest* un magnífico ejemplo de interés 'multinacional'. Aunque de origen norteamericano, el *Digest*, gracias a sus ediciones en 14 idiomas, habla el lenguaje de los hombres de por lo menos 170 países; pero además, y eso es tal vez lo más importante, manifiesta una gran sensibilidad a las tradiciones, a las esperanzas y a los intereses de la gente del mundo entero." [46]

Lo cierto es que en los países latinoamericanos, los temas de interés local no sobrepasan el 10 o el 20% del contenido, mientras que en países como Canadá, más de la mitad de la revista difiere de la edición norteamericana. Evidentemente no se puede decidir sobre la cuestión de la nacionalización de una revista a partir del porcentaje de secciones de interés local o de artículos redactados por los nacionales. Según los propios antiguos miembros del

[46] Publicado en *Selecciones del Reader's Digest*, edición chilena, agosto de 1972.

equipo editorial del *Reader's Digest* en el exterior, no hay revista más centralizada y es precisamente en Pleasantville, a unos kilómetros de Nueva York, donde fue fundada en los años 20, desde donde se dictan las normas de nacionalización de los contenidos. El Parlamento canadiense —dentro de los límites de una doctrina liberal— parece haberlo entendido cuando, en mayo de 1975, introdujo un proyecto de ley que afectará la situación del *Reader's Digest* y de otras revistas norteamericanas (en particular el *Time*). Ottawa habla incluso de la posibilidad de cerrar las ediciones locales si no se aceptan las exigencias de "canadización": el 80% del contenido de esas revistas debe ser de origen nacional, así como la mayoría de sus propietarios. Y, sin embargo, el *Time* había descentralizado muy al principio su edición en Canadá. Pero a ese rechazo de la dominación cultural, se agrega la presión de factores de orden económico: según el informe del Parlamento canadiense, la desproporción entre la circulación de revistas norteamericanas y de revistas canadienses, no deja de aumentar. En 1969, 130 millones de ejemplares norteamericanos se vendían en Canadá, contra 34 millones de semanarios canadienses. Pero, además, el *Time* y el *Reader's Digest* le sacaban a las otras revistas más de la mitad de los ingresos provenientes de la publicidad.[47]

El *Reader's Digest* debe haber sentido el cambio y seguramente percibió los límites de sus adaptaciones nacionales, cuando, siempre por boca de un hombre de negocios norteamericano, se creyó obligado a justificarse. "Las ediciones internacionales del *Digest* continen más o menos los mismos artículos que la edición de Estados Unidos. Los editores han descubierto que los temas que son importantes para la gente de California, de Iowa, de Nueva York, son igualmente importantes para la gente de Francia, de Tokio, de Río." Traicionándose a sí mismo, agrega: "Es por eso que los editores del *Digest* tienen una influencia profunda sobre la gente que es libre de leer lo que quiere. Esta *revista exporta lo mejor que tiene la vida norteamericana.* Según mi opinión, el *Digest* hace tanto como la Agencia de Información de Estados Unidos (USIS) para ganar la batalla de las mentes." [48]

Sólo mucho tiempo después del *Reader's Digest,* otras empresas periodísticas norteamericanas internacionalizaron su producción sacando ediciones extranjeras de sus revistas publicadas original-

[47] Ben Swankey, "Monopoly control of Canada's mass media", *Comunist Viewpoint,* Toronto, mayo-junio de 1971.

[48] Palabras del presidente de la agencia de publicidad Ogilvy & Mather, David Ogilvy, *Broadcasting,* 9 de diciembre de 1974.

mente en inglés. El primero en obstruirle el paso al *Reader's* fue el grupo Hearst, pero después de 1965. En 1966 lanzó una edición latinoamericana de su revista femenina *Good House-keeping,* que en español se volvió *Buen Hogar.* Ahora se edita en 7 países y ha definido su objetivo de la siguiente manera: "Publicamos para la mujer casada de América Latina, joven, moderna, culta, de medio acomodado." En 1973 aparecía la edición en español de otra revista del grupo, *Cosmopolitan.* En 1974 se realizó en Francia la primera aventura femenina de Hearst, con la edición francesa de *Cosmopolitan.* El análisis de *Cosmopolitan* en francés y en español, para América Latina, revela las mismas diferencias que existían entre la edición canadiense y la edición hispanoamericana del *Reader's Digest.* La suerte que ha corrido la revista *Cosmopolitan* en los dos continentes por otro lado es muy diferente. En Francia, *Cosmopolitan* tiene un tiraje que apenas alcanza la cuarta parte de las grandes revistas femeninas como *Marie Claire* o *Elle,* mientras que en muchos países latinoamericanos llega a competir con las revistas femeninas publicadas por los grupos criollos. Aparte de la coyuntura internacional que era favorable para ese tipo de operaciones, uno de los factores más importantes que han facilitado la adaptación de las publicaciones Hearst en América Latina ha sido sin duda alguna la instalación en Miami de los antiguos propietarios de los grandes grupos de prensa cubanos bajo el régimen de Batista. A partir de su tierra de exilio, han constituido la red distribuidora que necesitaban los grupos norteamericanos para invadir los mercados del hemisferio sur. El grupo más importante (De Armas), propietario de 15 editoriales y distribuidoras en América Latina publica así, todos los meses, 15 millones de ejemplares de revistas de todo tipo, desde *Mecánica Popular,* otra revista del grupo Hearst, hasta fotonovelas heredadas de la época de la dictadura.

Pero no siempre es América Latina la que sirve de vanguardia a ese proceso de internacionalización. Otros grupos, como el de las revistas Condé Nast (del grupo Newhouse) han empezado por Europa antes de llegar a los países latinoamericanos. En abril de 1975 se lanzaba en Brasil una edición local de *Vogue.* Pero mucho antes, Condé Nast había instalado *Vogue* en Europa. Aparte de la edición norteamericana, *Vogue* se publica desde hace años en Gran Bretaña, en Francia y en Italia. *House & Garden* tiene una edición francesa, *Maison et Jardin*; hay que agregar la revista *Structures Décoratives.* En Italia, Condé Nast publica cuatro revistas.

Playboy que, después de 21 años de existencia, afirma ser leída por 28 millones de lectores en 156 países o territorios, constituye un ejemplo bastante especial de cosmopolitismo. En julio de 1975, inauguraba su cuarta edición en lengua extranjera. Después de la alemana, la francesa y la italiana, hacía aparición la japonesa con 350 mil ejemplares. A fines del mismo mes, fue el turno de la quinta edición, la portuguesa, que habría de circular sobre todo en Brasil, bautizada *Homem* (120 000 ejemplares). Esas ediciones, excepto la parte publicitaria, son absolutamente idénticas. La revista, por otro lado, centra su línea de conducta alrededor de esa norma. 'Uno de los mayores homenajes a la fuerza, a la vitalidad y a la importancia de *Playboy* es su entrada triunfal en los mercados extranjeros. Y es asombroso comprobar que permaneciendo intacta o casi, *Playboy* ha provocado ese estallido sin sufrir cambios ni en su formato ni en su contenido, prueba a la vez de la universalidad del concepto *Playboy* y del carácter único de la publicación. El contenido editorial de *Playboy* ha demostrado ser eminentemente traducible y esto porque reposa sobre bellas ilustraciones, sobre las mejores obras de la literatura contemporánea, sobre un humor sofisticado, hermosas mujeres, personalidades agresivas y hallazgos de un interés universal." [49]

Esa misma seguridad del carácter traducible de las publicaciones norteamericanas sólo se encuentra en las empresas de prensa que han decidido internacionalizar su concepto empresarial. La gran revista de negocios *Forbes,* cuyo tiraje es notoriamente igual al de *Business Week* o de *Fortune,* no vacila en afirmar: "Hemos traducido al árabe el *American Business*", para presentar su edición en árabe, lanzada en 1975. Y como firma de esta publicidad: *Forbes, capitalist tool* (Forbes, instrumento capitalista).[50]

De una u otra manera, todas las empresas periodísticas norteamericanas, embarcadas en una política exterior agresiva, han descubierto las ventajas de la descentralización geográfica, sin abandonar nunca el control vertical sobre la producción extranjera. Hasta la Walt Disney se ha plegado. Algunas estadísticas recientes revelan la extensión de la participación extranjera en la fabri-

[49] Aparecido en *Advertising Age,* en el año 1975.

[50] *Ibid.* En el campo de la edición de libros, es en la edición de obras de arte o enciclopedias donde el fenómeno de la multinacionalización ha prosperado más. Esas operaciones acostumbran reunir a grandes editores norteamericanos como McGraw-Hill y sus colegas europeos (Larousse, Robert Laffont, Rizzoli, Mondadori, Noguer). Los acuerdos son, en general, sobre la copublicación y la coimpresión (y muy raramente sobre una concepción común), cf. *Publishers Weekly,* 15 de abril de 1974.

cación de sus tiras. La edición chilena, que sirve también para Perú, Paraguay y Argentina, utiliza para sus cuatro revistas Disney, cuyo tiraje mensual global alcanza los 800 000 ejemplares, 4 400 páginas de historietas cada año. La tercera parte proviene de los estudios de California, otro tercio de la editora norteamericana Western Publishing Co., cerca de un cuarto de Italia y el resto de Brasil y de Dinamarca. La edición mexicana está confeccionada casi exclusivamente con material norteamericano. Brasil, con 5 revistas y 2 millones de ejemplares mensuales, recibe de Italia la quinta parte de su material (1 000 páginas sobre 5 000), produce él mismo un poco más de la otra quinta parte y el resto es importado de Estados Unidos. Italia es sin duda el país que más se autoabastece, puesto que produce la mitad de las 5 600 páginas anuales que publica.[51] En Francia, el *Journal de Mickey* cuenta con la mitad de material americano.

Esta fabricación local de las aventuras de Donald, Rico Mac Pato y otros héroes, sigue evidentemente el código bien estricto de la creación disneyana. En el trascurso de un reportaje imaginario a Mickey en Francia, su empresario le hacía decidir a su personaje: "Para utilizar mi nombre y mi imagen es un verdadero imprimatur lo que hay que conseguir. Walt ha impuesto normas draconianas no solamente en cuanto a mi silueta, sino sobre todo en cuanto a mi personalidad. Y eso es precisamente lo esencial."[52] Y nuevamente es la misma reivindicación de la universalidad lo que se expresa: "Por cierto, he ayudado a la gran boga del norteamericanismo en el mundo. Pues soy la imagen de Norteamérica, de cierta Norteamérica, la de los pioneros, de la aventura, de la acción, de la valentía. Una Norteamérica segura de sí misma y de la calidad de su modo de vida. Conquistadora. Emprendedora. Pero, mucho más allá, y sin vana arrogancia, si yo no tocara constantes más profundas del alma humana, la lucha del pequeño contra el grande, David contra Goliat, nunca me habría convertido en lo que soy: una figura universal."[53] Esta relativa libertad de acción le permite justamente a los equipos locales de adaptación de las tiras, destacar ciertas características latentes del mensaje, en coyunturas determinadas. Durante Chile Popular, por ejemplo, se advirtió una virulencia muy particular en estigmatizar a los simpatizantes de otro orden y en ridiculizarlos con motes tales como "bandidos", "delincuentes", etcétera.

[51] Introducción por D. Kunzle (*How to read Donald Duck,* A. Dorfman y A. Mattelart, International General Editions, Nueva York, 1975).

[52] *Réalités,* París, diciembre de 1974.

[53] *Ibid.*

LAS COPRODUCCIONES CINEMATOGRÁFICAS

La internacionalización de la producción cinematográfica es un fenómeno poco conocido, pero que está consagrado desde hace años.

En octubre de 1956 Paramount celebraba el treinta y cinco aniversario de su presencia en Francia. El jefe de redacción de la revista francesa *Le Film Français,* escribía en una edición especial dedicada al acontecimiento: "Con la perspectiva del tiempo uno se da mejor cuenta de la importancia que tuvo en 1921 la instalación, por primera vez en nuestro país, de una gran compañía cinematográfica norteamericana. Al crear una sociedad francesa, con agencias propias de distribución, Paramount iba a introducir entre nosotros nuevos métodos, ideas nuevas que no solamente permitían a esta empresa hacer conocer su sello, sus artistas y sus directores, sino también estimular el conjunto de la distribución y la explotación en Francia. ¿No fue acaso Paramount la que creó por primera vez un servicio especial de explotación respaldando eficazmente a los directores mediante publicidades ingeniosas y asegurando de ese modo a las películas un máximo rendimiento? En el dominio de la colaboración cinematográfica francoamericana, Paramount también ha innovado produciendo en nuestros estudios desde 1923, grandes producciones francesas como *Les Opprimés* con Raquel Meller y, en 1925, *Madame Sans-gene* con Gloria Swanson. Esta política de Paramount en favor del filme francés habría de conocer su auge pleno en el momento de la revolución del 'sonoro', con filmes de Maurice Chevalier filmados en Hollywood y, sobre todo, con la producción francesa de los estudios Paramount de Saint-Maurice donde fueron realizadas entre otras la famosa *Marius* de Pagnol, con Raimu y Pierre Fresnay [. . .] De esos treinta y cinco años de la Paramount en Francia —más de un tercio de siglo— se pueden sacar enseñanzas muy útiles. Es cierto que el desarrollo de nuestra industria le debe mucho a esa empresa que, imponiendo su sello por todos lados, imponía también el cine." [54]

La reciente crisis de Hollywood no ha hecho sino impulsar esa corriente ya bien establecida. Pero le ha agregado otro elemento. Los productores han debido prever las necesidades específicas de cada región. Al menos si se cree en sus palabras, en la cresta de la ola de la recesión. "Los fabricantes de películas (de Estados Unidos)

[54] Pierre Autré, "35 ans de présence", *Le Film Français,* edición especial, octubre de 1956.

CUADRO 1: *Las grandes empresas cinematográficas norteamericanas en el mercado exterior*

Compañía	*1974** %	*1973* %	*1972* %
Warner Bros.	22.5	12.5	13.0
Universal	17.0	10.5	9.0
United Artists	16.0	22.5	21.0
Columbia	14.0	10.5	12.0
20th.-Fox	12.0	16.0	16.5
Paramount	10.0	14.0	14.5
MGM	8.5	14.0	14.0
Total de ventas internacionales (en millones de dólares)	450.0	375.0	350.0

FUENTE: *Variety*, 6 de agosto de 1975.

* Participación de cada empresa cinematográfica norteamericana en el conjunto de ventas de películas efectuadas en el exterior por esas siete empresas. No incluye las transacciones comerciales operadas en Canadá.

no obtienen actualmente más que el 33% del total de sus ingresos de ultramar, contra el 50% de las épocas mejores. Para volver a captar adeptos en los países extranjeros, ciertas compañías norteamericanas comienzan a producir películas en el exterior para mercados geográficos particulares. La Metro Goldwyn Mayer, por ejemplo, hará seis películas en Europa, que saldrán en Europa solamente. Cuando la United Artists hizo *El último tango en París*, pensaba distribuirlo únicamente en Europa. Cuando el filme fue aplaudido por la crítica, en los festivales franceses, la United Artists decidió distribuirlo en todo el mundo." [55]

El fenómeno de la coproducción tiende entonces a afirmarse. Durante 1973 y 1974, se produjeron 434 películas en Francia: 200 fueron fruto de la coproducción.[56] Como es lógico, ese género de aso-

[55] *Business Week*, 23 de junio de 1973.

[56] *Le Film Française*, 18 de octubre de 1974, 28 de febrero de 1975. En 1974, según las estadísticas oficiales del Centro Nacional de Cine (CNC), los 234 filmes de largo metraje producidos en Francia representaron una inversión total de 637 millones de francos. Los extranjeros participaron aportando 242 millones, o sea, el 38%. El costo medio de una película en 1974 ha sido de 2 700 000 francos (*Le Film Français*, 14 de febrero de 1975).

CUADRO 2: *Derechos y regalías recibidos por los inversores norteamericanos por zona geográfica y tipo de industria (1970-1973) (en millones de dólares)*

	Petróleo		*Industria de trasformación*		*Comercio*		*Películas*		*Otros*	
Países/regiones	*1970*	*1973*	*1970*	*1973*	*1970*	*1973*	*1970*	*1973*	*1970*	*1973*
Canadá	17	27	225	307	15	24	37	38	63	83
Europa										
CEE*	31	43	287	526	30	55	48	66	17	36
Otros países	27	39	229	320	41	93	63	67	37	61
Australia, N.Z., Japón, África del Sur	21	19	117	226	11	31	67	78	19	43
América Latina	38	32	115	135	33	32	54	49	78	114
Otros**	82	122	28	57	26	27	30	27	33	64
Total	216	281	1 002	1 570	156	263	299	324	247	400

FUENTE: Survey of current business, agosto 1974.

* Comprende Bélgica, Francia, Alemania, Italia, Luxemburgo y los Países Bajos. Los otros países europeos comprenden el resto de los países, incluida Gran Bretaña.

** Comprende África (excepto África del Sur), el Medio Oriente, Asia (salvo Japón), los países del Pacífico (salvo Australia y Nueva Zelanda).

ciaciones se concentra en películas de alto presupuesto. En la lista de los filmes franceses del segundo semestre de 1974, entre los 4 de fuerte presupuesto (superior a 10 millones de francos) no figuran más que coproducciones: *Les deux missionnaires* de Franco Rossi, una coproducción ítalofrancesa (80% – 20%), *1900* de Bernardo Bertolucci, coproducción franco-ítalo-alemana (40% 40% 20%), *Le retour de Croc Blanc* de Fulci Lucio, coproducción franco-ítalo-alemana (60% 20% 20%), *Zorro* de Duccio Tessari, coproducción ítalofrancesa (75% 25%). En dos de esos casos, el productor que representaba la parte francesa, era la filial parisiense de la United Artist (Prod. Artistes Associés). En esas 4 coproducciones si bien Francia estaba presente en el capital, no lo estaba en el plano de la realización (los directores eran todos extranjeros) y apenas en el plano de los actores puesto que una sola de las vedettes era francesa. *El último tango en París,* de B. Bertolucci fue también una coproducción ítalofrancesa pero de hecho a través de la misma filial de la United Artists, una coproducción ítalonorteamericana (60% 40%). Apoyándose en su filial francesa, la empresa norteamericana puede de paso beneficiarse de los subsidios que acuerda el Estado a la industria del filme en los países europeos.

Esa estratagema fue perfectamete explicada en un artículo de la revista *Le cinématographe* en enero de 1975: "El apoyo del Estado convierte al cine en una industria protegida. Pues si todas las películas que salen en Francia contribuyen a financiar los fondos de apoyo, sólo las francesas se benefician de la redistribución de los fondos. Y así es en todos los países donde funciona ese sistema de ayuda, lo que explica el número creciente de coproducciones: una película producida por un italiano y un francés se beneficiará a la vez de la ayuda en Francia y en Italia. ¿Por qué no hay coproducciones franconorteamericanas? Porque el Estado no ayuda al cine en Estados Unidos. Por lo demás, la coproducción muy a menudo es una verdadera artimaña: una coproducción francoitaliana con mayoría francesa significa simplemente que la película es producida en Francia y vendida en Italia una vez terminada: esa venta es alegremente bautizada 'participación en la producción'. Ese tipo de tretas revela perfectamente las debilidades del productor, siempre en busca de recursos. Sin la ayuda del Estado, todo el sistema de la producción se derrumbaría: representa casi la cuarta parte de los recursos de que disponen los productores [. . .]. El cine dependía antes del Ministerio de Industria: luego pasó a la tutela de Asuntos Culturales; habría que preguntarse por qué." [57] La actividad cinematográfica está regida cada vez más por los criterios que dominan a los otros sectores de la industria. Lo que hemos señalado a propósito de la coproducción de películas se vuelve a encontrar, con algunas diferencias, en la industria informática y nuclear, donde el Estado se ha convertido en socio de los grupos multinacionales.

Las filiales son también excelentes bases de prospección de los nuevos temas susceptibles de tener éxito frente al público, en mercados precisos. *Emmanuelle II* (*Emmanuelle l'anti-vierge*) fue producida por Parafrance que se asoció al productor francés de *Emmanuelle I.* En julio de 1975, la misma sociedad anunciaba que iba a coproducir con otro productor francés la versión cinematográfica de la célebre *taxi-girl* Madame Claude.[58]

[57] "La production française", *Le cinématographe,* enero de 1975.
[58] *Variety,* 16 de julio de 1975, 23 de julio de 1975.

En el nivel de la televisión, esta prática de la coproducción con los norteamericanos está menos difundida. Citemos un caso relativamente excepcional, el de las coproducciones de la BBC y los productores norteamericanos. En 1972 se coprodujeron 153 programas. El año anterior, 77. La mayoría de esas coproducciones eran bipartitas. Otras hacían entrar en colaboración un número muy elevado de organizaciones.[59] La serie más reciente, *Great Mysteries,* coproducida por la BBC y la Fox, fue realizada por Orson Wells. El futuro de esas coproducciones puede deparar sorpresas. Los otros países europeos también piensan en la coproducción con los norteamericanos para entrar en el mercado de Estados Unidos y extender su clientela internacional. Las primeras discusiones de la Societé Française de Production (SFP) con la Paramount ya se han producido.

DEFINIR LA "CULTURA NACIONAL" EN LA ERA MULTINACIONAL

Pero el fenómeno de la internacionalización de la producción cultural no se resume en una penetración incrementada de las empresas norteamericanas en los mercados. Se construye a medida que las clases dominantes locales se persuaden de la eficacia de los esquemas y normas de producción que han sido probados en la metrópoli. Para esas burguesías locales hay una relación de equivalencia entre modernidad y esquema norteamericano de fabricación y de expansión.

Cuando *L'Express* se hubo modificado según los modelos del otro lado del Atlántico, su jefe de redacción declaraba, defendiéndose de haberla norteamericanizado: "Nuestra característica no es el estilo norteamericano, sino la aspiración de modernidad." [60] En junio de 1975 la revista *Stratégies,* también cortada sobre el molde norteamericano anunciaba, bajo el título interrogativo "¿El segundo soplo de la prensa?", la creación de 4 revistas nuevas, de las cuales 3 respondían fielmente a un modelo norteamericano debidamente experimentado en el mercado: "Otras tres nuevas revistas van a nacer en el mercado francés en septiembre-octubre. Los nacionalistas franceses ciertamente se emocionarán con ello pero es un hecho que en Europa, las mejores ideas periodísticas

[59] Thomas Guback, art. cit.

[60] Citado por Jean-Claude Texier, "Métamorphoses d'une industrie de la pensée", *Le Monde Diplomatique,* diciembre de 1974.

–las que tienen éxito– han sido sacadas de Estados Unidos. El mejor ejemplo es sin duda el de las revistas de noticias. *L'Economiste,* título todavía provisional, resultado de la fusión de *Entreprise* e *Information* no oculta su origen. Está directamente inspirado en *Business Week*... J. L. Servan-Schreiber, reincidente en la materia porque *L'Expansion* se pretende el *Fortune* francés, reconoce abiertamente que fue el éxito de *Book Digest* lo que lo decidió a lanzar *Lire* en septiembre, con Bernard Pivot... Elisabeth Lefevre anunciaba igualmente el matiz: *Jacinte,* mensual femenino para jóvenes que aparecerá a fines de septiembre se inspira en fórmulas que tienen gran éxito en Estados Unidos: *Glamour, Seventeen, Mademoiselle,* que totalizan 4 millones de lectoras por mes." El director del futuro *Business Week* francés tiene la última palabra en la materia: "Si queremos hacer un *Business Week* a la francesa es porque cuando hay un buen modelo, no veo la razón para no inspirarse en él." [61]

Una última observación que constituye por sí sola un eje de investigación ineluctable si se quiere llegar a discernir la naturaleza y los límites de este proceso de internacionalización de la producción cultural. Hay derecho a preguntarse si bajo el efecto del imperialismo norteamericano, no se producirá la decadencia de las llamadas culturas nacionales, esas culturas elaboradas y dirigidas por las clases dominantes de cada nación, que abrirán el paso a una cultura sin fronteras. No es posible responder a esa cuestión si no se la vincula a aquella, más amplia, de la internacionalización del capital y del Estado nacional.[62] Del mismo modo que es difícil aceptar una idea generalmente difundida,[63] según la cual las empresas multinacionales y la internacionalización de las relaciones capitalistas conducen a la declinación de los estados-naciones, es difícil admitir esa otra idea de la desaparición de las llamadas culturas nacionales. Los cambios del capitalismo de ninguna manera borran del mapa al Estado, pero permiten el nacimiento de nuevas formas de prácticas de Estado. En el campo de la cultura, aparato del Estado, surgen también nuevas formas y prácticas. La necesidad que experimentan los editores y los productores norteamericanos de delimitar de manera más precisa los

[61] *Stratégies,* 16 de junio-29 de junio de 1975.

[62] Sobre este tema cf. Nicos Poulantzas, "L'internationalisation des rapports capitalistes et l'Etat-nation", *Les Temps Modernes,* febrero de 1973; A. Martinelli y E. Somaini, "Nation states and multinational corporations", *Kapitalistate,* núm. 1, 1973; Robin Murray, "The internationalization of capital and Nation state", *The Spokesman,* núm. 10, 1971.

[63] Cf. los trabajos de Raymond Vernon.

centros de interés de los lectores y de los oyentes de cada región —necesidad atemperada por esa necesaria reivindicación del universalismo de los valores particulares propios de toda ideología imperial— ¿no traduce acaso la intuición de la evolución de los aparatos culturales? La necesidad que tienen los productores de *Sesame Street* de adaptar "a la realidad nacional" y no simplemente repetir sus nuevas series educativas ¿no es un indicio, entre tantos otros, de esta necesidad de descentralización de la cultura imperialista?

Todo lleva a pensar que, en la fase actual de acumulación de capital, la internacionalización de los negocios irá cada vez más a la par de una ola de "nacionalismo cultural", aun en países cuyo modelo de desarrollo está completamente calcado de los intereses de las multinacionales. La manera en que la tecnocracia brasileña, por ejemplo, está reformulando los modelos de la tecnocracia norteamericana y amalgamándolos con elementos procedentes de ideologías de otro signo, es decir, ideologías que están menos bajo la dependencia del polo imperialista, merecería ser examinada en esta perspectiva si se quiere determinar cuáles son las líneas de fuerza que respeta el desarrollo de esas culturas nacionales de acuerdo con la expansión de las multinacionales. En un contexto que privilegia las formas más ocultas, las más secretas, de la invasión norteamericana, la "nacionalización" de géneros, y de modelos que constituyen los ejes de la producción norteamericana, es casi ineluctablemente una necesidad.

Para definir el concepto de imperialismo cultural previamente habría que intentar circunscribir el de "cultura nacional". Esta noción no puede ser precisada si no se considera la relación de las burguesías nacionales (o, en su defecto, criollas) con el conjunto del imperio norteamericano. La cultura nacional, en la era de las multinacionales, debe asegurar la reproducción de la dependencia de esas burguesías respecto de Estados Unidos al mismo tiempo que la de su hegemonía en tanto clase dominante en una nación determinada, es decir, continuar consagrándolas como "burguesías interiores".[64] Una perspectiva tal tendría el mérito de hacer salir las discusiones sobre el imperialismo de la esfera cultural. Le conferiría su carácter histórico, su carácter de clase, relacionándola con las modificaciones de los papeles respectivos de esas burguesías. El imperialismo cultural cambia de formas y de contenido

[64] Según la expresión de N. Poulantzas. Véase también nuestros análisis en *Mass Media, idéologies et mouvement révolutionnaire*, París, 1974.

según las fases de la expansión política, económica y militar del imperio, por una parte y, por la otra, se adapta a las diversas realidades y contextos dominantes. Al infiltrarse a través de los elementos más porosos de dichas culturas nacionales el imperialismo norteamericano reproduce las condiciones superestructurales que le permiten prosperar.

CAPÍTULO VII

UN MERCADO QUE SE POLITIZA

"Las encuestas de opinión pública constituyen uno de los instrumentos más poderosos y más perfectos de la democracia moderna." En esos términos triunfales el norteamericano George Gallup —fundador de una red de institutos de la opinión pública presente en 36 países— justificaba, hace alrededor de 25 años, el pujante desarrollo que no pararía de tener ese tipo de investigaciones en el mundo occidental. Desde entonces, esa convicción no ha dejado de alentar en sus discípulos. Su divisa es, actualmente: "Al 'conócete a ti mismo' de Sócrates, fundamento de la vida individual, el mercadeo le agrega 'conoce a los demás', fundamento de la acción social. No se trata de demagogia, sino de democracia esclarecida." [1] Las palabras del presidente de la agencia de publicidad norteamericana J. Walter Thompson, van más o menos en el mismo sentido, aunque de un modo menos sofisticado: "Entre 1946 y 1972, el volumen de la publicidad ha aumentado en Estados Unidos de 3.4 mil millones de dólares a 23 mil millones, es decir, se ha multiplicado por siete. Esto coincide con el período de crecimiento más elevado que haya conocido la historia norteamericana y también el de los más grandes progresos en materia de justicia social. El crecimiento de las otras sociedades del mundo libre parece ser estrechamente paralelo al de sus gastos publicitarios." [2] Finalmente, de un tono más agresivo, véase los términos del presidente de la agencia Batten, Dunstine & Osborn: "Las democracias que se benefician de los niveles de vida más altos están a la cabeza de las listas de países que consagran una parte significativa de su ingreso nacional a la publicidad. Las dictaduras comunistas, con niveles de vida relativamente bajos, se encuentran abajo en la escala [...] La libertad debe hacer su pu-

[1] Denis Lindon, "Le marketing sans but lucratif", *Le Management,* núm. 46, p. 55, París, abril de 1974.

[2] Dan Seymour (presidente de J. Walter Thompson) en *Advertising Age* (*the national newspaper of marketing*), p. 218, Chicago, 21 de noviembre de 1973. La revista semanal *Advertising Age* es el órgano de expresión más importante de las agencias de publicidad y de mercadeo de Estados Unidos.

blicidad, si no peligrará seguramente." [3] Y para concluir, esta declaración de principios de ese mismo ejecutivo, convertido en teórico del mercadeo del otro lado del Atlántico: "El sistema norteamericano del mercadeo tiene como base este ascenso repentino de la idea de la libertad humana..." [4]

Esas declaraciones, por su trasparencia, tienen de bueno que nos permiten abordar con escepticismo los propósitos de otros empresarios sobre la pretendida neutralidad de sus métodos científicos para detectar las necesidades, conocer las actitudes y prever el comportamiento de su público: "Fundamentalmente el mercadeo es neutro, es decir, puede servir a fines diversos." [5] Antes de entrar en lo vivo de nuestro tema, conviene enunciar de manera sumaria los postulados que habrán de cuestionarse.

En primer lugar, el mercadeo se situaría fuera del modo de producción que le dio origen. No adquiere signo sino por sus efectos, buenos o malos, según el más estrecho de los maniqueísmos. El modo de producir la información no sería tributario de la "ley del valor". El mercadeo se constituiría, en cierta forma, en un lugar privilegiado, donde no se reproduce la relación mercantil entre productor y consumidor, entre emisor y receptor, un lugar donde la palabra y el poder le son devueltos a éste último. J. W. Thompson ya escribía en 1909, "La publicidad es el camino más corto entre el productor y el consumidor", consigna que, aplicada al mercadeo electoral se convierte en: "la publicidad es el camino más corto entre el candidato y el elector". Lo que deviene –si se sigue la lógica de la tesis de la decadencia de las ideologías y de la política que predican esos tecnócratas– "el mercado es el nuevo partido, el partido de los sin partido". Como señalaba un viejo periodista de Wall Street en su libro *The new politics",*[6] después de seguir las campañas del futuro gobernador de California, Reagan, y de los hermanos Rockefeller, campañas que habían sido planificadas por las empresas del aparato electoral: "Pienso que esas compañías son antipartidos porque tienden a convertirse en sustitutos del aparato regular del partido."

En segundo lugar, se supone que los estudios de mercado o de motivaciones puedan ser en sí mismos algo más que plebiscitos, en la sociedad capitalista o, dicho de otro modo, la ratificación de

[3] Tom Dillon, *Advertising Age,* 21 de novimebre de 1973, p. 204.

[4] Tom Dillon, *Never boil an alarm clock,* Agencia Battern, Burton, Durstine, 1968.

[5] Denis Lindon, art. cit., p. 50.

[6] James M. Perry, *The new politics, the expanding technology of political manipulation,* Wiedenfeld and Nicolson, Londres, 1968.

los programas preestablecidos por la institucionalidad vigente que introyecta gustos y actitudes y que, sobre la base de esta introyección previa, funda su gestión democrática. La esfera de la producción estaría dirigida por la "dictadura de los consumidores". La elección entre varios productos ya no sería solamente una falsa elección bajo presión publicitaria, sino una elección libre que correspondería a las opciones de cada uno. Después de las últimas elecciones presidenciales en Francia, el presidente de la segunda agencia de publicidad francesa, Publicis se sublevó contra la decisión del gobierno que había prohibido la difusión de los últimos sondeos practicados la víspera de las elecciones y habló de "represión de un derecho fundamental". "Defender la libertad plena y total de difundir los resultados de sondeos en período electoral, es defender las libertades esenciales." [7] Más allá de ese hecho preciso, en la misma declaración hacía la apología del Instituto Francés de la Opinión Pública, corresponsal de la Gallup en el país: "Al servicio del público, con un espíritu de sacrificio por el interés común, [la investigación] constituye un instrumento de progreso. En política, ayuda a tomar conciencia de las necesidades, de los problemas y las esperanzas del ciudadano, por lo tanto, a gobernar teniéndolo en cuenta. Eso se llama democracia. En el terreno de la producción, le regala a la imaginación creadora, que sin ella sería ciega, y a la función comercial, que sin ella sería sorda, ojos y oídos que le permitirán ajustar permanentemente su acción a las necesidades del ciudadano-consumidor. Él también posee derecho de voto e interesa conocer de antemano de qué forma va a servirse de él: el derecho de comprar o de no comprar."

Finalmente, el tercer postulado: el mercadeo supuestamente no tendría nada que ver con los sofismas de la teoría de la opinión pública que legitima esa forma particular de régimen político que es la democracia burguesa. Sofismas que le permiten a la clase que representa al capital cubrirse detrás de la apariencia pluralista que le confiere el "voto mayoritario", para asentar su dominación tanto en la Cámara de Representantes que es el Parlamento, como en la prensa, donde se arroga el derecho de representar a la mayoría, es decir, a "la opinión pública".

El mercadeo, en efecto, puede servir a fines muy diversos, pero con una sola condición: la de asegurar la reproducción de las relaciones sociales existentes. En lugar de hacerle vender productos detergentes, automóviles y *gadgets,* se le puede poner al servicio

[7] M. Bleustein-Blanchet, "Supprimer les sondages", *Le Monde,* 23 de mayo de 1974.

de un fin "no lucrativo": defender "causas sociales", la promoción de una política educativa, organizar una campaña electoral, la lucha contra la contaminación, contra el alcoholismo. Se le puede dar otra apariencia, pero no se le puede hacer cambiar de campo. Pedirle que haga otra cosa que *vender un producto de consumo,* "lucrativo" o no, es pedirle que se sabotee en tanto sistema, para retomar los términos del teórico norteamericano que citábamos más arriba y que asimilaba el mercadeo al ejercicio de la "democracia" o de la "libertad". Con la desaparición de la relación mercantil entre el consumidor y el productor, aparece otra forma de determinación del poder que vuelve obsoleto ese poder de clase que es el poder abstracto de "la opinión pública", sobre el que reposa el mercadeo, concebido como una ilusión de la participación democrática.

DE LAS CAMPAÑAS PRESIDENCIALES A LAS CAMPAÑAS PUBLICITARIAS CONTRA LAS NACIONALIZACIONES

Bajo fórmulas de un esquematismo trasnochado, que identifican invariablemente la libertad y la personalidad humana y la libertad y la personalidad del capital, en los últimos cinco años se han multiplicado las ingerencias de las empresas publicitarias y otras sociedades de servicios en los procesos políticos concretos. Fórmulas cuyo afinamiento es inversamente proporcional al ritmo de fascistización de los grupos que recurren a ellas. Las empresas de análisis de mercado y de motivaciones, no contentas con organizar las campañas electorales de la derecha, de prever la victoria de sus candidatos valiéndose del gran refuerzo que proveen los últimos modelos de la informática, y de instalarla ya mediante revelaciones intempestivas sobre la base de sondeos, se han comprometido en la ofensiva ideológica de las clases dominantes. Los ejemplos abundan.

En los círculos inmediatos de Richard Nixon, se encontraban antiguos directivos de J. Walter Thompson: Robert Haldeman, asistente especial, uno de los primeros en caer por el asunto Watergate, Ron Ziegler, secretario de prensa de la Casa Blanca y Harry Treleaven, asesor de propaganda política. El presidente de la J. Walter Thompson, Dan Seymour, es también uno de los miembros más eminentes del Council of Foreign Relations (CFR), verdadero Departamento de Estado paralelo donde se elabora la política exterior del gobierno de Estados Unidos y de las empresas multinacionales. El período presidencial de Nixon ha significado por otro lado un salto cualitativo en lo que concierne al uso de los aparatos ideológicos de difusión por parte del poder político. "La administración Nixon es, más que ninguna otra, un gobierno por televisión. La manipulación política de las emisiones por el poder ejecutivo es la forma más visible de la presión que ejerce el gobierno sobre el periodismo en los medios electrónicos. El presidente Nixon y sus consejeros ciertamente han comprendido el poder de la televisión, pero además saben hasta qué punto es importante políticamente controlar el proceso de la comunicación, y no vacilan en hacerlo." [8]

A pesar de esta política, todavía en noviembre de 1970 había propietarios de agencias de publicidad norteamericanas que criticaban "la ineficacia del Departamento de Estado, de la CIA y del USIS (United States Information Service)" para crear una imagen de Estados Unidos en el exterior. El presidente de la agencia Kenyon & Eckhardt –ex experto en comunicación del ejército y uno de los organizadores de la campaña presidencial de Johnson en 1964– le dirigió una carta a Nixon: "El gobierno norteamericano debería utilizar más la industria de la publicidad. Esta última tendría que asumir la orientación y conducción de un programa de propaganda con un doble objetivo: propagar una imagen de Estados Unidos en el extranjero y, como consecuencia, crear un clima más favorable a las compañías norteamericanas que se muestran deseosas de comerciar en esos países." [9] No es la primera vez que la Kenyon & Eckhardt se metía en política. ¿Acaso no trasladó uno de sus directivos al Pentágono para asegurarse la conducción de la política en materia de mano de obra, y eso ya en 1967? En el mismo año, apoyando una campaña que logró la adhesión de todos los propietarios de agencias de publicidad, el fundador de la Benton & Bowles –ex subsecretario de Estado en la administración Truman– proponía un "plan Marshall en el terreno de las ideas" para realzar el valor de "la fuerza y estabilidad de nuestra economía".[10] El presidente de otra agencia, Arthur Meyerhoff Associates, responsable de la Asociación de Agencias de Publicidad Norteamericanas, reclamando una mayor colaboración por parte de USIS, precisaba las líneas de una nueva política exterior en materia ideológica: "Desde hace 25 años, los programas de Estados Unidos se dirigen de preferencia a la élite intelectual.

[8] Henry Smith, "Goebbles in space, government use of telecommunications", *Cinéaste*, Vol. V, núm. 4, Nueva York, 1973.

[9] *Advertising Age*, 9 de noviembre de 1970.

[10] *Advertising Age*, 17 de julio de 1967.

No se preocupan por convencer al hombre de la calle, lo que por el contrario, sí ha demostrado saber hacer la publicidad norteamericana." [11]

En 1972 la campaña de promoción del mito del "milagro brasileño" fue coordinada, en el plano mundial, desde Nueva York, por la agencia Kenyon & Eckhardt.[12] Sigamos en América Latina. En primer lugar, señalemos dos hechos aislados. En 1968, la agencia norteamericana Compton Advertising fue encargada de la campaña electoral del candidato demócrata cristiano a la presidencia de Venezuela, Rafael Caldera. En 1972 la filial argentina de la J. Walter Thompson hizo la campaña presidencial del hermano del general Alzogaray, candidato sin suerte de un nuevo partido, sostenido por los militares en el poder.

Pasemos al caso de Chile. En la lucha contra el gobierno popular, los aparatos ideológicos del imperio y los de la burguesía local asumieron un nuevo papel. En 1970 la filial chilena de la J. Walter Thompson organizó la campaña del candidato de la derecha tradicional, Jorge Alessandri. Una vez elegido Salvador Allende, esa agencia, establecida en Santiago desde 1944 y la más importante del país, se apresuró —a pesar de tener ventas anuales por 4.5 millones de dólares— a abandonar Chile, al mismo tiempo que su principal cliente, la empresa minera Anaconda, para quien había realizado en julio y agosto de 1970 una campaña de terror psicológico destinada a "obstaculizarle el camino al candidato marxista". Antes de irse, la JWT tuvo cuidado de repartir sus 85 expertos en los medios de la derecha y en diversos servicios de la embajada de Estados Unidos en Santiago. También tuvo la precaución de ceder sus presupuestos a la agencia local Publicidad Fabres y de Heeckeren, que asegura la publicidad del más antiguo diario conservador de Santiago, *El Mercurio,* líder encarnizado de la ofensiva ideológica contra el gobierno popular.[13] Esta agencia sirvió de intermediaria legal para la trasmisión de fondos de la embajada norteamericana y de las empresas multinacionales a la reacción chilena, fondos destinados a efectuar campañas de prensa y a reforzar el potencial de los medios de comunicación controlados por la burguesía criolla. El 17 de septiembre de 1970, cuando sólo habían trascurrido dos semanas de la victoria de Allende en las urnas y cuando el Senado todavía no había ratificado esa elección, Hal Hendrix y Robert Berrellez, responsables

[11] *Advertising Age,* 9 de noviembre de 1970.
[12] *Visão,* São Paulo, 1 de agosto de 1972.
[13] *Advertising Age,* 17 de enero de 1972.

del departamento de relaciones públicas de la ITT en América Latina, enviaron una carta a su vicepresidente, E. J. Gerrity en la que le decían:

> ... Los diarios que pertenecen a la cadena del *Mercurio* son otro factor clave. Es extremadamente importante mantenerlos con vida y asegurar su circulación... Constituyen los únicos portavoces abiertamente anticomunistas que quedan en Santiago y están sometidos a enormes presiones, particularmente en Santiago...

Y, de una manera todavía más explícita:

> ... *El Mercurio* de Santiago tiene problemas económicos. Desde el día de las elecciones, no recibe más que el 10 o 15% de su volumen habitual de avisos publicitarios. Este mes tendrá dificultades para pagar el salario de sus empleados... Además de la ayuda directa, hemos hecho las siguientes recomendaciones: 1] que nosotros y otras empresas norteamericanas en Chile, pongamos anuncios en *El Mercurio,* lo que ya se está haciendo; 2] que ayudemos nuevamente a colocar algunos propagandistas en la radio y la televisión. Hay una veintena de personas que los grupos Matte y Edwards (propietarios del *Mercurio* y de 68 empresas industriales y comerciales, AM) habían contratado y debemos velar para que sean mantenidas en su lugar. Allende controla ahora dos de las tres estaciones de TV de Santiago y ha lanzado una campaña intensa a través de la radio... 3] que ejerzamos la mayor presión posible sobre la USIS en Washington para que dé instrucciones precisas a la USIS de Santiago a fin de empezar a hacer circular los editoriales de *El Mercurio* en toda América Latina y en Europa... 4] que insistamos ante los órganos de prensa más importantes de Europa, a través de nuestros contactos allá, para que publiquen la versión de los desastres que se abatirían sobre Chile si Allende y Cía. llegaran a ganar.[14]

En 1962, la filial chilena de la red norteamericana Gallup había comenzado a efectuar por pedido expreso de la Kennecott Copper Co., sondeos sistemáticos entre los líderes de opinión (dirigentes sindicales, parlamentarios, responsables de corporaciones profesionales, de patronatos, de la prensa) para "tratar de determinar las razones de las actitudes y comportamientos frente a la nacionalización del cobre y, en términos más generales, frente a las inversiones extranjeras en ese país".[15] En el cuestionario

[14] Edición completa de los *Documentos secretos de la ITT* (en inglés y en español), Ediciones Quimantú, Santiago de Chile, 1972.

[15] "Las encuestas antichilenas", *Mayoría,* Santiago de Chile, 16 de febrero de 1972 (cf. también en la misma revista "El archivo secreto de la Braden",

que circuló dos meses antes de las elecciones presidenciales de 1964 figuraban preguntas como la siguiente: "En su opinión ¿por qué el presidente João Goulart fue relevado de sus funciones? a] porque había ido demasiado lejos en sus medidas de nacionalización de las riquezas naturales del país; b] porque no respetó los principios constitucionales y tradicionales de la nación; c] porque se identificó con los partidos políticos de izquierda, muy particularmente con el partido comunista." [16]

Durante los tres años de la Unidad Popular, bajo el manto de la defensa de la "democracia" que les permitía existir, los anuncios publicitarios se convirtieron en llamados a la sedición. El *advertising* se metamorfoseó literalmente en *subvertising* y preparó a "la opinión pública", "la mayoría silenciosa" que, respondiendo a esos llamados no vaciló en salir a las calles a exigir a los militares que pusieran fin al "caos" marxista. La agencia norteamericana Mc Cann Erickson y su división de investigaciones Marplan tuvieron en esa operación un papel decisivo: sus sondeos y sus campañas publicitarias debían intentar detener la política de nacionalización de las empresas.[17] Por otra parte, la extrema derecha brasileña, que sirvió de posta y estafeta a la CIA, confesó *a posteriori* que sus expertos habían ayudado a la derecha chilena no solamente a armar y a entrenar milicias anticomunistas sino también a fundar oficinas de análisis de opinión y de propaganda para secundar las manifestaciones de mujeres, las huelgas de las patronales y el movimiento de "masas" de la burguesía.[18]

Después del 11 de septiembre de 1973, esas mismas agencias de publicidad y de mercadeo han provisto a la dictadura militar de consejos y consejeros en materia de represión y de guerra psicopolítica. Los expertos de la Mc Cann Erickson, en estrecha colaboración con los de la USIS, encuentran para Pinochet los me-

5 de enero de 1972). En marzo de 1973 el ex director de la CIA admite, ante la Comisión de Asuntos Exteriores del Senado, que la CIA había signado 400 000 dólares a la derecha chilena para "cubrir las actividades de propaganda contra Allende durante el período electoral de 1970". Cf. "A $ 400 000 Chile Fund reported", *Washington Post,* 28 de marzo de 1973. Cuando la campaña presidencial de 1964, la democracia cristiana recibió cerca de 20 millones de dólares por mediación de fundaciones alemanas que servían de intermediarias a los servicios de informaciones norteamericanos. Sobre los fondos entregados por la CIA a las fuerzas de la oposición para derrocar a Allende, cf. las revelaciones de Colby en *International Herald Tribune,* 9 de septiembre de 1974.

[16] *Ibid.*

[17] Cf. *Mass Media, idéologies et mouvement revolutionnaire, op cit.*

[18] Marlise Simons, "The brazilian connection", *Washington Post,* 6 de enero de 1974.

jores métodos para "derrotar al marxismo en la conciencia de los chilenos" y fabricar un consenso elemental sobre esta "democracia moderna y orgánica" de olores franquistas que quieren imponer.[19] Entre noviembre de 1973 y febrero de 1974, a pesar de una situación económica que rayaba en la catástrofe, los gastos publicitarios de Chile se multiplicaron por siete.[20] La Gallup volvió a aparecer. A pedido de los servicios de propaganda de la Junta, inquietos por lo que describen como las "campañas del comunismo internacional", la Gallup realizó en 1975 un sondeo de opinión entre "2 000 personas de diferentes niveles sociales, según las normas técnicas habituales". El 59% calificaría como bueno al régimen, y el 79% aprobaría su carácter autoritario.[21] De ese modo, esa técnica que, según Gallup, representa uno de los instrumentos más perfectos de la democracia moderna, viene a conciliarse con regímenes que niegan la más elemental libertad de opinión.

El papel de encubridoras de las operaciones de inteligencia del imperio que están llamadas a desempeñar ciertas agencias de publicidad de Estados Unidos en el exterior fue verificado nuevamente en enero de 1975, como resultado de la encuesta que llevó a cabo el Senado norteamericano sobre las actividades de la CIA. Allí se estableció claramente, por ejemplo, que la agencia de publicidad y de mercadeo, Robert Mullen Co., de Washington, había servido de tapadera al organismo de espionaje norteamericano en Europa, en Extremo Oriente y en México. Se reveló entonces que esta agencia, de tamaño reducido, ocultaba otra con la que estaba íntimamente ligada: la J. Walter Thompson. Último indicio de una circularidad perfecta —Estado-Industria-Publicidad—, cuando en enero de 1974 la Robert Mullen Co. cierra sus puertas, el antiguo presidente de esa compañía fue nombrado director de la Summa Corp., esa propiedad de la Hughes Aircraft que, un año después, era acusada ante los mismos senadores, de haber cumplido misiones en alta mar por cuenta de la CIA.[22] En julio de 1975, el director de la filial francesa de la J. Walter Thompson fue obli-

[19] Cf. Documentos sobre la Junta chilena, *Le Monde Diplomatique*, París, julio de 1974.

[20] Revista *Ercilla*, Santiago de Chile, febrero de 1974. Entre 1973 y 1974, las ventas de la principal agencia de publicidad chilena —Publicidad Fabres y de Heeckeren— aumentó de 274 000 dólares a cerca de 2.5 millones. Las de la filial de la Kenyon & Eckhardt de 24 000 dólares a 400 000 (*Advertising Age*, 31 de marzo de 1975).

[21] *Résistance, bulletin d'information*, Argel, 12-19 de mayo de 1975.

[22] Ramona Bechtos, "Undercover admen: JWT linked to CIA front", *Advertising Age*, 3 de febrero de 1975.

gado a desmentir –de manera poco convincente– la información aparecida en un diario inglés según la cual la CIA había utilizado dos funcionarios de esa filial para tareas de inteligencia, en Francia y en Europa en general.[23]

Excepto esta última manifestación, los casos de intromisión explícitamente política de las agencias de publicidad norteamericanas y de otras sociedades de servicios alimentan menos el escándalo público en los países de Europa. En esos países donde el enfrentamiento de clases es más larvado, la ingerencia norteamericana es una realidad, pero mucho más mediatizada, en particular gracias al papel que desempeñan interpósitas personas. Los modelos tecnocráticos *made in USA* penetran entre tanto las referencias de las burguesías locales a medida que los sistemas de alianzas de estas últimas sellan la formación de un campo atlantista. La administración de empresas y el análisis de mercado –articulándose bien sobre los elementos más permeables de la llamada cultura nacional– preparan un terreno favorable y constituyen formas de apertura hacia el "cambio" que pueden no solamente tolerar sino desear los políticos de la burguesía. En efecto, las ideología de la "modernización" que habita en los tecnócratas no puede prescindir de la gerencia que de ahora en adelante se propone resolver tanto los conflictos sociales que deben enfrentar los patrones, como aquellos que afrontan sus representantes políticos... "Responder a la ideología de los sindicatos mediante argumentos materiales es completamente insuficiente. Lo que hay que proponer es una ideología y una filosofía que, estamos obligados a reconocerlo, hoy brilla por su ausencia [...] Se trata de definir 'el hombre nuevo' que la gran empresa moderna necesita: aquel que sabrá proponer instrumentos de pilotaje que la preservarán de los escollos de las condiciones límites... Ese pensamiento, precisamente, a través y más allá de las técnicas es el que se debe inculcar a los futuros creadores y utilizadores de los instrumentos de gerencia."[24] Ese fue el propósito sostenido por la revista francesa *Le Management* que en ese momento todavía era copropiedad de la editora multinacional Mc Graw Hill y de Servan Schreiber.

La última campaña presidencial, en Francia, es muy sintomática de la seducción que ejerce en la clase política esos modelos de modernización atlantista. La manera misma en que el equipo del futuro jefe de Estado concibió la contienda electoral refleja el

[23] *L'echo de la Presse et de la Publicité,* París, 21 de julio de 1975.

[24] Bruno Lussato, "Des concepts démodés", *Le Management,* París, enero de 1971.

nuevo sistema de alianzas llevado al poder. Para organizar esa campaña se apeló a la empresa que había preparado las elecciones de Kennedy y de Johnson, la Joseph Napolitan Associated de Springfield, Massachusetts, una empresa de publicitarios políticos profesionales, que tiene una oficina internacional en Londres. Giscard d'Estaing, por otro lado, no era más que el segundo cliente extranjero después del candidato a la presidencia de Venezuela, Carlos Andrés Pérez, elegido en 1973.[25] Durante esa campaña que consagró al mercadeo y a los sondeos como instrumentos "democráticos", un modelo de estímulo –uno de esos juegos que imitan un proceso real para prever la salida, que fueron utilizados sistemáticamente por primera vez por Kennedy para su elección a la presidencia– fue organizado por la filial francesa de una empresa norteamericana, el Centro de Industrialización y de Marketing (CIM). Según la revista, *Le Management,* que se encargó de hacer llegar a sus suscriptores una circular con los resultados de ese trabajo informático una semana antes de la segunda vuelta, se trataba "del mismo modelo que utilizó CIM en Estados Unidos para varias elecciones primarias [...] Su objeto es medir la eficacia de varios temas o ejes de campaña en términos de votos... Permite también evaluar la probabilidad de los resultados con un margen de error que nunca sobrepasó del 2 al 3%. Sin duda esa precisión es casi igual a la que se le da crédito comúnmente en las encuestas de opinión, pero es importante señalar que la precisión aquí se obtiene no a partir de declaraciones de intenciones de voto, sino estimulando los procesos por los que pasa la decisión de los electores. El modelo es a la vez explicativo, analítico y estratégico".[26] A juzgar por la multiplicación de los sondeos en el curso del último año de gobierno, los consejos de los "tecnócratas de la nueva política" como se les llama en Estados Unidos, han sido escuchados.

Un último hecho. El Instituto Francés de Opinión Pública (IFOP), miembro de la red internacional de la Gallup, cumple la tarea de informar al gobierno de Estados Unidos sobre el comportamiento de los franceses respecto a la nación norteamericana. En 1972 la Comisión Exterior del Senado de los Estados Unidos publicó después de una encuesta, la lista de las empresas que periódicamente realizan estudios de opinión por encargo de la USIS.[27] En Francia, según esta lista, son la IFOP y la COFREMCA, agencia de la red nor-

[25] *Advertising Age,* 11 de agosto de 1975. Sobre la estrategia de esas empresas de consultores políticos, cf. el libro ya mencionado de James M. Perry, *The new politics.*

[26] Circular roneotipada por *Le Management,* 15 de mayo de 1974.

[27] *USIA appropriation authorization, fiscal year 1973, op. cit.*

CUADRO 1: *Estudios de opinión pública encomendados por la USIA (1972) (documento del Senado norteamericano)*

REA country	*Title*	*Contractor*
Africa: Kenya	African Opinion Rider Survey...	Associated Business Consultants, Nairobi ....
South Asia: India	Image of the United States in Urban India.	Research and Marketing Services, Bombay, India ....
East Asia: Japan	Japan Opinion Rider Survey ..	Central Research Services, Inc. Tokyo ....
	New Economic Policy Survey	do ....
Australia, Japan, Philippines.	Trends in U.S. Standing Abroad.	Roy Morgan Research Centre, Melbourne, Central Research Services, Inc. Tokyo: International Research Associates—INRA, Far East.
Western Europe:		
Britain	British Opinion Survey	Social Surveys, Ltd., London ...
Britain, Italy, Belgium, Norway, Netherlands, Spain, Switzerland.	Opinion Toward U.S. Investment in Europe.	Conrad Jameson Associates, Ltd., London ....
Britain, Germany, France, Netherlands.	New Economic Policy Survey..	Social Surveys, Ltd., London: MARPLAN, Offenbach Main: IFOP, Paris: NIPO, Amsterdam,
Britain, France, West Germany, Italy.	Trends in U.S. Standing Abroad.	Research Services, London: COFREMCA, Paris: MARPLAN, Offerbach Main; DOXA, Milán.
Latin America: Colombia.	Colombia Business Study	Adolfo Montanero. Washington, D.C. ....
Argentina, Brazil, Colombia, Ecuador, México, Venezuela,	Image of the United States in Latin America.	Mediterranean Research Associates, Washington, D.C.
East Asia: Vietnam	Saigon Public Opinion (September 1970).	Center for Vietnamese Studies, Saigon ....
	Qui-Nhon Public Opinion	do ....
	Dalat Public Opinion	do ....
	Saigon Public Opinion (January 1971).	... do ....
	Can Tho Public Opinion	do ....
	Quick Response Survey in Saigon...	do ....
Indonesia	Indonesian Attitudinal Survey ...	International Research Associates, INFA-Far East.
Philippines	Philippine Influentials Study ...	Ateneo de Manila ....
Western Europe:		
Germany, Britain, France.	Attitude Surveys in West Germany, Britain, and France.	MARPLAN, IFOP, Offenbach Main Social Surveys, Ltd., London.
France, West Germany.	Multi-Country Business Image Survey.	Conrad Jameson Associates, Ltd., London ....
Britain	London Space Standing	Social Survey Ltd., London.
Greece	Greek Youth Rider	Institute for Research in Communication, Athens.
Greece	Athens Year-Ender Poll Purchase	Institute for Research in Communication, Athens.
Latin America:		
Colombia	Attitudes Toward Foreign Enterprise in Colombia.	Inter-America A.C., Bogota ...
Argentina, Brazil, Colombia, Ecuador México, Venezuela.	Image of the U.S. in Latin America	Inter-American Research, Bogota Opinion Research Corp., Mexico Marketing Mexicana. Mexico Investigadores de Marketing Assoc., Buenos Aires: Instituto IPSA, Buenos Aires: INESE, Rio de Janeiro: Market Research C.A., Caracas: DATOS, Caracas: Org. NORLOP, Guayaquil: IECOP, Quito: Mediterranean Research Associates, Washington, D.C.: Mathilda Stephenson, Bethesda, Md.: Dr. W. Hazard, Austin, Tex.
Near East: Israel	PORI Subscription	Public Opinion Research of Israel, Ltd., Tel Aviv.

teamericana INRA (International Research Associates), las que establecen esa red y realizan encuestas sobre la actitud de los diversos sectores sociales en Francia respecto a la política espacial de Estados Unidos, la situación de las inversiones extranjeras, la política exterior, etc. ... En Italia, esas encuestas son realizadas por la agencia milanesa de la Gallup, la agencia Doxa, y en Alemania, por la Marplan, división de la Mc Cann Erickson. En todos los países del mundo en que está instalada, la Gallup es corresponsal y confidente de la USIS. Por otro lado, no podría ser de otro modo ya que Georges Gallup es uno de los cinco miembros de vigilancia de la USIS. Entre sus colegas en el mismo consejo figuran el director del *Reader's Digest,* Hobart Lewis y el ex presidente de la cadena de televisión CBS (Columbia Broadcasting System), actualmente presidente de la empresa de investigaciones comerciales Simmons. En Francia, la Mc Cann Erickson posee también una filial cuyo administrador es nada menos que el hermano del Presidente, Olivier Giscard d'Estaing. En el consejo de administración de la COFREMCA coexisten dos representantes del grupo Hachette y dos del Crédit Lyonnais.

Esos simples hechos que ahora tenemos que reubicar en un contexto más amplio nos indican una realidad nueva: las empresas de publicidad, de mercadeo y otras "sociedades de servicio" se han puesto a la par de las multinacionales. Están a punto de convertirse en sus apéndices ideológicos y, por añadidura, en sus ministerios del interior y del exterior que, a su vez, no son sino los ministerios del Estado imperial. Nuestro próximo objetivo será descubrir las modalidades de esta mutación y apreciar el cambio que entraña en las estrategias que adoptan el imperio y sus aliados en el campo ideológico, para contrarrestar el avance de los movimientos populares.

LAS MULTINACIONALES DE LA PUBLICIDAD

En 1970 los norteamericanos se embolsaron más del 62% del presupuesto publicitario mundial. Ese año, los países capitalistas consagraron 33 mil millones de dólares a la publicidad: 20.6 mil millones fueron cosechados por Estados Unidos (en 1980 esperan obtener 37 mil millones), 8 mil millones para Europa occidental (un poco menos de mil millones en lo que se refiere a Francia) y 2 mil millones para Japón. Diez años antes, las ventas publici-

CUADRO 2: *Ventas internacionales de las diez principales agencias de publicidad en Estados Unidos (1974)*

		Ventas internacionales		*Número de*
Orden	*Agencia*	*en millones de dólares*	*% del total de las ventas*	*la oficina en el extranjero*
1	Mc Cann Erickson	492	70	100
2	J. Walter Thompson	466	53	57
3	SSC & B-Lintas	388	73	42
4	Ted Bates & Co.	311	55	29
5	Ogilvy	300	57	53
6	Young & Rubicam	282	37	30
7	Leo Burnett Co.	212	37	45
8	D'Arcy-Mc Manus-Masius	184	45	20
9	BBDO	152	30	18
10	Norman, Craig, Kummel	130	65	21

Elaborado a partir de los datos publicados por *Advertising Age,* 24 de febrero de 1975 y 31 de marzo de 1975 además de los diversos informes anuales de las compañías.

tarias de Estados Unidos era de 5.7 mil millones; las de Japón de 600 millones y las de Francia de 450 millones. Algunas cifras bastan para dar una idea del lugar que ocupa la publicidad en esas respectivas economías: las recaudaciones publicitarias norteamericanas representan el 2.11% del ingreso nacional. En Japón esa cifra desciende a 1.14%, en Francia a 0.72% y en Brasil y en Argentina se eleva a más del 1.25%.[28]

Las diez empresas que dominan el mercado internacional operan todas bajo bandera norteamericana.[29] En 1974, Mc Cann Erickson —la agencia más importante de un grupo propietario de seis agencias, el Interpublic Group of Cos, cuyo ingreso global se eleva a un poco más de mil millones de dólares— ha facturado al exterior 492 millones de dólares, es decir el 70% del total de sus ventas. La segunda agencia en orden de importancia, J. Walter Thompson ha recolectado, fuera de la metrópoli, 466 millones o sea un poco

[28] *Advertising Age,* 24 de abril de 1972.

[29] La mayoría de los datos sobre las agencias de publicidad norteamericanas han sido extraídos de *Advertising Age,* 21 de noviembre de 1973, 25 de febrero de 1974, 24 de febrero de 1975 y 31 de marzo de 1975.

más del 53% de sus ingresos. La quinta empresa, Ogilvy & Mather ha obtenido en el mercado internacional 300 millones de dólares, o sea el 37% de sus recaudaciones, mientras que la décima agencia, Norman, Craig & Kummel, obtenía el 65%. A título de referencia, señalemos que la primera agencia francesa, el grupo Havas Conseil, rebautizado hace poco Eurocom, decimoséptima agencia publicitaria mundial obtuvo en 1974, en el mercado nacional e internacional, 233 millones de dólares. La mayor parte del personal empleado por las empresas norteamericanas está, en consecuencia, instalado en el exterior. De los 4 536 empleados de la Mc Cann Erickson 3 592 residen fuera de Estados Unidos. Lo mismo sucede con el 80% del personal de la SSC & B-Lintas.

Los beneficios que obtienen estas compañías en el exterior van en progresos constantes. En los últimos diez años, las ventas de Mc Cann Erickson se cuadruplicaron, mientras que sus ventas nacionales sólo llegaron a duplicarse. El mismo fenómeno se produjo en J. Walter Thompson que, en 1965, no sacaba más que el 36.5% de sus ingresos. Esta progresión es también un hecho en las filiales instaladas en los países capitalistas avanzados que evidentemente tienen agencias de publicidad que pueden competir más con las norteamericanas que las de los países del Tercer Mundo. En Francia, la agencia Ted Bates alcanzó en 1973 el tercer lugar en la lista de agencias de publicidad que operan en el país; propiedad norteamericana en su totalidad desde 1967, fecha en la que se establece en París, progresó en un 18.4% en relación con el año 1972. En ese mismo lapso, Havas-Conseil y Publicis, que ocupan los dos primeros lugares en el mercado francés, acrecentaron sus ventas de 0.12% y 1.93% respectivamente. La palma de oro del año 1973 la obtuvo otra agencia norteamericana, Ogilvy & Mather, que tienen entre sus clientes a American Express, con una progresión estimada en el 133%. Entre 1968 y 1973, las ventas publicitarias de las dos primeras agencias francesas se duplicó, mientras que las de Ted Bates y de J. Walter Thompson (que en 1973 ocupaba el octavo lugar en el mercado francés) casi se cuadruplicaron. En 1974 fue también una agencia norteamericana la que demostró ser la más dinámica. La Young & Rubicam entró firme en el grupo de las diez primeras con un incremento en sus ventas de un tercio, en tanto que ese mismo año significó una relativa regresión para Publicis que perdió más del 9% de sus ventas.[30] En Italia, la Young & Rubicam

[30] Sobre la situación en Francia, cf. el órgano de los publicitarios franceses, *Stratégies*.

ascendió al primer puesto. En Inglaterra, entre 1970 y 1972, la Mc Cann Erickson, cuarta en orden de importancia en ese mercado, aumentó sus ingresos en 85.2%. En Brasil, donde ocupa el primer puesto desde hace muchos años, duplicó sus beneficios en 1971 y 1972. En 1974, en ese país, la progresión más espectacular la registró una agencia mixta, Mauro Salles Inter-americana, propiedad de un grupo brasileño y de la Kenyon & Eckhardt, que pasó de 23 millones de dólares a 33 millones. La filial brasileña de Mc Cann Erickson tiene un ingreso de cerca de 40 millones.

Sin embargo, una sombra ha oscurecido recientemente ese cuadro de prosperidad. La reducción de las inversiones publicitarias que decidieron algunos clientes hizo bajar las ventas de ciertas agencias de publicidad. Pero la crisis repercutió en forma muy diferente en cada uno de los diez líderes de la industria publicitaria norteamericana. El incremento mundial de la Mc Cann Erickson fue en 1974 sólo del 2.9%. Lo que, teniendo en cuenta la inflación, traduce de hecho un descenso en la actividad. En Francia, perdió el 15.8% de las ventas y tuvo una regresión del décimo al décimo tercer lugar. El mismo retroceso en Argentina, donde conserva no obstante el primer lugar. La situación de inseguridad política hizo bajar sus entradas de 16 a 10 millones de dólares. Por el contrario, en Brasil, el incremento prosiguió. Ese mal año no le impidió sin embargo extender sus redes internacionales, como veremos a continuación. La situación de J. Walter Thompson (con un crecimiento de 3.5%) no fue tampoco muy brillante. Pero agencias como Young & Rubicam, Leo Burnett, Ted Bates y BBDO progresaron todas en por lo menos un 13% en relación con el año precedente. Lo que mantuvo el crecimiento de las 10 primeras en un promedio de 8.5%.[31]

La internacionalización está más que nunca a la orden del día. "Mi primera preocupación —expresaba en agosto de 1973 el director de Ogilvy & Mather— es la internacionalización de la publicidad. En otros tiempos una agencia poseía una sola oficina en un país dado. Ahora, numerosos clientes devienen internacionales, multinacionales; las grandes agencias deben seguirlos e implantarse allí donde están sus clientes. A veces es difícil pues algunos países se niegan a que se instalen sociedades extranjeras."[32]

[31] Algunas cifras sobre la disminución de las inversiones publicitarias de ciertas empresas: en 1973 los gastos publicitarios de la Exxon se elevaban a 28 millones de dólares; en 1974 eran de 24 millones. En el mismo período, los de la Coca-Cola bajaron de 76 a 74 millones, los de la Chrysler de 96 a 86 millones (*Advertising Age,* 18 de agosto de 1975).

[32] "Où va la publicité?", *Entreprise,* París, 24 de agosto de 1973.

CUADRO 3: *Presencia norteamericana en las 20 primeras agencias del Brasil y de Francia (1973)*

Agencia	*Lugar en el mercado nacional*	*Situación*
	BRASIL	
Mc Cann Erickson	1	filial
J. Walter Thompson	2	filial
Needham, Harper & S.	3	acuerdo de representación con Norton de São Paulo
Kenyon & Eckhardt	5	participación minoritaria Mauro Salles/Interamericana
Lintas-SSC & B	8	filial
Ogilvy & Mather	10	filial (Standard)
Leo Burnett	11	filial (CIN)
Grant Advertising	14	filial
Quadrant	17	filial
	FRANCIA	
Needham, Harper & S.	1-22*	participación mezclada con Univas (Havas) y participación minoritaria en SIGMA
Ted Bates	3	filial
BBDO	4-30	socia de Interplans y con el 30% de CLM/Team
Lintas-SSC & B	5	filial
J. Walter Thompson	8	filial
Compton	9	20% en Dupuy-Compton
Mc Cann Erickson	10	filial
Grey	11	68% en Dorland-Grey
Young & Rubicam	12	filial
Kenyon & Eckhardt	13-59*	acuerdo con Synergie y filial (Promos CPV)
Norman Craig & K.	16	filial
Dancer, Fitzgerald, S.	18	red internacional con Delpire-Advico
Doyle & Bernbach	19	filial

FUENTE: Para Brasil, "Foreign Agency Billings", *Advertising Age,* 26 de marzo de 1974. Para Francia, *Stratégies,* núm. 48, 17 al 30 de septiembre de 1973 y núm. 60, 4 al 17 de marzo de 1974.

* Cuando figuran dos cifras, se trata de la posición respectiva de las dos agencias con las que está ligada la agencia norteamericana.

De las 25 agencias norteamericanas más importantes, solamente dos no tienen filiales de ultramar. Más recientemente, la internacionalización se ha convertido igualmente en la preocupación de algunas grandes agencias europeas y japonesas. Los resultados de esta política que para muchos no data de ayer, son ya visibles.

En Francia, las grandes agencias norteamericanas se repartían en 1973 el 22% del mercado. Ese 22% podría incluso convertirse en el 30% si no se tuviera en cuenta solamente a las filiales norteamericanas en su totalidad y si se redistribuyeran las ventas de todas las agencias donde los norteamericanos tienen una participación minoritaria o mezclada. Entre las doce primeras agencias publicitarias que se reparten más de la mitad del pastel publicitario francés, había 9 agencias de nacionalidad norteamericana (5 filiales y 4 con partes variables). Y, sin embargo, el ejemplo ha sido relativamente mal elegido porque Francia es uno de los únicos países europeos relativamente preservados. Como señalaba en 1972 el presidente de la agencia Havas: "Nuestro país es el único de todas las naciones desarrolladas del mundo no socialista que tiene agencias de publicidad francesas —en primer lugar Havas-Conseil— que ocupan el primer rango y no agencias de origen norteamericano como en todo el mundo, salvo Japón." [33] Y el presidente de Publicis agrega, más o menos por la misma fecha: "Con Havas, simplemente hemos descartado la hipótesis de una invasión en el mercado francés. Es el objetivo principal que hemos perseguido y admitid que el resultado es concluyente puesto que Francia es el único país en el que los anglosajones no son líderes de la publicidad." [34] Esas declaraciones, sin embargo, están perdiendo exactitud porque la agencia Havas, en la que el Estado tenía en 1945 una participación del 67.6% entró en un proceso de privatización; algunas de sus acciones han sido vendidas recientemente a nuevos accionistas, como el Banco de París y de los Países Bajos; y se estima que ese proceso que sólo acaba de comenzar favorecerá la penetración del capital norteamericano y el establecimiento de alianzas con las agencias de esa nacionalidad. Por otra parte, sin arrebatarles los dos primeros puestos a Havas y a Publicis, los norteamericanos tratan paulatinamente de apoderarse de agencias medianas o pequeñas que se encuentran en dificultades. Durante los últimos meses de 1974 y los primeros del 75, las grandes agencias le han echado el ojo a no menos de 3 agen-

[33] M. Chavanon, polémica con M. Duverger en *Le Monde,* junio de 1972.

[34] M. Bleustein-Blanchet, citado por Francis Legal, "La publicité, rôle économique et social", *Economie et Politique,* París, marzo de 1974. Sobre la evolución de Havas, *Le Monde,* 10 de mayo de 1975, *Stratégies,* núms. 24 y 59.

cias nacionales. La agencia Impact devino Impact/Foote, Cone & Belding, y ocupa el duodécimo puesto entre las agencias del país. Su propietario cedió, en efecto, el 49% de su capital a los norteamericanos. La agencia André Coutau se deshizo del 47% de sus acciones en beneficio de sus socios norteamericanos Benton & Bowles que hasta entonces poseían el 20% del capital después de su llegada en 1965. En el aviso que publicaron en la prensa, los nuevos socios expresaron: "Esta decisión testimonia una voluntad de expansión. En efecto, las empresas encuentran cada vez más su capacidad de progreso en la conquista de los mercados exteriores. André Coutau (que conserva el 33% de las partes y ocupa la presidencia del consejo de Benton & Bowles S.A.) piensa de ese modo estar en mejor situación para resolver los problemas de los anunciadores franceses en el exterior y los de los anunciadores extranjeros en Francia." [35] En junio de 1975 el grupo propietario de la Mc Cann Erickson, Interpublic Group of Cos, firmaba un acuerdo con Schneider Conseil S.A. de París, que se proponía englobar en su filial parisiense. Para concluir el negocio, no esperaba más que la autorización del gobierno francés.[36] Una de las últimas agencias que se estableció en París después de haber intentado, en vano, comprar la parte de su socio francés, fue la Leo Burnett que decidió crear una filial con participación plena. En estos términos justificaba su director la instalación: "Era impensable que no estuviéramos presentes en el mercado, con los medios que impone nuestra evolución y por el lugar que ocupamos tanto en Estados Unidos como en el mundo." [37]

En los otros países europeos la participación de Estados Unidos en la industria publicitaria es mucho más grande. En Bélgica, 7 de las 10 primeras agencias son filiales o socias de empresas norteamericanas. Por otro lado, la dependencia de ese país, acaba de agravarse (si podía agravarse más). La Interpublic Group of Cos, al adquirir el grupo europeo de origen alemán Troost International, establecido en Dusseldorf, Milán, Amsterdam y Bruselas, tomó el control en 1975 de la cuarta agencia belga. De ahí en adelante, si se suman los ingresos de esa nueva propiedad con los de la Mc Cann Erickson, las agencias del Interpubic Group of Cos establecidas en Bruselas están ahora ampliamente a la cabeza, con más de diez millones de dólares de ventaja en relación con su competidora directa, una agencia mixta (Publicontrol/

[35] Publicado en *Le Monde,* diciembre de 1974.

[36] *Advertising Age,* 30 de junio de 1975.

[37] *Stratégies,* núm. 47, 1973

Benton & Bowles) que hasta ahora ocupaba el primer lugar con un ingreso de 28 millones de dólares. En Italia, entre las diez primeras, hay 7 norteamericanas, un grupo europeo, un grupo euroamericano y un solo propietario italiano. En Gran Bretaña, las seis primeras agencias son de nacionalidad norteamericana. En los países escandinavos, donde operan también la Mc Cann Erickson, Ted Bates, Lintas y muchas otras, la Ogilvy & Mather compró en 1972 la agencia sueca STB, una de las tres más grandes del país, instalada además en Dinamarca, Finlandia y Noruega. No era más que el comienzo. En 1974, Leo Burnett se apoderó de una red de otras cuatro agencias establecidas en Copenhague, Oslo, Estocolmo, Malmo y Helsinki. En 1975 Benton & Bowles adquiría el 80% de una de las mayores agencias noruegas, Hoydahl Ohme.

Habiendo heredado un aparato publicitario fuertemente marcado por la presencia norteamericana, el Portugal de la época revolucionaria no fue más favorecido que el Chile de Allende. Las cinco grandes agencias de la plaza son todas extranjeras o asociadas a grupos extranjeros. La primera es la filial, a parte plena, de la SSC & B-Lintas que en 1974 declaraba un ingreso de 4.4 millones de dólares (lo que significa de todos modos una pérdida de más de un millón en relación con su ejercicio anterior). La segunda, Latina-Thompson Asociadas, es miembro de la red de J. Walter Thompson. A diferencia de Chile, de donde se alejó después de asumir el poder la Unidad Popular, se quedó en Lisboa y vio aumentar sus ventas de 1.7 a 3.1 millones de dólares. La Norman, Craig & Kummel tiene dos agencias —se trata de dos adquisiciones por separado— la Ciesa NCK y la Promo Beja, con una entrada total de 4.1 millones de dólares, o sea aproximadamente lo mismo que sacaba durante la dictadura de Salazar. Aparte de la Leo Burnett que ocupa el cuarto lugar se destaca entre las diez primeras la presencia de las redes internacionales de Havas y de Publicis.

En América Central, en países como Guatemala, Nicaragua, El Salvador, la publicidad está prácticamente en manos de una sola empresa, la Mc Cann Erickson. La hegemonía norteamericana se vio reforzada en 1975 por la instalación de la J. Walter Thompson. En Argentina, entre las diez agencias más importantes figuran seis filiales de agencias norteamericanas que sacan más del 70% del monto facturado por esas diez primeras. En 1974, a pesar de las dificultades financieras, la Mc Cann Erickson consiguió anexarse otra agencia, la Gowland. En Brasil las ventas de las dos principales agencias, Mc Cann Erickson, y J. Walter Thompson, representa casi el doble de las que realizan las agencias nacionales más importantes que, por otro lado, también están penetradas por el capital norteamericano. Allí también la Mc Cann Erickson no deja de fortalecer su posición. En 1974 el Interpublic Group of Cos se asimiló la duodécima agencia del país (Proeme). Para luchar contra esta supremacía demasiado flagrante, en 1975 dos de las principales agencias llamadas nacionales (MPM Propaganda y Casabranca) se fusionaron, pero esa operación las coloca sólo en el cuarto lugar en la lista de las agencias del país. En Venezuela, las diez principales agencias vienen de Estados Unidos o están asociadas al capital norteamericano. En el continente africano, donde el monopolio de la red internacional de la agencia Havas —convertido en euroamericano— es particularmente activo en algunos países, Lintas domina, sin embargo, el mercado en Ghana, Sierra Leona y Nigeria. En Rhodesia están Leo Burnett, y J. Walter Thompson. En Asia, Mc Cann Erickson, Burnett, Ogilvy, Lintas, controlan totalmente el mercado en Malasia; Lintas el de Indonesia; J. Walter Thompson y Mc Cann Erickson se reparten el de la India y así sucesivamente.[38]

No obstante, la invasión de las agencias norteamericanas no se perpetra de una manera uniforme. El análisis de sus movimientos en el mercado internacional permite distinguir tres grandes estrategias de internacionalización, que no dejan de entrecruzarse según la ocasión.

EL MODELO IMPERIAL

Sus representantes más fieles son la J. Walter Thompson y la Mc Cann Erickson. Son también las más antiguas, las que han inaugurado el "sistema de la publicidad y del mercadeo". En efecto, ¡dejemos de una vez por todas de lado esas crónicas de la historia de la publicidad que pretenden descubrir sus raíces en los discursos de los pregoneros o en los diarios de anuncios, aún bajo el Consulado!... Es olvidar que la publicidad se constituye en la convergencia de relaciones sociales que corresponden a un momento preciso del desarrollo de las fuerzas productivas. La fundación de J. Walter Thompson se remonta a fines del siglo pasado (1864) y la de Mc Cann Erickson data de 1912. El ritmo de fundación de sus filiales en el extranjero refleja fielmente las olas sucesivas de la expansión del imperio en el curso de los últimos 70 años.[39]

[38] El análisis de la expansión de agencias norteamericanas ha sido elaborado a partir de datos publicados en *Advertising Age* en los últimos cinco años.

[39] Sobre la historia oficial de las agencias de publicidad norteamericanas cf.

El creador de la J. Walter Thompson era un ex oficial de la marina. Sus primeros clientes los reclutó en la industria de los detergentes (Procter & Gamble, Lever Brothers) y de cosméticos. Su cliente más antiguo es la Cheseborought-Pond's (cliente que data de 1886). Sus contemporáneos no sólo lo consideran como el pionero de la publicidad, sino también como quien le dio a las revistas femeninas el desarrollo que conocen hoy. Para atraer nuevas clientelas a las empresas a quienes les hacía la publicidad, se le ocurrió hacer de la mujer el prototipo del comprador y del consumidor. Fue realmente el precursor del género "revista femenina". Su primer paso hacia el exterior, lo dio la casa en 1899 instalando una oficina de ventas en Londres. Durante más de diez años, estuvo estrechamente ligada a la historia del colonialismo inglés. En 1923 J. Walter Thompson accede al pedido de su cliente de Chicago, Libby, Mc Neill & Libby que le ruega trasformar esa simple oficina de ventas londinense en una verdadera filial, particularmente para asegurar la publicidad de sus frutas en conserva. Ésa ha de ser la primera piedra del imperio publicitario norteamericano. En 1927 la General Motors propone a J. Walter Thompson que represente a la compañía en todo el mundo y abra una oficina en cada país en el que General Motors fabrique o arme vehículos. Así nacían las filiales de Canadá (1929), de las Indias (1929), Australia (1930) y de África del Sur (1930). Las de Bélgica y Francia fueron creadas en 1927 y 1928 respectivamente. En 1929, la J. Walter Thompson estaba presente en Argentina, Brasil y Uruguay. En todos esos países, además de la General Motors, siguió la expansión de la Ford, de la Gillete, de la RCA, de la Kraft, de la Kelloggs, de la J. B. Williams y de Procter & Gamble. Durante la segunda guerra mundial, un experto de esa agencia tuvo la iniciativa de lanzar el Advertising Council, una asociación sin fines lucrativos, sostenida por los industriales norteamericanos de todos los sectores de la economía para poner la publicidad al servicio de "causas públicas". En estrecha relación con la OSS (Office of Strategic Services), predecesora de la CIA, la J. Walter Thompson organizó campañas de reclutamiento y propaganda para la producción de la guerra. Muchos de sus empleados fueron promovidos al rango de oficiales de informaciones y ocupa-

los informes anuales de las compañías y el número especial publicado por *Advertising Age* el 7 de diciembre de 1974 en ocasión del centenario de J. Walter Thompson. Para un análisis crítico de las fases de la publicidad *made in USA,* en una perspectiva marxista, cf. Stuart B. Ewen, "Advertising as social production", *Radical America,* mayo-junio de 1969.

ron los puestos de director de planificación de "operaciones morales" y psicológicas de la OSS. Desde el Cairo y Casablanca se convirtieron en mentores de la guerra subliminal.

Fue necesario esperar a enero de 1975 para que se revelara en el Senado norteamericano la primera misión de encubrimiento realizada por la J. Walter Thompson, por encargo del Estado norteamericano. Desde el comienzo de la segunda guerra mundial, la J. Walter Thompson había aceptado que su representante en Uruguay combinara sus funciones publicitarias con las de agente principal del FBI en América Latina.[40] Ya en esa época la J. Walter Thompson definía públicamente a la publicidad como "el medio de comunicación y de persuasión más moderno, el más directo y más rápido que jamás haya inventado el hombre", razón por la cual recomendaba su utilización "a los gobiernos, los partidos políticos, sindicatos, organizaciones de agricultores, a las congregaciones religiosas, a las universidades. La publicidad —concluía— debería ser utilizada para crear la comprensión y reducir las tensiones".[41]

En los años 40 vino la segunda ola; con la Anaconda y compañías como la W. R. Grace, la agencia completa su red latinoamericana estableciendo filiales en México (1943), Chile (1944), Perú (1957) y, finalmente, Venezuela (1964). Profundiza su penetración en Asia, captando sucesivamente Filipinas (1956), Japón (1956), Pakistán (1956), y Ceilán, siempre en la misma fecha, pero tuvo que abandonar ese país en 1971. En Europa, en esos mismos años, establece filiales en Alemania, Italia y los Países Bajos. Una de sus últimas fundaciones es la de Madrid, en 1968. En 1975, la J. Walter Thompson ocupaba 5 746 empleados, repartidos en 27 países donde el número de sus oficinas llega a un total de 56. En 6 países, es la primera agencia, en 3 está en el segundo lugar, en 4 en el tercero, en los otros, se encuentra invariablemente entre las diez principales. Sólo la publicidad de la línea aérea Panam y de su cadena hotelera Hilton International —su cliente principal desde 1942— le permite estar presente en 121 ciudades y en 84 países y traducir sus anuncios a 36 diferentes idiomas.

Ese puente tendido entre los cinco continentes por encima de las fronteras geográficas y lingüísticas le permite proclamar el advenimiento de un nuevo internacionalismo y de la nueva democra-

[40] Ramona Bechtos, "Undercover admen: JWT linked to CIA front", art. cit.

[41] *Advertising Age*, 21 de noviembre de 1973. Señalemos además que bajo la administración Johnson el propietario de la JWT, Stanley Resor, que fue presidente de la agencia durante cerca de 40 años (1916-1955) fue nombrado secretario de Estado de las fuerzas armadas (Secretary of Army).

cia, aquella en que todos los hombres son iguales porque los ciudadanos, en tanto consumidores, están todos poseídos por el mismo hambre. En el informe anual a sus accionistas para 1972 se lee: "En países tan diversos desde el punto de vista de la estructura política y económica, como España y Suiza, Suecia y Francia, Japón y Brasil, la publicidad se ha desarrollado en una misma dirección y alcanzado el mismo nivel. Hasta los rusos se han puesto a elaborar desde hace algunos años un programa de publicidad para el consumidor. Todos los países, uno después de otro, parecen repetir la misma experiencia de base: que la publicidad tiene un papel fundamental en un sistema social moderno. En ese sentido, cuanto más cambian las cosas, más idénticas son. Las diferencias nacionales parecen acentuarse más cuando la tasa de crecimiento económico es menos elevada, pero cuanto más próspero es un pueblo sus modelos de gastos tienden a alinearse a los de las sociedades opulentas. La demanda creciente de automóviles, de alimentos preparados, de turismo, en Europa, en América del Sur y en Asia, es la prueba de la universalidad de los instintos de los consumidores. Más que ningún otro factor, el crecimiento garantiza el éxito de una compañía multinacional como la J. Walter Thompson que pone su inmenso potencial al servicio de la exportación del conocimiento y de la experiencia trasfiriéndolas de los mercados más sofisticados hacia mercados que se encuentran todavía en la fase anterior." [42] Esas palabras, traspuestas al plano del análisis socioeconómico, en los informes de los empresarios y agentes de publicidad norteamericanos sobre la situación de un país del Tercer Mundo como Brasil se convierten en: "Las ventas de cigarrillos, de automóviles, de detergentes y de cosméticos pueden considerarse como barómetros buenos del desarrollo económico de un país." [43]

La Mc Cann Erickson tiene una trayectoria muy similar a la de su colega. Se inició como departamento de relaciones públicas de la Standard Oil Company, donde se destacó cuando la ley antitrust dividió el bloque petrolero de la familia Rockefeller en varias sociedades. Ya autónoma, guardará siempre lazos preferenciales con las empresas de ese grupo financiero. Por otro lado ésa es una de las grandes razones que explican por qué ha cuidado muy particularmente sus sucursales latinoamericanas. La Mc Cann Erickson, en efecto, está instalada en todos los países de América

[42] J. Walter Thompson, *Annual Report,* 1972.

[43] Ramona Bechtos, "Key consumer goods growing fast in Brazil", *Advertising Age,* 5 de marzo de 1973.

Latina, que cada año le reportan más de 65 millones de dólares, o sea más del 20% de las ventas internacionales de la compañía. En la cartera de presupuestos actualmente administrados por la agencia se encuentra uno de sus más antiguos clientes, la Coca-Cola, de la que hizo uno de los símbolos más cotidianos y más "naturales" del imperialismo norteamericano y cuyo universalismo sólo ha sido superado por los personajes de Walt Disney. En 1963 Mc Cann Erickson poseía, fuera de Estados Unidos, filiales en 31 países. En 10 años, esa cantidad se elevó a 47. Sus 4 536 empleados conciben mensajes publicitarios "para más de tres mil millones de consumidores repartidos en el mundo entero en veinticinco idiomas, respondiendo a la demanda de más de mil seiscientos clientes.[44] Lo que le permite afirmar que sus profesionales "tienen la misma eficacia en Bangkok, Buenos Aires o Boston". La Mc Cann Erickson, como hemos señalado es, por otro lado, la agencia principal del Interpublic Group of Cos, compuesto por seis agencias. La última adquisición norteamericana de ese grupo es la Campbell Ewald, agencia de la Chevrolet desde 1922, y se remonta a 1972. La más importante de las otras agencias en el mercado internacional es la Quadrant International, la quinta agencia de Inglaterra instalada igualmente en otros seis países europeos, en África del Sur, en Australia y en Brasil. Las últimas anexiones realizadas por el grupo fuera de Estados Unidos, la han trasformado en uno de los conjuntos publicitarios multinacionales más equilibrados. La tercera parte de sus ventas proviene de Estados Unidos, otra tercera parte de Europa y el tercio restante de otros continentes.

En el exterior, los clientes de esas agencias —como los de la mayoría de las agencias norteamericanas— son preferentemente empresas de la misma nacionalidad. En Francia, por ejemplo, 17 de los 30 clientes oficiales de la J. Walter Thompson son compañías norteamericanas (Holiday Inns, Borroughs, Ford, Kellogg's, Kraft, Panam) que coexisten junto a otras empresas francesas como Bidegain (el jefe del patronato "modernista" francés) o de otras empresas multinacionales como Nestlé. En México esa proporción es de 25 sobre 27. Otro indicio: en Portugal, la J. Walter Thompson cuenta entre sus clientes principales al *Reader's Digest,* Levi-Strauss, Pfizer. En general son también las compañías norteamericanas las que realizan las inversiones publicitarias más considerables y tienden a imponer, de ese modo, sus propios modelos fuera de la metrópoli: grandes presupuestos y utilización de los

[44] The Interpublic Group of Cos. Inc., *Annual Report 1972.*

medios más perfeccionados. Es así que las agencias norteamericanas intentan imprimir la dinámica a la nueva publicidad, la publicidad en la televisión, por ejemplo. En efecto, Ted Bates, Young & Rubicam, Lintas, recolectan todas más del 52% de sus ventas en Francia, fabricando mensajes publicitarios, mientras que en Havas, ese porcentaje desciende al 19%. Del mismo modo, el último grito en materia de publicidad electrónica, la que cubre los pasillos del nuevo aeropuerto de París, es el monopolio de Publicité Claude, una sociedad filial de la ITT. Entre los cinco principales anunciadores de Francia figuraban en 1972 cuatro fabricantes de jabones, Colgate-Palmolive, Lever-Savonneries, Henkel France y Procter & Gamble, todas compañías extranjeras. Colgate ha fortalecido su posición de líder con inversiones publicitarias que en un año aumentaron en un 49%. En 1972 Colgate invirtió, en efecto, 107 millones de francos en publicidad. Su competidor directo, la Lever, invirtió menos de la mitad de esa suma.[45] Este predominio de las empresas norteamericanas se traslada al nivel de los sindicatos o cámaras de anunciadores destinados a "proteger" —como propone el acta de creación de la Sociedad Venezolana de Anunciadores— los intereses comunes a sus miembros en tanto compradores de publicidad, proteger los valores esenciales de la publicidad como instrumento para aumentar o promover las ventas y establecer los servicios técnicos necesarios para una mejor orientación y una mejor utilización de las inversiones publicitarias".[46] En Venezuela, entre los miebros de la dirección del "Consejo de Anunciadores", se encuentra a los directores locales de la General Electric, Sears Roebuck, Procter & Gamble, Philip Morris, Nestlé y 4 empresas nacionales. En Francia, la "Unión de Anunciadores" está presidida por el director de la Colgate-Palmolive. Entre los tres vicepresidentes hay un representante de Harriett Hubbard Ayer, uno de Oréal y otro de Roussel, recientemente adquirida por un grupo alemán.[47]

Este esquema tiende a reproducirse en todos los países donde, a través de sus inversiones en publicidad, las multinacionales de origen norteamericano constituyen cada vez más un factor de presión sobre los medios. Para citar un úlitmo ejemplo: en Perú, en 1969, Colgate y Procter & Gamble proveían ambas el 11% de las entradas de publicidad de la televisión nacional. Una referencia global: el monto de las inversiones publicitarias en el plano

[45] Datos de Secodip publicados en *Stratégies,* núm. 40, 7-13 de mayo de 1973.

[46] Antonio Pasquali, *Comunicación y cultura de masas,* Monteavila Editores, Caracas, 1972.

[47] *Annuaire de la Presse et de la Publicité,* París, 1973.

mundial de una compañía como la Procter & Gamble, el primer anunciante de Estados Unidos, superaba en 1974 los 325 millones de dólares, o sea el 7% de sus ventas.

J. Walter Thompson y Mc Cann Erickson son los prototipos del modelo imperial, principalmente a causa del carácter que reviste su inserción en el exterior. Aun cuando el 96% de los miembros de su personal del servicio internacional son autóctonos, esas agencias son propietarias absolutas de todas sus filiales. Ese estilo de fundación imperial es lo que llevó a J. Walter Thompson a construir en París y en Tokio en 1973, un edificio Walter Thompson con la forma de un rascacielos de Nueva York. Engulló 8 millones de dólares en ese símbolo de la invasión como en los mejores tiempos del colonialismo, cuando no se preocupaba para nada de lo que opinaban los indígenas. *Veni, Vidi, Vici.* Desde su creación la J. Walter Thompson no ha cambiado ni un pelo en su comportamiento expansionista. Ya en 1909, en un libro que habría de convertirse en la biblia de todo publicitario que se precie, el *commodore* J. Walter Thompson escribía: "Cada período de la historia del mundo se caracteriza por las frases que crea. Toda la historia de la conquista romana está resumida en ese mensaje lacónico de tres palabras, *Veni, Vidi, Vici,* que envió César al Senado... La época actual es una época de paz. La espléndida energía de la gente de hoy se despliega felizmente en las artes de la industria. Y el carácter de nuestra publicidad es su voz. Las frases elaboradas por el genio de los negocios indica hasta qué punto el pueblo norteamericano experimenta gozo al vender y al comprar mercaderías. El comercio ha sobrepasado la época sórdida... Nuestros locales son un monumento a la gloria de la empresa norteamericana, al genio norteamericano y a la capacidad norteamericana." [48]

Las diez principales agencias norteamericanas tratan en la medida de lo posible de no apartarse del principio sacrosanto de la propiedad de sus filiales en un ciento por ciento. Para algunas, el mercado internacional es una novedad. Hace diez años había muy pocas instaladas en el exterior. En 1963 Ted Bates, fundada en 1940 a la sombra de la Colgate, no estaba prácticamente presente en el mercado internacional. En 1975 poseía 26 oficinas en 23 países extranjeros. Es propietaria de sus 11 filiales europeas y de sus 12 asiáticas. En 1963 la Young & Rubicam estaba instalada en 7 países. Actualmente está en 20 (14 europeos, 4 latino-

[48] J. Walter Thompson, *Advertising as a selling force,* Thompson Blue Book on Advertising, 1909-1910.

americanos, uno del Cercano Oriente y Canadá). En Estados Unidos se ha especializado en la publicidad destinada a los negros y a los chicanos. Ogilvy & Mather, fundada en 1948, sólo tenía una filial extranjera en 1974. Ahora está establecida en 12 países, donde está asociada a un grupo nacional. Leo Burnett, fundada en 1935, todavía no tenía oficinas en el exterior en 1963, exceptuando Canadá e Inglaterra. En 1969, al adquirir la segunda agencia británica London Press Exchange, heredó de un solo golpe una red internacional de 23 oficinas en 19 países.

LAS NACIONALIZACIONES CONSENTIDAS U OTROS SUBTERFUGIOS

Como señalaba el director de Ogilvy (véase arriba), muchos países se resisten a la entrada de sociedades extranjeras. En esas condiciones, el medio más rápido para penetrar y progresar en un mercado llamado nacional, es tener una participación en una sociedad nacional. Es así como nació una nueva doctrina y una nueva práctica en el seno de las agencias norteamericanas: la nacionalización, admitida o consentida, de sus operaciones. Evidentemente, no se trata más que de un fenómeno de adaptación paralelo al que se comprueba en el campo de la lucha antiinsurreccional. Con el derrocamiento de Allende en Chile, el imperialismo ha indicado claramente que prefería elegir modos de intervención más ligados a la evolución del país y, sobre todo, a la evolución de las clases dominantes criollas. El presidente de la Kenyon & Eckhardt justificaba esa nueva política en estos términos, a su regreso de una gira de inspección por América Latina y los países del Mercado Común: "J. Walter Thompson, Mc Cann Erickson, Young & Rubicam, Ogilvy & Mather, están logrando la propiedad de todas sus filiales de ultramar. No creo que sea la mejor solución. Creo que los nacionales tienen el derecho absoluto de controlar su propio destino. Los socios norteamericanos bien podrían ser propietarios del 49% y aportar sus conocimientos técnicos... El Mercado Común está haciendo cada vez más nacionalistas a los países que forman parte de él... A todos lados donde fui, he hablado con gente, he hablado con los cónsules generales e incluso con los presidentes y todos son de la misma opinión. Es por eso que nuestra empresa está interesada en comprar acciones en las agencias o fusionarse con agencias que estén decididas a ir a la delantera con hombres jóvenes."[49]

[49] *Advertising Age,* 29 de octubre de 1971.

Siempre con esta misma filosofía, el hecho de asociarse a una agencia nacional permite remediar los errores cometidos por las agencias norteamericanas: se superan las actitudes chauvinistas cuando existen; se ofrece el mejor de los mundos, lo que permite ser menos alienado (*sic*); se asumen las particularidades del mercado nacional gracias a los autóctonos que conocen mejor los usos y costumbres de su país.[50] Esta preocupación súbita por salvaguardar los patrimonios culturales nacionales es tanto más insólita por parte de esas agencias en cuanto que las recomendaciones que siguen dando a sus expertos para lanzar campañas de promoción de productos de belleza, como los de Helena Rubinstein, pretenden que "las mujeres son las mismas en todo el mundo". "Las diferencias residen únicamente en el grado de perfeccionamiento de la distribución y del mercadeo, y no en la mujer... En algunos países de América Latina las mujeres todavía no han sido expuestas a numerosos productos, pero el potencial de utilización de productos de belleza existe en todos lados y responde a la misma aspiración de belleza." [51]

En 1971, adelantándose a una posible nacionalización de su filial chilena por el gobierno de la Unidad Popular, que por otro lado no sucedió, la Kenyon & Eckhardt vendió el 52% de sus acciones a "nacionales". Prueba flagrante del oportunismo de esa doctrina "nacionalista": una vez que la Junta tomó el poder la empresa se apresuró enseguida a ofrecer a sus hombres de paja que volvieran a comprar sus partes y a duplicar sus efectivos. Tres días después del golpe de Estado, el 14 de septiembre de 1973, el director de la agencia en Nueva York declaraba en una entrevista: "Este gobierno ofrece un clima más receptivo para las compañías extranjeras que el gobierno de Allende." [52]

Kenyon & Eckhardt, vigésimocuarta agencia de Estados Unidos, ya está presente en más de 25 países. Ha aplicado esa política en las Antillas, en Argentina —donde colabora con una de las más grandes agencias de Buenos Aires, la Gómez Ferran Interamericana—, en Brasil, donde está asociada a la quinta agencia del país, la Mauro Salles. En Italia figura actualmente entre las cuatro primeras agencias. En Francia, donde ya poseía la CPV Promos con una socia británica, se asoció en 1974 a Synergie (décimotercera agencia francesa). Desde hace unos años, no pasan seis meses sin que la Kenyon & Eckhardt no anuncie una nueva participación

[50] *Advertising Age*, 26 de junio de 1967.
[51] *Advertising Age*, 13 de enero de 1969.
[52] *Advertising Age*, 17 de septiembre de 1973.

o un acuerdo de colaboración. Hacia mediados del 75 aumentaba el número de sus acciones en una agencia de Colonia (CPV-GFA), se fusionaba a otra de Munich y firmaba un contrato de cooperación con una agencia de Lyon. En julio de 1975 dio un golpe maestro al lograr una participación mayoritaria en otra agencia, norteamericana también, la Grant International. Asimismo sumó 12 oficinas a las 35 que poseía pero, sobre todo, penetró en mercados donde todavía no había conseguido infiltrarse, los mercados de Asia: Bombay, Madrás, Nueva Dehli, Bangkok, Fuala Lumpur, Singapur. Taiwán, Hong Kong, Djakarta, Manila y Tokio.

La misma política de captación de una red internacional fue aplicada en 1970 por la SSC & B —fundada en Nueva York en 1946— que adquirió el 49% de las acciones de la Lintas, propiedad de la multinacional anglosajona Unilever. En 1963, cuando no tenía ninguna filial en el extranjero, las ventas de la SSC & B apenas alcanzaba los 88 millones de dólares. Once años después, gracias a esta operación, facturaba con su socia 532 millones de dólares de los cuales el 73% en el mercado internacional. Ahora tiene 42 oficinas y está instalada en 29 países. Se comprende la fuerza de la red, ahora asociada a una de las multinacionales de origen norteamericano más dinámicas. En 1974 y bajo la égida de la Unilever, una de las más antiguas empresas coloniales, se desarrolló en Johannesburg el primer seminario sobre comunicación publicitaria que tuvo como objeto principal adaptar la publicidad a la "mentalidad negra". "El hecho es que a causa de la influencia muy vasta que han ejercido los medios convencionales, las agencias de publicidad han aplicado en los medios destinados a África un modelo de publicidad que responde al estilo europeo, que destaca el lenguaje escrito en oposición al lenguaje hablado. Parece ser que porque no le hablamos a nuestro auditorio cara a cara hemos perdido la facultad de hablarles en el modo de razonar de los negros, sus esquemas de referencias y su lenguaje, lo que implica una disminución de la comprensión del mensaje... Y, sin comprensión, no hay mensaje. En consecuencia, pérdida de dinero y de oportunidades de venta." [53] Aparte de su sociedad con la agencia norteamericana, Unilever mantiene una red de 30 institutos de investigaciones y de mercadeo que ha fundado al ritmo de su expansión internacional. La mayoría no son identificadas como propiedades suyas y se esconden detrás de los nombres más académicos. En Francia un instituto de ese tipo es la SECED, Société d'Etudes Commerciales et Documentaires.

[53] *Unilever Magazine*, núm. 9, noviembre-diciembre de 1974.

En los últimos años la mayoría de las agencias norteamericanas han recurrido a la participación minoritaria para introducirse en los diferentes mercados nacionales y, al parecer, ésa es la política que prevalecerá, habiendo pasado ya la época de la construcción de redes completas. Young & Rubicam adquirió en 1973 el 50% de una nueva agencia mexicana. Ogilvy & Mather se introdujo de esa manera en Venezuela al convertirse en la socia minoritaria de la agencia más importante del país, CORPA; y en 1973 adquiría del 20 al 30% de las partes en una agencia de publicidad española (Publicidad y Marketing Fernández). Otras agencias aplican sistemáticamente esa política desde hace cierto tiempo. Es el caso de la Compton Advertising que tiene 37 oficinas en el extranjero y que apenas posee el equivalente del 40% de sus filiales. En Francia, por ejemplo, en la agencia Dupuy-Compton, donde los norteamericanos poseen el 20%, los empleados pudieron acceder al capital en mayo de 1974. Ése es también el caso de agencias como Grey Advertising, propietaria de alrededor del 55% de sus filiales. Las agencias mayores como J. Walter Thompson también se han plegado a esta nueva línea de conducta. Así fue como se instaló en Portugal más de un año antes de la caída de Caetano. Y fue también a través de una participación en una agencia local de Guatemala (Agencias Publicitarias Centroamericanas Unidas) como se introdujo en 1975 en los mercados de América Central. Esa agencia guatemalteca, además de sus oficinas en Guatemala, está instalada también en Costa Rica, Honduras y Nicaragua. Para codirigir esa nueva filial común, la J. Walter Thompson envió un empleado de nacionalidad colombiana, que había trabajado durante siete años en la sede de Nueva York.

Esas participaciones minoritarias en las agencias locales a menudo no son más que un paso preliminar. Pues, un día u otro, el problema del control y del poder se plantea. Es al menos lo que hace pensar el análisis de la expansión de empresas como la Benton & Bowles, en pleno ascenso en el mercado internacional. Luego de comprar la mayoría de las partes de sus socios noruego y francés, el director de la Benton & Bowles exponía las razones de esa política: "En el marco de las leyes de cada país particular y con el apoyo de nuestros socios locales, queremos convertirnos en accionistas principales de nuestras agencias de ultramar... La razón de esa voluntad es que nos negamos a ser simplemente inversores. Creemos que los nacionales pueden hacer marchar una compañía. Por otro lado, deseamos que esas compañías operen para servir lo mejor posible a nuestros clientes. Para llegar a ello, debemos disponer de una voz mayoritaria en la operación." [54] La Benton & Bowles ahora dispone de ese poder mayoritario en seis de sus doce agencias extranjeras (Noruega, Gran Bretaña, Países Bajos, Francia, Canadá y Trinidad). Le queda por conquistar Italia, Bélgica, Alemania, Austria, España y Argentina.

En Canadá, por el contrario, a causa del impulso nacionalista del gobierno, las pretensiones de agencias norteamericanas fueron seriamente cuestionadas. En enero de 1975 la Norman, Graig & Kummel cedía el 55% de las acciones de su filial, que poseía en su totalidad, a un socio canadiense y sus colegas Ogilvy & Mather y J. Walter Thompson anunciaban que debían hacer frente a la misma situación. Esta presión sólo implica inconvenientes. Al obligar a los norteamericanos a ceder la mayoría de sus acciones a los nacionales, "nacionalizando" sus filiales, el gobierno canadiense se presenta a los clientes de esas agencias y les abre los mercados de la administración pública. El gobierno federal, invirtiendo 7.4 millones de dólares por año en ese rubro, demuestra ser uno de los principales usuarios de la publicidad en el país. Paralelamente, las inversiones de compañías industriales de Estados Unidos prosiguen y constituyen lo más claro del presupuesto de esas agencias de publicidad canadienses. Procter & Gamble sigue siendo el principal consumidor de publicidad entre las empresas industriales que actúan en el país. Sus inversiones anuales alcanzan cerca de 10 millones.[55]

Para completar el cambio interno que se ha producido en las grandes agencias norteamericanas empezaron a formarse, alrededor de 1970, conglomerados publicitarios multinacionales de un tipo hasta entonces desconocido. Las grandes agencias europeas cruzan sus redes internacionales con las de los gigantes norteamericanos. La creación más importante de ese tipo consiguió reunir una agencia francesa, una inglesa y una norteamericana. La historia de ese acercamiento ilustra bien el movimiento de fondo al que se asiste en el mundo publicitario desde hace algunos años.

Volvamos a trazar esta historia. En 1970 se suscribe un acuerdo entre la décimocuarta agencia norteamericana, Needham, Harper & Steers, una agencia inglesa, Benson, y la red internacional Havas-Conseil, creada en 1968 con el nombre de UNIVAS. Ese triple acoplamiento que fue bautizado BNU, representaba un total de ventas de 300 millones de dólares y 21 filiales instaladas en 13 países. En 1971, Benson fue comprada por el fondo de inversiones

[54] *Advertising Age*, 23 de junio de 1975.

[55] *Business Week*, 27 de enero de 1975.

Rothschild que la vendió enseguida a Ogilvy & Mather quien consideró la unión incompatible con otra agencia norteamericana. UNIVAS y Needham suscribieron entonces un acuerdo con un nuevo socio, la agencia inglesa KMPH Ltd. (propiedad del grupo gigante Pemberton). En 1973 la facturación de ese frente publicitario internacional ya alcanzaba un total de 457 millones de dólares, es decir, que sobrepasaba las ventas internacionales de J. Walter Thompson. Está presente en Europa, en el Cercano Oriente y en África y, en 1973, Needham extendía su red internacional concluyendo un último acuerdo con Norton Publicidade de São Paulo, la sexta agencia del mercado brasileño y una de las primeras entre las nacionales.

Existen muchos otros casos —que no siempre estuvieron coronados por el éxito— que revelan esta presión y ese deseo de constituir vastos complejos internacionales. En 1970 también dos agencias norteamericanas d'Arcy Advertising & Mc Manus y John & Adams, se asociaron a Intermarco, una agencia cuya sede se encuentra en Amsterdam y que posee una red en 12 países europeos (en 1965, por otro sesgo, D'arcy había creado una "agencia europea", Multi-National Partners, disuelta hace poco tiempo). La sociedad con Intermarco finalizó en 1972. En esa fecha, la agencia francesa Publicis se apoderó de Intermarco, compró la principal agencia suiza Dr. Rudolf Färner e instaló así la primera red nacional "enteramente europea" Publicis-Intermarco-Färner (220 millones de dólares de ventas en 1973). Por su lado, D'arcy firmó un acuerdo con una agencia londinense para reconstituir su red europea. Un último indicio de la importancia que cobra ese modelo de implantación publicitaria: en 1974 se asistió en Francia a la constitución de otras dos redes internacionales. La agencia Delpire-Advico participa ahora de un *holding* que reúne una agencia inglesa, una alemana y una norteamericana. La agencia Moors-Warot-Hardy se unió a una agencia de Nueva York, una de Londres y una de Hamburgo.

Los japoneses también se apresuran a medida que se acentúa la penetración de sus empresas multinacionales. En 1973 la agencia Dentsu (que tiene ventas por más de mil millones de dólares de los que un 50% proviene de otras actividades de administración, edición y prensa) instaló su primera filial internacional en Londres, donde decidió sustraerle a las grandes agencias norteamericanas los paquetes de sus colegas Toyota, Honda, Nissan, Sony, etcétera.

Según los expertos norteamericanos, a breve plazo, si ese fenómeno de concentración y de fusión prosigue (y nada permite prever que vaya a detenerse) es más que probable que dentro de poco sólo quedarán en el mercado internacional diez o quince grandes agencias.[56]

DIVERSIFICACIÓN DE LA PRODUCCIÓN

Además de extenderse territorialmente, las agencias de publicidad norteamericanas se interesan cada vez más en la diversificación de su producción. Esa política, que se inició realmente en los últimos cinco años, está tomando dos direcciones. Por un lado, se trata de crear una cadena completa de servicios en relación con el trabajo publicitario modernizado. Cadena que ofrezca a los clientes desde la concepción de un spot publicitario, su fabricación, hasta el estudio de motivaciones del público, pasando por consejos en materia de inversiones, de relaciones públicas, de reclutamiento y organización del personal, de prospección de mercados y demás. La otra vertiente de la diversificación tiene muy poco que ver con ese dominio original de la producción y de la investigación publicitaria pues las nuevas adquisiciones pueden comprender tanto supermercados o farmacias como la administración de compañías de seguros. Incluso todavía hay que precisar que esta última forma de expansión todavía no está al alcance de todas las agencias. Algunas, están preocupadas por consolidar ante todo su imperio publicitario propiamente dicho. Demos algunos ejemplos de esas políticas de diversificación.[57]

Las agencias de publicidad se especializan. Crean o absorben las empresas que tienen como objetivo promover productos que parecen exigir un acercamiento particular del cliente y que corresponden a un sector del mercado cuya evolución es la más dinámica. El terreno más importante de esta especialización es el de los productos medicinales y farmacéuticos. Entre los 20 primeros anunciantes norteamericanos, no se detectan menos de 6 empresas farmacéuticas y se sabe la importancia creciente que adquieren las campañas de promoción publicitaria en la industria del medicamento. Sus aspectos escandalosos han sido ya a menudo señalados. En una encuesta reciente sobre la industria farmacéutica francesa —dominada por grupos extranjeros— un analista de *Le Monde* ex-

[56] *Advertising Age,* 21 de octubre de 1973.

[57] Para analizar esa política de diversificación, hemos consultado, además de los anuarios publicados por *Advertising Age,* los informes anuales de las agencias.

plicaba ese fenómeno de pugna publicitaria, inversamente proporconal al interés terapéutico de los nuevos medicamentos. Cuanto más se estanca ese interés, más dinero gasta la industria farmacológica para asegurar su éxito. "Se lanza de pronto un medicamento tan groseramente como si fuera un alimento para perros y gatos. Con ideas astutas y dinero, mucho dinero. A menos, por cierto —mantengamos esa reserva— que se trate de un descubrimiento esencial. En ese caso, no hay necesidad de publicidad. Desgraciadamente esos descubrimientos son raros. Los personajes médicos se ponen de acuerdo para no clasificar dentro de esa categoría más que cuatro o cinco, hasta diez, especialidades por año sobre las doscientas o trescientas 'novedades' aparecidas en el mercado francés en ese mismo lapso de tiempo." [58] Para cubrir esa deficiencia la J. Walter Thompson creó en 1967 una división médica y científica con el nombre Deltakos. En 1975, nombraba a la cabeza de la misma a una personalidad como el subsecretario del Ministerio de Salud Pública de Estados Unidos. Entre los clientes de Deltakos se encuentran todas las grandes empresas de la industria farmacéutica o de fabricación de instrumentos médicos: Parke-Davis, Bausch & Lomb, Smith-Kline Instruments. En 1973 la filial parisiense de J. Walter Thompson, decidió aumentar su capital de 2.7 a 10.7 millones de francos y entre los cinco puntos de su nueva estrategia podía leerse: la "creación de una agencia de publicidad farmacéutica, la creación de una agencia de publicidad financiera".[59] En 1974, la Young & Rubicam iniciaba el mismo giro al absorber una empresa norteamericana especializada en la promoción médica. Los comentarios del presidente de la Young & Rubicam, a propósito de esta nueva anexión, nos indican el efecto desmultiplicador de esas nuevas propiedades cuya esfera de actividad no había sobrepasado hasta ahora las fronteras de Estados Unidos. "Sudler & Hennessey (la nueva adquisición), por ejemplo, dispone de una sola agencia y una sola oficina en Estados Unidos. Con su tarjeta de presentación y nuestra habilidad en las operaciones de ultramar, podemos ir por todo el mundo y hacer allí nuestras campañas médicas con ayuda de nuestros expertos. Ya hemos abierto sucursales en Australia, México y Canadá." [60]

Las relaciones públicas son otro de los campos de diversificación. Agencias como J. Walter Thompson, Mc Cann Erickson, Ted Bates, Young & Rubicam y Burson-Marsteller tienen ahora, todas,

[58] P. M. Doutrelant, "Le médicament malade du profit", *Le Monde,* 16 de mayo de 1975.

[59] *Stratégies,* núm. 43, 18 de junio-1 de julio de 1973.

[60] *Business Week,* 1 de junio de 1974.

divisiones autonómas que ofrecen consejos y especialistas a sus clientes en ese campo. De ahora en adelante compiten con las empresas tradicionales de esa rama de servicios (como Hill & Knowlton, que sigue figurando a la cabeza de la lista). La división Relaciones Públicas de J. Walter Thompson, Dialog (autónoma desde 1973) que ocupa ya el quinto lugar en la lista tiene actualmente 271 empleados de los cuales 170 están en el exterior. Su misión consiste en servir de oficina de relaciones públicas a las grandes empresas multinacionales y a ciertas instituciones gubernamentales. En el órgano profesional de esas empresas, el *Public Relations Journal,* aparece claramente definida: "Las multinacionales de Estados Unidos no son todas nefastas, pero la palabra misma o el término 'multinacional' ha tomado una significación relativamente negativa en muchos países extranjeros. Tenemos necesidad unos de otros para crecer y prosperar. Con menos restricciones gubernamentales y un clima que permitiera el simple juego de la oferta y la demanda, la economía mundial iría mucho mejor: eso es lo que piensan los responsables de las empresas que hemos encuestado. Al mismo tiempo que las compañías norteamericanas verifican un crecimiento de sus mercados en el exterior, ven deteriorarse en esos países la imagen de la empresa estadunidense paralelamente a la expansión de los intereses locales... Y cada vez más esas grandes compañías tratan de utilizar las empresas de relaciones públicas de ultramar para orientar su comportamiento según los gustos y aversiones de la población de esos países." [61] Oficialmente, la función Relaciones Públicas, cubre múltiples servicios: asegurar las relaciones de las compañías con la prensa, escribir el discurso que debe pronunciar el directivo de la empresa, aconsejar en materia de finanzas y de contabilidad, administrar las relaciones de tipo filantrópico con las escuelas, los hospitales, etc. ..., servir de consejero en la lucha contra la contaminación... Entre los clientes de Dialog se encuentra, por ejemplo, Eastman-Kodak, Kraft, Sears-Roebuck y... los *Marines.* En efecto, la J. Walter Thompson tiene a su cargo todas las relaciones públicas de ese famoso cuerpo distinguido. Ella inventa las consignas de las campañas de reclutamiento y regula las tensiones con la llamada opinión pública. Entre los clientes de la Infoplan Inc., que pertenece al grupo del que forma parte la Mc Cann Erickson, coexisten el Ministerio de Turismo de las Islas Bahamas y la Lockheed Aircraft. En agosto de 1974 la dictadura chilena recurrió a Dialog

[61] James B. Strenski, "Problems in international public relations", *Public Relations Journal,* mayo de 1975.

para sanear su imagen internacional. El equipo norteamericano permaneció un mes en Santiago y desde entonces, las respuestas personales del Ministerio del Interior de la Junta a las cartas de protesta contra las torturas y detenciones arbitrarias responden todas al mismo modelo de cortesía. Extraña coincidencia. En diciembre de 1967 la dirección de Dialog había firmado en Atenas el mismo tipo de contrato con los coroneles griegos.[62] ¿Hace falta recordar que todo el complot de la ITT contra Allende fue organizado desde la división de relaciones públicas de esa misma ITT? Todas esas empresas acostumbran ocupar antiguos periodistas o ex funcionarios de las agencias de propaganda norteamericana. Es así que Hal Hendrix, jefe de relaciones públicas de la ITT para América Latina era periodista de la cadena Scripps-Howard, propietaria de la Agencia de prensa UPI. En 1962 recibió el premio Pulitzer por haber denunciado la existencia de misiles soviéticos en Cuba, en la crisis de octubre. En cuanto al jefe de relaciones públicas de la Kennecott, Lester Ziffren, responsable de las "campañas de terror psicológico" durante las elecciones presidenciales de 1964 y 1970, había sido agregado de prensa de la embajada de Estados Unidos en Santiago de Chile en los 40, después de haber cubierto como corresponsal de la UPI la guerra civil española.

Un tercer terreno que han elegido las empresas de publicidad para diversificarse es el de la investigación comercial en la que intervienen un abanico de conocimientos interdisciplinarios, económicos y principalmente psicológicos. Las oficinas de análisis de la Marplan Research International son capaces tanto de evaluar las actitudes de las amas de casa frente a un producto de limpieza como de estimar los efectos de una campaña de rumores contra un gobierno popular. El American Market Research Bureau de J. Walter Thompson publica periódicamente el resultado de sus encuestas sobre los hábitos de los consumidores frente a los grandes productos, sobre las características de los diferentes medios y hace sus propios censos demográficos, para venderlos a las agencias publicitarias, a los propietarios de los medios y a otros usuarios más oficiales. Esas oficinas de investigación tipo "desván" compiten ahora directamente con las empresas especializadas en ese terreno que, hasta hace poco tiempo, monopolizaban esos estudios como la Simmons y la Nielsen. Las múltiples necesidades de la investigación han provocado la creación de servicios cada vez más especializados en el interior de esas agencias de publicidad. Así, la Perception Research Inc. de la Mc Cann Erickson estudia las

[62] Ramona Bechtos, "Undercover adment: JWT linked to CIA front", art. cit.

reacciones de un consumidor tipo frente a los mensajes subliminales con ayuda de un ojo electrónico. El "Strategy Workshop" de la misma agencia, verdadero instituto "caja de sorpresas" resuelve todos los problemas insólitos que se le plantean a las grandes empresas. A esos proyectos más inmediatos hay que sumarle el descubrimiento de un sistema para medir las consecuencias que tiene en el medio ambiente la instalación de una fábrica de productos químicos o la invención de nuevos embalajes. Todas esas divisiones, además de llevar a cabo las investigaciones, sirven de centros de formación profesional. La Varicom Inc., de la Mc Cann, ofrece un conjunto de cursos y seminarios sobre la programación de circuitos cerrados de televisión, la organización de foros televisados, la producción de programas educativos. La división de la J. Walter Thompson, Communispond cumple una función análoga. Si las multinacionales o los gobiernos tienen necesidad de un experto en comunicaciones pueden dirigirse al "Communications Counselors Network Inc.", siempre del grupo de la Mc Cann. En julio de 1975 los partidos de oposición en Australia se rebelaron contra una decisión oficial del gobierno de Nueva Gales del Sur que había confiado a la J. Walter Thompson la creación de un nuevo centro de comunicación encargado de asegurar las relaciones oficiales con la prensa, de hacer sondeos de opinión y de formar una biblioteca.

Sólo hace poco tiempo, y en pequeña escala, las grandes agencias norteamericanas intentaron acercarse a los propietarios de los medios masivos para adquirirlos. En 1972 la J. Walter Thompson lograba una participación en una empresa de producción de programas de televisión de Londres "con el objeto de ejercer un control creativo sobre el producto final". El grupo de la Mc Cann Erickson posee una editorial (Ceco Publishing Co.) que elabora revistas especializadas por encargo de las grandes compañías. Foote, Cone & Belding ha adquirido sistemas de televisión por cable. Ese fenómeno de penetración en los medios es mucho más avanzado en países como Francia donde Havas, por ejemplo, tiene una participación del 45% en "Usine Publications" (*L'Usine Nouvelle, Les Infrrmations*) y donde, al igual que en Publicis, hay a partir de ahora interés en el mercado de los nuevos medios audiovisuales como la video-cassette y la cablevisión. En Estados Unidos, las empresas electrónicas y aeroespaciales son competidoras de envergadura en esta carrera de los medios. Las agencias de publicidad tropiezan contra la misma competencia, cuando se trata de comercializar la informática, ofreciendo a su clientela servicios de tratamiento de datos por computadora. Pero algunas ya han conseguido instalarse, como la Dataplan Inc. de la Mc Cann Erickson.

Finalmente, las adquisiciones no publicitarias. Hay razones para pensar que en 1980 del 35 al 50% de las más grandes empresas publicitarias norteamericanas provendrá de ventas que no tendrán nada que ver con la publicidad.[63] Sin embargo, a decir verdad, una sola firma hasta ahora se ha introducido en terrenos que rompen ya con su actividad de origen. Ya en 1973, J. Walter Thompson obtenía el 11% de sus ingresos y el 19% de sus ganancias de sus operaciones extrapublicitarias. Entre éstas se detecta una compañía de alquiler de equipos y vehículos a las grandes empresas industriales (Interlease Corp.) que data de 1972. Se observa también desde 1970 una participación del 50% en una compañía de turismo y de tarjetas de crédito, la famosa Diners/Fugazy Travel & Incentive, presente en la mayor parte de las grandes ciudades de Europa, América Latina, África y Asia y una de las competidoras de la American Express. La Leo Burnett ha seguido sus huellas adquiriendo en 1974 una agencia de viajes en Canadá, después de haber comprado galerías de arte. Hasta 1973, fecha en que se deshizo de ella para comprar una agencia de publicidad en Estados Unidos, la J. Walter Thompson poseía también la compañía más importante de seguros de Puerto Rico. Un último ejemplo en el campo de la diversificación publicitaria: la Kenyon & Eckhardt creó en 1968, con el Chemical Bank de Nueva York, un servicio de administración en materia financiera que ofrece servicios eficaces para obtener préstamos. La reciente reducción de las inversiones publicitarias de los principales clientes y el deseo de depender menos de la fluctuación de los presupuestos, acelerarán sin ninguna duda el doble proceso de diversificación. La necesidad de no suscitar más necesidades potenciales exigidas por una economía de derroche sino, por el contrario, de tener en cuenta una jerarquía de necesidades reales de los diversos públicos en una economía de escasez, no hará sino acelerar y profundizar las mutaciones de la industria de la publicidad.

UN NUEVO COMPLEJO DE INVESTIGACIÓN

La industria publicitaria invade actualmente otras ramas de servicios que hasta hace poco tiempo eran coto de caza de empresas especializadas: las compañías de relaciones públicas, las de *con-*

[63] Previsiones de E. B. Weiss, *Advertising Age,* 21 de octubre de 1973.

sultores, las de auditoría, las de investigaciones comerciales, las agencias de reclutamiento de ejecutivos. Pero durante los últimos años, esas nuevas sociedades de servicio a su vez han sido sometidas a un proceso de multinacionalización y de diversificación. A menudo han cambiado de propietario y se han apoderado de terrenos que en su origen no les concernían. Esa doble redefinición de las agencias de publicidad y de otras sociedades de servicios que tiende a trasformar a unas y a otra en "empresas de materia gris" contribuye a formar un complejo de servicios de investigaciones ácimas que se convierten en la burocracia necesaria de las grandes multinacionales. Las "fábricas de ideas" que constituyen esas oficinas de análisis ofrecen la tecnicidad que se necesita en este período de crisis.

Como señala Peter Drucker, el gran ideólogo de la gerencia norteamericana, insinuando que hasta ahora se han aplicado poco o mal las técnicas del mercadeo y la gerencia: "Lo que nos pasa es muy sano. Los empresarios van a tener que aplicar ahora lo que han aprendido. Vamos a ver lo que han retenido..." Pero, paradójicamente, esa nueva fase de la ofensiva ideológica está situada bajo el signo del fin de las ideologías. "Es el final de las ideologías —declaraba el mismo personaje—, debemos tener una idea mejor no de la sociedad ideal, sino de la sociedad soportable, que evite esos ángulos negativos que no deseamos. Debemos aprender a considerar márgenes aceptables de imperfección." [64] Es la utopía de la burguesía que muere. El "conoce a los demás" de nuestro teórico en estudios de opinión se convierte en "reconoce los límites de su universo". Después de tantos circunloquios, he ahí planteado el principio de la necesidad de maximización del control social. Como señalaba ingenuamente otra personalidad norteamericana de la gerencia que abogaba en favor de la urgencia con que había que interpretar los comportamientos y las aspiraciones de los consumidores frente a la crisis: "La imprevisibilidad misma del mundo en que vivimos hace necesarios nuevos tipos de aproximación de la gerencia [...] Aun en materia política se pueden sacar conclusiones de éxitos como el obtenido por la película *El Padrino.* Uno de los dilemas más cruciales que probablemente tendremos que enfrentar en el futuro y que tendrá consecuencias inmediatas sobre el mercadeo y la publicidad será

[64] La primera declaración de P. Drucker fue sacada de un artículo de J. Grapin, *Le Monde,* 12 de diciembre de 1975; la segunda de *Business Week,* 9 de febrero de 1974. La tercera declaración es de Ernest Dichter, *Advertising Age,* 5 de enero de 1976. La crítica cinematográfica (*Valeurs actuelles*) es una cita de S. Sorel en *Téléciné,* París, mayo de 1975.

el del acercamiento autoritario o el del acercamiento democrático. Hay un deseo creciente por todo lo que podría ser caracterizado como autoridad firme, para usar un eufemismo. Millones de personas van a ver *El Padrino* y logran un gran placer porque esa suerte de organización del mundo que los pone al abrigo de la bancarrota, es objeto de nuestra admiración, aun cuando nos neguemos a admitirlo." No es necesario ir a Nueva York para encontrar ideas tan perspicaces sobre la crisis de la economía capitalista y las parábolas que la acompañan en el mundo del espectáculo. Muy recientemente, la crítica cinematográfica de un órgano de la prensa económica francesa (*Valeurs actuelles*) veía en los filmes-catástrofe (*Infierno en la Torre, Terremoto,* etc.) "un sacudimiento de los valores occidentales [...] Esas fábulas predican una suerte de revaluación de los valores. Destacan en particular la impotencia de la multitud para gobernarse sola, la necesidad de jerarquías y la supremacía masculina. Esas películas heroicas exaltan, en efecto, valores esencialmente viriles".

Prosigamos la exploración de esos nuevos complejos de investigación. En los últimos cinco años, 20 de las más importantes compañías de investigaciones comerciales de Estados Unidos han cambiado de dueño. Varias incluso han visto desfilar en dos oportunidades a un nuevo patrón. La naturaleza de las empresas que las han comprado deja entrever el nuevo perfil de la estructura de poder de ese sector. La mayoría de los nuevos patrones son *outsiders,* es decir, provienen de una rama de actividad distinta de la profesión. El resultado es que en 1971 más del 45% de la industria de la investigación en ese terreno escapaba a las empresas que originariamente se consagraban a ese trabajo. En dos o tres años se estima que ese porcentaje podría sobrepasar el 60%. ¿Quiénes son esos compradores? [65]

A la cabeza vienen las compañías de informática que ven en la investigación aplicada un excelente empleo para sus computadoras o sus servicios de tratamiento de datos. Es así que la Control Data compró en 1967 la American Research Bureau, después de haber englobado otra compañía de investigaciones, CEIR Inc. En 1969 Leasco Data Processing Equipmente Corp. adquirió la Daniel Yankelovich Inc. Entre las otras compradoras de informática encontramos empresas como la Computer Applications, Computing and Software (que compró en 1971 la famosa W. R. Simmons & Associates).

[65] Jack J. Honomichl, "Big business snaps up 22 top research firm", *Advertising Age,* 20 de septiembre de 1971. Del mismo autor, *Advertising Age,* 11 de mayo de 1970 y 15 de julio de 1974.

El segundo tipo de compradores comprende los propietarios de los *mass media.* En 1968 el gigante de la edición escolar y comercial Mc Graw Hill compró la Opinion Market Research Corp. Ese mismo año, la empresa cinematográfica Columbia Pictures Industries Inc. compró dos compañías de investigaciones comerciales, Grudin/Appel Research Corp., especializada en el estudio de actitudes y N. T. Fouriezos & Associates, que se dedica a sondeos entre los consumidores y los comerciantes minoristas. Esas dos compañías vinieron a sumarse a otra propiedad de la Columbia, la Audience Studies Inc., prolongación lógica de sus producciones cinematográficas y televisivas que se especializa en los tests de publicidad audiovisual. Siempre en esa misma fecha y siempre en la misma línea, la Columbia creó otras dos compañías: Comlab Inc., un verdadero laboratorio de comunicación de masas y una compañía de informática, Computer Advisory Services. En 1969 todas esas piezas se ensamblaban en la Inmarco Inc. de la Columbia que ahora es una de las compañías de investigaciones comerciales más grandes de Estados Unidos. Finalmente, un último ejemplo: en 1969 el grupo de prensa Cowles, editor de la revista *Look* ya desaparecida y de muchas otras revistas y diarios, accionista del *New York Times* y propietario de estaciones de radio y de televisión, compró la compañía Oliver Quayle & Co. El grupo Time-Life había fundado en 1966 una división especializada en investigaciones comerciales (Sami-Selling Areas Marketing Inc.) y después de comprar compañías menores de tratamiento de datos, se dotó del equipo más moderno en materia de computadoras. Esta división está actualmente entre las cinco primeras en la lista de empresas norteamericanas en esta rama.

Las empresas más importantes de la industria de la consulta, que absorben a las pequeñas y medianas empresas de investigación comercial y de mercadeo, constituyen el tercer tipo de compradores. En 1971 la Booz, Allen & Hamilton adquirió la National Analysts Inc., una de las empresas más antiguas del ramo. En 1975 otra empresa de consulta de relieve, Arthur D. Little tomaba la filial neoyorquina de la Mc Graw Hill, Opinion Research Corp.

La expansión internacional de esas empresas de investigaciones está directamente vinculada con la política de multinacionalización de las compañías que las compran y que las utilizan tanto para sus propios servicios como para la venta de consejos a las otras compañías. Basta solamente recordar el caso de la Mc Graw Hill para tener una idea del poder de penetración de estos *outsiders.* El año en que compró la Opinion Market Research Corp. en Estados Unidos, éstablecía en Londres su oficina internacional, la Market and Opinion Research International. Entre los estudios que realizó en 1972 se descubre una encuesta sobre la imagen pública de las grandes compañías multinacionales en el mundo. La Inmarco obtiene el 31% de sus ventas del exterior, dispone de sucursales en 5 países asiáticos y en Alemania. Pero eso no es más que la mínima parte de sus poderes puesto que acompaña la vasta red de circuitos cinematográficos y televisuales que posee su patrón, la Columbia Pictures. Y aunque las actividades de la compañía de investigaciones de la Time-Life se limiten la mayor parte del tiempo a los clientes de la metrópoli, está sin embargo al servicio del gran conjunto internacional de semanarios, de libros y otros productos audiovisuales de la casa matriz.

Al margen de estos recién llegados, siguen prosperando los grandes del sector, el equivalente de los que son Mc Cann Erickson y J. Walter Thompson en el terreno de la publicidad. La más importante, que viene a la cabeza de la fila de la investigación comercial (la segunda es Inmarco de la Columbia) es la A. C. Nielsen, fundada en 1923, que actúa en 21 países entre los cuales están todos los países europeos, Japón, Australia, Nueva Zelanda, Canadá y México. Nielsen saca el 40% de sus ingresos del exterior de Estados Unidos. Sus dos fundaciones más recientes se produjeron en Brasil en 1970 y en Argentina en 1973, donde compró una compañía local. Su ingreso bruto era en 1972 de 128 millones de dólares (contra 133 para la J. Walter Thompson). El 80% de ese ingreso proviene de actividades de investigación de mercado o sobre los *mass-media.* El otro 20% es ya el fruto de una política deliberada de diversificación: servicios de información en lo que concierne a la exploración de yacimientos de petróleo y otras fuentes de energía, un servicio de suscripciones, etc. ... Los estudios que Nielsen emprende cubren todos los terrenos: encuestas de auditorio de la televisión, por edad, sexo, categoría social; estudios de mercado para el lanzamiento de nuevos productos llamados "tests de mercado" y tests comparativos de productos en las grandes superficies, llamados "mini-tests". Una de sus especialidades mundiales, los estudios de mercado que se basan en la técnica del *tablero de detallistas,* encuesta efectuada en los puntos de venta para evaluar el ritmo de salida de los productos (Index Nielsen Alimentation, Tiendas populares, etc...) Para no citar más que el caso de Europa, único continente en que ciertas empresas empiezan a entrar en competencia con ella, Nielsen comparte ese tipo de estudios con Europanel, grupo que reúne las sociedades inglesa, alemana, austriaca, suiza, danesa, belga, italiana, francesa y holandesa.[66]

Además de Nielsen en el mercado internacional se encuentra INRA, presente en todos los países europeos, de la que ya hemos hablado, y en numerosos países latinoamericanos. La IMS International Inc., la empresa más importante especializada en el mercadeo de productos medicinales y farmacéuticos funciona en 41 países y esa vocación internacional le aporta el 67% de sus ventas. Burke International Research (con el 26% de sus ventas en el mercado internacional) tiene sucursales en México, Italia, Francia, Brasil, Argentina, Alemania y Canadá. La publicidad con que se rodea está redactada en los siguientes términos: "¿Cuál es el medio más rápido para obtener datos válidos sobre los mercados mexicanos o la Hausfraus de Hamburgo?... Los encuestadores de la Burke hablan en todos lados el idioma local; pero a usted le proporcionan análisis en el suyo –una información que cobra sentido tanto lógica como económicamente. Cuando usted tenga necesidad de informaciones sobre los mercados extranjeros o interiores, considere hasta qué punto los procedimientos estandarizados de la Burke y sus controles de calidad pueden contribuir al acierto y a la oportunidad de sus decisiones de mercadeo." [67]

La Gallup internacional, con red en 36 países no es la última en multiplicar los servicios que ofrece a sus clientes. Entre los estudios realizados por su corresponsal en Francia, la IFOP, "el especialista número uno del estudio de los comportamientos humanos", como se autodesigna, se nota por ejemplo el estudio de problemas de publicidad, de promoción, de relaciones públicas, de comunicación, de imagen, para clientes que son tan diversos como las empresas y los partidos políticos; estudios internacionales donde "la IFOP y su división Etmar, gracias a acuerdos técnicos entre los miembros de la cadena Gallup internacional, está en condiciones de organizar o de coordinar estudios en un nivel internacional: para las sociedades multinacionales, para las empresas francesas que desean implantarse en el exterior, para las sociedades extranjeras deseosas de abordar el mercado francés",[68] estudios completos sobre los medios de información (contenidos, auditorios, etcétera.)

[66] Sobre Nielsen, cf. *Les dossiers d'entreprise,* febrero de 1974; "Societés de service", *Le Management,* número especial, 1974; *Advertising Age,* 16 de abril de 1973, en particular.

[67] Aparecido en la prensa especializada.

[68] *Les dossiers d'entreprise,* febrero de 1974.

NUEVOS THINK TANKS

La industria del consejo es otro sector estratégico de la investigación comercial y de la prospección. Ha sufrido también profundos cambios. Pero es difícil discernir sus contornos. Las empresas norteamericanas de consultores son, en efecto, las sociedades que más celosamente guardan el secreto sobre la llave de actividades que cumplen. Sus competidores nacionales se quejan incluso de esa clandestinidad y llegan a afirmar que "la cortina de hierro detrás de la cual se ocultan la mayoría de las sociedades de origen norteamericano impide un estudio sobre el conjunto del sector".[69] Esa actitud es por otro lado legitimada por los consultores que pretenden que esa semiclandestinidad se basa en las mismas razones que el secreto confesional. Se dedican además a preservar su esfera de actividades haciendo de ella un espacio incontaminado, neutro: "Puesto que el consultor es exterior a la empresa, escapa a las presiones de la estructura." Eso permite "poder juzgar todo lo que concierne a la empresa con entera libertad." [70]

En el mercado internacional las cuatro empresas norteamericanas más importantes de la industria del consejo están ampliando su red exterior donde la competencia es precisamente mucho menor que en Estados Unidos. La industria norteamericana del consejo reúne unas 3 000 empresas que se reparten un ingreso anual de cerca de 2 mil millones de dólares. Y, después de la competencia de las grandes empresas, sus antiguos clientes, que intentan instalar sus propios departamentos de consulta, entraron en 1970 en un período de recesión.

Entre las cuatro mayores se destaca Mc Kinsey que efectúa ya la mitad de sus operaciones en los quince países del exterior donde funciona. Actúa en París desde 1964. Booz, Allen & Hamilton tiene una decena de sucursales en el extranjero. A. T. Kearny posee 5 agencias en Europa, 6 en Estados Unidos y una en Japón. Arthur D. Little, cuyo jefe ejecutivo es el general James Gavin, tiene una docena de filiales en el extranjero y en los últimos años ha trabajo en 85 países.

En 1971, entre los proyectos que elaboraba esta última compañía, podían anotarse: el desarrollo de la industria de la defensa en las Indias, las instalaciones portuarias de Irán; la expansión de la industria química (evidentemente en manos de la compañía

[69] *Ibid.*

[70] "Les conseillers d'entreprise, pour quoi faire?", *Le Management,* núm. especial, 1974.

multinacional Dow Chemical) en Chile; el desarrollo de la pequeña industria en México (anteriormente, hacia 1968, A. D. Little había realizado en ese mismo país una encuesta sobre las actitudes frente a la inversión norteamericana); las industrias de exportación en Colombia; la industria alimentaria en Grecia; la industria del papel en Nueva Zelanda; la reorganización de fuerzas policiales en Surinam; la de las líneas aéreas de Irlanda; la planificación del turismo en 12 países. En 1970, en Brasil, donde tiene una filial permanente desde hace poco, así como en Venezuela y en México, uno de sus más grandes proyectos era trazar el plan de desarrollo industrial del estado de Minas Gerais. Su otro proyecto gigante era un estudio sobre el potencial del desarrollo económico en 7 países del sudeste asiático.

Todas esas empresas de la industria del consejo han estado de una manera u otra ligadas a la guerra de Vietnam. En 1968, por ejemplo, Arthur D. Little tenía a su cargo un estudio sobre la posibilidad de recurrir a la psicodroga en las guerras de contrainsurrección.[71] Las cuatro tuvieron que planificar y hacer investigaciones sobre la guerra química y bacteriológica. En 1974, sin deshacer los contratos con el complejo industrial-militar, esas empresas entran en un pleno proceso de "reconversión civil", en el que la investigación contrainsurreccional en tiempos de paz ocupa un lugar importante.

Los grandes *Think Tanks* como la Rand Corporation, MITRE, Hudson Institute, System Development Corporation, ABT Associates, que planificaron la guerra del sudeste asiático y encontraron los primeros modelos de lucha antinsurreccional, están sometidos a la misma redefinición. La Rand Corporation, por ejemplo, intentó caracterizar en 1974 en uno de sus proyectos al régimen peruano, pero también elaboró con los expertos de la Fundación Ford un plan de exportación de la televisión por cable. Ya vimos que los nuevos modelos audiovisuales se convirtieron en el negocio de esas empresas de materia gris. Al mismo tiempo, todas continúan su trabajo de contrainsurrección en "régimen de paz".

[71] Cf. Paul Dickson, *Think Tanks,* Ballantine Books, Nueva York, 1971; "AAAS in México. Science and technology in Latin America", *Science for the people,* diciembre de 1972; *Subliminal warfare the role of latinamerican studies,* NACLA, 1970. Señalemos además que en el comité formado por el gobierno de Estados Unidos y las compañías multinacionales para fijar la política de "bloqueo invisible" contra Chile Popular, se descubre al lado de los banqueros u otros hombres de negocios, al ex presidente de la Mc Cann Erickson y a un *consultant* de Arthur D. Little, Cf. *NACLA's Latin America & Empire Report,* vol. VII, núm. 1, enero de 1973.

Los 400 jóvenes especialistas de todas las disciplinas, empleados por la ABT Associates Inc., en 1973, por ejemplo, llevaban a cabo al mismo tiempo estudios sobre la política educacional de los países europeos por cuenta de la OCDE y armaban, día tras día, a pedido del Pentágono, el rompecabezas de la conspiración en Chile, haciendo desempeñar a sus actores ficticios, sobre el tablero de su modelo de simulación, –Política– el papel que podían cumplir los diversos grupos sociales, las corporaciones de camioneros, de comerciantes, de médicos.[72]

La MITRE, fundada en 1958 por el Massachusetts Institute of Technology (MIT), por pedido expreso de la USAF, trabaja para el Departamento de Defensa en satélites militares tácticos, en los sistemas de comunicación de la Marina, explota los resultados de las telefotos de los satélites ERTS por cuenta de la NASA y trata de racionalizar el tráfico urbano para el Ministerio de Trasporte. En su informe de actividades para el año 1973, podía leerse: "Las tecnologías de base en materia de sistemas de información que la USAF y el MIT fueron los primeros en poner a punto para la defensa aérea, han demostrado que pueden ser ampliamente aplicados en muchas otras cuestiones. La consecuencia de ello ha sido que las actividades de MITRE se han extendido, lenta pero seguramente, desde el momento de su formación. La lista de nuestros clientes se eleva ahora a más de 60 y nos hemos ocupado en el curso del año de más de 160 proyectos. Aparte de nuestras instalaciones en Estados Unidos, en Europa y en Asia, contamos entre nuestros clientes agencias gubernamentales de Canadá, de Inglaterra, Francia, Singapur y de la Comunidad Económica de Bruselas [...] Tenemos el proyecto de seguir dedicándonos a los programas de defensa y ésa será nuestra preocupación esencial, pero tendremos también gran cantidad de programas civiles que constituirán un elemento esencial de nuestra actividad global." [73] Entre los clientes europeos de este *Think Tank,* está en Francia, en el campo civil, la Direction d'Aménagement du Territoire et des Activités Régionales (DATAR). En materia militar, MITRE, que estaba encargada en 1972 del proyecto de modernización de la red española de defensa aérea (Proyecto COMBAT Grande), tenía que coordinar ese trabajo con el programa homólogo de las fuerzas aéreas francesas (STRIDA II). MITRE, que en el trascurso de los años se alejó progresivamente del centro universitario que lo funda-

[72] Cf. A. Mattelart, "Firmes multinationales et syndicats jaunes dans la contre-insurrection", art. cit.

[73] The Mitre Corporation, *Annual Report 1972.*

ra, es, según las malas lenguas, la abreviatura de MIT y de Rejects (o rechazo) porque todos los proyectos que MITRE acostumbraba a aceptar habrían sido rechazados previamente por otros centros académicos que los juzgaban demasiado comprometedores. MITRE es también uno de los primeros en la lista de programadores de televisión por cable de Estados Unidos.

LOS CONFLICTOS DE LOS RECIÉN LLEGADOS

Los grandes despachos de contabilidad (o Audit) de Estados Unidos han dejado, ellos también, de conformarse con sus actividades tradicionales. Disponen ahora de expertos en administración. En 1972, no menos del 20% de los honorarios pagados a los consultores norteamericanos han sido para ese tipo de empresas.[74]

Creadas en un principio para aconsejar y revisar las cuentas de las grandes empresas, las de Audit han desbordado esa tarea específica y ofrecen de ahora en adelante a sus clientes servicios tan diversos como la evaluación del trabajo y la planificación de la mano de obra, la búsqueda de ejecutivos, la fusión y adquisición por cuenta de las compañías multinacionales de otras empresas. En los últimos cinco años, la suma de sus honorarios se duplicó y recurrieron a sus servicios no solamente los medios industriales, sino también los gobiernos, los diversos mercados comunes de Europa y de América Latina, instituciones religiosas, fundaciones educativas y universidades.

Al igual que las empresas de consultores, tienen acceso a una cantidad fabulosa de informaciones confidenciales. Por ejemplo, la empresa de Audit, Peat, Marwick, Mitchell & Co., instalada en la mayoría de los países latinoamericanos y europeos, dispone simultáneamente de informaciones sobre las actividades nacionales e internacionales de la General Electric, de Singer, de Xerox, del First National City Bank, del Chase Manhattan y de otras 326 grandes compañías que son sus clientes exclusivos. La ingerencia de esas empresas es tal, que en general son los árbitros de la liquidación de las indemnizaciones cuando algunos países del Tercer Mundo proceden a una forma de nacionalización (la "nacionalización pactada") de sus recursos naturales. Es lo que sucedió en Chile bajo el gobierno de Frei, en que la Price Waterhouse and Co.

[74] Para un análisis de las empresas de Audit, cf. el informe de la revista *Business Week*. 22 de abril de 1972.

fue encargada de arreglar las modalidades de la "política de chilenización" del cobre. En abril de 1974 *Business Week* informaba que el gobierno argelino había decidido encargarle a la Peat, Marwick, Mitchell & Co., al mismo título que a Arthur D. Little, Hudson Institute, Mc Kinsey y Booz Allen & Hamilton, la racionalización del funcionamiento de diversos sectores de la economía argelina. "Estamos trabajando todos sobre proyectos confidenciales", afirmaba un consultor norteamericano y, para justificar su nueva práctica, un experto de la Peat & Marwick agregaba: "No estamos aquí para poner su sistema en cuestión, sino para hacerlo trabajar." [75]

La industria norteamericana del Audit es sin duda la rama de las sociedades de servicios donde se registra el más alto grado de concentración. 8 empresas reúnen en sus manos los asuntos de más de 2 100 empresas norteamericanas. Aparte de las dos ya citadas, son: Arthur Andersen, de Chicago, con 380 clientes y 190 millones de honorarios anuales; Ernst, de Cleveland (265 clientes); Lybrand, Ross Bros., de Nueva York (260 clientes); Arthur Young (160 clientes) de Nueva York; Touche Ross, de Nueva York también (150 clientes). La principal, Peat, Marwick, Mitchell & Co., factura cada año más de 225 millones de dólares y posee 106 oficinas en Estados Unidos y 660 socios.

Esos mismos oligopolios se trasladan tal cual junto con las grandes empresas a las que aconsejan. Recientemente en Venezuela, la Facultad de Economía de la Universidad de Caracas, denunció la función negativa de esas empresas de Audit en el país: 8 compañías norteamericanas dominan prácticamente el 95% del mercado en ese país y aconsejan tanto a las instituciones como a las empresas privadas nacionales y multinacionales.[76]

La violenta polémica que en 1974 opuso a las empresas francesas de contabilidad las de Audit norteamericanas instaladas en París, permite situar la amplitud y los límites de cierta resistencia a la penetración de modelos que imponen las sociedades de servicios de Estados Unidos en los territorios donde se establecen. Hay que reconocer que la inquietud es fundada: Price Waterhouse, Arthur Andersen y Lybrand han conseguido captar entre su clientela multinacional a pilares de la economía francesa como Rhône-Poulenc y Saint-Gobain. De este modo, las empresas de Audit ex-

[75] *Business Week,* 20 de abril de 1974.

[76] Manuel Rodríguez, "Integración económica capitalista y empresas multinacionales", *Suplemento Cuadernos,* Caracas, julio-agosto de 1972.

tranjeras obtienen cerca de la cuarta parte de los ingresos que obtiene el gremio.

En nombre de un principio de defensa más que gremial, el presidente de las asociaciones profesionales de contabilidad de París reclamó en la primavera de 1974 el control de las empresas norteamericanas de esta rama para los autóctonos. Exigió también la expulsión de la profesión de 70 empleados franceses de la filial de Price Waterhouse, culpables –según la asociación– de haber combinado funciones de consultores y de contadores. Contrariamente a la legislación vigente en Estados Unidos, el código comercial francés prohíbe la acumulación de esas dos profesiones. Paradójicamente, el proceso a la práctica norteamericana de la profesión contable revelaba uno de los puntos que explican la superioridad de las empresas del otro lado del Atlántico respecto de sus homólogas francesas. Los norteamericanos no se contentan con señalar a sus clientes los puntos dudosos de sus cuentas sino que, gracias a la utilización de técnicas sofisticadas que permiten obtener una multitud de datos, llegan incluso a poner a disposición de sus clientes un diagnóstico elaborado de la situación de su empresa y, al mismo tiempo, si fuera necesario, aconsejarlos sobre las medidas a tomar para reorganizar esa empresa y purgarla de sus deficiencias.

Aunque el conflicto haya sido limitado en los siguientes términos por el representante de los contadores franceses: "No es cuestión de impedirles que trabajen en Francia, pero tampoco dejarlos hacer lo que quieran" desde el momento en que ese modelo del otro lado del Atlántico penetra en un país que hasta entonces no ha sentido la necesidad de experimentarlo, cabe preguntarse si no se asiste a una lucha tan desigual como la de la olla de barro contra la olla de hierro. Y es de ese modo que parece comprenderla un representante más moderno del capital francés cuando declara: "Pasamos, con todas las dificultades de la transición, de un modelo de compañía en manos de familias a otro tipo de compañía más anónimo. Es innegable que las sociedades contables anglosajonas aportan beneficios a las compañas francesas y a la economía francesa. Y sería ridículo excluirlas." [77]

En todas las otras ramas de servicios la invasión norteamericana también se ha acentuado. Sería demasiado extenso enumerar de manera exhaustiva los terrenos más diversos en los que se introduce, que van desde el reclutamiento de personal interino hasta las

[77] *Business Week*, 1 de junio de 1974.

empresas de relaciones públicas. Demos simplemente algunos indicios seleccionados al azar.

Manpower, cuya red mundial implica más de 630 oficinas y que además es propietaria de las fábricas de plumas Parker, es una de las tres grandes de la interinidad en Francia (asegura con Bis y Ecco más de la tercera parte del volumen total). Recientemente, ha tomado el control de Europe-Sécretariat y de Europe-Industrie y se ha lanzado a la subcontratación. A ese respecto, cabe recordar que en ocasión de la huelga de los carteros de noviembre-diciembre de 1974, 600 interinos de Manpower (de un total de 800), participaron en los centros de clasificación "paralelos" en la periferia parisiense. En 1972, el gigante de las relaciones pública norteamericanas Hill & Knowlton, que funciona en más de 20 países, asumiendo el control del 55% de las partes de la agencia francesa GBS Conseil creada en 1967, le hacía decir a su director en Francia: "Este acuerdo ha de permitirle a GBS adquirir una dimensión internacional que le faltaba. Por otra parte va a abrirnos las puertas de cierto número de sectores tales como la información financiera en la que Hill & Knowlton posee una gran experiencia y, en todo caso, nos ayudará a resolver sin ningún problema las preocupaciones de informaciones de las sociedades multinacionales. Nuestro objetivo a largo plazo es ampliar al máximo el campo de acción de las relaciones públicas." [78] La afluencia de petrodólares en los países del Cercano Oriente ha demostrado una vez más la rapidez con que las empresas de relaciones públicas norteamericanas pueden moverse en los nuevos mercados. "Los árabes no dejan de tener habilidad. Tienen sin embargo el deseo enorme de llegar rápidamente a sus fines y para ello solamente conciben lo que suena mágico a sus oídos: la trasferencia de tecnología. Están buscando técnicas de relaciones públicas verdaderas y que hayan sido probadas, de publicidad eficaz, del último grito en materia de administración, en suma, de todo lo que constituye el aspecto más moderno de la industria de los servicios. Saben que con sus enormes cantidades de dinero pueden comprar lo mejor y sólo quieren lo mejor." [79] Las sociedades norteamericanas de relaciones públicas tienen unas ventas anuales totales de más de 2 mil millones de dólares. Señalemos, finalmente, el florecimiento de empresas de consulta en inversión humana: los gabinetes de "executive search" (cazadores de cabezas) donde los expertos son espe-

[78] *Stratégies,* núm. 28.

[79] Edward Burke, "The practitionners role in tapping arab markets", *Public Relations Journal,* febrero de 1975.

cialistas de la administración más que psicólogos. En 1973 más del 20% de los ejecutivos que reclutaron las empresas francesas fue a través de esos gabinetes especializados.[80]

Tampoco hay que desdeñar el desarrollo considerable de los estudios de abogados de empresas, del tipo Wall Street, que cada vez intervienen más como mediadores de las multinacionales. Tienen, por otro lado, buena escuela. Uno de los despachos más célebres de Nueva York es Nixon, Mudge, Rose, Guthrie, Alexander & Mitchell que proveyó a Estados Unidos de un presidente, Richard Nixon, y uno de sus consejeros principales –uno de los primeros acusados en el asunto Watergate–, John Mitchell. Esa empresa de abogados sirvió de encubridora en 1965 al futuro candidato presidencial para recibir la ayuda sustancial de la Pepsi-Cola, la mejor cliente de ese despacho, que financió por otra parte, los viajes al extranjero de Nixon cuando perdía velocidad en la metrópoli. Una vez elegido Nixon, los papeles se invirtieron: el presidente de la Pepsi, Donald Kendall devino el principal consejero económico del nuevo presidente. Otro episodio: el primer interlocutor de los golpistas brasileños después del golpe contra Goulart en 1964 fue otro despacho de abogados (Milbank, Tweed, Hadbey & Mc Cloy) cuyos expertos escoltaron al embajador Lincoln Gordon frente a Castelo Branco para exigir como condición previa a la ayuda financiera de Estados Unidos, la restauración de la concesión de las minas nacionalizadas por el régimen de Goulart. Como la mayoría de otras sociedades de servicio norteamericanas, esas empresas reclutan como consejeros a ex funcionarios, embajadores, oficiales, que una vez jubilados tienen así la oportunidad de recomenzar una nueva carrera apropiada a su conocimento de la región en donde a menudo representaron al gobierno.

El mismo fenómeno se observa en los veteranos del *Peace Corps*. Ya hemos tenido una ligera aproximación a él cuando examinamos las nuevas series de tele-educación tipo *Sesame Street*. Pero el caso se puede extrapolar perfectamente. En marzo de 1976 *Business Week* publicaba un reportaje sobre la reubicación de los jóvenes voluntarios de la paz. Retomemos este testimonio que no se puede tachar de demasiado partidario: "Lo que hacen los voluntarios de los *Peace Corps* para los países donde prestan servicio no es siempre claro. Por el contrario, hay algo que sí es límpido: hoy en día, los *Peace Corps* rivalizan con las escuelas más prestigiosas

[80] Cf., sobre la "executive search", *Le Monde,* 1 de junio de 1974, p. 25. Sobre los despachos de abogados, *Le Management,* enero de 1971, pp. 31-37; *NACLA's Latin America & Empire Report,* vol. VII, núm. 9, noviembre de 1973, pp. 5-14.

en materia de formación de ejecutivos internacionales. Se trata de un hecho que no ha escapado a las compañías y a los bancos multinacionales [...] Nadie conoce con exactitud cuántos, entre los 65 000 voluntarios, formados por los *Peace Corps* desde su fundación en 1961, han terminado ocupando puestos de responsabilidad en el exterior. No cabe duda de que América del Sur es el lugar donde se encuentra el mayor número de voluntarios convertidos en empresarios [...] En Colombia, el director de los *Peace Corps,* Manuel Villalobos, estima que el 10% de los 300 voluntarios que llegan todos los años al país son asimilados después por las empresas multinacionales o han entrado al servicio del gobierno norteamericano [...] Los bancos en particular parecen estar atraídos por los veteranos del *Peace Corps.* El Banco de América tomó alrededor de tres docenas de ex miembros de los *Peace Corps.* Morgan Guaranty Trust nombró en 1973 a H. Barbour Jr. y lo hizo su representante en Brasil. Anteriormente, ese voluntario de la paz había ayudado a establecer cooperativas de pesca en São João, una pequeña ciudad al sur de Río de Janeiro."

No resulta nada extraño que en el Estado Mayor de la embajada norteamericana en Santiago bajo el gobierno de Allende haya estado el jefe de los *Peace Corps* en Chile durante 1965.

CAPÍTULO VIII

LA REDEFINICIÓN DE LOS OBJETIVOS

LAS REDES DE ESPIONAJE PARALELAS

Celosas de su autonomía, las grandes empresas industriales de carácter multinacional le disputan actualmente a las grandes sociedades de servicios su radio de acción. A menudo han creado sus departamentos especializados que ejercen sus actividades no solamente en el interior de la empresa sino también en el exterior. Se evalúa en alrededor de 300 el número de empresas industriales que, después de haberse provisto de una división de *consulting*, trabajan ahora para otras empresas. General Electric, por ejemplo, posee una oficina de 150 consultores que ejercen el 10% de sus actividades fuera de la empresa.[1] Además, mantiene desde hace muchos años en California, un centro de estudios avanzados denominado TEMPO (Technical Military Planning Operation). Ese verdadero *Think Tank*, cortado sobre el mismo modelo que sus homólogos más conocidos Rand, MITRE, etc..., fue la primera institución que estudió en profundidad "el sistema de educación secundaria en China Popular como instrumento de poder". Ése fue el título de uno de los informes confidenciales redactado en la década del 60. Uno de los fundadores de TEMPO fue Thomas Paine, ex jefe supremo de la NASA, promovido entretanto a vicepresidente de la General Electric, invariablemente segunda o tercera cliente según los años del organismo espacial.

El desarrollo de la industria electrónica y aeroespacial de Estados Unidos en el campo de la información y de la pedagogía sin duda hará sentir cada vez más sus efectos sobre el conjunto de las sociedades de servicios. Muchos expertos norteamericanos llegan a preguntarse por ejemplo si en 1980 los propietarios de nuevas tecnologías audiovisuales no habrán remplazado y absorbido a numerosas agencias de publicidad. He aquí una de esas previsiones: "Está claro que la ciencia de la comunicación se encuentra en una

[1] Cf. "Les consultants américains cherchent leur second souffle", *Le Figaro*, 30-31 de marzo de 1974, p. 7. Sobre el *Think Tank* de la G. E. (TEMPO), cf. "G. E.: Profile of a corporation", *Dissent*, julio-agosto de 1967.

etapa extraordinaria de explosión creadora. La función tradicional de la agencia de publicidad gira en torno de la comunicación. Pero la agencia tradicional todavía es un espectador frente a la definición cada vez más amplia de la comunicación de masas que proponen esos desarrollos increíbles y sorprendentes de la comunicación tecnológica, que no se producen a dos pasos de aquí, sino aquí mismo. General Electric funciona acorde con el desarrollo tecnológico de esos progresos de la comunicación y también con su comercialización. Esta participación podría ofrecer a los servicios afiliados a la General Electric una vía de reconversión que consistiría en concebir y fabricar programas publicitarios para las innovaciones futuras de la comunicación de masas electrónica... Lo que es válido para la GE debe serlo igualmente para los otros gigantes de la comunicación electrónica, la RCA entre otras. Todas estarían igualmente bien situadas para explotar la oportunidad maravillosa que ofrecen a la publicidad la televisión por cable, la comunicación de una casa a la otra, la videocasette." [2]

Un evolución del mismo tipo parece esbozarse en el terreno más amplio de los sistemas de información. Los veteranos de la informática, al vender el tiempo de sus redes terminales a las diversas compañías abonadas (*time-sharing*), ocupan una posición estratégica para establecer un nuevo tipo de alianzas con algunos de sus clientes. Una vez más, la General Electric desempeña el papel de pionera en esta nueva actividad. En 1974, 360 ciudades de Estados Unidos, Canadá, Europa occidental, Japón y Australia, estaban conectadas a su red internacional de tratamiento de datos MARK III. Para establecer la industria naciente del *time-sharing* en Japón, la General Electric no encontró nada mejor que asociarse a la agencia más importante de publicidad del archipiélago nipón, la Dentsu. Los abonados japoneses de su red pueden descolgar el teléfono en una terminal, marcar el número de la estación distribuidora central de Dentsu y estar automáticamente conectados por satélites con el banco de computadoras de la General Electric, con sede en el estado de Ohio. Al tomar esa decisión, que entre otros suprimió los problemas surgidos de la importación de computadoras, la General Electric demostraba un conocimiento poco común de las rivalidades entre los diferentes componentes de los grupos que dominan la economía de ese país (Zaibatsu). He aquí en qué términos justificó en 1973 su alianza con Dentsu: "Desde el punto de vista de la General Electric, la

[2] E. B. Waiss, "The shape of the agency business beyond 1980", *Advertising Age,* 26 de junio de 1972, p. 62.

Dentsu tiene una gran ventaja. Ella tiene no solamente, en tanto gran agencia, acceso a los consejos de dirección de sus clientes a través de sus negocios publicitarios, sino que además no tiene ningún lazo con los miembros de los poderosos zaibatsu como Mitsui y Mitsubichi. En consecuencia, Dentsu puede acercarse a todos los gigantes japoneses sin temor a perjudicar las relaciones establecidas —fuerza sin precedente en todo el contexto de los negocios en Japón." [3] Una vez más se ve confirmada la función de ministerio del exterior que son llamadas a cumplir, por cuenta de las sociedades multinacionales, gigantes de la publicidad como la Dentsu.

Esos análisis sobre las estructuras de poder del país donde ha de instalarse la multinacional evidentemente no son posibles sino porque detrás de esa empresa, y para ella, trabaja una red de informaciones. Aun cuando al mismo tiempo siempre pueden recurrir a los servicios de las sociedades de *consultants,* para conocer mejor sus competidores, las más importantes de esas empresas tienden cada vez más a delegar en su departamento de administración y de mercadeo lo que de hecho no es más que un verdadero trabajo de espionaje. Esas grandes compañías disponen así de su propia red de inteligencia. Los mismos empresarios empiezan a reconocerlos: "Las compañías, del mismo modo que los países, han recogido desde hace años información sobre sus colegas. Cuando se trata de países, eso se llama espiar e implica técnicas sofisticadas, cantidades de dinero, personal especialmente entrenado y métodos de cobertura. Las compañías prefieren llamarla investigación de mercado o análisis comercial y, hasta una fecha reciente, sus esfuerzos eran por lo general fragmentarios y planificados de una manera muy laxa, más tácticos que estratégicos. Ahora, siendo los negocios más complejos y el clima económico tan inseguro, las compañías se han vuelto mucho más sofisticadas cuando se trata de espiar a sus rivales; están en la búsqueda de más información, gastan mucho más tiempo y esfuerzos para el análisis y algunas tienen incluso funcionarios de tiempo completo que se especializan en un trabajo de caza y de interpretación del menor hecho que interese a sus rivales." [4] Esas operaciones revisten por otro lado el aspecto de las actividades de inteligencia gubernamentales. Son alternadamente clandestinas o semiclandestinas. Explotan las fuentes abiertas (informes anuales, publicaciones económi-

[3] *Business Week,* 15 de septiembre de 1973.

[4] *Business Week,* 5 de agosto de 1975; sobre el espionaje en las industrias electrónicas cf. Judith Curtis, "Theft of secrets: headaches continues", *Electronics,* 15 de mayo de 1975.

cas, científicas), tienen sus redes de informantes (vendedores, investigadores). Si hay necesidad, infiltran informantes en la competencia o corrompen a su personal. Al igual que en el trabajo político clandestino, ciertas compañías han llegado a practicar una compartimentación muy astuta para proteger sus investigaciones de cualquier desliz. Como expresa el director de mercadeo de una gran empresa electrónica, "las tácticas para seguirle la pista a los rivales tienen mucho de soplonería y pueden, si fuera necesario, ser inmorales y no respetar ninguna ética. La única línea que no se traspone es la de la legalidad".[5] Para hacer ese tipo de trabajo, la IBM —que según muchos es un modelo de inteligencia industrial— dispone de un instrumento especializado, su departamento de análisis comercial que forma parte de su división de tratamiento de datos. Las últimas acusaciones antitrust que debió enfrentar en el Ministerio de Justicia revelaron que centenares de empleados pasaban a diario información sobre las instalaciones de los competidores. (Los competidores de IBM, como la Sperry Rand, confesaron practicar el mismo género de deporte.)

Cuando el enemigo deja de ser exclusivamente el competidor industrial para convertise en más político, el sistema de inteligencia da un nuevo paso. Ese enemigo habitualmente es identificado con el nombre de "terrorismo" o "extremismo". Una vez que ha sido objeto de un diagnóstico, se trata de neutralizarlo por los medios adecuados. Al sistema de inteligencia privado viene entonces a superponerse un sistema privado de seguridad, un programa de contrainteligencia. En ese momento se tejen los lazos con las empresas especializadas en ese tipo de vigilancia. La compañía multinacional puede apelar a las que se dedican a la protección de bienes y personas, como la William J. Burns International Security Service o la Wackenhut Corporation. Esta última, por ejemplo, tiene servicios de milicias privadas en Brasil, Colombia, Ecuador, Venezuela y Santo Domingo y ofrece su protección a empresarios norteamericanos que viajan al extranjero. Otras compañías, como la Hughes Aircraft, prefieren organizaciones de inteligencia privadas como Intertel (International Intelligence Inc.). Finalmente, las más importantes aspiran a crear por su propia cuenta su red de defensa y de inteligencia solicitando la experiencia de asociaciones de policías. Es el caso de la IBM que ha comprometido a la International Association of Chiefs of Police (IACP), que ya vimos que era cortejada por la Northrop que le ofrecía sus últimos hallazgos en materia de circuitos de alarma. Los resultados de esta

[5] *Ibid.*

cooperación IBM-IACP están inscritos en un curso redactado para los funcionarios de la compañía, que lleva el título *Security: a management style. A course of instruction in corporate protective services. IBM as a target for terrorists.* Ese curso fue revelado durante el escándalo de los IBM Papers, en noviembre de 1974.[6] Los párrafos que extraemos no necesitan comentarios.

Por el hecho de operar en el extranjero, IBM será vulnerable a la violencia terrorista. A ese simple hecho de encontrarse allí hay que agregarle que la IBM está asimilada a la supremacía de la tecnología occidental y en cierta forma al llamado "imperialismo norteamericano" y hay que acordarle a la vulnerabilidad futura de IBM en el extranjero toda la importancia que merece.

América del Sur es probablemente la fuente más importante de la teoría que actualmente inspira la violencia terrorista en todo el mundo. El *Minimanual* de Marighela es un clásico ampliamente conocido en el hemisferio occidental. Como señala otro libro recomendado para el curso, hay sin embargo una diferencia conceptual, sujeta a crítica, entre la guerrilla urbana y el terrorismo: "La guerra de guerrillas urbana puede ser definida como una acción criminal con fines revolucionarios. El terrorismo, es una actividad criminal violenta destinada a intimidar en objetivos políticos. La diferencia reside en los objetivos que se persiguen y a veces en los métodos utilizados. La guerrilla trabaja por la revolución. Los terroristas actúan para atraer la atención sobre un agravio particular." (US Federal Bureau of Investigation, "Trends in Urban Guerrilla Tactics", *FBI Law Enforcement Bulletin*, julio de 1973, p. 2.)

... El secuestro de Víctor Samuelson (presidente de la Exxon en Argentina, secuestrado por el ERP y liberado mediante un rescate de 14.2 millones de dólares) es un clásico del rapto con objetivos políticos.

Hay que tener bien claro que IBM, por motivos puramente humanitarios, insiste en el hecho de que siempre hay que dejar abierta la posibilidad de pagar el rescate de un funcionario secuestrado, sea quien fuere. Pero hay que tener bien en cuenta los graves efectos que emanan del hecho de que el ERP tenga entre las manos 14 millones de dólares y más si el ERP destina una parte de ese dinero a la "junta de coordinación revolucionaria". En esas condiciones ¿cómo decidir entre la obligación de salvar a un funcionario y la necesidad de salir al paso del ataque que amenaza en definitiva toda la estructura del sistema capitalista? Cuestión difícil, si las hay.

Pasando revista a algunas de las orientaciones que deben tomar los servicios de informaciones y de seguridad de la empresa, el curso destaca la importancia que reviste la experiencia anterior de la compañía, que tuvo que trabajar con los organismos militares.

[6] "The IBM Papers", *Berkeley Barb*, 22-28 de noviembre de 1974.

IBM, tanto en sus cuarteles generales como en sus filiales, tendrá que tomar decisiones muy difíciles cuando se trate de definir y de institucionalizar esa capacidad de inteligencia que es de la mayor necesidad. Un elemento importante del sistema de inteligencia contra el terror será su aptitud para realizar análisis sobre los hechos. A partir de esos análisis se podrán definir guiones de respuestas. Para desarrollar tales guiones, puede apoyarse en la experiencia que ha acumulado en la investigación sobre la defensa y el desarrollo comunitario. Aun cuando disponga de un sistema de inteligencia eficaz y de un buen análisis, la respuesta de una organización puede ser lenta y demostrar escasa coordinación y dejar que los terroristas tomen fácilmente la delantera. Una acción centralizada en el nivel del *top management*, que tenga la posibilidad de un contacto rápido con la filial, ofrecería la capacidad administrativa necesaria para elaborar respuestas flexibles a tiempo... *Los siete errores* (de Marighela) muestra las terribles presiones psicológicas con las que operan los terroristas y la guerrilla urbana. Los especialistas en materia de seguridad se dan cuenta de que *Los siete errores* no sugiere en general los puntos débiles, tanto en el plano psicológico como estratégico, pero ofrece elementos que aclaran la manera de forzar tácticamente la mano a los terroristas. Eso podría llevar a pensar en operaciones clandestinas de contraterror. ¿En qué circunstancias IBM estaría justificada de explotar bajo un disfraz *Los siete errores* de Marighela? Si ciertas circunstancias se presentaran ¿cómo habría que definir la naturaleza de la operación?

IBM parece tener ya experiencia. A fines de noviembre de 1974 la empresa de consultores Business International organizó con esa misma asociación de jefes de policía un seminario sobre los programas de seguridad de las grandes compañías. En la tarjeta de invitación enviada a los altos funcionarios de esas grandes empresas, se leía: "Reconociendo la verdadera amenaza que el secuestro y el terrorismo internacional significan para los capitales y el personal de las empresas y las pérdidas enormes que ya se han sufrido, un número creciente de empresas ha creado una nueva función empresarial —la administración contra los riesgos— para desarrollar y poner a punto un programa con miras a proteger las instalaciones de la compañía, el equipo y el personal. Si su compañía aún no ha dado ese paso, ha llegado el momento de hacerlo." [7]

Business International, especializada entre otras cosas en la investigación financiera, había representado en julio del mismo año los intereses de los inversores extranjeros en Chile, durante la sesión en el curso de la cual se resolvió, con Pinochet, violar

[7] Reproducido en *NACLA's Latin America & Empire Report*, diciembre de 1974.

los acuerdos de Cartagena que fijaban el estatuto de las empresas extranjeras en los países del Pacto Andino.[8]

LOS PRIMEROS "ANÁLISIS DE CLASE" DEL IMPERIALISMO

"El mercado no está constituido por grupos demográficos, sino por grupos psicológicos: ¿tienen todos los ejecutivos el mismo estilo, las mismas concepciones de vida? ¿Son todos asimilables a lo que todavía se llama la burguesía? Esas cuestiones son cada vez más importantes. No se hace publicidad para los hippies como se hace para los agricultores." [9] El presidente de la agencia Ogilvy & Mather, David Ogilvy, pronunció esa frase significativa en 1973. Eso, aunque parece banal, la industria publicitaria moderna tardó más de 20 años en descubrirlo. Como lo confesaba en 1967 uno de los directores de Kenyon & Eckhardt: "Siempre se admitió en publicidad que el fabricante de mensajes debía dirigirse a una sola persona, y el problema siempre fue que nunca se sabía quién era esa persona. No se sabía cómo era, qué esperaba de un producto o de un tipo de productos. En lugar de hablarle a una persona, se descubría que le hablaba a un conjunto de medios míticos; en efecto, eran pedazos de gente pero no una persona real con voluntad real y gustos verdaderos." [10] Ese mismo año, Kenyon & Eckhardt realizaba en México un seminario internacional cuyo único objetivo era cuestionar esta aproximación irreal del público a través del mercadeo. Al final del seminario la empresa anunció que iba a multiplicar la aplicación de su nuevo método "Target Attitude Group (TAG)". "Consideraremos grupos específicos de consumidores que tengan actitudes, deseos y esperanzas comunes. No consideraremos más al consumidor 'medio' que sólo ha existido en la mente de los matemáticos." Justificando por qué la publicidad no había podido conocer ese progreso anteriormente, los portavoces de la Kenyon & Eckhardt explicaban ellos mismos los factores que hacían posible esta innovación trascendental. "Solamente ahora podemos actuar de tal modo porque la introducción de la computadora nos ha dado la posibilidad de manejar la enorme cantidad de informaciones que se requiere para elaborar una

[8] *¿Qué pasa?*, Santiago de Chile, 28 de junio de 1974.
[9] "Ou va la publicité?", art. cit.
[10] *Advertising Age*, 4 de abril de 1967, 5 de junio de 1967.

buena imagen de los perfiles psicológicos de los consumidores en relación con las diversas categorías de productos." [11]

He aquí el problema al fin planteado. Los publicitarios se juntan a su manera con los creadores de nuevas ideas de tele-educación en sus preocupaciones por "sectorializar" su auditorio. Ya no es posible abordar el mercadeo de masas con una definición inerte del concepto de masas. Ahora que las tecnologías permiten la disección —y la situación económica lo exige— de ese conglomerado amorfo, esos vastos objetivos indistintos y groseros a partir de los cuales ha sido construida hasta la fecha la mayoría de los mensajes de la cultura de masas, es posible discernir las "necesidades e intereses" de cada categoría de consumidores para responderle en forma más adecuada. Basta recordar los sofismas sobre los que reposa el estudio de las actitudes y comportamientos en la sociedad capitalista para sospechar en cierta medida las implicaciones de ese salto cualitativo en la ofensiva ideológica de las clases dominantes o en "esa batalla por la conquista de las mentes" para retomar los términos del mismo Ogilvy haciendo la propaganda del *Reader's Digest.*

Y, no obstante, en esa rectificación de la puntería, las agencias de publicidad tienen más de quince años de retraso comparadas con el Pentágono. Pero no fue la computadora la que, en los límites del determinismo tecnológico, permitió a los militares descubrir que la masa está compuesta de diferentes categorías sociales. El desarrollo de modelos informáticos aplicados al análisis de esa población no ha hecho sino seguir la evolución del acercamiento a los fenómenos políticos, la apreciación de las relaciones de clase. Remontémonos a la década del 60. La campaña de Kennedy contra Nixon no solamente significó el advenimiento de la informática al mundo político. Vino a revelar una forma de aproximación diferente de la sociedad a la que Kennedy se dirigía. Y fue esa aproximación a las diferentes capas del electorado lo que demostraban los modelos de simulación todavía rudimentarios en esa época, y que desarrollaron durante su campaña electoral los sociólogos uinversitarios Ithiel de Sola Pool del MIT, William Mc Phee de la Universidad de Columbia y Robert P. Abelson de Yale. No era más que el comienzo. A partir de 1961 un equipo compuesto de analistas militares, de especialistas de la Rand Corporation, del Presidente y de su secretario de Defensa Mc Namara, se proponen modificar la mentalidad de los estrategas del Pentágono, demasiado acostumbrados a hacer de la política un subpro-

[11] *Advertising Age,* 24 de abril de 1967.

ducto de las fuerzas armadas. En Asia, África y en América Latina, comprobaba Mc Namara, "está surgiendo otro tipo de guerra, de guerras llamadas de 'liberación nacional', o guerras populares. Pero nosotros les damos su verdadero nombre de 'insurrección', de 'subversión'. Nos hace falta encontrar tácticas eficaces para enfrentar esas técnicas comunistas." [12]

Según Kennedy y Mc Namara las décadas del 60 y el 70 iban a estar marcadas por guerras de ese tipo. Y la multiplicación de esas guerras habrían de impedirle a Estados Unidos defender sus intereses únicamente por medios militares. La doctrina Kennedy sobrevivió al asesinato de Dallas. En contacto con las guerrillas que comienzan a surgir en América Latina y en la lucha contra Vietnam, donde experimenta sus primeros fracasos en 1964 por no haber confiado lo suficiente en el engranaje consejeros militares-fuerza de intervención, el *establishment* armado tiene que rendirse ante la evidencia de que, en última instancia, no son solamente el poder de fuego y otros factores tecnológicos los que determinan forzosamente la victoria. En su ofensiva contra los movimientos populares, aprende a estimar la importancia de los factores políticos y entrevé la necesidad de trabajar más con los sectores civiles de la población. Había que acercarse a los diversas realidades sociales, explotar sus contradicciones internas a fin de descubrir modos de intervención menos directos, más subrepticios. El tiempo de la "land the marines' diplomacy", de los desembarcos abruptos tipo Bahía Cochinos y Santo Domingo, llegaba a su fin.

Para resolver el enigma de esas nuevas luchas, el Pentágono se planteaba ahora cuestiones de una calidad diferente. ¿Quiénes son nuestros amigos? ¿Quiénes nuestros enemigos? ¿Qué sucede con los conflictos internos? ¿Cómo sacarles el mejor partido? ¿Quién puede ayudar a neutralizar a quién? ¿Cuáles son los intereses que cada grupo está dispuesto a defender? ¿Cómo se establecen las diversas jerarquías? ¿Qué resentimientos sociales motivan a los diferentes sectores de la población y son susceptibles de hacer que unos se levanten contra los otros? ¿Quiénes son los líderes del movimiento obrero y campesino? ¿Pueden algunos ser sustraídos de la influencia comunista? ¿Qué lugar ocupa el ejército? ¿Cuál es su composición social? En suma, el Pentágono descubría que la sociedad se divide en clases y emprendía por primera vez su análisis. La ciencia de la guerra contrainsurreccional, el *social system engineering,* administrado por el complejo universidad-industria-militares, comenzaba a elaborar los primeros modelos

[12] Citado por Michael T. Klare, *War without end, op. cit.*

analíticos de cambio social y de lo que fue denominado, eufemísticamente, el control social en los países del Tercer Mundo. Para estudiar las actitudes y el comportamiento de los diversos grupos se apeló a antropólogos y sociólogos para colaborar y el Departamento de Defensa se dotó de una división adecuada. La primera manifestación pública de esas investigaciones llevaba el nombre de Plan Camelot. Fue desenmascarado en Chile en abril de 1964. Se descubrió con estupor que, bajo la cubierta de encuesta sociológica, ese vasto plan se proponía aportar al Pentágono el conjunto de elementos necesarios para la reconstitución de la maqueta social del país, un país que, ciertamente, no había conocido guerrillas, pero donde las tensiones sociales se habían vuelto tan fuertes que el *brain trust* del Pentágono había diagnosticado allí una situación prerrevolucionaria. El presidente Johnson en persona debió hacer anular el proyecto Camelot que hacía estragos en Chile; y también en Perú, Bolivia, Colombia, Venezuela y en países como Irán y Tailandia. El aparato de investigaciones sociológicas al servicio del Pentágono se tornó más difuso desde entonces.[13]

Es también en esa época cuando empiezan los modelos de simulación aplicados a la lucha contrainsurreccional. América Latina y el sudeste asiático se ofrecieron de nuevo como globos de ensayo. La ABT Associates delineó así sucesivamente un modelo de lucha antiguerrilla (Agile-Coin), donde se vuelve a encontrar a uno de los sociólogos autores del modelo de simulación de la campaña presidencial de Kennedy, Ithiel de Sola Pool, un modelo de contrainsurrección urbana y un modelo más apropiado a realidades políticas e institucionales como la realidad chilena, el modelo Política. Por primera vez, en ese juego de representación, aparecían sectores muy diversificados cuyo comportamiento y actitud en una crisis revolucionaria se trataba de prever: se veía evolucionar allí a los diferentes partidos, a los terratenientes, a los capitalistas extranjeros, a las clases medias, a los estudiantes, a la oligarquía urbana, al proletariado. Dos meses antes del golpe de Estado en Chile uno de los que elaboraron ese proyecto que, por otro lado lo había dejado de lado, revelaba su existencia y destacaba la coincidencia de métodos (huelgas nacionales, paralización de las comunicaciones, terrorismo, etc...) que estaban utilizando las fuerzas de la reacción chilena y las agencias de información norteamericanas, y los que constituían el código de esa ficción.

[13] Sobre el Plan Camelot, cf. Gregorio Selser, *Espionaje en América Latina, el Pentágono, y las técnicas sociológicas,* Iguazú, Buenos Aires, 1966; Jorge Insunza, "El proyecto Camelot: producto genuino de la política exterior norteamericana", *Principios,* Santiago de Chile, agosto de 1965.

Ficción que, iniciada en 1965, no dejará de precisarse –si se le cree al mismo ex colaborador–, constantemente revisada y alimentada en nuevas informaciones por los sustitutos del Plan Camelot.[14]

Esta creciente preocupación por descubrir las contradicciones de clase de una sociedad y situarlas en perspectiva en un esquema de intervención no es ya monopolio del Pentágono. El golpe en Santiago ha revelado la estrategia de seguridad nacional "indirecta" adoptada por el Estado norteamericano e irradiada por las empresas multinacionales. "... Porque no se trata de una agresión visible, que hubiera podido ser declarada a la vista y los oídos del mundo entero –denunciaba Allende en la tribuna de las Naciones Unidas. Es siempre un ataque oblicuo, subterráneo, sinuoso, que no es menos perjudicial para Chile. Nos encontramos frente a fuerzas que operan en la sombra." El grupo de investigaciones estratégicas de la Escuela Nacional de Guerra del Pentágono, después de haber llevado a cabo un estudio que llegaba a la conclusión de que el "fenómeno de crecimiento de las empresas multinacionales, en su mayoría norteamericanas, puede desempeñar un papel fundamental en el mejoramiento de nuestra fuerza política, militar y económica global", destacaba en un documento secreto la necesidad de la convergencia de los aparatos civiles y militares para asegurar eficazmente la seguridad del imperio. Ese documento reconocía la importancia de la batalla ideológica indicando hasta qué punto es importante preservar los valores norteamericanos y asegurar en el exterior la propagación de su modo de vida. "En este globo cada vez más pequeño, todas las sociedades, todas las culturas están lanzadas a una inevitable competencia por el predominio y la sobrevivencia. Los que harán el mundo de mañana serán los que pueden proyectar su imagen (ejercer una influencia predominante y un control a largo alcance) [...] Si queremos que nuestros valores y nuestro estilo de vida triunfen, estamos obligados a entrar en competencia con otras culturas y otros centros de poder. Para ese propósito la empresa multinacional ofrece una palanca considerable. Su arsenal creciente de negocios con base en el exterior trabaja para nosotros veinticuatro horas sobre veinticuatro. Tiene un efecto de ósmosis que no sólo trasmite e implanta los métodos empresariales, las técnicas bancarias y comerciales norteamericanas, sino también nuestros sistemas y nuestros conceptos jurídicos, nuestra filosofía política, nuestra manera de comunicarnos, nuestras ideas de movilidad y una ma-

[14] *Berkeley Barb*, 14-20 de septiembre de 1973.

nera de considerar las letras y el arte propia de nuestra civilización."[15]

Kennedy y Mc Namara habían recomendado a los oficiales del Pentágono y a los alumnos de la escuela de guerra la lectura de obras sobre la guerra popular y la guerra de guerrillas de Mao Tse-tung y del Che Guevara. Quince años más tarde no hay que sorprenderse al comprobar que el *top-management* de la IBM ordenó a los funcionarios de la empresa sumergirse en los escritos de Carlos Marighela *Los siete errores de la guerrilla urbana.* Según una encuesta realizada en 1974 por la revista *Fortune* ante 600 altos ejecutivos de compañías multinacionales de origen norteamericano, el 58% de los empresarios interrogados piensan que el tipo de acción exterior que deberá llevar a cabo Estados Unidos en los próximos 10 años pertenecen al terreno de la contrainsurrección (sólo el 9% estima que podría producirse una guerra que utilice armas nucleares tácticas).[16]

QUÉ SUCEDE CON LOS APARATOS DE PROPAGANDA EN UN PERÍODO DE PRETENDIDA DISTENSIÓN

"Si definimos la guerra fría como una lucha entre ideologías —una guerra conducida con otros instrumentos que los del conflicto militar— entonces es evidente que la guerra fría existe siempre en términos de lucha para conquistar la mente de los hombres [...] Debemos seguir mostrándonos fuertes, pero también tenemos que descubrir la naturaleza del enemigo."[17] Esas palabras fueron pronunciadas en mayo de 1972 por Frank Shakespeare, responsable de la USIA (US Information Agency), conocida en el exterior bajo la sigla USIS (US Information Service). Si el año 1974 estuvo marcado por la puja de revelaciones y acusaciones en contra de la CIA, en 1972, por el contrario, le tocó a la USIA pagar los platos rotos frente a la comisión senatorial. Y las palabras sentenciosas de su director son una de las tantas respuestas a los ataques de que fue objeto ese año el organismo oficial de propaganda del gobierno norteamericano. La mayor parte de los reproches que se

[15] Reproducido en Joseph Collins, "Etats-Unis et Transnationales americaines: retour a l'envoyeur", *Politique Aujourd'hui,* núms. 1-2, París, enero-febrero de 1975.

[16] *Fortune,* mayo de 1974.

[17] Entrevista a Frank Shakespeare, *US News & World Report,* 1 de mayo de 1972.

le hicieron por otro lado fueron a veces contradictorios. Pero esas contradicciones revelaban una vez más la dificultad que tenía el conjunto de los aparatos ideológicos del Estado imperialista para identificar el blanco de su interés que, en el caso de la USIS, seguía siendo el destinatario extranjero de sus operaciones de propaganda. Las nuevas condiciones de la lucha de clases en el terreno internacional estaban modificando la naturaleza del enemigo así como estaban cambiando las fuerzas encargadas de combatirlo. La necesidad de atenerse a un nuevo tipo de estrategias, esas estrategias llamadas de *low profile,* exigía de una organización como la USIS que abandonara su estilo abierto de acción, provocativo si era menester, para entregarse a las líneas de la nueva diplomacia.

En el trascurso de los movidos debates que tuvieron lugar frente a la comisión de asuntos exteriores del Senado norteamericano, en marzo de 1972, algunos senadores llegaron a sugerir, incluso a exigir, que se suprimiera la USIA o que se revisaran radicalmente sus estatutos con el pretexto de que —fundada con la finalidad declarada de servir a la causa de la guerra fría y de difundir por el mundo las consignas de un anticomunismo manifiesto— era incapaz de responder al nuevo contexto político de la distensión. El presidente de la comisión, el senador Fulbright, no utilizó fórmulas desfiguradas para caracterizar la línea ideológica seguida por la USIA en todo el período anterior.[18] "El público que recibe sus mensajes no puede sino creer en el viejo modelo monolítico del comunismo conspirador; la imagen de la sociedad comunista debe ser la de un mundo en el que los hombres arriesgan cotidianamente su vida para escapar hacia la libertad. En Checoslovaquia, hacia Austria; en China, hacia Hong Kong; en Cuba, hacia el mar. Todo el sistema está hecho de muros, de cárceles, de ametralladoras y de terror." Es así, en efecto, como la USIS bautizaba sus campañas. Para convencerse de ello, si fuera necesario, después de esta declaración del senador Fullbright, basta recorrer el catálogo de programas ofrecidos por esta agencia a la radio y la televisión del mundo y del submundo capitalista. "*Las vicisitudes del 091* (17 programas de 30'). Adaptación del libro de Ku Ken Chung, que describe sus auténticas desventuras como comerciante en la provincia de Cantón, China. Allí describe los métodos que los rojos introdujeron en China cuando se apoderaron del gobierno. *La trampa* (52 programas de 30'). Cada episodio cuenta la historia de un individuo ingenuo que cae en la trampa

[18] "USIA appropriations authorization, fiscal year 1973", *op. cit.*

comunista. Los programas pueden no ser pasados en orden pues cada uno es autónomo en relación con el otro. La mitad de la serie fue realizada en México, la otra en Bogotá. *Nuevos horizontes* (39 programas de 25'). Un obrero norteamericano en una fábrica de automóviles se casa con una latinoamericana. Es miembro muy activo del sindicato obrero. Un hermano de su mujer llega de América del Sur y empieza a exponer ideas extremistas. Dos vecinos, refugiados de Cuba y de Alemania del Este, refutan sus ideas pues conocen bien el sistema comunista. El cuñado teórico aprende finalmente la verdad sobre el comunismo y sobre la dictadura que ejerce en los sindicatos. Una perspectiva sobre la vida cotidiana de Estados Unidos en que se hace un buen análisis del sindicalismo norteamericano."

Fullbright recordó, malignamente, para destacar la incompatibilidad de esta propaganda con las nuevas exigencias de la diplomacia norteamericana, el tenor que había tenido el comunicado oficial que Nixon le había dirigido a Mao antes de efectuar su viaje a Pekín: "Estados Unidos quiere la libertad individual y el progreso social para todos los pueblos del mundo, lejos de las presiones exteriores y de las intervenciones. Estados Unidos estima que para reducir las tensiones hay que hacer el esfuerzo de establecer una comunicación entre los países que tienen ideologías diferentes, aunque sea para evitar los riesgos de un enfrentamiento por accidente, de un cálculo erróneo o de un malentendido. Los países deberían mantener entre sí relaciones de respeto mutuo o una voluntad de coexistencia pacífica, dejando hablar a los resultados. Ningún país debería reclamar la infalibilidad y todos deberían estar dispuestos a revisar sus actitudes por el bien común."

La USIA era, en efecto, la heredera de una concepción guerrera de las operaciones psicológicas. Al día siguiente de la segunda guerra mundial, Estados Unidos se había negado a desmovilizar las distintas unidades de guerra psicológica que, a lo largo de todo el conflicto en el teatro de las diversas operaciones, por medio de ondas, libelos y otras acciones de agitación o de propaganda, habían tratado de doblegar la moral y la actitud de las tropas enemigas y de estimular la combatividad de las poblaciones y de las fuerzas aliadas. Durante el primer conflicto mundial, Estados Unidos había fundado una oficina de propaganda (the Creel Committe on Public Information). Pero una vez firmado el armisticio, esa oficina fue suprimida. El aislacionismo contribuyó a que entre las dos guerras no se conociera ningún esfuerzo particular en ese terreno de la propaganda oficial en el exterior. En 1945

Estados Unidos se encontró con cuatro organismos cuya misión principal era la de "persuadir a la opinión internacional" sobre lo bien fundado de la política del gobierno norteamericano. La OWI (Office of War Information) fue creada en 1942 con el fin de coordinar las actividades culturales e informativas del gobierno; desde su creación ese organismo había sido provisto de un brazo exterior poderoso, la red de radiodifusión bautizada *La Voz de América.* El segundo organismo fue inaugurado en 1938 y constituyó la primera respuesta del gobierno norteamericano a la propaganda nazi en América Latina. Se trataba de la OIAA (Office of Interamerican Affairs). Dirigida por Nelson Rockefeller sirvió para movilizar al conjunto de los medios norteamericanos contra las potencias del Eje. De esa época datan, por ejemplo, el alistamiento de las grandes revistas *Time-Life, Reader's Digest,* en las campañas oficiales del gobierno. Es también bajo su égida que un poco más tarde veían la luz las tiras y películas elaboradas por Walt Disney, con el objetivo particular de convencer a las poblaciones latinoamericanas de la buena voluntad del Tío Sam. En esas películas e historietas aparecían personajes populares de los países andinos, de Brasil, de Argentina, que se integraban de la manera más natural del mundo a la comunidad chistosa de los héroes tradicionales de Disney, como Donald y su amigo Goofy.

CUADRO 1: *Presupuesto y personal de la USIA por zona geográfica (1973)*

Zonas	*Presupuesto 1973 (en miles de dólares)*	*Personal (1972)*	
		Norte-americano	*Local*
Asia del este	22 574	183	1 056
África	12 943	95	365
Cercano Oriente/África del N.	7 045	50	298
Asia del sur	15 164	79	850
América Latina	19 828	196	660
Europa occidental	19 217	153	795
URSS/Países del este	5 951	55	172
Programas esp. (Berlín)	4 421	6	28
Programas mundiales	87 856	3 635	1 201
Total	194 999	4 452	5 425

FUENTE: *USIA appropriations authorization, fiscal year 1973.*

El departamento especializado de la OSS (Office of Strategic Services) y los diferentes grupos de operaciones psicológicas del Ejército y de la Marina completaban el cuarteto.

La guerra de Corea selló definitivamente la formación de la USIA. Después de un período de indefinición y de parálisis en el que algunos reclamaron el regreso a una propaganda de paz mientras que otros por el contrario exigían campañas sistemáticas contra lo que llamaban "la gran mentira soviética", las operaciones civiles de propaganda fueron confiadas a ese nuevo organismo que recibió el nombre de USIA y asumió las responsabilidades antes confiadas a la OWI o al departamento de la OSS, que entretanto se convirtió en la CIA. Según el organigrama del gobierno, dependía del departamento de coordinación y de operación, anexo al Consejo de Seguridad. Ese departamento mismo estaba compuesto por otros tres miembros, la CIA, el Departamento de Estado y el Departamento de Defensa. En el memorándum que redactó cuando asumió el poder, Kennedy caracterizó en estos términos la acción que debía llevar a cabo ese organismo creado siete años atrás: "La misión de la USIA es ayudar a cumplir los objetivos de la política exterior de Estados Unidos a] influyendo en las actitudes del público en las otras naciones extranjeras; b] teniendo al Presidente, a sus representantes en el extranjero y al conjunto de agencias y departamentos, al corriente de las implicancias de la opinión extranjera sobre la política, las decisiones oficiales, los programas, presentes y por venir de Estados Unidos. Esta misión de influir en las actitudes será realizada gracias a la utilización abier-

CUADRO 2: *La USIA en Vietnam - Programa JUSPAO (1970-73)*

Organismos responsables del JUSPAO	*Aportes financieros (en miles de dólares)* 1970	1971	1972	1973
USIA	6 436	5 812	5 048	3 662
AID	1 668	1 238	741	30
Fondos gubern. Saigón	1 013	1 116	949	—
Departamento de Defensa*	1 414	602	—	—
Total	10 531	8 768	6 738	3 698

FUENTE: *Ibid.*

* No comprende los sueldos de los militares.

ta de numerosas técnicas de comunicación —contacto personal, red radiofónica, bibliotecas, publicación y distribución de libros, prensa, televisión, cine, exposiciones, enseñanza del inglés, y otros..." Y agregaba: "Es necesario... dar de Estados Unidos una imagen de nación fuerte, democrática, dinámica, calificada para servir de líder en los esfuerzos que el mundo despliega para alcanzar ese objetivo." [19] Para llevar a cabo esa tarea, la USIA disponía en 1972 de más de 200 millones de dólares anuales y de 9 855 agentes en 109 países, de los cuales las dos terceras partes están en el exterior. Ninguno de esos agentes es de nacionalidad norteamericana. La USIA, en efecto, ha practicado una política de nacionalización de sus funcionarios que hace que 5 400 sean, como los llama, "locales". El personal de la USIA en América Latina comprendía en 1972, 196 empleados norteamericanos y 660 nacionales. A título de comparación señalemos que en esa fecha los servicios de información oficiales de Francia contaban con 108 funcionarios franceses y 37 empleados locales, mientras que en servicios equivalentes de la República Federal de Alemania y de Gran Bretaña, la proporción de empleados locales era de 25 sobre un total de 81 y de 30 sobre 83, respectivamente. Entre los funcionarios locales, que no son norteamericanos, hay muchos apátridas, refugiados de países del este y de Cuba, que han demostrado ser valiosos reclutas para el conocimiento de mentalidades y de idiomas de los países cuya ideología había que combatir y que a menudo han contribuido a dar ese aspecto de guerra santa a la batalla de la propaganda en el corazón de la guerra fría. Por otro lado, se puede ver en la presencia de esos emigrados un factor que complicó la adaptación de los organismos especializados en la guerra psicológica a las condiciones particulares de la distensión. Además, ni que decir que el reclutamiento de los locales sirve de pantalla a los verdaderos autores de la agresión psicológica.

Entre los medios materiales de que dispone la USIA, cabe señalar la red radiofónica de *La Voz de América* que trasmite en 35 idiomas por 123 estaciones que el organismo posee en el mundo; 35 revistas y 4 diarios que van desde la publicación francesa *Informations et Documents* hasta la revista italiana *Mondo Occidentale*; tres grandes centros de impresión en México, Manila y Beirut que imprimen panfletos, afiches, revistas y otras publicaciones, no solamente por encargo de la USIA sino por el de la mayoría de los organismos de política exterior de Estados Unidos; 127 centros culturales y de información en 31 países —que se auto-

[19] Reproducido en los informes de audiencia.

financian en un 85% gracias a los derechos de inscripción. Esos centros llamados binacionales organizan exposiciones, ofrecen cursos de inglés, abren su biblioteca y desarrollan diversos tipos de programas culturales. En 1971, 210 000 alumnos latinoamericanos aprendieron inglés en esos centros y 2 millones siguieron asiduamente sus programas culturales. América Latina es en ese sentido el continente que tiene la mayor densidad. Sobre 127 centros binacionales, se cuentan 100 en América Latina. Sólo en Brasil hay 29; en Argentina, 13; en México, Colombia y Perú, 9; en Chile, 7, que subsistieron durante la Unidad Popular. En las otras regiones del mundo, el reparto es muy desigual: 4 en Irán, 3 en Indonesia, 4 en Turquía, 5 en Alemania, 2 en la India, 1 en Grecia y 1 en Italia.

A esta misión civil que le había asignado el Congreso y confirmado Kennedy, el presidente Nixon, en medio de la ofensiva vietnamita, le agrega otra en 1970 o, más bien, le reconoce oficialmente una función que cumplía desde hace mucho tiempo: "prestar un apoyo adecuado, en todo lo que se relacione con la guerra psicológica, al mando militar en el o los teatros de operaciones militares activas, proveer consejos cotidianamente y materiales de información de base". La USIA no había esperado ese momento para entrar en colaboración con las tropas norteamericanas en Saigón. En 1965 creaba, con el alto mando militar en Vietnam, el famoso JUSPAO (Joint United States Public Affairs Office) cuya misión fue definida por los funcionarios de la USIS en estos términos perentorios: "Ganar los corazones y las mentes del pueblo vietnamita para sostener el esfuerzo de guerra norteamericano tratando de influir favorablemente en los periodistas, recoger informaciones sobre las tácticas de guerra psicológicas del enemigo y socavar su moral."[20] La contribución más eficaz del JUSPAO en esas supuestas campañas "de pacificación" fue sin duda la tristemente célebre "Operación Fénix" que permitió eliminar a más de 200 000 opositores al régimen de Thieu. Desde su sede permanente en el Ministerio de Información de Saigón, los funcionarios de la USIA dirigieron la instalación de un centro de impresión, de un sistema de televisión completo (4 estaciones que cubren el 65% del país), de una red radiodifusora (4 estaciones cubriendo el 95% del país) y desarrollaron un servicio de agencia de prensa con corresponsales a lo largo de todo el país. Incapaces de cubrir por sí solos la demanda de esas nuevas redes, apelaron a los servicios de la empresa cinematográfica Hearst Metrotone News, una

[20] *The New York Times*, 13 de junio de 1972.

filial común de la Metro Goldwyn Mayer y de la cadena de diarios Hearst.[21]

Lo esencial de esta historia fue señalado, en ocasión del gran desempaquetamiento que tuvo lugar a propósito de los manejos de la USIA, en la comisión de investigaciones del Senado norteamericano. Durante esos debates, otros senadores le reprocharon no el ser un instrumento periclitado sino por el contrario, de haberse adelantado a los acontecimientos y en muchos casos de haberse redefinido a espaldas del poder legislativo y de una opinión pública poco informada de las actividades de propaganda de ese organismo y de las de la CIA, que habrían de serle reveladas años más tarde. Los responsables finalmente tuvieron que admitir las relaciones demasiado íntimas que mantenía su organismo con algunas multinacionales de su país. En Colombia, la USIA había producido, con el apoyo logístico de empresas norteamericanas instaladas en ese país, una serie de 43 episodios de televisión sobre el tema *Private Investment - Public Profit.* En México, con Procter & Gamble, organizó visitas a las instalaciones metropolitanas de esa empresa para convencer a los pretendidos patrones mexicanos de la eficacia de la lucha contra la contaminación que llevaba a cabo. Anteriormente la USIA había organizado en la Universidad de Texas, entre los responsables y los propietarios de los medios de México y altos funcionarios de la General Electric, de la CBS y diversos profesores, un coloquio sobre "la revolución de las comunicaciones y sus implicancias nacionales e internacionales". En Ecuador, en el momento en que se descubrían yacimientos de petróleo de importancia, produjo, por encargo de la TEXACO y de la Gulf Oil, panfletos y fascículos "a fin de influir en las actitudes de los dirigentes y de la población local frente a una eventual explotación norteamericana". (En 1975 el presidente de la Gulf Oil admitió frente a la subcomisión senatorial encargada de las sociedades multinacionales que su sociedad había entregado, de 1966 a 1970, 4 millones de dólares al partido republicano en el poder en Corea del Sur, 460 000 dólares a responsables políticos bolivianos y donado unos 50 000 dólares, por intermedio de un banco de Beirut, para un programa de información utilizado en Estados Unidos sobre el conflicto árabe-israelí.)

Finalmente, la mayoría de los legisladores reprochó a los funcionarios de la USIA actuar a veces de manera demasiado clandestina

[21] Sobre la acción de la USIA en el sudeste asiático, cf. el reportaje a un ex funcionario del organismo en *Comunicación y Cultura,* núm. 4, Buenos Aires, 1975.

País	*1972 y 1973 Posiciones Nortea-mericanos*	*Locales*	*Año fiscal estimado 1972 (miles) Costos directos*	*Costos sostenim.*	*Total*	*Año fiscal estimado 1973 (miles) Costos directos*	*Costos sostenim.*	*Total*
Argentina	20	67	$1 221	$343	$1 564	$1 241	$361	$1 602
Barbados	—	1	53	17	70	6	12	18
Bolivia	5	27	388	139	527	375	146	521
Brasil	40	144	2 895	917	3 812	2 921	962	3 883
Chile	14	42	758	247	1 005	806	259	1 065
Colombia	15	29	798	231	1 029	756	216	972
Costa Rica	3	12	184	86	270	188	86	274
República Dominicana	4	14	295	97	392	296	98	394
Ecuador	8	25	461	147	608	467	156	623
El Salvador	4	9	172	96	268	173	96	269
Guatemala	5	26	369	76	445	371	76	447
Guayana	2	10	146	40	186	146	40	186
Haití	2	8	109	67	176	109	67	176
Honduras	4	7	166	87	253	173	87	260
Jamaica	2	6	105	41	146	106	41	147
México	21	90	1 502	490	1 992	1 112	513	2 025
Nicaragua	3	8	154	69	223	155	69	224
Panamá	7	21	395	108	503	406	108	514
Paraguay	4	10	190	65	255	190	66	256
Perú	13	29	657	191	848	672	198	870
Trinidad	2	11	114	55	169	118	55	173
Uruguay	6	33	410	164	574	432	172	604
Venezuela	12	31	801	193	994	798	193	991
Área, dirección y servicio	17	—	490	1 035	1 525	610	1 038	1 648
Costo del personal	—	—	—	2 838	2 838	—	2 834	2 834
Total, fondos	213	660	12 833	7 839	20 672	13 027	7 949	20 976

CUADRO 4: *Centros culturales binacionales norteamericanos en América Latina*

Argentina: Buenos Aires; Comodoro Rivadavia; Córdoba, Deán Funes; Jujuy; Mendoza; Rosario; Salta; San Francisco; San Juan; Santiago del Estero; Tucumán; Villa María.
Bolivia: Cochabamba; La Paz; Santa Cruz.
Brasil: Belem; Belo Horizonte; Blumenau; Campinas; Caxias do Sul; Curitiba; Florianópolis; Fortaleza; Goiania; Itapetininga; Juiz de Fora; Lins; Londrina; Macau; Marilia; Natal; Porto Alegre; Presidente Prundente; Recife; Ribeirão Prêto; Rio de Janeiro; Salvador; Bahía; Santa Maria; Santos; São Luis; São Paulo; Sorocaba; Uberaba; Vicosa; Vitória.
Chile: Antofagasta; Chillan; Concepción; Santiago; Temuco; Valparaíso; Talca.
Colombia: Barranquilla; Bogotá; Bucaramanga; Cali; Cartagena; Cúcuta; Manizales; Medellín; Pereira.
Costa Rica: Limón; San José; Turrialba.
República Dominicana: Santiago; Santo Domingo.
Ecuador: Ambato; Cuenca; Guayaquil; Portoviejo; Quito.
El Salvador: San Salvador.
Guatemala: Guatemala.
Haití: Puerto Príncipe.
Honduras: San Pedro Sula; Tegucigalpa.
México: Chihuahua; Guadalajara; Hermosillo; Mérida; México; Monterrey; Morelia; San Luis Potosí; Veracruz.
Nicaragua: Managua.
Panamá: Panamá.
Paraguay: Asunción.
Perú: Arequipa; Chiclayo; Cuzco; Huancayo; Ica; Lima; Piura; Tacna; Trujillo.
Uruguay: Montevideo.
Venezuela: Caracas; Barquisimeto.

---

y haber, por ejemplo, producido y distribuido en 1970 en diez países latinoamericanos historietas sin firma y especialmente elaboradas con el objeto de desacreditar las guerrillas urbanas para celebrar en cambio los nuevos héroes pacíficos del "desarrollo comunitario". No es que los guerrilleros hayan tenido olor a santidad en el Congreso de Washington, pero los estatutos de la USIA —y Kennedy lo recordó al hablar de utilización abierta de técnicas de comunicación—, obligan a ponerle firma a todas sus producciones destinadas al gran público.

Se descubrió también que la USIA había publicado de incógnito en Ecuador, Paraguay y México, guías turísticas, manuales para los profesores de inglés y fascículos para los sindicatos locales de trasporte, sector particularmente estratégico (se vio en Chile) cuando se trata de desencadenar huelgas patronales que conducen a la quiebra a gobiernos populares. En un registro diferente y entre muchas otras declaraciones, hubo una sorpresa enorme cuando se supo que el presupuesto de la USIS en países como Irán e Indonesia –la USIS no es sino una sección en el interior de las embajadas norteamericanas– era tan importante como el que se concedía al conjunto de la misión diplomática. El presupuesto de la embajada norteamericana en Teherán alcanzaba 1.8 millones de dólares y el de la USIS local 1.5 millones.

CUADRO 5: *Los objetivos prioritarios* de la propaganda norteamericana* (1972)

Categoría I	China Popular, República Federal de Alemania, Japón, URSS.
Categoría II	Brasil, India, Indonesia, Italia, Vietnam del Sur, Yugoslavia.
Categoría III	Egipto, Argentina, Chile, Cuba, Francia, República Democrática Alemana, Grecia, Irán, Corea del Sur, México, Nigeria, Pakistán, Filipinas, Polonia, Rumania, España, Tailandia, Turquía, Gran Bretaña, OTAN.
Categoría IV	Colombia, Checoslovaquia, Etiopía, Hungría, Israel, Corea del Norte, Marruecos, Perú, Venezuela, Vietnam del Norte, Zaire.
Categoría V	Australia, Canadá, Laos, Líbano, Panamá, Suecia, Túnez.
Categoría VI	Argelia, Austria, Bélgica, Taiwán, Ghana, R. Khmer, Libia, Países Bajos, Arabia Saudita, África del Sur.
Categoría VII	Afganistán, Bolivia, Ceilán, Chipre, Dinamarca, Finlandia, Guatemala, Hong Kong, Irak, Costa de Marfil, Jordania, Kenya, Kuwait, Malasia, Nueva Zelandia, Noruega, Portugal, Singapur, Sudán, Tanzania, Uruguay.
Categoría VIII	Albania, Bulgaria, Birmania, Camerún, Costa Rica, República Dominicana, Ecuador, Islandia, Liberia, Malta, Zambia.

FUENTE: *Ibid.*

* Prioridades establecidas según el criterio de "la importancia global que tiene el país para los intereses norteamericanos (políticos, estratégicos, económicos, geográficos)".

A pesar de esas revelaciones, el Congreso renovó el presupuesto anual de 200 millones de dólares de la USIA. Una comisión presidida por Frank Stanton, ex director de la CBS, y compuesta por Hobart Lewis, del *Reader's Digest,* por James A. Michener, autor de novelas de éxito tales como *Los puentes del Toko-Ri* y *Saga Colorado* y por el inevitable George Gallup, fue encargada de presentar un plan de reorganización de la agencia. Ya se han entregado numerosos informes. En uno de los primeros, redactado después de la cesantía de Frank Shakespeare que dejó su puesto en diciembre de 1972 para irse a la Westinghouse, se podía leer la aquiescencia a las observaciones formuladas por los senadores ¡e incluso una adhesión que parece reflejar una convicción de vieja data!: "Las comunicaciones en un período de distensión deben ayudar a perpetuar el clima de distensión y a fortalecerlo puesto que ponen el acento sobre los medios más pacíficos para resolver los malestares y los conflictos internacionales, políticos y económicos barriendo los obstáculos y las barreras psicológicas y reduciendo la animosidad y hostilidad que se han ido acumulando por años. De la misma manera que la crisis tiende a alimentar a la crisis, la distensión puede engendrar la distensión sin crear una euforia exagerada, construida sobre esperanzas poco realistas que ignorarían la necesidad indispensable de una estructura fuerte de seguridad. La USIA debería asumir el mando y tomar la iniciativa en todo lo que toca a la explicación de los objetivos loables de la política del Presidente para contribuir a su éxito total." Por primera vez, en un documento oficial, se perfilaba la necesidad de plantearse el problema de la identidad del interlocultor. Las actividades de la USIA ¿tenían que estar orientadas hacia públicos elegidos y seleccionados? ¿Debían concentrarse sobre las 200, 2 000 o 20 000 personas más importantes de un país? ¿Debía estar una agencia de información de masas al servicio del ciudadano medio? Una conclusión parecía desprenderse de manera bastante definitiva: el llamado público general era un público a menudo inaprehensible.

Sobre todo a propósito de la utilización de la televisión y del cine esta comisión, encargada de la reorientación de la USIA, demostraba la mayor lucidez acerca del problema del destinatario de los mensajes (Frank Shakespeare diría "sobre la naturaleza del enemigo"). "La USIA debe proceder a una revisión completa de sus filmes y de los objetivos que quiere lograr en materia de televisión. Los productos para el cine y la televisión de la USIA han sido de una calidad desigual a pesar de la cantidad de óscares que hayan podido ganar en Hollywood y a pesar del celo de los directores y de sus colegas artistas, tanto en el interior como fuera de la agencia. Hay, en primer lugar, la tendencia general de los directores y productores norteamericanos a tener como referencia primaria los hábitos y los intereses del público norteamericano cuando producen películas para el consumidor extranjero. Muy frecuentemente, el mensaje que puede ser eficaz y cargado de significación para el público de Estados Unidos puede no serlo para públicos extranjeros teniendo en cuenta que los intereses difieren considerablemente según las zonas y los países. Esos intereses pueden alinearse únicamente sobre sus preocupaciones y sus problemas personales, referirse a acontecimientos, asuntos nacionales, específicos. Por lo tanto es necesario hacer periódicamente un análisis y una investigación en el público. Sin eso, el mejor trabajo de creación, la producción técnica más refinada, puede permanecer en un callejón sin salida pues su mensaje no tiene valor para cierto público extranjero." [22]

El informe definitivo de la Comisión Stanton fue remitido a la Casa Blanca a principios de 1975 y no ha dejado de suscitar violentas reacciones. Propone, entre otras cosas, que el Departamento de Estado forme su propia oficina de información (Office of Policy Information), que se cree una agencia autónoma, la Agencia de Información y de Asuntos Culturales que tendría a su cargo los diferentes programas culturales y educativos que, hasta entonces, estaban desparramados entre el Departamento de Estado, la USIA y una multitud de otros organismos. Finalmente *La Voz de América,* se convertiría en una agencia independiente. Todos esos organismos responderían directamente ante el jefe de la diplomacia norteamericana. Se asistiría entonces a una concentración de las armas oficiales de la lucha ideológica en manos de Kissinger que podría así imprimirle su estilo personal y remplazar el tono de "cruzada" de sus campañas por el de una tecnocracia esclarecida.

¿Quiere decir que las campañas del anticomunismo elemental han pasado? Basta estar atento a la ofensiva ideológica de la reacción en Portugal para convencerse de lo contrario. La formación de estados neocoloniales en el cono sur de América Latina, que reivindican el retorno al anticomunismo de los peores años de la guerra fría lo desmiente todos los días.

[22] Vigésimosexto informe sobre los programas de información, educativos y culturales administrados por la USIS, sometidos a consideración del Congreso de Estados Unidos el 27 de enero de 1973, redactado por el Comité de Vigilancia de la Información (Roneo).

Impreso en editorial galache, s. a.
privada dr. márquez 81 - méxico 7, d. f.
cuatro mil ejemplares
3 de mayo de 1977

www.ingramcontent.com/pod-product-compliance
Ingram Content Group UK Ltd.
Pitfield, Milton Keynes, MK11 3LW, UK
UKHW041843190726
13854UKWH00002B/695

9 789682 308826